LA TORAH

LES CINQ PREMIERS LIVRES DE LA BIBLE HÉBRAÏQUE

Traduction par
ZADOC KAHN

תּוֹרָה

"Notre peuple existe par l'unique vertu de la Torah"

— GAON SAADIA

LE LIVRE DE LA GENÈSE

BERESHIT - בראשית

CHAPITRE UN

Au commencement, Dieu créa le ciel et la terre. 2 Or la terre n'était que solitude et chaos ; des ténèbres couvraient la face de l'abîme, et le souffle de Dieu planait à la surface des eaux.

3 Dieu dit : "Que la lumière soit !" Et la lumière fut.

4 Dieu considéra que la lumière était bonne, et il établit une distinction entre la lumière et les ténèbres.

5 Dieu appela la lumière jour, et les ténèbres, il les appela Nuit. Il fut soir, il fut matin, un jour.

6 Dieu dit : "Qu'un espace s'étende au milieu des eaux, et forme une barrière entre les unes et les autres."

7 Dieu fit l'espace, opéra une séparation entre les eaux qui sont au-dessous et les eaux qui sont au-dessus, et cela demeura ainsi.

8 Dieu nomma cet espace le Ciel. Le soir se fit, le matin se fit, — second jour.

9 Dieu dit : "Que les eaux répandues sous le ciel se réunissent sur un même point, et que le sol apparaisse." Cela s'accomplit.

10 Dieu nomma le sol la Terre, et l'agglomération des eaux, il la nomma les Mers. Et Dieu considéra que c'était bien.

11 Dieu dit : "Que la terre produise des végétaux, savoir : des herbes renfermant une semence ; des arbres fruitiers portant, selon leur espèce, un fruit qui perpétue sa semence sur la terre." Et cela s'accomplit.

12 La terre donna naissance aux végétaux : aux herbes qui développent leur semence selon leur espèce, et aux arbres portant, selon leur espèce, un fruit qui renferme sa semence. Et Dieu considéra que c'était bien.

13 Le soir se fit, le matin se fit, — troisième jour.

14 Dieu dit : "Que des corps lumineux apparaissent dans l'espace des cieux, pour distinguer entre le jour et la nuit ; ils serviront de signes pour les saisons, pour les jours, pour les années ;

15 et ils serviront de luminaires, dans l'espace céleste, pour éclairer la terre." Et cela s'accomplit.

16 Dieu fit les deux grands luminaires : le plus grand luminaire pour la royauté du jour, le plus petit luminaire pour la royauté de la nuit, et aussi les étoiles.

17 Et Dieu les plaça dans l'espace céleste pour rayonner sur la terre ;

18 pour régner le jour et la nuit, et pour séparer la lumière des ténèbres. Dieu considéra que c'était bien.

19 Le soir se fit, le matin se fit, — quatrième jour.

20 Dieu dit : "Que les eaux fourmillent d'une multitude animée, vivante ; et que des oiseaux volent au dessus de ta terre, à travers l'espace des cieux."

21 Dieu créa les cétacés énormes, et tous les êtres animés qui se meuvent dans les eaux, où ils pullulèrent selon leurs espèces,

puis tout ce qui vole au moyen d'ailes, selon son espèce ; et Dieu considéra que c'était bien.

22 Dieu les bénit en disant : Croissez et multipliez remplissez les eaux, habitants des mers oiseaux, multipliez sur la terre !"

23 Le soir se fit, le matin se fit, — cinquième jour.

24 Dieu dit : "Que la terre produise des êtres animés selon leurs espèces : bétail, reptiles, bêtes sauvages de chaque sorte." Et cela s'accomplit.

25 Dieu forma les bêtes sauvages selon leurs espèces, de même les animaux qui paissent, de même ceux qui rampent sur le sol. Et Dieu considéra que c'était bien.

26 Dieu dit : "Faisons l'homme à notre image, à notre ressemblance, et qu'il domine sur les poissons de la mer, sur les oiseaux du ciel, sur le bétail ; enfin sur toute la terre, et sur tous les êtres qui s'y meuvent.

27 Dieu créa l'homme à son image ; c'est à l'image de Dieu qu'il le créa. Mâle et femelle furent créés à la fois.

28 Dieu les bénit en leur disant "Croissez et multipliez ! Remplissez la terre et soumettez-la ! Commandez aux poissons de la mer, aux oiseaux du ciel, à tous les animaux qui se meuvent sur la terre !

29 Dieu ajouta : "Or, je vous accorde tout herbage portant graine, sur toute la face de la terre, et tout arbre portant des fruits qui deviendront arbres par le développement du germe. Ils serviront à votre nourriture.

30 Et aux animaux sauvages, à tous les oiseaux du ciel, à tout ce qui se meut sur la terre et possède un principe de vie, j'assigne toute verdure végétale pour nourriture." Et il en fut ainsi.

31 Dieu examina tout ce qu'il avait fait c'était éminemment bien. Le soir se fit, puis le matin ; ce fut le sixième jour.

CHAPITRE DEUX

Ainsi furent terminés les cieux et la terre, avec tout ce qu'ils renferment.

2 Dieu mit fin, le septième jour, à l'œuvre faite par lui ; et il se reposa, le septième jour, de toute l'œuvre qu'il avait faite.

3 Dieu bénit le septième jour et le proclama saint, parce qu'en ce jour il se reposa de l'œuvre entière qu'il avait produite et organisée.

4 Telles sont les origines du ciel et de la terre, lorsqu'ils furent créés ; à l'époque où l'Éternel-Dieu fit une terre et un ciel.

5 Or, aucun produit des champs ne paraissait encore sur la terre, et aucune herbe des champs ne poussait encore ; car l'Éternel-Dieu n'avait pas fait pleuvoir sur la terre, et d'homme, il n'y en avait point pour cultiver la terre.

6 Mais une exhalaison s'élevait de la terre et humectait toute la surface du sol.

7 L'Éternel-Dieu façonna l'homme, — poussière détachée du

sol, — fit pénétrer dans ses narines un souffle de vie, et l'homme devint un être vivant.

8 L'Éternel-Dieu planta un jardin en Éden, vers l'orient, et y plaça l'homme qu'il avait façonné.

9 L'Éternel-Dieu fit surgir du sol toute espèce d'arbres, beaux à voir et propres à la nourriture ; et l'arbre de vie au milieu du jardin, avec l'arbre de la science du bien et du mal.

10 Un fleuve sortait d'Éden pour arroser le jardin ; de là il se divisait et formait quatre bras.

11 Le nom du premier : Pichon ; c'est celui qui coule tout autour du pays de Havila, où se trouve l'or.

12 L'or de ce pays-là est bon ; là aussi le bdellium et la pierre de chôham.

13 Le nom du deuxième fleuve : Ghihôn ; c'est lui qui coule tout autour du pays de Kouch.

14 Le nom du troisième fleuve : Hiddékel ; c'est celui qui coule à l'orient d'Assur ; et le quatrième fleuve était l'Euphrate.

15 L'Éternel-Dieu prit donc l'homme et l'établit dans le jardin d'Eden pour le cultiver et le soigner.

16 L'Éternel-Dieu donna un ordre à l'homme, en disant : "Tous les arbres du jardin, tu peux t'en nourrir ;

17 mais l'arbre de la science du bien et du mal, tu n'en mangeras point : car du jour où tu en mangeras, tu dois mourir !"

18 L'Éternel-Dieu dit : "Il n'est pas bon que l'homme soit isolé ; je lui ferai une aide digne de lui."

19 L'Éternel-Dieu avait formé de matière terrestre tous les animaux des champs et tous les oiseaux du ciel. Il les amena devant l'homme pour qu'il avisât à les nommer ; et telle chaque espèce animée serait nommée par l'homme, tel serait son nom.

20 L'homme imposa des noms à tous les animaux qui

paissent, aux oiseaux du ciel, à toutes les bêtes sauvages ; mais pour lui-même, il ne trouva pas de compagne qui lui fût assortie.

21 L'Éternel-Dieu fit peser une torpeur sur l'Homme, qui s'endormi ; il prit une de ses côtes, et forma un tissu de chair à la place.

22 L'Éternel-Dieu organisa en une femme la côte qu'il avait prise à l'homme, et il la présenta à l'homme.

23 Et l'homme dit : "Celle-ci, pour le coup, est un membre extrait de mes membres et une chair de ma chair ; celle-ci sera nommée Icha, parce qu'elle a été prise de Ich."

24 C'est pourquoi l'homme abandonne son père et sa mère ; il s'unit à sa femme, et ils deviennent une seule chair.

25 Or ils étaient tous deux nus, l'homme et sa femme, et ils n'en éprouvaient point de honte.

CHAPITRE TROIS

Mais le serpent était rusé, plus qu'aucun des animaux terrestres qu'avait faits l'Éternel-Dieu. Il dit à la femme : "Est-il vrai que Dieu a dit : vous ne mangerez rien de tous les arbres du jardin ?"

2 La femme répondit au serpent : "Les fruits des arbres du jardin, nous pouvons en manger ;

3 mais quant au fruit de l'arbre qui est au milieu du jardin, Dieu a dit : Vous n'en mangerez pas, vous n'y toucherez point, sous peine de mourir."

4 Le serpent dit à la femme : "Non, vous ne mourrez point ;

5 mais Dieu sait que, du jour où vous en mangerez, vos yeux seront dessillés, et vous serez comme Dieu, connaissant le bien et le mal."

6 La femme jugea que l'arbre était bon comme nourriture, qu'il était attrayant à la vue et précieux pour l'intelligence ; elle cueillit de son fruit et en mangea ; puis en donna à son époux, et il mangea.

7 Leurs yeux à tous deux se dessillèrent, et ils connurent qu'ils étaient nus ; ils cousirent ensemble des feuilles de figuier, et s'en firent des pagnes.

8 Ils entendirent la voix de l'Éternel-Dieu, parcourant le jardin du côté d'où vient le jour. L'homme et sa compagne se cachèrent de la face de l'Éternel-Dieu, parmi les arbres du jardin.

9 L'Éternel-Dieu appela l'homme, et lui dit : "Où es-tu ?"

10 Il répondit : "J'ai entendu ta voix dans le jardin ; j'ai eu peur, parce que je suis nu, et je me suis caché."

11 Alors il dit : "Qui t'a appris que tu étais nu ? Cet arbre dont je t'avais défendu de manger, tu en as donc mangé ?"

12 L'homme répondit ; "La femme — que tu m'as associée — c'est elle qui m'a donné du fruit de l'arbre, et j'ai mangé,"

13 L'Éternel-Dieu dit à la femme : "Pourquoi as-tu fait cela ?" La femme répondit : "Le serpent m'a entraînée, et j'ai mangé."

14 L'Éternel-Dieu dit au serpent "Parce que tu as fait cela, tu es maudit entre tous les animaux et entre toutes les créatures terrestres : tu te traîneras sur le ventre, et tu te nourriras de poussière tous les jours de ta vie.

15 Je ferai régner la haine entre toi et la femme, entre ta postérité et la sienne : celle-ci te visera à la tête, et toi, tu l'attaqueras au talon."

16 A la femme il dit : "J'aggraverai tes labeurs et ta grossesse ; tu enfanteras avec douleur ; la passion t'attirera, vers ton époux, et lui te dominera."

17 Et à l'homme il dit : "Parce que tu as cédé à la voix de ton épouse, et que tu as mangé de l'arbre dont je t'avais enjoint de ne pas manger, maudite est la terre à cause de toi : c'est avec effort que tu en tireras ta nourriture, tant que tu vivras.

18 Elle produira pour toi des buissons et de l'ivraie, et tu mangeras de l'herbe des champs.

19 C'est à la sueur de ton visage que tu mangeras du pain, — jusqu'à ce que tu retournes à la terre d'où tu as été tiré : car poussière tu fus, et poussière tu redeviendras !"

20 L'homme donna pour nom à sa compagne "Ève" parce qu'elle fut la mère de tous les vivants.

21 L'Éternel-Dieu fit pour l'homme et pour sa femme des tuniques de peau, et les en vêtit.

22 L'Éternel-Dieu dit : "Voici l'homme devenu comme l'un de nous, en ce qu'il connait le bien et le mal. Et maintenant, il pourrait étendre sa main et cueillir aussi du fruit de l'arbre de vie ; il en mangerait, et vivrait à jamais."

23 Et l'Éternel-Dieu le renvoya du jardin d'Éden, pour cultiver la terre d'où il avait été tiré.

24 Ayant chassé l'homme, il posta en avant du jardin d'Éden les chérubins, avec la lame de l'épée flamboyante, pour garder les abords de l'arbre de vie.

CHAPITRE QUATRE

Or, l'homme s'était uni à Ève, sa femme. Elle conçut et enfanta Caïn, en disant : "J'ai fait naître un homme, conjointement avec l'Éternel !"

2 Elle enfanta ensuite son frère, Abel. Abel devint pasteur de menu bétail, et Caïn cultiva la terre.

3 Au bout d'un certain temps, Caïn présenta, du produit de la terre, une offrande au Seigneur ;

4 et Abel offrit, de son côté, des premiers-nés de son bétail, de leurs parties grasses. Le Seigneur se montra favorable à Abel et à son offrande,

5 mais à Caïn et à son offrande il ne fut pas favorable ; Caïn en conçut un grand chagrin, et son visage fut abattu.

6 Le Seigneur dit à Caïn ; "Pourquoi es-tu chagrin, et pourquoi ton visage est-il abattu ?

7 Si tu t'améliores, tu pourras te relever, sinon le Péché est tapi à ta porte : il aspire à t'atteindre, mais toi, sache le dominer !"

8 Caïn parla à son frère Abel ; mais il advint, comme ils étaient aux champs, que Caïn se jeta sur Abel, son frère, et le tua.

9 L'Éternel dit à Caïn : "Où est Abel ton frère ?" Il répondit : "Je ne sais ; suis-je le gardien de mon frère ?"

10 Dieu dit : "Qu'as-tu fait ! Le cri du sang de ton frère s'élève, jusqu'à moi, de la terre.

11 Eh bien ! tu es maudit à cause de cette terre, qui a ouvert sa bouche pour recevoir de ta main le sang de ton frère !"

12 Lorsque tu cultiveras la terre, elle cessera de te faire part de sa fécondité ; tu seras errant et fugitif par le monde."

13 Caïn dit à l'Éternel : "Mon crime est trop grand pour qu'on me supporte.

14 Vois, tu me proscris aujourd'hui de dessus la face de la terre ; mais puis-je me dérober à ta face ? Je vais errer et fuir par le monde, mais le premier qui me trouvera me tuera."

15 L'Éternel lui dit : "Aussi, quiconque tuera Caïn sera puni au septuple." Et l'Éternel le marqua d'un signe, pour que personne, le rencontrant, ne le frappât.

16 Caïn se retira de devant l'Éternel, et séjourna dans le pays de Nôd, à l'orient d'Éden.

17 Caïn connut sa femme ; elle conçut et enfanta Hénoc. Caïn bâtissait alors une ville, qu'il désigna du nom de son fils Hénoc.

18 Hénoc devint père d'Iràd ; celui-ci engendra Mehouyaél, qui engendra Lamec.

19 Lamec prit deux femmes, la première nommée Ada, et la seconde Cilla.

20 Ada enfanta Jabal, souche de ceux qui habitent sous des tentes et conduisent des troupeaux.

21 Le nom de son frère était Jabal : celui ci fut la souche de ceux qui manient la harpe et la lyre.

22 Cilla, de son côté, enfanta Tubalcaïn, qui façonna toute sorte d'instruments de cuivre et de fer, et qui eut pour sœur Naama.

23 Lamec dit à ses femmes"Ada et Cilla, écoutez ma voix ! Femmes de Lamec, prêtez l'oreille à ma parole ! J'ai tué un homme parce qu'il m'avait frappé, et un jeune homme à cause de ma blessure :

24 Si Caïn doit être vengé sept fois, Lamec le sera soixante-dix-sept fois."

25 Adam connut de nouveau sa femme ; elle enfanta un fils, et lui donna pour nom Seth : "Parce que Dieu m'a accordé une nouvelle postérité au lieu d'Abel, Caïn l'ayant tué."

26 A Seth, lui aussi, il naquit un fils ; il lui donna pour nom Énos. Alors on commença d'invoquer le nom de l'Éternel.

CHAPITRE CINQ

Ceci est l'histoire des générations de l'humanité. Lorsque Dieu créa l'être humain, il le fit à sa propre ressemblance.

2 Il les créa mâle et femelle, les bénit et les appela l'homme, le jour de leur création.

3 Adam, ayant vécu cent trente ans, produisit un être à son image et selon sa forme, et lui donna pour nom Seth.

4 Après avoir engendré Seth, Adam vécut huit cents ans, engendrant des fils et des filles.

5 Tout le temps qu'Adam vécut fut donc de neuf cent trente ans ; et il mourut.

6 Seth, ayant vécu cent cinq ans, engendra Énos.

7 Après avoir engendré Énos, Seth vécut huit cent sept ans, engendrant des fils et des filles.

8 Tous les jours de Seth furent de neuf cent douze ans, après quoi il mourut.

9 Énos vécut quatre-vingt-dix ans, et engendra Kênân.

10 Enos vécut, après avoir engendré Kênân, huit cent quinze ans ; et il eut des fils et des filles.

11 Tous les jours d'Énos furent de neuf cent cinq ans, après quoi il mourut.

12 Kênân, ayant vécu soixante-dix ans, engendra Mahalalêl.

13 Kènan vécut, après la naissance, de Mahalalêl, huit cent quarante ans, et eut des fils et des filles.

14 Toute la vie de Kênân fut de neuf cent dix ans, après quoi il mourut.

15 Mahalalêl, ayant vécu soixante-cinq ans, engendra Yéred.

16 Mahalalél, après avoir engendré Yéred, vécut huit cent trente ans, et engendra des fils et des filles.

17 Tous les jours de Mahalalèl furent de huit cent quatre-vingt-quinze ans, puis il mourut.

18 Véred, ayant vécu cent soixante-deux ans, engendra Hénoc.

19 Yéred vécut, après la naissance d'Hénoc, huit cents ans ; il eut des fils et des filles.

20 La vie entière de Yéred fut de neuf cent soixante-deux ans, après quoi il mourut.

21 Hénoc vécut soixante-cinq ans, et engendra Mathusalem.

22 Hénoc se conduisit selon Dieu, après avoir engendré Mathusalem, durant trois cents ans, et engendra des fils et des filles.

23 Tous les jours d'Hénoc furent de trois cent soixante-cinq ans ;

24 Hénoc se conduisait selon Dieu, lorsqu'il disparut, Dieu l'ayant retiré du monde.

25 Mathusalem, ayant vécu cent quatre-vingt-sept ans, engendra Lamec.

26 Mathusalem vécut, après avoir engendré Lamec, sept cent quatre-vingt-deux ans ; il eut encore des fils et des filles.

27 Tous les jours de Mathusalem furent de neuf cent soixante-neuf ans, après quoi il mourut.

28 Lamec, ayant vécu cent quatre-vingt-deux ans, engendra un fils.

29 Il énonça son nom Noé, en disant : "Puisse-t-il nous soulager de notre tâche et du labeur de nos mains, causé par cette terre qu'a maudite l'Éternel !"

30 Lamec vécut, après avoir engendré Noé, cinq cent quatre-vingt-quinze ans ; il engendra des fils et des filles.

31 Toute la vie de Lamec fut de sept cent soixante-dix-sept ans ; et il mourut.

32 Noé, étant âgé de cinq cents ans, engendra Sem, puis Cham et Japhet.

CHAPITRE SIX

Or, quand les hommes eurent commencé à se multiplier sur la terre, et que des filles leur naquirent, 2 les fils de la race divine trouvèrent que les filles de l'homme étaient belles, et ils choisirent pour femmes toutes celles qui leur convinrent.

3 L'Éternel dit : "Mon esprit n'animera plus les hommes pendant une longue durée, car lui aussi devient chair. Leurs jours seront réduits à cent vingt ans."

4 Les Nefilim parurent sur la terre à cette époque et aussi depuis, lorsque les hommes de Dieu se mêlaient aux filles de l'homme et qu'elles leur donnaient des enfants. Ce furent ces forts d'autrefois, ces hommes si renommés.

5 L'Éternel vit que les méfaits de l'homme se multipliaient sur la terre, et que le produit des pensées de son cœur était uniquement, constamment mauvais ;

6 et l'Éternel regretta d'avoir créé l'homme sur la terre, et il s'affligea en lui-même.

7 Et l'Éternel dit : "J'effacerai l'homme que j'ai créé de dessus la face de la terre ; depuis l'homme jusqu'à la brute, jusqu'à l'insecte, jusqu'à l'oiseau du ciel, car je regrette de les avoir faits.

8 Mais Noé trouva grâce aux yeux de l'Éternel.

9 Ceci est l'histoire de Noé. Noé fut un homme juste, irréprochable, entre ses contemporains ; il se conduisit selon Dieu.

10 Noé engendra trois fils : Sem, Cham et Japhet.

11 Or, la terre s'était corrompue devant Dieu, et elle s'était remplie d'iniquité.

12 Dieu considéra que la terre était corrompue, toute créature ayant perverti sa voie sur la terre.

13 Et Dieu dit à Noé : "Le terme de toutes les créatures est arrivé à mes yeux, parce que la terre, à cause d'elles, est remplie d'iniquité ; et je vais les détruire avec la terre.

14 Fais-toi une arche de bois de gôfèr ; tu distribueras cette arche en cellules, et tu l'enduiras, en dedans et en dehors, de poix.

15 Et voici comment tu la feras : trois cents coudées seront la longueur de l'arche ; cinquante coudées sa largeur, et trente coudées sa hauteur.

16 Tu donneras du jour à l'arche, que tu réduiras, vers le haut, à la largeur d'une coudée ; tu placeras la porte de l'arche sur le côté. Tu la composeras d'une charpente inférieure, d'une seconde et d'une troisième.

17 Et moi, je vais amener sur la terre le Déluge — les eaux — pour détruire toute chair animée d'un souffle de vie sous les cieux ; tout ce qui habite la terre périra.

18 J'établirai mon pacte avec toi : tu entreras dans l'arche, toi et tes fils, et ta femme et les femmes de tes fils avec toi.

19 Et de tous les êtres vivants, de chaque espèce, tu en

recueilleras deux dans l'arche pour les conserver avec toi : ce sera un mâle et une femelle.

20 Des oiseaux selon leur espèce ; des quadrupèdes selon leur espèce ; de tout ce qui rampe sur la terre, selon son espèce, qu'un couple vienne auprès de toi pour conserver la vie.

21 Munis-toi aussi de toutes provisions comestibles, et mets-les en réserve : pour toi et pour eux, cela servira de nourriture.

22 Noé obéit, tout ce que Dieu lui avait prescrit, il l'exécuta ponctuellement.

CHAPITRE SEPT

L'Éternel dit à Noé : "Entre, toi et toute ta famille, dans l'arche ; car c'est toi que j'ai reconnu honnête parmi cette génération."

2 De tout quadrupède pur, tu prendras sept couples, le mâle et sa femelle ; et des quadrupèdes non purs, deux, le mâle et sa femelle.

3 De même, des oiseaux du ciel, respectivement sept, mâles et femelles, pour perpétuer les espèces sur toute la face de la terre.

4 Car encore sept jours, et je ferai pleuvoir sur la terre pendant quarante jours et quarante nuits ; et j'effacerai de la surface du sol tous les êtres que j'ai créés.

5 Noé se conforma à tout ce que lui avait ordonné l'Éternel.

6 Or, il était âgé de six cents ans lorsque arriva le Déluge, ces eaux qui couvrirent la terre.

7 Noé entra avec ses fils, sa femme, et les épouses de ses fils dans l'arche, pour se garantir des eaux du Déluge.

8 Des quadrupèdes purs ; de ceux qui ne le sont point ; des oiseaux, et de tout ce qui rampe sur le sol,

9 deux à deux ils vinrent vers Noé dans l'arche, mâles et femelles, ainsi que Dieu l'avait prescrit à Noé.

10 Au bout des sept jours, les eaux du Déluge étaient sur la terre.

11 Dans l'année six cent de la vie de Noé, le deuxième mois, le dix-septième jour du mois, en ce jour jaillirent toutes les sources de l'immense Abîme, et les cataractes du ciel s'ouvrirent.

12 La pluie tomba sur la terre, quarante jours et quarante nuits.

13 Ce jour-là même étaient entrés dans l'arche : Noé, Sem, Cham et Japhet, fils de Noé, et avec eux la femme de Noé et les trois femmes de ses fils ;

14 eux, et toute bête fauve selon son espèce, et tout le bétail selon son espèce, et tout animal rampant sur la terre selon son espèce, et tout volatile selon son espèce : tout oiseau, tout être ailé.

15 Ils vinrent vers Noé, dans l'arche, deux à deux, de toutes les espèces douées du souffle de vie.

16 Ceux qui entrèrent furent le mâle et la femelle de chaque espèce, comme Dieu l'avait commandé. Alors l'Éternel ferma sur Noé la porte de l'arche.

17 Le Déluge ayant duré quarante jours sur la terre, les eaux, devenues grosses, soulevèrent l'arche, qui se trouva au-dessus de la terre.

18 Les eaux augmentèrent et grossirent considérablement sur la terre, de sorte que l'arche flotta à la surface des eaux.

19 Puis les eaux redoublèrent d'intensité sur la terre et les plus hautes montagnes qui sont sous le ciel furent submergées.

20 De quinze coudées plus haut les eaux s'étaient élevées ; et les montagnes avaient disparu.

21 Alors périt toute créature se mouvant sur la terre : oiseaux, bétail, bêtes sauvages, tous les êtres pullulant sur la terre, et toute l'espèce humaine.

22 Tout ce qui était animé du souffle de la vie, tout ce qui peuplait le sol, expira.

23 Dieu effaça toutes les créatures qui étaient sur la face de la terre, depuis l'homme jusqu'à la brute, jusqu'au reptile, jusqu'à l'oiseau du ciel et ils furent effacés de la terre. Il ne resta que Noé et ce qui était avec lui dans l'arche.

24 La crue des eaux sur la terre dura cent cinquante jours.

CHAPITRE HUIT

A lors Dieu se souvint de Noé, et de tous les animaux sauvages et domestiques qui étaient avec lui dans l'arche. Dieu fit passer un souffle sur la terre, et les eaux se calmèrent.

2 Les sources de l'Abîme et les cataractes célestes se refermèrent, et la pluie ne s'échappa plus du ciel.

3 Les eaux se retirèrent de dessus la terre, se retirèrent par degrés ; elles avaient commencé à diminuer au bout de cent cinquante jours.

4 Le septième mois, le dix-septième jour du mois, l'arche s'arrêta sur les monts Ararat.

5 Les eaux allèrent toujours décroissant jusqu'au dixième mois ; le premier jour du dixième mois, apparurent les cimes des montagnes.

6 Au bout de quarante jours, Noé ouvrit la fenêtre qu'il avait pratiquée à l'arche.

7 Il lâcha le corbeau, qui partit, allant et revenant jusqu'à ce que les eaux eussent laissé la terre à sec.

8 Puis, il lâcha la colombe, pour voir si les eaux avaient baissé sur la face du sol.

9 Mais la colombe ne trouva pas de point d'appui pour la plante de ses pieds, et elle revint vers lui dans l'arche, parce que l'eau couvrait encore la surface de la terre. Il étendit la main, la prit et la fit rentrer auprès de lui dans l'arche.

10 Il attendit encore sept autres jours, et renvoya de nouveau la colombe de l'arche.

11 La colombe revint vers lui sur le soir, tenant dans son bec une feuille d'olivier fraîche. Noé jugea que les eaux avaient baissé sur la terre.

12 Ayant attendu sept autres jours encore, il fit partir la colombe, qui ne revint plus auprès de lui.

13 Ce fut dans la six cent unième année, au premier mois, le premier jour du mois, que les eaux laissèrent la terre à sec. Noé écarta le plafond de l'arche et vit que la surface du sol était desséchée.

14 Et au deuxième mois, le vingt-septième jour du mois, la terre était sèche.

15 Dieu parla à Noé en ces termes :

16 Sors de l'arche, toi et ta femme, et tes fils et leurs femmes avec toi.

17 Tout être vivant de toute espèce qui est avec toi : volatile, quadrupède, reptile se traînant sur la terre, fais-les sortir avec toi ; qu'ils foisonnent dans la terre, qu'ils croissent et multiplient sur la terre !"

18 Noé sortit avec ses fils, sa femme, et les femmes de ses fils.

19 Tous les quadrupèdes, tous les reptiles, tous les oiseaux,

tout ce qui se meut sur la terre sortit, selon ses espèces, de l'arche.

20 Noé érigea un autel à l'Éternel ; il prit de tous les quadrupèdes purs, de tous les oiseaux purs, et les offrit en holocauste sur l'autel.

21 L'Éternel aspira la délectable odeur, et il dit en lui-même : "Désormais, je ne maudirai plus la terre à cause de l'homme, car les conceptions du cœur de l'homme sont mauvaises dès son enfance ; désormais, je ne frapperai plus tous les vivants, comme je l'ai fait.

22 Plus jamais, tant que durera la terre, semailles et récolte, froidure et chaleur, été et hiver, jour et nuit, ne seront interrompus."

CHAPITRE NEUF

Dieu bénit Noé et ses fils, en leur disant : "Croissez et multipliez, et remplissez la terre !
2 Que votre ascendant et votre terreur soient sur tous les animaux de la terre et sur tous les oiseaux du ciel ; tous les êtres dont fourmille le sol, tous les poissons de la mer, est livrés en vos mains.

3 Tout ce qui se meut, tout ce qui vit, servira à votre nourriture ; de même que les végétaux, je vous livre tout.

4 Toutefois aucune créature, tant que son sang maintient sa vie, vous n'en mangerez.

5 Toutefois encore, votre sang, qui fait votre vie, j'en demanderai compte : je le redemanderai à tout animal et à l'homme lui-même, si l'homme frappe son frère, je redemanderai la vie de l'homme.

6 Celui qui verse le sang de l'homme, par l'homme son sang sera versé car l'homme a été fait à l'image de Dieu.

7 Pour vous, croissez et multipliez ; foisonnez sur la terre et devenez y nombreux."

8 Dieu adressa à Noé et à ses enfants ces paroles :

9 "Et moi, je veux établir mon alliance avec vous et avec la postérité qui vous suivra ;

10 et avec toute créature vivante qui est avec vous, oiseaux, bétail, animaux des champs qui sont avec vous, tous les animaux terrestres qui sont sortis de l'arche.

11 Je confirmerai mon alliance avec vous nulle chair, désormais, ne périra par les eaux du déluge ; nul déluge, désormais, ne désolera la terre."

12 Dieu ajouta : "Ceci est le signe de l'alliance que j'établis, pour une durée perpétuelle, entre moi et vous, et tous les êtres animés qui sont avec vous.

13 J'ai placé mon arc dans la nue et il deviendra un signe d'alliance entre moi et la terre.

14 A l'avenir, lorsque j'amoncellerai des nuages sur la terre et que l'arc apparaîtra dans la nue,

15 je me souviendrai de mon alliance avec vous et tous les êtres animés et les eaux ne deviendront plus un déluge, anéantissant toute chair.

16 L'arc étant dans les nuages, je le regarderai et me rappellerai le pacte perpétuel de Dieu avec toutes les créatures vivantes qui sont sur la terre.

17 Dieu dit à Noé : "C'est là le signe de l'alliance que j'ai établie entre moi et toutes les créatures de la terre."

18 Les fils de Noé qui sortirent de l'arche furent Sem, Cham et Japhet ; Cham était le père de Canaan.

19 Ce sont là les trois fils de Noé par lesquels toute la terre fut peuplée.

20 Noé, d'abord cultivateur planta une vigne.

21 Il but de son vin et s'enivra, et il se mit à nu au milieu de sa tente.

22 Cham, père de Canaan, vit la nudité de son père, et alla dehors l'annoncer à ses deux frères.

23 Sem et Japhet prirent la couverture, la déployèrent sur leurs épaules, et, marchant à reculons, couvrirent la nudité de leur père, mais ne la virent point, leur visage étant retourné.

24 Noé, réveillé de son ivresse, connut ce que lui avait fait son plus jeune fils,

25 et il dit : "Maudit soit Canaan ! Qu'il soit l'esclave des esclaves de ses frères !"

26 Il ajouta : "Soit béni l'Éternel, divinité de Sem et que Canaan soit leur esclave,

27 que Dieu agrandisse Japhet ! Qu'il réside dans les tentes de Sem et que Canaan soit leur esclave !

28 Noé vécut, après le Déluge, trois cent cinquante ans.

29 Toute la vie de Noé avait été de neuf cent cinquante ans lorsqu'il mourut.

CHAPITRE DIX

Voici la descendance des fils de Noé, Sem, Cham et Japhet, à qui des enfants naquirent après le Déluge.
    2 Enfants de Japhet Gourer, Magog, Madaï, Yavân, Toubal, Méchec et Tiràs.
    3 Enfants de Gourer : Achkenaz, Rifath et Togarma.
    4 Enfants de Yavân : Elicha, Tharsis, Kittim et Dodanim.
    5 De ceux-là se formèrent les colonies de peuples répandues dans divers pays, chacune selon sa langue, selon sa tribu, selon son peuple.
    6 Enfants de Cham : Kouch, Misraïm, Pont et Canaan.
    7 Enfants de Kouch : Seba et Havila, Sabta, Râma et Sabteea ; enfants de Râma : Cheba et Dedân.
    8 Kouch engendra aussi Nemrod, celui qui le premier fut puissant sur la terre.
    9 Il fut un puissant ravisseur devant l'Éternel ; c'est pourquoi on dit : "Tel que Nemrod, un puissant ravisseur devant l'Éternel !"

10 Le commencement de sa domination fut Babel ; puis Érec, Akkad et Kalné, dans le pays de Sennaar.

11 De cette contrée il s'en alla en Assur, où il bâtit Ninive, Rehoboth Ir et Kélah ;

12 puis Résèn, entre Ninive et Kélah, cette grande cité.

13 Misraim fut la souche des Loudim, des Anamim, des Lehabim, des Naftouhim ;

14 des Pathrousim, des Kaslouhim (d'où sortirent les Philistins) et des Kaftorim.

15 Canaan engendra Sidon, son premier-né, puis Heth

16 puis le Jebuséen, l'Amorréen, le Ghirgachéen,

17 le Hévéen, l'Arkéen, le Sinéen,

18 Arvadéen, le Cemaréen et le Hamathéen. Depuis, les familles des Cananéens se développèrent.

19 Le territoire du peuple cananéen s'étendait depuis Sidon jusqu'à Gaza dans la direction de Gherar ; jusqu'à Lécha, dans la direction de Sodome, Gomorrhe, Adma et Ceboïm.

20 Tels sont les enfants de Cham, selon leurs familles et leur langage, selon leurs territoires et leurs peuplades.

21 Des enfants naquirent aussi à Sem, le père de toute la race d'Héber, le frère de Japhet, l'aîné.

22 Enfants de Sem : Élam, Assur, Arphaxad, Loud et Aram.

23 Enfants d'Aram : Ouy, Houl, Ghéther et Mach.

24 Arphaxad engendra Chélah, et Chélah engendra Héber.

25 A Héber il naquit deux fils. Le nom de l'un : Péleg, parce que de son temps la terre fut partagée ; et le nom de son frère : Yoktân.

26 Yoktân engendra Almodad, Chélef, Haçarmaveth, Yérah.

27 Hadoram, Ouzal, Dikla ;

28 Obal, Abimaêl, Cheba ;

29 Ophir, Havila et Yobab. Tous ceux-là furent enfants de Yoktân.

30 Leurs établissements s'étendirent depuis Mécha jusqu'à la montagne Orientale, dans la direction de Sefar.

31 Tels sont les descendants de Sem, selon leurs familles et leurs langages, selon leurs territoires et leurs peuplades.

32 Ce sont là les familles des fils de Noé, selon leur filiation et leurs peuplades ; et c'est de là que les nations se sont distribuées sur la terre après le Déluge.

CHAPITRE ONZE

Toute la terre avait une même langue et des paroles semblables.

2 Or, en émigrant de l'Orient, les hommes avaient trouvé une vallée dans le pays de Sennaar, et s'y étaient arrêtés.

3 Ils se dirent l'un à l'autre : "Çà, préparons des briques et cuisons-les au feu." Et la brique leur tint lieu de pierre, et le bitume de mortier.

4 Ils dirent : "Allons, bâtissons-nous une ville, et une tour dont le sommet atteigne le ciel ; faisons-nous un établissement durable, pour ne pas nous disperser sur toute la face de la terre."

5 Le Seigneur descendit sur la terre, pour voir la ville et la tour que bâtissaient les fils de l'homme ;

6 et il dit : "Voici un peuple uni, tous ayant une même langue. C'est ainsi qu'ils ont pu commencer leur entreprise et dès lors tout ce qu'ils ont projeté leur réussirait également.

7 Or çà, paraissons ! Et, ici même, confondons leur langage, de sorte que l'un n'entende pas le langage de l'autre."

8 Le Seigneur les dispersa donc de ce lieu sur toute la face de la terre, les hommes ayant renoncé à bâtir la ville.

9 C'est pourquoi on la nomma Babel, parce que là le Seigneur confondit le langage de tous les hommes et de là l'Éternel les dispersa sur toute la face de la terre.

10 Voici les générations de Sem. Sem était âgé de cent ans lorsqu'il engendra Arphaxad, deux ans après le Déluge.

11 Sem vécut, après avoir engendré Arphaxàd, cinq cents ans ; il engendra des fils et des filles.

12 Arphaxad avait vécu trente cinq ans lorsqu'il engendra Chélah.

13 Arphaxad vécut, après la naissance de Chélah, quatre cent trois ans ; il engendra des fils et des filles.

14 Chélah, à l'âge de trente ans, engendra Héber.

15 Chélah vécut, après avoir engendré Héber, quatre cent trois ans ; il engendra des fils et des filles.

16 Héber, ayant vécu trente quatre ans, engendra Péleg.

17 Après avoir engendré Péleg, Héber vécut quatre cent trente ans ; il engendra dès fils et des filles.

18 Péleg, âgé de trente ans, engendra Reou.

19 Après avoir engendré Reou, Péleg vécut deux cent neuf ans ; il engendra des fils et des filles.

20 Reou, ayant vécu trente-deux ans, engendra Seroug.

21 Après la naissance de Seroug, Reou vécut deux cent sept ans ; il engendra des fils et des filles.

22 Seroug, ayant vécu trente ans, engendra Nacor.

23 Après la naissance de Nacor, Seroug vécut deux cents ans ; il engendra des fils et des filles.

24 Nacor, âgé de vingt-neuf ans, engendra Tharé.

25 Nacor vécut, après avoir engendré Tharé, cent dix-neuf ans ; il engendra des fils et des filles.

26 Tharé, ayant vécu soixante-dix ans, engendra Abramé Nacor et Harân.

27 Voici les générations de Tharé : Tharé engendra Abram, Nacor et Harân ; Harân engendra Loth,

28 Harân mourut du vivant de Tharé son père, dans son pays natal, à Our-Kasdim.

29 Abram et Nacor se marièrent. La femme d'Abram avait nom Saraï, et celle de Nacor, Milka, fille de Harân, le père de Milka et de Yiska.

30 Saraï était stérile, elle n'avait point d'enfant.

31 Tharé emmena Abram son fils, Loth fils de Harân son petit fils, et Saraï sa bru, épouse d'Abram son fils ; ils sortirent ensemble d'OurKasdim pour se rendre au pays de Canaan, allèrent jusqu'à Harân et s'y fixèrent.

32 Les jours de Tharé avaient été de deux cent cinquante ans lorsqu'il mourut à Harân.

CHAPITRE DOUZE

L'Éternel avait dit à Abram : "Éloigne-toi de ton pays, de ton lieu natal et de la maison paternelle, et va au pays que je t'indiquerai.

2 Je te ferai devenir une grande nation ; je te bénirai, je rendrai ton nom glorieux, et tu seras un type de bénédiction.

3 Je bénirai ceux qui te béniront, et qui t'outragera je le maudirai ; et par toi seront heureuses toutes les races de la terre."

4 Abram partit comme le lui avait dit l'Éternel, et Loth alla avec lui. Abram était âgé de soixante-quinze ans lorsqu'il sortit de Harân.

5 "Abram prit Saraï son épouse, Loth fils de son frère, et tous les biens et les gens qu'ils avaient acquis à Harân. Ils partirent pour se rendre dans le pays de Canaan, et ils arrivèrent dans ce pays.

6 Abram s'avança dans le pays jusqu'au territoire de Sichem, jusqu'à la plaine de Môré ; le Cananéen habitait dès lors ce pays.

7 L'Éternel apparut à Abram et dit :"C'est à ta postérité que

je destine ce pays." Il bâtit en ce lieu un autel au Dieu qui lui était apparu.

8 Il se transporta de là vers la montagne à l'est de Béthel et y dressa sa tente, ayant Béthel à l'occident et Aï à l'orient ; il y érigea un autel au Seigneur, et il proclama le nom de l'Éternel.

9 Abram partit ensuite, se dirigeant constamment vers le midi.

10 Or, il y eut une famine dans le pays. Abram descendit en Égypte pour y séjourner, la famine étant excessive dans le pays.

11 Quand il fut sur le point d'arriver en Égypte, il dit à Saraï son épouse : "Certes, je sais que tu es une femme au gracieux visage.

12 Il arrivera que, lorsque les Égyptiens te verront, ils diront : 'C'est sa femme' ; et ils me tueront, et ils te conserveront la vie.

13 Dis, je te prie, que tu es ma soeur ; et je serai heureux par toi, car j'aurai, grâce à toi, la vie sauve."

14 En effet, lorsqu'Abram fut arrivé en Égypte, les Égyptiens remarquèrent que cette femme était extrêmement belle ;

15 puis les officiers de Pharaon la virent et la vantèrent à Pharaon et cette femme fut enlevée pour le palais de Pharaon.

16 Quant à Abram, il fut bien traité pour l'amour d'elle ; il eut du menu et du gros bétail, des ânes, des esclaves mâles et femelles, des ânesses et des chameaux.

17 Mais l'Éternel affligea de plaies terribles Pharaon et sa maison, à cause de Saraï, l'épouse d'Abram.

18 Pharaon manda Abram, et dit : "Qu'as-tu fait là à mon égard ? Pourquoi ne m'as-tu pas déclaré qu'elle est ta femme ?

19 "Pourquoi as-tu dit : 'Elle est ma sœur', de sorte que je l'ai prise pour moi comme épouse ? Or maintenant, voici ta femme, reprends-la et retire-toi !"

20 Pharaon lui donna une escorte, qui le reconduisit avec sa femme et toute sa suite.

CHAPITRE TREIZE

Abraham remonta d'Egypte lui, sa femme et toute sa suite, et Loth avec lui, s'acheminant vers le midi.
2 Or, Abraham était puissamment riche en bétail, en argent et en or.

3 Il repassa par ses pérégrinations, depuis le midi, jusqu'à Béthel, jusqu'à l'endroit où avait été sa tente la première fois, entre Béthel et Aï,

4 à l'endroit où se trouvait l'autel qu'il y avait précédemment érigé. Abram y proclama le nom de l'Éternel.

5 Loth aussi, qui accompagnait Abram, avait du menu bétail, du gros bétail et ses tentes.

6 Le terrain ne put se prêter à ce qu'ils demeurassent ensemble ; car leurs possessions étaient considérables, et ils ne pouvaient habiter ensemble.

7 Il s'éleva des différends entre les pasteurs des troupeaux d'Abram et les pasteurs des troupeaux de Loth ; le Cananéen et le Phérezéen occupaient alors le pays.

8 Abram dit à Loth : "Qu'il n'y ait donc point de querelles entre moi et toi, entre mes pasteurs et les tiens ; car nous sommes frères.

9 Toute la contrée n'est elle pas devant toi ? De grâce, sépare-toi de moi : si tu vas à gauche, j'irai à droite ; si tu vas à droite, je prendrai la gauche."

10 Loth leva les yeux et considéra toute la plaine du Jourdain, tout entière arrosée, avant que l'Éternel eût détruit Sodome et Gommorhe ; semblable à un jardin céleste, à la contrée d'Egypte, et s'étendant jusqu'à Çoar.

11 Loth choisit toute la plaine du Jourdain, et se dirigea du côté oriental ; et ils se séparèrent l'un de l'autre.

12 Abram demeura dans le pays de Canaan ; Loth s'établit dans les villes de la plaine et dressa ses tentes jusqu'à Sodome.

13 Or, les habitants de Sodome étaient pervers et pécheurs devant l'Éternel, à un haut degré.

14 L'Éternel dit à Abram, après que Loth se fut séparé de lui : "Lève les yeux et du point où tu es placé, promène tes regards au nord, au midi, à l'orient et à l'occident :

15 Eh bien ! tout le pays que tu aperçois, je le donne à toi et à ta perpétuité.

16 Je rendrai ta race semblable à la poussière de la terre ; tellement que, si l'on peut nombrer la poussière de la terre, ta race aussi pourra être nombrée.

17 Lève-toi ! parcours cette contrée en long et en large ! car c'est à toi que je la destine."

18 Abram alla dresser sa tente et établir sa demeure dans les plaines de Mamré, qui sont en Hébron ; et il y éleva un autel au Seigneur.

CHAPITRE QUATORZE

Ceci arriva du temps d'Amrafel, roi de Sennaar ; d'Aryoc, roi d'Ellasar ; de Kedorlaomer, roi d'Elam, et de Tidal, roi de Goyim :

2 ils firent la guerre à Béra, roi de Sodome ; à Bircha, roi de Gommorrhe ; à Chinab, roi d'Adma ; à Chémêber, roi de Ceboïm, et au roi de Béla, la même que Çoar.

3 Tous ceux-là se réunirent dans la vallée des Siddim, qui est devenue la mer du Sel.

4 Douze années, ils avaient été asservis à Kedorlaomer, et la treizième année ils s'étaient révoltés.

5 La quatorzième année, Kedorlaomer s'avança avec les rois ses alliés, et ils défirent les Refaïm à Achteroth-Karnayim, les Zouzim à Ham, les Emim à Chavé-Kiryathayim ;

6 et les Horéens dans leur montagne de Séir, jusqu'à la plaine de Pharan qui borde le désert.

7 Ils revinrent marchèrent sur Enmichpat, la même que

Cadès, et dévastèrent tout le territoire de l'Amalécite et aussi de l'Amoréen établi à Haçaçon-Tamar.

8 Alors s'avancèrent le roi de Sodome, le roi de Gommorrhe, celui d'Adma, celui de Ceboim et celui de Béla ou Coar, ils se rangèrent contre eux en bataille dans la vallée des Siddim :

9 contre Kedorlaomer, roi d'Elam ; Tidal, roi de Goyim ; Amrafel, roi de Sennaar, et Aryoc, roi d'Ellasar : quatre rois contre cinq.

10 La vallée des Siddim était remplie de puits de bitume : le roi de Sodome et celui de Gomorrhe s'enfuirent et y tombèrent ; les autres se réfugièrent vers les montagnes.

11 Les vainqueurs s'emparèrent de toutes les richesses de Sodome et de Gommorrhe et de tous leurs vivres, puis se retirèrent.

12 Ils prirent aussi, avec ses biens, Loth, neveu d'Abram, qui était alors à Sodome, et se retirèrent.

13 Les fuyards vinrent en apporter la nouvelle à Abram l'Hébreu. Celui-ci demeurait dans les plaines de Mamré l'Amorréen, frère d'Echkol et d'Aner, lesquels étaient les alliés d'Abram.

14 Abram, ayant appris que son parent était prisonnier, arma ses fidèles, enfants de sa maison, trois cent dix huit, et suivit la trace des ennemis jusqu'à Dan.

15 Il se glissa sur eux la nuit avec ses serviteurs, les battit et les poursuivit jusqu'à Hoba, qui est à gauche de Damas.

16 Il reprit tout le butin, ramena aussi Loth son parent, avec ses biens, et les femmes et la multitude.

17 Le roi de Sodome sortit à sa rencontre, comme il revenait de défaire Kedorlaomer et les rois ses auxiliaires, vers la vallée de Chavé, qui est la vallée Royale.

18 Melchisédec, roi de Salem, apporta du pain et du vin : il était prêtre du Dieu suprême.

19 Il le bénit, en disant : "Béni soit Abram de par le Dieu suprême, auteur des cieux et de la terre !

20 Et béni le Dieu suprême d'avoir livré tes ennemis en ta main !" Et Abram lui donna la dîme de tout le butin.

21 Le roi de Sodome dit à Abram : "Donne-moi les personnes, et les biens garde-les pour toi.

22 Abram répondit au roi de Sodome : "Je lève la main devant l'Éternel, qui est le Dieu suprême, auteur des cieux et de la terre ;

23 et je jure que fût-ce un fil, fût-ce la courroie d'une sandale, je ne prendrai rien de ce qui est à toi ; que tu ne dises pas : "C'est moi qui ai enrichi Abram !

24 Loin de moi ! Si ce n'est ce qu'ont déjà mangé ces jeunes gens, et la part des hommes qui m'ont accompagné ; Aner, Echkol et Mamré, que ceux-là prennent leurs parts."

CHAPITRE QUINZE

Après ces faits, la parole du Seigneur se fit entendre à Abram, dans une vision, en ces termes : "Ne crains point, Abram : je suis un bouclier pour toi ; ta récompense sera très grande"

2 Abram répondit : "Dieu-Éternel, que me donnerais-tu, alors que je m'en vais sans postérité et que le fils adoptif de ma maison est un Damascénien, Eliézer ?"

3 "Certes, disait Abram, tu ne m'as pas donné de postérité, et l'enfant de ma maison sera mon héritier."

4 Mais voici que la parole de l'Éternel vint à lui, disant :"Celui-ci n'héritera pas de toi ; c'est bien un homme issu de tes entrailles qui sera ton héritier."

5 Il le fit sortir en plein air, et dit : "Regarde le ciel et compte les étoiles : peux-tu en supputer le nombre ? Ainsi reprit-il, sera ta descendance."

6 Et il eut foi en l'Éternel, et l'Éternel lui en fit un mérite.

7 Et il lui dit : "Je suis l'Éternel, qui t'ai tiré d'Our-Kasdim, pour te donner ce pays en possession."

8 Il répondit : "Dieu-Éternel, comment saurai-je que j'en suis possesseur ?"

9 Il lui dit : "Prépare-moi une génisse âgée de trois ans, une chèvre de trois ans, un bélier de trois ans, une tourterelle et une jeune colombe."

10 Abram prit tous ces animaux, divisa chacun par le milieu, et disposa chaque moitié en regard de l'autre ; mais il ne divisa point les oiseaux.

11 Les oiseaux de proie s'abattirent sur les corps ; Abram les mit en fuite.

12 Le soleil étant sur son déclin, une torpeur s'empara d'Abram : tandis qu'une angoisse sombre profonde pesait sur lui.

13 Dieu dit à Abram : "Sache-le bien, ta postérité séjournera sur une terre étrangère, où elle sera asservie et opprimée, durant quatre cents ans.

14 Mais, à son tour, la nation qu'ils serviront sera jugée par moi ; et alors ils la quitteront avec de grandes richesses.

15 Pour toi, tu rejoindras paisiblement tes pères ; tu seras enterré après une vieillesse heureuse.

16 Mais la quatrième génération reviendra ici, parce qu'alors seulement la perversité de l'Amorréen sera complète."

17 Cependant le soleil s'était couché, et l'obscurité régnait : voici qu'un tourbillon de fumée et un sillon de feu passèrent entre ces chairs dépecées.

18 Ce jour-là, l'Éternel conclut avec Abram un pacte, en disant : "J'ai octroyé à ta race ce territoire, depuis le torrent d'Egypte jusqu'au grand fleuve, le fleuve d'Euphrate :

19 le Kénéen, le Kenizzéen, le Kadmonéen ;

20 le Héthéen, le Phérézéen, les Rephaim ;

21 l'Amorréen, le Cananéen, le Ghirgachéen et le Jébuséeen."

CHAPITRE SEIZE

Saraï, épouse d'Abram, ne lui avait pas donné d'enfant. Elle avait une esclave égyptienne nommée Agar.

2 Saraï dit à Abram : "Hélas ! l'Éternel m'a refusé l'enfantement ; approche-toi donc de mon esclave : peut-être, par elle, aurai-je un enfant." Abram obéit à la voix de Saraï.

3 Saraï, épouse d'Abram, prit Agar l'Egyptienne, son esclave, il y avait dix ans qu'Abram demeurait au pays de Canaan ; et elle la donna à son époux Abram pour qu'elle lui servît de femme.

4 Il s'approcha d'Agar, et elle conçut. Quand elle vit qu'elle avait conçu, sa maîtresse devint l'objet de son dédain.

5 Saraï dit à Abram : "Mon injure est la tienne. Moi-même, j'ai placé mon esclave dans tes bras ; or, elle a vu qu'elle avait conçu, et je suis devenue méprisable à ses yeux. L'Éternel prononcera entre moi et toi."

6 Abram dit à Sarai : "Voici, ton esclave est dans ta main,

fais-lui ce que bon te semble." Saraï l'humilia, et elle s'enfuit de devant elle.

7 Un envoyé du Seigneur la trouva près d'une source d'eau, dans le désert, près de la source sur le chemin de Chour.

8 Il dit : "Agar, esclave de Saraï, d'où viens tu, et où veux-tu aller ?" Elle répondit : "Je fuis de devant Saraï, ma maîtresse."

9 L'envoyé du Seigneur lui dit : "Retourne chez ta maîtresse, et humilie-toi sous sa main."

10 L'envoyé du Seigneur ajouta : "Je rendrai ta race très nombreuse, tellement qu'elle ne pourra être comptée."

11 L'envoyé du Seigneur lui dit encore : "Te voici enceinte, et près d'enfanter un fils ; tu énonceras son nom Ismaël, parce que Dieu a entendu ton affliction.

12 Celui-ci sera un onagre parmi les hommes : sa main sera contre tous, et la main de tous contre lui ; mais il se maintiendra à la face de tous ses frères."

13 Et elle proclama ainsi le nom de l'Éternel qui lui avait parlé : "Tu es un Dieu visible !

14 C'est pourquoi on appela cette source "la source du Vivant-qui-me-voit" ; elle se trouve entre Cadès et Béred.

15 Agar enfanta un fils à Abram ; et Abram nomma son fils, qu'avait enfanté Agar, Ismaël.

16 Abram était âgé de quatre-vingt-six-ans, lorsque Agar lui enfanta Ismaël.

CHAPITRE DIX-SEPT

Abraham étant âgé de quatre-vingt-dix-neuf ans, le Seigneur lui apparut et lui dit : "Je suis le Dieu tout-puissant ; conduis-toi à mon gré, sois irréprochable,
2 et je maintiendrai mon alliance avec toi, et je te multiplierai à l'infini."

3 Abram tomba sur sa face, et Dieu lui parla de la sorte :

4 "Moi-même, oui, je traite avec toi : tu seras le père d'une multitude de nations.

5 Ton nom ne s'énoncera plus, désormais, Abram : ton nom sera Abraham, car je te fais le père d'une multitude de nations.

6 Je te ferai fructifier prodigieusement ; je ferai de toi des peuples, et des rois seront tes descendants.

7 Cette alliance, établie entre moi et entre toi et ta postérité dernière, je l'érigerai en alliance perpétuelle, étant pour toi un Dieu comme pour ta postérité après toi.

8 Et je donnerai à toi et à ta postérité la terre de tes pérégrina-

tions, toute la terre de Canaan, comme possession indéfinie ; et je serai pour eux un Dieu tutélaire."

9 Dieu dit à Abraham : "Pour toi, sois fidèle à mon alliance, toi et ta postérité après toi dans tous les âges.

10 Voici le pacte que vous observerez, qui est entre moi et vous, jusqu'à ta dernière postérité : circoncire tout mâle d'entre vous.

11 Vous retrancherez la chair de votre excroissance, et ce sera un symbole d'alliance entre moi et vous.

12 A l'âge de huit jours, que tout mâle, dans vos générations, soit circoncis par vous ; même l'enfant né dans ta maison, ou acheté à prix d'argent parmi les fils de l'étranger, qui ne sont pas de ta race.

13 Oui, il sera circoncis, l'enfant de ta maison ou celui que tu auras acheté ; et mon alliance, à perpétuité, sera gravée dans votre chair.

14 Et le mâle incirconcis, qui n'aura pas retranché la chair de son excroissance, sera supprimé lui-même du sein de son peuple pour avoir enfreint mon alliance."

15 Dieu dit à Abraham : "Saraï, ton épouse, tu ne l'appelleras plus Saraï, mais bien Sara.

16 Je la bénirai, en te donnant, par elle aussi, un fils ; je la bénirai, en ce qu'elle produira des nations et que des chefs de peuples naîtront d'elle."

17 Abraham tomba sur sa face et sourit ; et il dit en son coeur"Quoi ! un centenaire engendrerait encore ! et à quatre-vingt-dix ans, Sara deviendrait mère !"

18 Abraham dit au Seigneur : "Puisse Ismaël, à tes yeux, mériter de vivre !"

19 Le Seigneur répondit : "Certes, Sara, ton épouse, te donnera un fils, et tu le nommeras Isaac. Je maintiendrai mon

pacte avec lui, comme pacte perpétuel à l'égard de sa descendance.

20 Quant à Ismaël, je t'ai exaucé : oui, je l'ai béni ; je le ferai fructifier et multiplier à l'infini ; il engendra douze princes, et je le ferai devenir une grande nation.

21 Pour mon alliance, je la confirmerai sur Isaac, que Sara t'enfantera à pareille époque, l'année prochaine."

22 Ayant achevé de lui parler, Dieu disparut de devant Abraham.

23 Abraham prit Ismaël son fils, tous les enfants de ses esclaves et ceux qu'il avait achetés à prix d'argent, tous les mâles de la maison d'Abraham ; il retrancha la chair de leur excroissance, ce jour-là même, ainsi que Dieu le lui avait dit.

24 Or, Abraham était âgé de quatre-vingt-dix-neuf ans, lorsque fut retranchée la chair de son excroissance.

25 Ismaël, son fils, était âgé de treize ans, lorsque la chair de son excroissance fut retranchée.

26 C'est en ce même jour que fut circoncis Abraham, ainsi qu'Ismaël son fils.

27 Et tous les gens de sa maison, nés chez lui ou achetés à prix d'argent à l'étranger, furent circoncis en même temps.

CHAPITRE DIX-HUIT

L'Éternel se révéla à lui dans les plaines de Mamré, tandis qu'il était assis à l'entrée de sa tente, pendant la chaleur du jour.

2 Comme il levait les yeux et regardait, il vit trois personnages debout prés de lui. En les voyant, il courut à eux du seuil de la tente et se prosterna contre terre.

3 Et il dit : "Seigneur, si j'ai trouvé grâce à tes yeux, ne passe pas ainsi devant ton serviteur ! "

4 Qu'on aille quérir un peu d'eau ; lavez vos pieds et reposez-vous sous cet arbre.

5 Je vais apporter une tranche de pain, vous réparerez vos forces, puis vous poursuivrez votre chemin, puisque aussi bien vous avez passé près de votre serviteur." Ils répondirent : "Fais ainsi que tu as dit".

6 Abraham rentra en hâte dans sa tente, vers Sara et dit : "Vite, prends trois mesures de farine de pur froment, pétris-la et fais-en des gâteaux."

7 Puis, Abraham courut au troupeau, choisit un veau tendre et gras et le donna au serviteur, qui se hâta de l'accommoder.

8 Il prit de la crème et du lait, puis le veau qu'on avait préparé et le leur servit : il se tenait devant eux, sous l'arbre, tandis qu'ils mangeaient.

9 Ils lui dirent : "Où est Sara, ta femme ?" Il répondit : "Elle est dans la tente."

10 L'un d'eux reprit : "Certes, je reviendrai à toi à pareille époque et voici, un fils sera né à Sara, ton épouse." Or, Sara l'entendait à l'entrée de la tente qui se trouvait derrière lui.

11 Abraham et Sara étaient vieux, avancés dans la vie ; le tribut périodique des femmes avait cessé pour Sara.

12 Sara rit en elle-même disant : "Flétrie par l'âge, ce bonheur me serait réservé ! Et mon époux est un vieillard !"

13 Le Seigneur dit à Abraham : "Pourquoi Sara a-t-elle ri, disant : 'Eh quoi ! en vérité, j'enfanterais, âgée que je suis !'

14 Est-il rien d'impossible au Seigneur ? Au temps fixé, à pareille époque, je te visiterai et Sara sera mère".

15 Sara protesta, en disant : "Je n'ai point ri" ; car elle avait peur. Il répondit "Non pas, tu as ri."

16 Les hommes se levèrent et fixèrent leurs regards dans la direction de Sodome ; Abraham les accompagna pour les reconduire.

17 Or, l'Éternel avait dit :"Tairai-je à Abraham ce que je veux faire ?"

18 Abraham ne doit-il pas devenir une nation grande et puissante et une cause de bonheur pour toutes les nations de la terre ?

19 Si je l'ai distingué, c'est pour qu'il prescrive à ses fils et à sa maison après lui d'observer la voie de l'Éternel, en pratiquant la vertu et la justice ; afin que l'Éternel accomplisse sur Abraham ce qu'il a déclaré à son égard."

20 L'Éternel dit : "Comme le décri de Sodome et de Gommorrhe est grand ; comme leur perversité est excessive,

21 je veux y descendre ; je veux voir si, comme la plainte en est venue jusqu'à moi, ils se sont livrés aux derniers excès ; si cela n'est pas, j'aviserai."

22 Les hommes quittèrent ce lieu et s'acheminèrent vers Sodome ; Abraham était encore en présence du Seigneur.

23 Abraham s'avança et dit : "Anéantirais-tu, d'un même coup, l'innocent avec le coupable ?

24 Peut-être y a-t-il cinquante justes dans cette ville : les feras-tu périr aussi et ne pardonneras-tu pas à la contrée en faveur des cinquante justes qui s'y trouvent ?

25 Loin de toi d'agir ainsi, de frapper l'innocent avec le coupable, les traitant tous deux de même façon ! Loin de toi ! Celui qui juge toute la terre serait-il un juge inique ?"

26 Le Seigneur répondit : "Si je trouve à Sodome au sein de la ville, cinquante justes, je pardonnerai à toute la contrée à cause d'eux"

27 Abraham reprit en disant : "De grâce ! j'ai entrepris de parler à mon souverain, moi poussière et cendre !

28 Peut-être à ces cinquante justes, en manquera-t-il cinq : détruirais-tu, pour cinq, une ville entière ?" Il répondit : "Je ne sévirai point, si j'en trouve quarante-cinq"

29 Il insista encore, en lui disant : "Peut-être s'y en trouvera-t-il quarante ?" Il répondit : "Je m'abstiendrai à cause de ces quarante."

30 Il dit : "De grâce, que mon Souverain ne s'irrite point de mes paroles ! Peut-être s'en trouvera-t-il trente ?" Il répondit : "Je m'abstiendrai, si j'en trouve trente"

31 Il reprit : "De grâce, puisque j'ai osé parler à mon Souve-

rain, peut-être s'en trouvera-t-il vingt ?" Il répondit : "Je renoncerai à détruire, en faveur de ces vingt." Il dit :

32 "De grâce, que mon Souverain ne s'irrite pas, je ne parlerai plus que cette fois. Peut-être s'en trouvera-t-il dix ?" Il répondit : "Je renoncerai à détruire, en faveur de ces dix."

33 Le Seigneur disparut, lorsqu'il eut achevé de parler à Abraham ; et Abraham retourna à sa demeure.

CHAPITRE DIX-NEUF

Les deux envoyés arrivèrent à Sodome le soir. Loth était assis à la porte de Sodome ; à leur vue, il se leva au devant d'eux et se prosterna la face contre terre.

2 Il dit "Ah ! de grâce, mes seigneurs, venez dans la maison de votre serviteur, passez-y la nuit, lavez vos pieds ; puis, demain matin, vous pourrez continuer votre route." Ils répondirent : "Non, nous coucherons sur la voie publique."

3 Sur ses vives instances, ils tournèrent de son côté et entrèrent dans sa maison. Il leur prépara un repas, fit cuire des galettes et ils mangèrent.

4 Ils n'étaient pas encore couchés, lorsque les gens de la ville, les gens de Sodome, s'attroupèrent autour de la maison, jeunes et vieux ; le peuple entier, de tous les coins de la ville.

5 Ils appelèrent Loth et lui dirent : "Où sont les hommes qui sont venus chez toi cette nuit ? Fais-les sortir vers nous, que nous les connaissions !"

6 Loth alla à leur rencontre, à l'entrée de sa maison, dont il ferma la porte sur lui ;

7 et il dit : "De grâce, mes frères, ne leur faites point de mal !

8 Ecoutez ! j'ai deux filles qui n'ont pas encore connu d'homme, je vais vous les amener, faites-leur ce que bon vous semblera ; mais ces hommes, ne leur faites rien, car enfin ils sont venus s'abriter sous mon toit."

9 Ils répondirent : "Va-t'en loin d'ici ! Cet homme, ajoutèrent-ils, est venu séjourner ici et maintenant il se fait juge ! Eh bien, nous te ferons plus de mal qu'à eux !" Ils assaillirent Loth avec violence et s'avancèrent pour briser la porte.

10 Les voyageurs étendirent la main, firent rentrer Loth dans la maison et fermèrent la porte.

11 Et les hommes qui assiégeaient l'entrée de la maison, ils les frappèrent d'éblouissements, petits et grands, qui se fatiguèrent à chercher l'entrée.

12 Les voyageurs dirent à Loth : "Quiconque des tiens est encore ici, un gendre, tes fils, tes filles, tout ce que tu as dans cette ville, fais les sortir d'ici.

13 Car nous allons détruire cette contrée, la clameur contre elle a été grande devant le Seigneur et le Seigneur nous a donné mission de la détruire."

14 Loth sortit, alla parler à ses gendres, époux de ses filles et dit : "Venez, abandonnez ce lieu, car l'Éternel va détruire la cité !" Mais il fut, aux yeux de ses gendres, comme un homme qui plaisante.

15 Comme l'aube paraissait, les envoyés pressèrent Loth, en disant : "Debout ! emmène ta femme et tes deux filles ici présentes, si tu ne veux point périr pour les crimes de cette ville."

16 Comme il tardait, ces hommes le prirent par la main, ainsi

que sa femme et ses deux filles, l'Éternel voulant l'épargner ; ils l'emmenèrent et le laissèrent hors de la ville.

17 Lorsqu'ils les eurent conduits dehors, l'un d'eux lui dit :"Songe à sauver ta vie ; ne regarde pas en arrière et ne t'arrête pas dans toute cette région ; fuis vers la montagne, de crainte de périr."

18 Loth leur répondit : "Oh ! non, mes seigneurs !

19 Certes, déjà ton serviteur a trouvé grâce à tes yeux et tu m'as accordé une grande faveur en me conservant la vie ; mais moi, je ne saurais fuir jusque sur la montagne, le fléau m'atteindrait auparavant et je mourrais.

20 Vois plutôt, cette ville-ci est assez proche pour que je m'y réfugie et elle est peu importante ; puissé-je donc y fuir, vu son peu d'importance et y avoir la vie sauve !"

21 Il lui répondit : "Eh bien ! je te favoriserai encore en ceci, en ne bouleversant point la ville dont tu parles.

22 Hâte-toi, cours-y ! car je ne puis agir que tu n'y sois arrivé." Voilà pourquoi l'on a appelé cette ville Çoar.

23 Le soleil avait paru sur la terre, lorsque Loth arriva à Çoar.

24 L'Éternel fit pleuvoir sur Sodome et sur Gomorrhe du soufre et du feu ; l'Éternel lui-même, du haut des cieux.

25 Il détruisit ces villes, toute la plaine, tous les habitants de ces villes et la végétation du sol.

26 La femme de Loth, ayant regardé en arrière, devint une statue de sel.

27 Abraham se dirigea de bon matin vers l'endroit où il s'était tenu devant le Seigneur.

28 Il considéra l'aspect de Sodome et de Gomorrhe et l'aspect de toute la plaine ; et il remarqua qu'une exhalaison s'élevait de la terre, semblable à la fumée d'une fournaise.

29 Mais, lorsque Dieu détruisit les villes de la plaine, il s'était souvenu d'Abraham ; il avait fait échapper Loth du milieu de la subversion, tandis qu'il bouleversait la contrée où avait demeuré Loth.

30 Loth monta de Çoar et s'établit dans la montagne avec ses deux filles, car il n'osait rester à Çoar ; Il demeura dans une caverne, lui et ses deux filles.

31 L'aînée dit à la plus jeune : "Notre père est âgé et il n'y a plus d'homme dans le monde, pour s'unir à nous selon l'usage de toute la terre.

32 Eh bien ! enivrons de vin notre père, partageons sa couche et par notre père nous obtiendrons une postérité."

33 Elles firent boire du vin à leur père cette même nuit ; la fille aînée vint partager sa couche et il ne la reconnut point lorsqu'elle se coucha ni lorsqu'elle se leva.

34 Puis, le lendemain, l'aînée dit à la plus jeune : "Voici, j'ai partagé hier la couche de mon père ; enivrons-le encore cette nuit, tu iras partager son lit et nous recevrons de notre père une postérité."

35 Elles firent boire, cette nuit encore du vin à leur père ; la cadette se leva, vint à ses côtés et il ne la reconnut point lors de son coucher et de son lever.

36 Les deux filles de Loth conçurent du fait de leur père.

37 La première eut un fils, qu'elle appela Moab ; ce fut le père des Moabites qui subsistent aujourd'hui.

38 La seconde, elle aussi, enfanta un fils et le nomma Ben-Ammi ; ce fut le père des Ammonites qui subsistent aujourd'hui.

CHAPITRE VINGT

Abraham quitta ce lieu pour la contrée du Midi ; il s'établit entre Cadès et Chour et séjourna à Gherar.

2 Abraham disait de Sara, sa femme : "Elle est ma sœur" : Abimélec, roi de Gherar, envoya prendre Sara.

3 Le Seigneur visita Abimélec dans un songe nocturne et lui dit : "Tu vas mourir, à cause de cette femme que tu as prise et qui est en puissance de mari."

4 Or, Abimélec n'avait pas approché d'elle. Il dit : "Seigneur ! frapperais-tu donc aussi un peuple innocent ?

5 Quoi ! ne m'a-t-il pas dit : 'Elle est ma sœur ?' et elle, elle aussi, a dit : 'Il est mon frère.' C'est avec un cœur innocent et des mains pures que j'ai agi ainsi."

6 Dieu lui répondit dans le songe : "Moi aussi je savais que tu avais agi ainsi dans la simplicité de ton cœur et j'ai voulu, de mon côté, te préserver de m'offenser ; aussi ne t'ai-je pas permis d'approcher d'elle.

7 Et maintenant, restitue l'épouse de cet homme, car il est

prophète ; il priera pour toi et tu vivras. Que si tu ne la rends pas, sache que tu mourras, toi et tous les tiens !"

8 Abimélec se leva de bonne heure, appela tous ses serviteurs et leur fit entendre toutes ces choses ; ces hommes furent fort effrayés.

9 Abimélec manda Abraham et lui dit "Que nous as-tu fait ! et qu'avais-je commis envers toi, pour que tu exposasses moi et mon royaume à un péché grave ? Tu as fait à mon égard des choses qui ne doivent point se faire !"

10 Abimélec dit encore à Abraham : "Qu'avais-tu en vue, en agissant de la sorte ?"

11 Abraham répondit : "C'est que je pensais :'Pour peu que la crainte de Dieu ne règne pas dans ce pays, ils me tueront à cause de ma femme.

12 Et d'ailleurs, de fait, elle est ma sœur, la fille de mon père, mais non la fille de ma mère et elle m'appartient comme épouse.

13 Or, lorsque Dieu me fit errer loin de la maison de mon père, je lui dis : 'Voici la grâce que tu me feras. Dans tous les lieux où nous irons, dis que je suis ton frère."

14 Abimélec choisit des pièces de menu et de gros bétail, des esclaves mâles et femelles, en fit présent à Abraham et lui restitua Sara son épouse.

15 Et il lui dit : "Voici mon territoire devant toi, établis-toi où bon te semblera."

16 Et à Sara il dit : "Voici, j'ai donné mille pièces d'argent à ton parent : certes ! il est pour toi comme un voile contre quiconque t'approcherait ; tous, tu peux les regarder en face."

17 Abraham intercéda auprès de Dieu, qui guérit Abimélec, sa femme et ses servantes, de sorte qu'elles purent enfanter.

18 Car Dieu avait fermé toute matrice dans la maison d'Abimélec, à cause de Sara, épouse d'Abraham.

CHAPITRE VINGT-ET-UN

Or, l'Éternel s'était souvenu de Sara, comme il l'avait dit et il fit à Sara ainsi qu'il l'avait annoncé.

2 Sara conçut et enfanta un fils à Abraham quoiqu'âgé, à l'époque précise où Dieu l'avait promis.

3 Abraham nomma le fils qui venait de lui naître, que Sara lui avait donné, Isaac.

4 Abraham circoncit Isaac, son fils, à l'âge de huit jours, comme Dieu le lui avait ordonné.

5 Or, Abraham était âgé de cent ans, lorsqu'Isaac son fils vint au monde.

6 Sara dit : "Dieu m'a donné une félicité et quiconque l'apprendra me félicitera."

7 Elle dit encore "Qui eût dit à Abraham que Sara allaiterait des enfants ? Eh bien, j'ai donné un fils à sa vieillesse !"

8 L'enfant grandit, il fut sevré. Abraham fit un grand festin le jour où l'on sevra Isaac.

9 Sara vit le fils d'Agar l'Egyptienne, que celle-ci avait

enfanté à Abraham, se livrer à des railleries ;

10 et elle dit à Abraham : "Renvoie cette esclave et son fils ; car le fils de cette esclave n'héritera point avec mon fils, avec Isaac."

11 La chose déplut fort à Abraham, à cause de son fils.

12 Mais Dieu dit à Abraham : "Ne sois pas mécontent au sujet de cet enfant et de ton esclave ; pour tout ce que Sara te dit, obéis à sa voix : car c'est la postérité d'Isaac qui portera ton nom.

13 Mais le fils de cette esclave aussi, je le ferai devenir une nation, parce qu'il est ta progéniture."

14 Abraham se leva de bon matin, prit du pain et une outre pleine d'eau, les remit à Agar en les lui posant sur l'épaule, ainsi que l'enfant et la renvoya. Elle s'en alla et s'égara dans le désert de Beer Shava.

15 Quand l'eau de l'outre fut épuisée, elle abandonna l'enfant au pied d'un arbre.

16 Elle alla s'asseoir du côté opposé, à la distance d'un trait d'arc, en se disant : "Je ne veux pas voir mourir cet enfant" ; et ainsi assise du côté opposé, elle éleva la voix et pleura.

17 Dieu entendit le gémissement de l'enfant. Un messager du Seigneur appela Agar du haut des cieux et lui dit "Qu'as-tu, Agar ? Sois sans crainte, car Dieu a entendu la voix de l'enfant s'élever de l'endroit où il gît.

18 Relève-toi ! reprends cet enfant et soutiens-le de la main, car je ferai de lui une grande nation."

19 Le Seigneur lui dessilla les yeux et elle aperçu une source ; elle y alla, emplit l'outre d'eau et donna à boire à l'enfant.

20 Dieu fut avec cet enfant et il grandit ; il demeura dans le désert, et devint tireur à l'arc.

21 Il habita le désert de Pharan et sa mère lui choisit une femme du pays d'Egypte.

22 Il arriva, dans le même temps, qu'Abimélec, accompagné de Pikol, chef de son armée, dit à Abraham : "Dieu est avec toi dans tout ce que tu entreprends.

23 Et maintenant, jure-moi par ce Dieu que tu ne seras infidèle ni à moi, ni à mes enfants, ni à ma postérité ; que, comme j'ai bien agi à ton égard, ainsi tu agiras envers moi et envers le pays où tu es venu séjourner."

24 Abraham répondit : "Je veux le jurer."

25 Or, Abraham avait fait des reproches à Abimélec, au sujet d'un puits dont les gens d'Abimélec s'étaient emparés.

26 Et Abimélec avait répondu : "Je ne sais qui a commis cette action : toi-même tu ne m'en avais pas instruit et moi, je l'ignorais avant ce jour."

27 Abraham prit du menu et du gros bétail qu'il remit à Abimélec et ils conclurent mutuellement une alliance.

28 Abraham ayant rangé à part sept brebis de ce bétail,

29 Abimélec dit à Abraham : "Que signifient ces sept brebis que tu as mises à part ?"

30 Il répondit : "C'est que tu dois recevoir de ma main sept brebis, comme témoignage que j'ai creusé ce puit."

31 Aussi appela-t-on cet endroit Beer Shava, car là ils jurèrent l'un et l'autre.

32 Lorsqu'ils eurent contracté alliance à Beer Shava, Abimélec se leva, ainsi que Pikol son général d'armée et ils s'en retournèrent au pays des Philistins.

33 Abraham planta un bouquet d'arbres à Beer Shava et y proclama le Seigneur, Dieu éternel.

34 Abraham habita longtemps encore dans le pays des Philistins.

CHAPITRE VINGT-DEUX

Il arriva, après ces faits, que Dieu éprouva Abraham. Il lui dit : "Abraham !" Il répondit : "Me voici."

2 Il reprit "Prends ton fils, ton fils unique, celui que tu aimes, Isaac ; achemine-toi vers la terre de Moria et là offre-le en holocauste sur une montagne que je te désignerai."

3 Abraham se leva de bonne heure, sangla son âne, emmena ses deux serviteurs et Isaac, son fils et ayant fendu le bois du sacrifice, il se mit en chemin pour le lieu que lui avait indiqué le Seigneur.

4 Le troisième jour, Abraham, levant les yeux, aperçut l'endroit dans le lointain.

5 Abraham dit à ses serviteurs : "Tenez-vous ici avec l'âne ; moi et le jeune homme nous irons jusque là-bas, nous nous prosternerons et nous reviendrons vers vous."

6 Abraham prit le bois du sacrifice, le chargea sur Isaac son fils, prit en main le feu et le couteau et ils allèrent tous deux ensemble.

7 Isaac, s'adressant à Abraham son père, dit "Mon père !" Il répondit : "Me voici mon fils." Il reprit : "Voici le feu et le bois, mais où est l'agneau de l'holocauste ?"

8 Abraham répondit : "Dieu choisira lui-même l'agneau de l'holocauste mon fils !" Et ils allèrent tous deux ensemble.

9 Ils arrivèrent à l'endroit que Dieu lui avait indiqué. Abraham y construisit un autel, disposa le bois, lia Isaac son fils et le plaça sur l'autel, par-dessus le bois.

10 Abraham étendit la main et saisit le couteau pour immoler son fils.

11 Mais un envoyé du Seigneur l'appela du haut du ciel, en disant : "Abraham ! . Abraham !"

12 Il répondit : "Me voici." Il reprit : "Ne porte pas la main sur ce jeune homme, ne lui fais aucun mal ! car, désormais, j'ai constaté que tu honores Dieu, toi qui ne m'as pas refusé ton fils, ton fils unique !"

13 Abraham, levant les yeux, remarqua qu'un bélier, derrière lui, s'était embarrassé les cornes dans un buisson. Abraham alla prendre ce bélier et l'offrit en holocauste à la place de son fils.

14 Abraham dénomma cet endroit : Adonaï-Yiré ; d'où l'on dit aujourd'hui :"Sur le mont d'Adônaï-Yéraé."

15 L'envoyé de l'Éternel appela une seconde fois Abraham du haut du ciel,

16 et dit : "Je jure par moi-même, a dit l'Éternel, que parce que tu as agi ainsi, parce que tu n'as point épargné ton enfant, ton fils unique,

17 je te comblerai de mes faveurs ; je multiplierai ta race comme les étoiles du ciel et comme le sable du rivage de la mer et ta postérité conquerra les portes de ses ennemis.

18 Et toutes les nations de la terre s'estimeront heureuses par ta postérité, en récompense de ce que tu as obéi à ma voix."

19 Abraham retourna vers ses serviteurs ; ils se remirent en route ensemble pour Beer Shava, où Abraham continua d'habiter.

20 Après cet événement, Abraham reçut les nouvelles suivantes : "Milka, elle aussi, a donné des enfants à Nahor ton frère :

21 Ouç, son premier-né ; Bouz, son frère ; Kemouel, père d'Aram ;

22 Késed, Hazo, Pildach, Yidlaf et Bathuel,

23 lequel Bathuel a engendré Rébecca." Milka avait donné ces huit fils à Nahor, frère d'Abraham.

24 Sa concubine, nommée Reouma, avait eu aussi des enfants : Tébah, Gaham, Tahach et Maaka.

CHAPITRE VINGT-TROIS

La vie de Sara fut de cent vingt-sept ans ; telle fut la durée de sa vie.

2 Sara mourut à Kiryath-Arba, qui est Hébron, dans le pays de Canaan ; Abraham y vint pour dire sur Sara les paroles funèbres et pour la pleurer.

3 Abraham, ayant rendu ce devoir à son mort alla parler aux enfants de Heth en ces termes :

4 "Je ne suis qu'un étranger domicilié parmi vous : accordez-moi la propriété d'une sépulture au milieu de vous, que j'ensevelisse ce mort qui est devant moi."

5 Les enfants de Heth répondirent à Abraham en lui disant :

6 "Écoute-nous, seigneur ! Tu es un dignitaire de Dieu au milieu de nous, dans la meilleure de nos tombes ensevelis ton mort. Nul d'entre nous ne te refusera sa tombe pour inhumer ton mort."

7 Abraham s'avança et se prosterna devant le peuple du pays, devant les enfants de Heth,

8 et il leur parla ainsi : "Si vous trouvez bon que j'ensevelisse ce mort qui est devant moi, écoutez-moi : priez en ma faveur Éfron, fils de Cohar,

9 pour qu'il me cède le caveau de Makpéla qui est à lui, qui se trouve au bout de son champ ; qu'il me le cède pour argent comptant, comme propriété tumulaire au milieu de vous."

10 Éfron siégeait parmi les enfants de Heth. Éfron le Héthéen répondit à Abraham en présence des enfants de Heth, de tous ceux qui étaient venus à la porte de sa ville et dit :

11 "Non, seigneur, écoute-moi, le champ, je te le donne ; le caveau qui s'y trouve, je te le donne également ; à la face de mes concitoyens je t'en fais don, ensevelis ton mort."

12 Abraham se prosterna devant le peuple du pays

13 et parla ainsi à Éfron en présence du peuple du pays : "Ah ! s'il te plaît, écoute-moi : j'offre le prix de ce champ, accepte-le, que j'y puisse enterrer mon mort."

14 Éfron répondit à Abraham en lui disant :

15 "Seigneur, écoute-moi : une terre de quatre cents sicles d'argent, qu'est-ce que cela entre nous deux ? Enterres-y ton mort."

16 Abraham écouta Éfron et lui compta le prix qu'il avait énoncé en présence des enfants de Heth : quatre cents sicles d'argent, en monnaie courante.

17 Ainsi fut dévolu le champ d'Éfron situé à Makpéla, en face de Mamré ; ce champ, avec son caveau, avec les arbres qui le couvraient dans toute son étendue à la ronde,

18 à Abraham, comme acquisition, en présence des enfants de Heth, de tous ceux qui étaient venus à la porte de la ville.

19 Alors Abraham ensevelit Sara, son épouse, dans le caveau du champ de Makpéla, en face de Mamré, qui est Hébron, dans le pays de Canaan.

20 Le champ, avec le caveau qui s'y trouve, fut ainsi adjugé à Abraham, comme possession tumulaire, par les enfants de Heth.

CHAPITRE VINGT-QUATRE

Or Abraham était vieux, avancé dans la vie ; et l'Éternel avait béni Abraham en toutes choses.

2 Abraham dit au serviteur le plus ancien de sa maison, qui avait le gouvernement de tous ses biens : "Mets, je te prie, ta main sous ma hanche,

3 pour que je t'adjure par l'Éternel, Dieu du ciel et de la terre, de ne pas choisir une épouse à mon fils parmi les filles des Cananéens avec lesquels je demeure,

4 mais bien d'aller dans mon pays et dans mon lieu natal chercher une épouse à mon fils, à Isaac."

5 Le serviteur lui dit : "peut-être cette femme ne voudra-t-elle pas me suivre dans ce pays-ci : devrai-je ramener ton fils dans le pays que tu as quitté ?"

6 Abraham lui répondit : "Garde toi d'y ramener mon fils !

7 L'Éternel, le Dieu des cieux, qui m'a retiré de la maison de mon père et du pays de ma naissance ; qui m'a promis, qui m'a juré en disant : "Je donnerai cette terre-ci à ta race", lui, il te fera

précéder par son envoyé et tu prendras là-bas une femme pour mon fils.

8 Que si cette femme ne consent pas à te suivre, tu seras dégagé du serment que je t'impose. Mais en aucune façon n'y ramène mon fils."

9 Le serviteur posa sa main sous la hanche d'Abraham, son maître et lui prêta serment à ce sujet.

10 Le serviteur prit dix chameaux parmi les chameaux de son maître et partit, chargé de ce que son maître avait de meilleur. Il s'achemina vers Aram Double Fleuve, du côté de la ville de Nahor.

11 Il fit reposer les chameaux hors de la ville, près de la fontaine ; c'était vers le soir, au temps où les femmes viennent puiser de l'eau.

12 Et il dit : "Seigneur, Dieu de mon maître Abraham ! daigne me procurer aujourd'hui une rencontre et sois favorable à mon maître Abraham.

13 Voici, je me trouve au bord de la fontaine et les filles des habitants de la ville sortent pour puiser de l'eau.

14 Eh bien ! la jeune fille à qui je dirai : 'Veuille pencher ta cruche, que je boive' et qui répondra : 'Bois, puis je ferai boire aussi tes chameaux', puisses-tu l'avoir destinée à ton serviteur Isaac et puissé-je reconnaître par elle que tu t'es montré favorable à mon maître !"

15 Il n'avait pas encore fini de parler, que voici venir Rébecca, la fille de Bathuel, fils de Milka, épouse de Nahor, frère d'Abraham, sa cruche sur l'épaule.

16 Cette jeune fille était extrêmement belle ; vierge, nul homme n'avait encore approché d'elle. Elle descendit à la fontaine, emplit sa cruche et remonta.

17 Le serviteur courut au-devant d'elle et dit : "Laisse-moi boire, s'il te plaît, un peu d'eau à ta cruche."

18 Elle répondit : "Bois, seigneur." Et vite elle fit glisser sa cruche jusqu'à sa main et elle lui donna à boire.

19 Après lui avoir donné à boire, elle dit : "Pour tes chameaux aussi je veux puiser de l'eau, jusqu'à ce qu'ils aient tous bu."

20 Et elle se hâta de vider sa cruche dans l'abreuvoir, courut de nouveau à la fontaine pour puiser et puisa ainsi pour tous les chameaux.

21 Et cet homme, émerveillé, la considérait en silence, désireux de savoir si l'Éternel avait béni son voyage ou non.

22 Lorsque les chameaux eurent fini de boire, cet homme prit une boucle en or, du poids d'un béka et deux bracelets pour ses bras, du poids de dix sicles d'or ;

23 et il dit : "De qui es-tu fille ? daigne me l'apprendre. Y a-t-il dans la maison de ton père de la place pour nous loger ?"

24 Elle lui répondit : "Je suis la fille de Bathuel, fils de Milka, qui l'a enfanté à Nahor ;"

25 Elle lui dit encore : "Il y a chez nous de la paille et du fourrage en abondance et de la place pour loger."

26 L'homme s'inclina et se prosterna devant l'Éternel

27 et Il dit : "Beni soit l'Éternel, Dieu de mon maître Abraham, qui n'a pas retiré sa faveur et sa fidélité à mon maître !"

28 La jeune fille courut dans la chambre de sa mère et raconta ces choses.

29 Or, Rébecca avait un frère nommé Laban. Laban accourut auprès de l'homme qui se tenait dehors, près de la fontaine.

30 Lorsqu'il vit la boucle et les bracelets aux bras de sa sœur ; lorsqu'il entendit sa sœur Rébecca dire : "Ainsi m'a parlé

cet homme", il était allé vers lui. Celui-ci attendait près des chameaux, au bord de la fontaine.

31 Laban lui dit : "Viens, bien-aimé du Seigneur ! pourquoi restes-tu dehors, lorsque j'ai préparé la maison et qu'il y a place pour les chameaux ?"

32 L'homme entra dans la maison et déchargea les chameaux ; on apporta de la paille et du fourrage pour les chameaux et de l'eau pour laver ses pieds et les pieds des hommes qui l'accompagnaient.

33 On lui servit à manger ; mais il dit : "Je ne mangerai point, que je n'aie dit ce que j'ai à dire." On lui répondit : "Parle."

34 Et il dit : "Je suis le serviteur d'Abraham.

35 L'Éternel a béni grandement mon maître, de sorte qu'il est devenu puissant : il lui a accordé menu et gros bétail, argent et or, esclaves mâles et femelles, chameaux et ânes.

36 Sara, l'épouse de mon maître, a enfanté, vieille déjà, un fils à mon maître ; celui-ci lui a fait don de tous ses biens.

37 Or, mon maître m'a adjuré en disant : 'Tu ne prendras point une épouse à mon fils parmi les filles des Cananéens, dans le pays desquels je réside.

38 Non ; mais tu iras dans la maison de mon père, dans ma famille et là tu choisiras une épouse à mon fils.'

39 Et je dis à mon maître 'Peut-être cette femme ne me suivra-t-elle pas ?'

40 Il me répondit : 'L'Éternel, dont j'ai toujours suivi les voies, placera son envoyé à tes côtés et il fera prospérer ton voyage et tu prendras une femme pour mon fils dans ma famille, au foyer de mon père.

41 Alors tu seras libéré de mon serment, puisque tu seras allé dans ma famille ; pareillement, s'ils te refusent, tu seras libéré de ce serment.'

42 Or, aujourd'hui, je suis arrivé près de la fontaine et j'ai dit : 'Éternel, Dieu de mon maître Abraham ! veux-tu, de grâce, faire réussir la voie où je marche ?

43 Eh bien ! je suis arrêté au bord de cette fontaine : s'il arrive qu'une jeune fille vienne pour puiser, que je lui dise : 'Donne moi, je te prie, à boire un peu d'eau de ta cruche'

44 et qu'elle me réponde : 'Non seulement bois toi-même, mais pour tes chameaux aussi je veux puiser', que ce soit là la femme que l'Éternel agrée pour le fils de mon maître.

45 Je n'avais pas encore achevé de parler en moi-même, voici que Rébecca s'est approchée, sa cruche sur l'épaule ; elle est descendue à la fontaine et a puisé et je lui ai dit : 'Donne-moi, s'il te plait à boire.'

46 Aussitôt elle a oté sa cruche de dessus son épaule, en disant : 'Bois et puis j'abreuverai tes chameaux.'

47 Je l'ai interrogée, disant : 'De qui es-tu fille ?' Elle a répondu : 'De Bathuel, fils de Nahor, que Milka a enfanté à celui-ci.' Alors j'ai passé la boucle à ses narines et les bracelets à ses bras.

48 Et je me suis incliné et prosterné devant l'Éternel ; et j'ai béni l'Éternel, Dieu de mon maître Abraham, qui m'a dirigé dans la vraie voie, en me faisant choisir la parente de mon maître pour son fils.

49 Et maintenant, si vous voulez agir avec affection et justice envers mon maître, dites-le moi ; sinon, dites-le moi, afin que je me dirige à droite ou à gauche."

50 Pour réponse, Laban et Bathuel dirent : "La chose émane de Dieu même ! nous ne pouvons te répondre ni en mal ni en bien.

51 Voici Rébecca à ta disposition, prends-la et pars ; et

qu'elle soit l'épouse du fils de ton maître, comme l'a décidé l'Éternel."

52 Le serviteur d'Abraham, ayant entendu leurs paroles, se prosterna à terre en l'honneur de l'Éternel ;

53 puis il étala des bijoux d'argent, des bijoux d'or et des parures, les donna à Rébecca et donna des objets de prix à son frère et à sa mère.

54 Ils mangèrent et burent, lui et les gens qui l'accompagnaient et passèrent la nuit en ce lieu ; quand ils furent levés le lendemain, il dit "Laissez-moi retourner chez mon maître."

55 Le frère et la mère de Rébecca répondirent : "Que la jeune fille reste avec nous quelque temps, au moins une dizaine de jours, ensuite elle partira."

56 Il leur répliqua : "Ne me retenez point, puisque Dieu a fait réussir mon voyage ; laissez-moi partir, que je retourne chez mon maître."

57 Ils dirent : "Appelons la jeune fille et demandons son avis."

58 ils appelèrent Rébecca et lui dirent "Pars-tu avec cet homme ?" Elle répondit : "Je pars"

59 ils laissèrent partir Rébecca leur sœur et sa nourrice, le serviteur d'Abraham et ses gens.

60 Et ils bénirent Rébecca en lui disant "Notre sœur ! puisses-tu devenir des milliers de myriades ! et puisse ta postérité conquérir la porte de ses ennemis !"

61 Rébecca et ses suivantes se levèrent, se placèrent sur les chameaux et suivirent cet homme ; le serviteur emmena Rébecca et partit.

62 Or, Isaac revenait de visiter la source du Vivant qui me voit ; il habitait la contrée du Midi.

63 Isaac était sorti dans les champs pour se livrer à la médita-

tion, à l'approche du soir. En levant les yeux, il vit que des chameaux s'avançaient.

64 Rébecca, levant les yeux, aperçut Isaac et se jeta à bas du chameau ;

65 et elle dit au serviteur : "Quel est cet homme, qui marche dans la campagne à notre rencontre ?" Le serviteur répondit : "C'est mon maître." Elle prit son voile et s'en couvrit.

66 Le serviteur rendit compte à Isaac de tout ce qu'il avait fait.

67 Isaac la conduisit dans la tente de Sara sa mère ; il prit Rébecca pour femme et il l'aima et il se consola d'avoir perdu sa mère.

CHAPITRE VINGT-CINQ

Abraham prit une nouvelle épouse, nommée Ketoura.
2 Elle lui enfanta Zimrân, Yokchân, Medân, Midyân, Yichbak et Chouah.

3 Yokchân engendra Cheba et Dedân ; et les fils de Dedân furent les Achourim, les Letouchim et les Leoummim.

4 Les enfants de Midyân : Efa, Efer, Hanoc, Abida et Eldaa. Tous ceux-là furent les enfants de Ketoura.

5 Abraham donna tout ce qu'il possédait à Isaac.

6 Quant aux fils des concubines qu'avait eues Abraham, il leur fit des présents ; et tandis qu'il vivait encore, il les relégua loin d'Isaac, son fils, vers l'orient, dans le pays de Kédem.

7 Le nombre des années que vécut Abraham fut de cent soixante-quinze ans.

8 Abraham défaillit et mourut, dans une heureuse vieillesse, âgé et satisfait ; et il rejoignit ses pères.

9 Il fut inhumé par Isaac et Ismaël, ses fils, dans le caveau de

Makpéla, dans le domaine d'Efrôn, fils de Çohar, Héthéen, qui est en face de Mambré ;

10 ce domaine qu'Abraham avait acquis des enfants de Heth. Là furent ensevelis Abraham et Sara son épouse.

11 Après la mort d'Abraham, le Seigneur bénit Isaac, son fils. Isaac s'établit prés de la source du Vivant-qui-me-voit.

12 Suivent les générations d'Ismaël, fils d'Abraham, que l'Égyptienne Agar, esclave de Sara, avait enfanté à Abraham.

13 Voici les noms des fils d'Ismaël, désignés selon leur ordre de naissance : le premier-né d'Ismaël, Nebaïoth ; puis Kédar, Adbeél, Mibsam ;

14 Michma, Douma, Massa ;

15 Hadad, Tèma, Yetour, Nafich et Kédma

16 Tels sont les fils d'Ismaël et tels sont leurs noms, chacun dans sa bourgade et dans son domaine ; douze chefs de peuplades distinctes.

17 Le nombre des années de la vie d'Ismaël fut de cent trente-sept ans. Il défaillit et mourut et rejoignit ses pères.

18 Ces peuplades habitaient depuis Havila jusqu'à Chour, en face de l'Égypte, jusque vers Achour. Il s'étendit ainsi à la face de tous ses frères.

19 Ceci est l'histoire d'Isaac, fils d'Abraham : Abraham engendra Isaac.

20 Isaac avait quarante ans lorsqu'il prit pour épouse Rébecca, fille de Bathuel, l'Araméen, du territoire d'Aram, sœur de Laban, l'Araméen.

21 Isaac implora l'Éternel au sujet de sa femme parce qu'elle était stérile ; l'Éternel accueillit sa prière et Rébecca, sa femme, devint enceinte.

22 Comme les enfants s'entre poussaient dans son sein, elle

dit"Si cela est ainsi, à quoi suis-je destinée !" Et elle alla consulter le Seigneur.

23 Le Seigneur lui dit : "Deux nations sont dans ton sein et deux peuples sortiront de tes entrailles ; un peuple sera plus puissant que l'autre et l'aîné obéira au plus jeune."

24 L'époque de sa délivrance arrivée, il se trouva qu'elle portait des jumeaux.

25 Le premier qui sortit était roux et tout son corps pareil à une pelisse ; on lui donna le nom d'Ésaü.

26 Ensuite naquit son frère tenant de la main le talon d'Ésaü et on le nomma Jacob. Isaac avait soixante ans lors de leur naissance.

27 Les enfants ayant grandi, Ésaü devint un habile chasseur, un homme des champs, tandis que Jacob, homme inoffensif, vécut sous la tente.

28 Isaac préférait Ésaü parce qu'il mettait du gibier dans sa bouche ; mais Rébecca préférait Jacob.

29 Un jour Jacob faisait cuire un potage quand Ésaü revint des champs, fatigué.

30 Ésaü dit à Jacob : "Laisse-moi avaler, je te prie, de ce rouge, de ce mets rouge, car je suis fatigué." C'est à ce propos qu'on le nomma Édom.

31 Jacob dit : "Vends-moi d'abord ton droit d'aînesse."

32 Ésaü répondit : "Certes ! Je marche à la mort ; à quoi me sert donc le droit d'aînesse ?"

33 Jacob dit : "Jure le moi dès à présent." Et il lui fit serment et il vendit son droit d'aînesse à Jacob.

34 Jacob servit à Ésaü du pain et un plat de lentilles ; il mangea et but, se leva et ressortit. C'est ainsi qu'Ésaü dédaigna le droit d'aînesse.

CHAPITRE VINGT-SIX

Il y eut une famine dans le pays, outre la première famine qui avait sévi du temps d'Abraham. Isaac alla chez Abimélec, roi des Philistins, à Gherar.

2 Le Seigneur lui apparut et dit : "Ne descends pas en Egypte ; fixe ta demeure dans le pays que je te désignerai.

3 Arrête-toi dans ce pays ci, je serai avec toi et je te bénirai ; car à toi et à ta postérité je donnerai toutes ces provinces, accomplissant ainsi le serment que j'ai fait à ton père Abraham.

4 Je multiplierai ta race comme les astres du ciel ; je lui donnerai toutes ces provinces et en ta race s'estimeront bénies toutes les nations du monde :

5 En récompense de ce qu'Abraham a écouté ma voix et suivi mon observance, exécutant mes préceptes, mes lois et mes doctrines."

6 Et Isaac demeura à Gherar.

7 Les habitants du lieu s'enquérant au sujet de sa femme, il dit : "Elle est ma sœur" car il n'osait dire ma femme : "les gens

du lieu pourraient me tuer à cause de Rébecca, car elle est d'une grande beauté."

8 Or, il y demeurait depuis longtemps lorsque Abimélec, roi des Philistins, regardant par la fenêtre, vit Isaac caresser Rébecca sa femme.

9 Abimélec manda Isaac et dit : "Assurément, c'est ta femme ; comment donc as tu pu dire : Elle est ma sœur !" Isaac lui répondit : "Parce que je me disais : Je pourrais périr à cause d'elle."

10 Abimélec dit : "Que nous as tu fait là ! Peu s'en est fallu que l'un de nous n'eut commencé commerce avec ta femme et tu nous aurais rendu coupables."

11 Abimélec fit une injonction à tout le peuple, en disant :"Quiconque touchera à cet homme ou à sa femme sera puni de mort."

12 Isaac sema dans ce pays-là et recueillit, cette même année, au centuple : tant le Seigneur le bénissait.

13 Cet homme devint grand ; puis sa grandeur alla croissant et enfin il fut très grand.

14 Il avait des possessions en menu bétail, des possessions en gros bétail, des cultures considérables et les Philistins le jalousèrent.

15 Tous les puits qu'avaient creusés les serviteurs de son père, du temps de son père Abraham, les Philistins les comblèrent en les remplissant de terre.

16 Abimélec dit à Isaac : "Cesse d'habiter avec nous car tu es trop puissant pour nous."

17 Isaac se retira de ce lieu, fit halte dans la vallée de Gherar et s'y établit.

18 Isaac se remit à creuser les puits qu'on avait creusés du temps d'Abraham son père et que les Philistins avaient comblés

après la mort d'Abraham. Il leur imposa les mêmes noms que leur avait imposés son père.

19 Les serviteurs d'Isaac, en creusant dans la vallée, y découvrirent une source d'eau vive.

20 Les pâtres de Gherar cherchèrent querelle à ceux d'Isaac, en disant : "L'eau est à nous !" Il appela ce puits Esek parce qu'on le lui avait contesté.

21 Ils creusèrent un nouveau puits sur lequel on se querella encore. Il lui donna le nom de Sitna.

22 Il délogea de là et creusa un autre puits, qu'on ne lui disputa point ; il le nomma Rehoboth, disant : "Pour le coup, le Seigneur nous a élargis et nous prospérerons dans la contrée."

23 Il monta de là à Beer Shava.

24 L'Éternel se révéla à lui cette même nuit, en disant : "Je suis le Dieu d'Abraham ton père ; sois sans crainte, car je suis avec toi, je te bénirai et je multiplierai ta race, pour l'amour d'Abraham mon serviteur."

25 Il érigea en ce lieu un autel et proclama le nom de l'Éternel. Il y dressa sa tente et ses serviteurs y creusèrent un puits.

26 Or, Abimélec alla chez lui, de Gherar, avec Ahouzzath son confident et Pikol son général d'armée.

27 Isaac leur dit : "Pourquoi êtes vous venus à moi, alors que vous me haïssez et que vous m'avez éconduit de chez vous ?"

28 Ils répondirent : "Nous avons bien vu que le Seigneur était avec toi et nous avons dit : 'Oh ! qu'il y ait un engagement réciproque entre nous et toi !' Nous voudrions conclure ce pacte avec toi,

29 que tu t'abstiendras de nous nuire, de même que nous ne t'avons pas touché, que nous en avons toujours bien usé avec toi et que nous t'avons renvoyé en paix. Maintenant, sois béni de Dieu !"

30 Il leur prépara un festin, ils mangèrent et burent.

31 Le lendemain de bon matin ils se prêtèrent serment l'un à l'autre ; Isaac les reconduisit et ils le quittèrent amicalement.

32 Or ce même jour, les serviteurs d'Isaac virent lui donner des nouvelles du puits qu'ils avaient creusé ; ils lui dirent : "Nous avons trouvé de l'eau."

33 Il le nomma Chiba ; de là cette ville s'est nommée Beer Shava, nom qu'elle porte encore.

34 Ésaü, âgé de quarante ans, prit pour femmes Judith, fille de Beéri le Héthéen et Bâsemath, fille d'Élôn le Héthéen.

35 Elles furent une amère affliction pour Isaac et pour Rébecca.

CHAPITRE VINGT-SEPT

Il arriva, comme Isaac était devenu vieux, que sa vue s'obscurcit. Un jour, il appela Ésaü, son fils aîné et lui dit : "Mon fils !" Il répondit : "Me voici."

2 Isaac reprit "Vois, je suis devenu vieux, je ne connais point l'heure de ma mort.

3 Et maintenant, je te prie, prends tes armes, ton carquois et ton arc ; va aux champs et prends du gibier pour moi.

4 Fais m'en un ragoût comme je l'aime, sers-le moi et que j'en mange afin que mon cœur te bénisse avant ma mort.

5 Or Rébecca entendit ce qu'Isaac disait à Ésaü son fils. Ésaü alla aux champs pour chasser du gibier et le rapporter.

6 Cependant Rébecca dit à Jacob, son fils : "Ecoute ; j'ai entendu ton père parler ainsi à Ésaü, ton frère :

7 'Apporte-moi du gibier et apprête moi un ragoût que je mangerai et je te bénirai devant le Seigneur avant de mourir.'

8 Et maintenant, mon fils, sois docile à ma voix, sur ce que je vais t'ordonner :

9 va au menu bétail et prends moi deux beaux chevreaux et j'en ferai pour ton père un ragoût tel qu'il l'aime.

10 Tu le présenteras à ton père et il mangera ; de sorte qu'il te bénira avant de mourir."

11 Jacob dit à Rébecca sa mère : "Mais Ésaü, mon frère, est un homme velu et moi je ne le suis pas.

12 Si par hasard mon père me tâte, je serai à ses yeux comme un trompeur, et, au lieu de bénédiction, c'est une malédiction que j'aurai attirée sur moi !"

13 Sa mère lui répondit : "Je prends sur moi ta malédiction, mon fils. Obéis seulement à ma voix et va me chercher ce que j'ai dit."

14 Il alla le chercher et l'apporta à sa mère. Celle ci en fit un mets selon le goût de son père.

15 Puis Rébecca prit les plus beaux vêtements d'Ésaü, son fils aîné, lesquels étaient sous sa main dans la maison et elle en revêtit Jacob, son plus jeune fils ;

16 de la peau des chevreaux, elle enveloppa ses mains et la surface lisse de son cou,

17 et posa le mets avec le pain, qu'elle avait apprêtés, dans la main de Jacob, son fils.

18 Celui-ci entra chez son père, disant : "Mon père !" Il répondit : "Me voici ; qui es tu, mon fils ?"

19 Jacob dit à son père : "Je suis Ésaü, ton premier né ; j'ai fait ainsi que tu m'as dit. Viens donc, assieds toi et mange de ma chasse afin que ton cœur me bénisse."

20 Isaac dit à son fils : "Qu'est ceci ? tu as été prompt à faire capture mon fils !" Il répondit : "C'est que l'Éternel ton Dieu m'a donné bonne chance."

21 Isaac dit à Jacob "Approche que je te tâte, mon fils, pour savoir si tu es mon fils Ésaü ou non."

22 Jacob s'approcha d'Isaac, son père, qui le tâta et dit : "Cette voix, c'est la voix de Jacob ; mais ces mains sont les mains d'Ésaü."

23 Il ne le reconnut point, parce que ses mains étaient velues comme celles d'Ésaü son frère. Et il le bénit.

24 Il dit encore : "Tu es bien mon fils Ésaü ?" Il répondit : "Je le suis."

25 Il reprit : "Donne, que je mange de la chasse de mon fils afin que mon cœur te bénisse !" Il le servit et il mangea ; lui présenta du vin et il but.

26 Isaac son père lui dit : "Approche, je te prie et embrasse moi, mon fils."

27 Il s'approcha et l'embrassa. Isaac aspira l'odeur de ses vêtements ; il le bénit et dit : "Voyez ! le parfum de mon fils est comme le parfum d'une terre favorisée du Seigneur !

28 Puisse-t-il t'enrichir, le Seigneur, de la rosée des cieux et des sucs de la terre, d'une abondance de moissons et de vendanges !

29 Que des peuples t'obéissent ! Que des nations tombent à tes pieds ! Sois le chef de tes frères et que les fils de ta mère se prosternent devant toi ! Malédiction à qui te maudira et qui te bénira soit béni !"

30 Or, comme Isaac avait achevé de bénir Jacob, il arriva que Jacob sortait précisément de devant Isaac son père, lorsque son frère Ésaü revint de la chasse.

31 Il apprêta, lui aussi, un ragoût et le présenta à son père en lui disant : "Que mon père se dispose à manger de la chasse de son fils, afin que ton cœur me bénisse.

32 Isaac, son père, lui demanda : "Qui es-tu ?" Il répondit : "Je suis ton fils, ton premier-né, Ésaü."

33 Isaac fut saisi d'une frayeur extrême et il dit : "Quel est

donc cet autre, qui avait pris du gibier et me l'avait apporté ? J'ai mangé de tout avant ton arrivée et je l'ai béni. Eh bien ! Il restera béni !"

34 Ésaü, entendant les paroles de son père, poussa des cris bruyants et douloureux et il dit à son père "Moi aussi bénis-moi, mon père !"

35 Il répondit : "Ton frère a usé de ruse et il a enlevé ta bénédiction."

36 Ésaü dit alors : "Est ce parce qu'on l'a nommé Jacob qu'il m'a supplanté deux fois déjà ? Il m'a enlevé mon droit d'aînesse et voici que maintenant il m'enlève ma bénédiction !" Et il ajouta : "N'as tu pas réservé une bénédiction pour moi ?"

37 Isaac répondit en ces termes à Ésaü : "Certes ! je l'ai institué ton supérieur, j'ai fait de tous ses frères ses serviteurs, je lai gratifié de la moisson et de la vendange : pour toi, dès lors, que puis je faire, mon fils ?"

38 Ésaü dit à son père : "Ne possèdes tu qu'une seule bénédiction, mon père ? Mon père, bénis moi aussi !" Et Esaü éclata en pleurs.

39 Pour réponse, Isaac son père lui dit : "Eh bien ! une grasse contrée sera ton domaine et les cieux t'enverront leur rosée.

40 Mais tu ne vivras qu'à la pointe de ton épée ; tu seras tributaire de ton frère. Pourtant, après avoir plié sous le joug, ton cou s'en affranchira."

41 Ésaü prit Jacob en haine à cause de la bénédiction que son père lui avait donnée. Et Ésaü se dit en lui même : "Le temps du deuil de mon père approche ; je ferai périr Jacob mon frère."

42 Et Rébecca fut informée des desseins d'Ésaü son fils aîné. Elle fit appeler Jacob, son plus jeune fils et lui dit "Écoute, Ésaü ton frère veut se venger de toi en te faisant mourir.

43 Et maintenant, mon fils, obéis à ma voix : pars, va te réfugier auprès de Laban, mon frère, à Haràn.

44 Tu resteras chez lui quelque temps, jusqu'à ce que s'apaise la fureur de ton frère.

45 Lorsque l'animosité de ton frère ne te menacera plus et qu'il aura oublié ce que tu lui as fait, je t'enverrai ramener de là bas : pourquoi m'exposer à vous perdre tous deux à la fois ?"

46 Rébecca dit à Isaac : "La vie m'est à charge, à cause des filles de Heth. Si Jacob choisit une épouse parmi les filles de Heth, telle que celles-ci, parmi les filles de cette contrée, que m'importe la vie ?"

CHAPITRE VINGT-HUIT

Isaac appela Jacob et le bénit, puis lui fit cette recommandation : "Ne prends pas femme parmi les filles de Canaan.

2 Lève toi, va dans le territoire d'Aram, dans la demeure de Bathuel, père de ta mère ; et choisis toi là une femme parmi les filles de Laban, le frère de ta mère.

3 Le Dieu tout puissant te bénira, te fera croître et multiplier et tu deviendras une congrégation de peuples.

4 Et il t'attribuera la bénédiction d'Abraham, à toi et à ta postérité avec toi, en te faisant possesseur de la terre de tes pérégrinations, que Dieu a donnée à Abraham."

5 Isaac envoya ainsi Jacob au territoire d'Aram, chez Laban, fils de Bathuel, l'Araméen, frère de Rébecca, mère de Jacob et d'Ésaü.

6 Ésaü vit qu'Isaac avait béni Jacob, qu'il l'avait envoyé au territoire d'Aram pour s'y choisir une épouse ; qu'en le bénissant

il lui avait donné cet ordre : "Ne prends point femme parmi les filles de Canaan" ;

7 que Jacob, obéissant à son père et à sa mère, était allé au territoire d'Aram :

8 et Ésaü comprit que les filles de Canaan déplaisaient à Isaac son père.

9 Alors Ésaü alla vers Ismaël et prit pour femme Mahalath, fille d'Ismaël, fils d'Abraham, sœur de Nebaïoth, en outre de ses premières femmes.

10 Jacob sortit de Beer Shava et se dirigea vers Haran.

11 Il arriva dans un endroit où il établit son gîte, parce que le soleil était couché. Il prit une des pierres de l'endroit, en fit son chevet et passa la nuit dans ce lieu.

12 Il eut un songe que voici : Une échelle était dressée sur la terre, son sommet atteignait le ciel et des messagers divins montaient et descendaient le long de cette échelle.

13 Puis, l'Éternel apparaissait au sommet et disait : "Je suis l'Éternel, le Dieu d'Abraham ton père et d'Isaac ; cette terre sur laquelle tu reposes, je te la donne à toi et à ta postérité.

14 Elle sera, ta postérité, comme la poussière de la terre ; et tu déborderas au couchant et au levant, au nord et au midi ; et toutes les familles de la terre seront heureuses par toi et par ta postérité.

15 Oui, je suis avec toi ; je veillerai sur chacun de tes pas et je te ramènerai dans cette contrée, car je ne veux point t'abandonner avant d'avoir accompli ce que je t'ai promis."

16 Jacob, s'étant réveillé, s'écria : "Assurément, l'Éternel est présent en ce lieu et moi je l'ignorais."

17 Et, saisi de crainte, il ajouta : "Que ce lieu est redoutable ! ceci n'est autre que la maison du Seigneur et c'est ici la porte du ciel."

18 Jacob se leva de grand matin ; il prit la pierre qu'il avait mise sous sa tête, l'érigea en monument et répandit de l'huile à son faîte.

19 Il appela cet endroit Béthel ; mais Louz était d'abord le nom de la ville.

20 Jacob prononça un vœu en ces termes : "Si le Seigneur est avec moi, s'il me protège dans la voie où je marche, s'il me donne du pain à manger et des vêtements pour me couvrir ;

21 si je retourne en paix à la maison paternelle, alors le Seigneur aura été un Dieu pour moi

22 et cette pierre que je viens d'ériger en monument deviendra la maison du Seigneur et tous les biens que tu m'accorderas, je veux t'en offrir la dîme."

CHAPITRE VINGT-NEUF

Jacob se remit en chemin et alla vers la terre des enfants de l'Orient.

2 Il vit un puits dans les champs et là, trois troupeaux de menu bétail étaient couchés à l'entour, car ce puits servait à abreuver les troupeaux. Or la pierre, sur la margelle du puits, était grosse.

3 Quand tous les troupeaux y étaient réunis, on faisait glisser la pierre de dessus la margelle du puits et l'on abreuvait le bétail, puis on replaçait la pierre sur la margelle du puits.

4 Jacob leur dit : "Mes frères, d'où êtes vous ?" Ils répondirent : "Nous sommes de Haran."

5 Il leur dit : "Connaissez-vous Laban, fils de Nahor ?" Ils répondirent : "Nous le connaissons."

6 Il leur dit : "Est-il en paix ?" Et ils répondirent : "En paix ; et voici Rachel, sa fille, qui vient avec son troupeau."

7 "Mais," reprit-il, "le jour est encore long, il n'est pas

l'heure de faire rentrer le bétail : abreuvez les brebis et les menez paître."

8 Ils dirent : "Nous ne saurions, jusqu'à ce que tous les troupeaux soient rassemblés : on déplacera alors la pierre qui couvre l'orifice du puits et nous ferons boire les brebis."

9 Comme il s'entretenait avec eux, Rachel vint avec le troupeau de son père car elle était bergère.

10 Lorsque Jacob vit Rachel, fille de Laban, frère de sa mère et les brebis de ce dernier, il s'avança, fit glisser la pierre de dessus la margelle du puits et fit boire les brebis de Laban, frère de sa mère.

11 Et Jacob embrassa Rachel et il éleva la voix en pleurant.

12 Et Jacob apprit à Rachel qu'il était parent de son père, qu'il était le fils de Rébecca. Elle courut l'annoncer à son père.

13 Aussitôt que Laban eut appris l'arrivée de Jacob, le fils de sa sœur, il courut au devant de lui, il l'embrassa, le couvrit de baisers et l'emmena dans sa demeure. Jacob raconta à Laban tous ces événements.

14 Laban lui dit : "Tu n'es rien moins que mon corps et ma chair !" Et il demeura avec lui un mois durant.

15 Alors Laban dit à Jacob : "Quoi ! parce que tu es mon parent, tu me servirais gratuitement ? Déclare moi quel doit être ton salaire."

16 Or, Laban avait deux filles : le nom de l'aînée était Léa, celui de la cadette Rachel.

17 Léa avait les yeux faibles ; Rachel était belle de taille et belle de visage.

18 Jacob avait conçu de l'amour pour Rachel. Il dit : "Je te servirai sept ans pour Rachel, ta plus jeune fille."

19 Laban répondit : "J'aime mieux te la donner que de la donner à un autre époux : demeure avec moi."

20 Jacob servit, pour obtenir Rachel, sept années et elles furent à ses yeux comme quelques jours, tant il l'aimait.

21 Jacob dit à Laban : "Donne-moi ma femme, car mon temps est accompli et je veux m'unir à elle."

22 Laban réunit tous les habitants du lieu et donna un festin.

23 Mais, le soir venu, il prit Léa sa fille et la lui amena et Jacob s'unit à elle.

24 Laban avait aussi donné Zilpa, son esclave, à Léa, sa fille, comme esclave.

25 Or, le matin, il se trouva que c'était Léa ; et il dit à Laban : "Que m'as-tu fait là ! N'est ce pas pour Rachel que j'ai servi chez toi ? Et pourquoi m'as-tu trompé ?"

26 Laban répondit : "Ce n'est pas l'usage, dans notre pays, de marier la cadette avant l'aînée.

27 Achève la semaine de celle ci et nous te donnerons également celle là en échange du service que tu feras encore chez moi pendant sept autres années."

28 Ainsi fit Jacob, il acheva la semaine de la première ; puis Laban lui accorda Rachel, sa fille, pour épouse.

29 Laban donna, à Rachel sa fille, Bilha, son esclave, pour qu'elle devint la sienne.

30 Jacob s'unit pareillement à Rachel et persista à aimer Rachel plus que Léa ; et il servit encore chez Laban sept autres années.

31 Le Seigneur considéra que Léa était dédaignée et il rendit son sein fécond, tandis que Rachel fut stérile.

32 Léa conçut et enfanta un fils. Elle le nomma Ruben "parce que, dit elle, le Seigneur a vu mon humiliation, de sorte qu'à présent mon époux m'aimera."

33 Elle conçut de nouveau et enfanta un fils. Elle dit : "Parce

que le Seigneur a entendu que j'étais dédaignée, il m'a accordé aussi celui là." Et elle l'appela Siméon.

34 Elle conçut de nouveau et enfanta un fils. Elle dit : "Ah ! désormais mon époux me sera attaché, puisque je lui ai donné trois fils." C'est pourquoi on l'appela Lévi.

35 Elle conçut encore et mit au monde un fils et elle dit : "Pour le coup, je rends grâce à l'Éternel !" C'est pourquoi elle le nomma Juda. Alors elle cessa d'enfanter.

CHAPITRE TRENTE

Rachel, voyant qu'elle ne donnait pas d'enfants à Jacob, conçut de l'envie contre sa sœur et elle dit à Jacob." Rends moi mère, autrement j'en mourrai !"

2 Jacob se fâcha contre Rachel et dit : "Suis je à la place de Dieu, qui t'a refusé la fécondité ?"

3 Elle dit alors : "Voici ma servante Bilha, approche toi d'elle ; elle enfantera dans mes bras, et, par elle, moi aussi je serai mère."

4 Elle lui donna Bilha, son esclave, comme épouse et Jacob s'approcha d'elle.

5 Bilha conçut et enfanta un fils à Jacob.

6 Rachel dit alors : "Le Seigneur m'a jugée et il a écouté ma voix aussi en me donnant un fils." C'est pourquoi elle le nomma Dan.

7 Bilha, l'esclave de Rachel, conçut de nouveau et enfanta un second fils à Jacob.

8 Et Rachel dit : "C'est une lutte de Dieu que j'ai entreprise

contre ma sœur et pourtant je triomphe !" Et elle le nomma Nephtali.

9 Léa, voyant qu'elle avait discontinué d'enfanter, prit Zilpa, son esclave et la donna à Jacob comme épouse.

10 Zilpa, esclave de Léa, donna à Jacob un fils.

11 Et Léa dit : "Une bande m'arrive !"

12 Zilpa, esclave de Léa, donna un second fils à Jacob.

13 Et Léa dit : "Il est né pour mon bonheur ! Oui, les filles m'ont nommée bienheureuse." Et elle l'appela Aser.

14 Or, Ruben étant allé aux champs à l'époque de la récolte du froment, y trouva des mandragores et les apporta à Léa sa mère. Rachel dit à Léa ; "Donne-moi, je te prie, des mandragores de ton fils."

15 Elle lui répondit : "N'est ce pas assez que tu te sois emparée de mon époux, sans prendre encore les mandragores de mon fils ?" Rachel reprit : "Eh bien ! Il reposera cette nuit avec toi en échange des mandragores de ton fils."

16 Jacob revenant des champs, le soir, Léa sortit à sa rencontre et dit : "C'est à mes côtés que tu viendras, car je t'ai retenu pour les mandragores de mon fils." Et il reposa près d'elle cette nuit là.

17 Le Seigneur exauça Léa : elle conçut et enfanta à Jacob un cinquième fils.

18 Et Léa dit "Le Seigneur m'a récompensée d'avoir donné mon esclave à mon époux." Et elle lui donna le nom d'Issachar.

19 Léa conçut de nouveau et donna un sixième fils à Jacob.

20 Et Léa dit : "Le Seigneur m'a accordée, moi, comme un don précieux ; désormais mon époux fera de moi sa compagne, car je lui ai enfanté six fils." Et elle appela celui ci Zabulon.

21 Plus tard elle enfanta une fille et elle la nomma Dina.

22 Le Seigneur se souvint de Rachel : il l'exauça et donna la fécondité à son sein.

23 Elle conçut et enfanta un fils ; et elle dit : "Dieu a effacé ma honte."

24 Elle énonça son nom Joseph, en disant "Dieu veuille me donner encore un second fils !"

25 Or, après que Rachel eut donné le jour à Joseph, Jacob dit à Laban : "Laisse moi partir, que je retourne chez moi, dans mon pays.

26 Donne moi mes femmes et mes enfants, ces femmes pour lesquelles je t'ai servi et que je m'en aille : car tu sais toi même avec quel zèle je t'ai servi."

27 Laban lui répondit : "Ah ! Si je trouvais grâce à tes yeux ! J'avais bien auguré ; l'Éternel m'a béni à cause de toi."

28 Il continua : "Dicte moi ton salaire, je le donnerai."

29 Il lui répondit : "Tu sais comment je t'ai servi et ce qu'est devenu ton bétail entre mes mains.

30 Oui, de faible qu'il était avant moi, il s'est accru considérablement et l'Éternel t'a béni grâce à moi. Et maintenant, quand travaillerai-je à mon tour pour ma famille ?"

31 Il répondit : "Que te donnerai-je ?" Jacob répliqua : "Tu ne me donneras rien ; mais si tu m'accordes la chose que voici, je recommencerai à conduire ton menu bétail, à le surveiller.

32 Je passerai en revue tout ton bétail aujourd'hui pour en écarter tous les agneaux pointillés et mouchetés et tous les agneaux bruns, parmi les brebis et les chevreaux mouchetés et pointillés, parmi les chèvres : ce sera mon salaire.

33 Mon droit parlera pour moi au jour à venir, où tu viendras vérifier mon salaire par tes yeux tout ce qui ne sera pas pointillé ou moucheté parmi les chèvres, brun parmi les brebis, je l'aurai volé."

34 Laban répondit : "Bien ; qu'il en soit comme tu as dit."

35 Il mit à part, ce jour même, les boucs rayés ou mouchetés, toutes les chèvres pointillées ou mouchetées, tout ce qui était mêlé de blanc et toutes les brebis brunes et il les remit entre les mains de ses fils.

36 Il mit une distance de trois journées entre lui et Jacob ; et Jacob conduisit paître le reste du troupeau de Laban.

37 Or, Jacob se pourvut de rameaux verts de peuplier, d'amandier et de platane ; il y pratiqua des entailles blanches en mettant à découvert la blancheur des rameaux.

38 Il fixa les rameaux, ainsi écorcés, dans les rigoles, dans les auges où le menu bétail venait boire en face du menu bétail et entrait en chaleur en venant ainsi boire.

39 Les brebis s'échauffèrent devant les rameaux et produisirent des agneaux rayés, pointillés, mouchetés.

40 Ces agneaux, Jacob les tenait à distance et il tournait la face du bétail de Laban, du coté des tachetés et des bruns ; plus tard il les réunit en troupeau pour lui seul et ne les mêla point au bétail de Laban.

41 Or, chaque fois que les brebis se livraient avec ardeur à l'accouplement, Jacob exposait les rameaux à leurs regards, dans les rigoles, pour qu'elles conçussent devant ces rameaux,

42 mais quand elles s'y livraient languissamment, il ne le faisait point : de sorte que les agneaux débiles furent pour Laban, les vigoureux pour Jacob.

43 Cet homme s'enrichit prodigieusement ; il acquit du menu bétail en quantité, des esclaves mâles et femelles, des chameaux et des ânes.

CHAPITRE TRENTE-ET-UN

Or, il fut instruit des propos des fils de Laban, qui disaient : "Jacob s'est emparé de tout ce que possédait notre père ; c'est des biens de notre père qu'il a créé toute cette opulence."

2 Jacob remarqua que la face de Laban n'était plus à son égard comme précédemment.

3 Et l'Éternel dit à Jacob : "Retourne au pays de tes pères, dans ton lieu natal ; je serai avec toi."

4 Alors Jacob envoya quérir Rachel et Léa aux champs, près de son troupeau ;

5 et il leur dit : "Je vois, au visage de votre père, qu'il n'est plus pour moi comme hier ni avant hier ; mais le Dieu de mon père a été avec moi.

6 Pour vous, vous savez que j'ai servi votre père de toutes mes forces,

7 tandis que votre père s'est joué de moi et dix fois a changé mon salaire ; mais Dieu n'a pas permis qu'il me fit du tort.

8 Lorsqu'il parlait ainsi : 'Les bêtes pointillées seront ton salaire', tout le bétail produisait des animaux pointillés ; disait-il : 'Les rayés seront ton salaire', tout le bétail en produisait des rayés.

9 C'est Dieu qui a dégagé le bétail de votre père et me l'a donné.

10 Or, à l'époque où les troupeaux s'accouplent, je levai les yeux et j'eus une vision et voici que les mâles qui fécondaient le bétail étaient rayés, pointillés et grivelés.

11 Un envoyé du Seigneur me dit dans la vision : 'Jacob !' Je répondis : 'Me voici.'

12 Il reprit : 'Lève les yeux et regarde ; tous les mâles qui fécondent le bétail sont rayés, pointillés et grivelés. C'est que j'ai vu la conduite de Laban à ton égard.

13 Je suis la Divinité de Béthel, où tu as consacré un monument, où tu as prononcé un vœu en mon honneur. Maintenant, dispose-toi à sortir de ce pays et retourne au pays de ta naissance.' "

14 Pour réponse, Rachel et Léa lui dirent : "Est il encore pour nous une part et un héritage dans la maison de notre père ?

15 N'avons nous pas été considérées par lui comme des étrangères, puisqu'il nous a vendues ? Il a consommé, oui, consommé notre bien !

16 Certes, toute la fortune que Dieu a retirée à notre père, elle est à nous et à nos enfants ; et maintenant, tout ce que Dieu t'a dit, fais le."

17 Jacob s'y disposa. Il fit monter ses fils et ses femmes sur les chameaux ;

18 il emmena tout son bétail avec tous les biens qu'il avait amassés, possessions à lui, qu'il avait acquises dans le territoire d'Aram et s'achemina vers son père Isaac au pays de Canaan.

19 Comme Laban était allé faire la tonte de ses brebis, Rachel déroba les pénates de son père.

20 Jacob trompa l'esprit de Laban l'Araméen, en s'enfuyant sans lui rien dire.

21 Il s'enfuit donc, lui et tout ce qui lui appartenait ; il se mit en devoir de passer le fleuve, puis il se dirigea vers le mont Galaad.

22 Laban fut informé, le troisième jour, que Jacob s'était enfui.

23 Il prit ses frères avec lui, le poursuivit l'espace de sept journées et le joignit au mont Galaad.

24 Mais Dieu visita Laban l'Araméen dans un songe nocturne et lui dit : "Garde toi d'interpeller Jacob, en bien ou en mal."

25 Laban arriva jusqu'à Jacob. Or, Jacob avait dressé sa tente sur la montagne et Laban posta ses frères sur la même montagne de Galaad.

26 Laban dit à Jacob : "Qu'as-tu fait ? Tu as abusé mon esprit et tu as emmené mes filles comme des prisonnières de guerre !

27 Pourquoi t'es tu enfui furtivement et m'as tu trompé et ne m'as tu rien dit ? Mais je t'aurais reconduit avec allégresse, avec des chants, au son du tambourin et de la harpe !

28 Et puis, tu ne m'as pas laissé embrasser mes fils et mes filles ! Certes, tu as agi en insensé.

29 Il serait au pouvoir de ma main de vous faire du mal ; mais le Dieu de votre père, cette nuit, m'a parlé ainsi : 'Garde toi d'interpeller Jacob, soit en bien, soit en mal.'

30 Et maintenant que tu t'en vas, parce que tu soupires après la maison de ton père, pourquoi as tu dérobé mes dieux ?"

31 Jacob répondit en ces termes à Laban : "J'ai craint, parce que je me disais que tu pourrais m'enlever de force tes filles.

32 Quant à celui que tu trouverais en possession de tes dieux, qu'il cesse de vivre ! En présence de nos frères, vérifie toi même ce qui est par devers moi et reprends ton bien." Or, Jacob ne savait pas que Rachel les avait dérobés.

33 Laban entra dans la tente de Jacob, dans celle de Léa, dans celle des deux servantes et ne les trouva point. Étant sorti de la tente de Léa, il entra dans celle de Rachel.

34 Mais Rachel avait pris les pénates, les avait cachés dans la selle du chameau et s'était assise dessus. Laban fouilla toute la tente et ne les trouva point.

35 Elle dit à son père : "Ne sois pas offensé, mon seigneur, si je ne puis me lever devant toi à cause de l'incommodité habituelle des femmes." Il chercha encore et il ne trouva point les pénates.

36 Jacob s'emporta en plaintes contre Laban ; il se récria, disant à Laban : "Quel est mon crime, quelle est ma faute, pour que tu t'acharnes après moi ?

37 Après avoir fureté tout mon ménage, qu'as tu découvert qui appartienne à ta maison ? Éxpose le ici, en présence de mes frères et des tiens et qu'ils se prononcent entre nous deux !

38 Ces vingt ans que j'ai été chez toi, tes brebis, ni tes chèvres n'ont avorté et les béliers de ton troupeau, je n'en ai point mangé.

39 La bête mise en pièces, je ne te l'ai point rapportée ; c'est moi qui en souffrais le dommage, tu me la faisais payer, qu'elle eût été prise le jour, qu'elle eût été ravie la nuit.

40 J'étais, le jour, en proie au hâle et aux frimas la nuit ; et le sommeil fuyait de mes yeux.

41 J'ai passé ainsi vingt années dans ta maison ! Je t'ai servi quatorze ans pour tes deux filles et six ans pour ton menu bétail et tu as changé dix fois mon salaire.

42 Si le Dieu de mon père, le Dieu d'Abraham et celui que révère Isaac ne m'était venu en aide, certes, actuellement tu m'aurais laissé partir les mains vides. Dieu a vu mon humiliation et le labeur de mes mains et il a prononcé hier."

43 Laban répondit à Jacob : "Ces filles sont mes filles et ces fils sont mes fils et ce bétail est le mien ; tout ce que tu vois m'appartient. Étant mes filles, comment agirais je contre elles, dès lors, ou contre les fils qu'elles ont enfantés ?

44 Maintenant, tiens, concluons une alliance, moi et toi, ce sera une alliance entre nous deux."

45 Jacob prit une pierre et l'érigea en monument.

46 Et il dit à ses frères : "Ramassez des pierres." Ils prirent des pierres et en firent un monceau et l'on mangea là, sur le monceau.

47 Laban l'appela Yegar Sahadouthâ et Jacob le nomma Galed.

48 Laban avait dit : "Ce monceau est un témoin entre nous deux dès aujourd'hui." De là on énonça son nom Galed ;

49 et aussi Miçpa, parce qu'il dit : "L'Éternel sera présent entre nous deux, alors que nous serons cachés l'un à l'autre.

50 Si tu outrageais mes filles ; si tu associais d'autres épouses à mes filles nul n'est avec nous ; mais vois ! Dieu est témoin entre moi et toi !"

51 Laban dit à Jacob : "Tu vois ce monceau, tu vois ce monument que j'ai posé entre nous deux ; soit témoin ce monceau,

52 soit témoin cette pierre, que je ne dépasserai point de ton côté ce monceau, que tu ne dépasseras point de mon côté ce monceau ni cette pierre, dans des vues mauvaises.

53 Puissent nous juger le Dieu d'Abraham et le dieu de Nahor, les divinités de leur père !" Et Jacob jura par le Dieu révéré de son père Isaac.

54 Jacob égorgea des animaux sur la montagne et invita ses parents au festin. Ils y prirent part et passèrent la nuit sur la montagne.

CHAPITRE TRENTE-DEUX

Laban se leva de bon matin, embrassa ses fils et ses filles et les bénit ; puis il partit et s'en retourna chez lui.

2 Pour Jacob, il poursuivit son voyage ; des envoyés du Seigneur se trouvèrent sur ses pas.

3 Jacob dit en les voyant : "Ceci est la légion du Seigneur !" Et il appela cet endroit Mahanayim.

4 Jacob envoya des messagers en avant, vers Ésaü son frère, au pays de Séir, dans la campagne d'Édom.

5 Il leur avait donné cet ordre : "Vous parlerez ainsi à mon seigneur, à Ésaü : 'Ainsi parle ton serviteur Jacob :

6 J'ai séjourné chez Laban et prolongé mon séjour jusqu'à présent. J'ai acquis boeufs et ânes, menu bétail, esclaves mâles et femelles ; je l'envoie annoncer à mon seigneur, pour obtenir faveur à ses yeux.' "

7 Les messagers revinrent près de Jacob, en disant : "Nous

sommes allés trouver ton frère Ésaü ; lui même vient à ta rencontre et quatre cents hommes l'accompagnent."

8 Jacob fut fort effrayé et plein d'anxiété. Il distribua son monde, le menu, le gros bétail et les chameaux en deux bandes,

9 se disant : "Si Ésaü attaque l'une des bandes et la met en pièces, la bande restante deviendra une ressource."

10 Puis Jacob dit "O Divinité de mon père Abraham, Divinité d'Isaac mon père ! Éternel, toi qui m'as dit : 'Retourne à ton pays et à ton lieu natal, je te comblerai ;'

11 je suis peu digne de toutes les faveurs et de toute la fidélité que tu as témoignées à ton serviteur, moi qui, avec mon bâton, avais passé ce Jourdain et qui à présent possède deux légions.

12 Sauve moi, de grâce, de la main de mon frère, de la main d'Ésaü ; car je crains qu'il ne m'attaque et ne me frappe, joignant la mère aux enfants !

13 Pourtant, tu as dit : 'Je te comblerai de faveurs et j'égalerai ta descendance au sable de la mer, dont la quantité est incalculable.' "

14 Il établit là son gîte pour cette nuit et il choisit, dans ce qui se trouvait en sa possession un hommage pour Ésaü son frère :

15 deux cents chèvres et vingt boucs, deux cents brebis et vingt béliers ;

16 trente chamelles laitières avec leurs petits, quarante vaches et dix taureaux, vingt ânesses et dix ânes.

17 Il remit aux mains de ses esclaves chaque troupeau à part et il leur dit : "Marchez en avant et laissez un intervalle entre un troupeau et l'autre."

18 Il donna au premier l'ordre suivant : "Lorsqu'Ésaü, mon frère, te rencontrera et te demandera : 'A qui es-tu ? où vas tu ? et pour qui ce bétail qui te précède ?'

19 Tu répondras : 'A ton serviteur Jacob ; ceci est un hommage adressé à mon seigneur Ésaü ; et Jacob lui même nous suit.' "

20 Il ordonna de même au second, de même au troisième, de même à tous ceux qui conduisaient les troupeaux, en disant : "C'est ainsi que vous parlerez à Ésaü quand vous le rencontrerez.

21 Et vous direz : 'Voici que lui même, ton serviteur Jacob nous suit" car il disait : "Je veux rasséréner son visage par le présent qui me devance et puis je regarderai son visage, peut être deviendra t il bienveillant pour moi."

22 Le présent défila devant lui et lui, demeura cette nuit dans le camp.

23 Il se leva, quant à lui, pendant la nuit ; il prit ses deux femmes, ses deux servantes et ses onze enfants et passa le gué de Jaboc.

24 Puis il les aida à traverser le torrent et fit passer ce qui lui appartenait.

25 Jacob étant resté seul, un homme lutta avec lui, jusqu'au lever de l'aube.

26 Voyant qu'il ne pouvait le vaincre, il lui pressa la cuisse ; et la cuisse de Jacob se luxa tandis qu'il luttait avec lui.

27 Il dit : "Laisse moi partir, car l'aube est venue." Il répondit : "Je ne te laisserai point, que tu ne m'aies béni."

28 Il lui dit alors : "Quel est ton nom ?" Il répondit : "Jacob."

29 Il reprit : "Jacob ne sera plus désormais ton nom, mais bien Israël ; car tu as jouté contre des puissances célestes et humaines et tu es resté fort."

30 Jacob l'interrogea en disant : "Apprends-moi, je te prie, ton nom." Il répondit : "Pourquoi t'enquérir de mon nom ?" Et il le bénit alors.

31 Jacob appela ce lieu Penïel "parce que j'ai vu un être divin face à face et que ma vie est restée sauve."

32 Le soleil commençait à l'éclairer lorsqu'il eut quitté Penïél ; il boitait alors à cause de sa cuisse.

33 C'est pourquoi les enfants d'Israël ne mangent point aujourd'hui encore le nerf sciatique, qui tient à la cavité de la cuisse ; parce que Jacob fut touché à la cavité de la cuisse, sur le nerf sciatique.

CHAPITRE TRENTE-TROIS

Jacob, levant les yeux, aperçut Ésaü qui venait, accompagné de quatre cents hommes. Il répartit les enfants entre Léa, Rachel et les deux servantes.

2 Il plaça les servantes avec leurs enfants au premier rang, Léa et ses enfants derrière, Rachel et Joseph les derniers.

3 Pour lui, il prit les devants et se prosterna contre terre, sept fois, avant d'aborder son frère.

4 Ésaü courut à sa rencontre, l'embrassa, se jeta à son cou et le baisa ; et ils pleurèrent.

5 En levant les yeux, il vit les femmes et les enfants et dit :"Que te sont ceux là ?" Il répondit : "Ce sont les enfants dont Dieu a gratifié ton serviteur."

6 Les servantes s'approchèrent ainsi que leurs enfants et se prosternèrent.

7 Léa aussi s'approcha avec ses enfants et ils se prosternèrent ; puis, Joseph s'approcha avec Rachel et ils seprosternèrent.

8 Il reprit : "Qu'est ce que toute cette troupe, venant de ta part, que j'ai rencontrée ?" Il répondit : "Pour obtenir la bienveillance de mon seigneur."

9 Ésaü dit : "J'en ai amplement ; mon frère, garde ce que tu as."

10 Jacob répondit : "Oh non ! Si toutefois j'ai trouvé grâce à tes yeux, tu accepteras cet hommage de ma main ; puisque aussi bien j'ai regardé ta face comme on regarde la face d'un puissant et que tu m'as agréé.

11 Reçois donc le présent que de ma part on t'a offert, puisque Dieu m'a favorisé et que je possède suffisamment." Sur ses instances Ésaü accepta.

12 Il dit : "Partons et marchons ensemble ; je me conformerai à ton pas."

13 Il lui répondit : "Mon seigneur sait que ces enfants sont délicats, que ce menu et ce gros bétail qui allaitent exigent mes soins ; si on les surmène un seul jour, tout le jeune bétail périra.

14 Que mon seigneur veuille passer devant son serviteur ; moi, je cheminerai à ma commodité, selon le pas de la suite qui m'accompagne et selon le pas des enfants, jusqu'à ce que je rejoigne mon seigneur à Séir."

15 Ésaü dit : "Je veux alors te faire escorter par une partie de mes hommes." Il répondit : "A quoi bon ? Je voudrais trouver grâce aux yeux de mon seigneur !"

16 Ce jour même, Ésaü reprit le chemin de Séir.

17 Quant à Jacob, il se dirigea vers Soukkoth ; il s'y bâtit une demeure et pour son bétail il fit des enclos : c'est pourquoi l'on appela cet endroit Soukkoth.

18 Jacob arriva ensuite à Salem, ville de Sichem, dans le pays de Canaan, à son retour du territoire d'Aram ; et il se fixa à l'entrée de cette ville.

19 Il acquit la portion de terrain ou il établit sa tente, de la main des enfants de Hamor, père de Sichem pour cent kesita.

20 Il y érigea un autel qu'il dénomma : "le Seigneur est le Dieu d'Israël."

CHAPITRE TRENTE-QUATRE

Or, Dina, la fille que Léa avait enfantée à Jacob, sortit pour faire connaissance avec les filles du pays.

2 Elle fut remarquée de Sichem, fils de Hamor le Hévéen, gouverneur du pays ; il l'enleva et s'approcha d'elle en lui faisant violence.

3 Puis son cœur s'attacha à Dina, fille de Jacob ; il aima la jeune fille et il parla à son cœur.

4 Sichem dit à Hamor, son père : "Obtiens moi cette jeune fille pour épouse."

5 Jacob apprit qu'on avait déshonoré Dina, sa fille. Ses fils étaient avec son bétail, dans les champs ; Jacob se tut jusqu'à leur retour.

6 Hamor, père de Sichem, se rendit auprès de Jacob pour lui parler.

7 Mais les enfants de Jacob étaient revenus des champs à cette nouvelle et ces hommes étaient consternés et leur indigna-

tion était grande ; car une flétrissure avait eu lieu en Israël par le viol de la fille de Jacob et ce n'est pas ainsi qu'on devait agir.

8 Hamor leur parla en ces termes : "Sichem, mon fils, a le cœur épris de votre fille ; donnez-la lui, je vous prie, pour épouse.

9 Alliez-vous avec nous ; donnez-nous vos filles et épousez les nôtres.

10 Demeurez avec nous ; le pays vous est ouvert : restez y, exploitez le et formez y des établissements."

11 Sichem dit au père de la jeune fille et à ses frères :"Puisse-je trouver faveur auprès de vous ! Ce que vous me demanderez, je le donnerai.

12 Imposez-moi le douaire et les dons les plus considérables, je donnerai ce que vous me direz ; accordez-moi seulement la jeune fille pour épouse."

13 Les fils de Jacob usèrent de ruse en répondant à Sichem et à Hamor son père, parce qu'on avait souillé Dina, leur sœur.

14 Ils leur dirent : "Nous ne saurions agir ainsi, donner notre sœur à un homme incirconcis : ce serait un déshonneur pour nous.

15 Toutefois, à ce prix nous serons d'accord avec vous : si vous devenez comme nous, en circoncisant tout mâle d'entre vous.

16 Alors nous vous donnerons nos filles et nous accepterons les vôtres pour nous ; nous habiterons avec vous et nous formerons un seul peuple.

17 Que si vous ne nous écoutez pas pour la circoncision, nous prenons notre fille et nous nous retirons."

18 Leurs paroles plurent à Hamor et à Sichem son fils.

19 Et le jeune homme n'hésita point à effectuer la chose,

épris qu'il était de la fille de Jacob ; d'ailleurs, il était considéré entre tous dans la maison de son père.

20 Hamor alla, avec Sichem son fils, vers la porte de leur ville et ils parlèrent aux habitants de leur ville en ces termes :

21 "Ces hommes sont de bonne foi avec nous ; qu'ils résident dans le pays et qu'ils l'exploitent, le pays est assez vaste pour les admettre ; nous prendrons leurs filles pour épouses et nous leur accorderons les nôtres.

22 Pourtant, à une condition, ces hommes consentent à demeurer avec nous pour former un même peuple : c'est que tout mâle parmi nous soit circoncis comme ils le sont eux mêmes.

23 Leurs troupeaux, leurs possessions, tout leur bétail, n'est il pas vrai, seront à nous. Accédons seulement à leur désir et ils demeureront avec nous."

24 Tous ceux qui habitaient l'enceinte de la ville écoutèrent Hamor et Sichem son fils ; et tout mâle fut circoncis, parmi les citoyens de la ville.

25 Or, le troisième jour, comme ils étaient souffrants, deux des fils de Jacob, Siméon et Lévi, frères de Dina, prirent chacun leur épée, marchèrent sur la ville avec assurance et tuèrent tous les mâles ;

26 et Hamor et Sichem son fils, ils les passèrent au fil de l'épée ; ils emmenèrent Dina hors de la maison de Sichem et ils ressortirent.

27 Les fils de Jacob vinrent dépouiller les cadavres et pillèrent la ville qui avait déshonoré leur sœur :

28 leur menu bétail, leur gros bétail, leurs ânes, ce qu'ils avaient à la ville, ce qu'ils avaient aux champs, ils le ravirent.

29 Tous leurs biens, tous leurs enfants et leurs femmes, ils les emmenèrent et les dépouillèrent, avec tout ce qui était dans les maisons.

30 Jacob dit à Siméon et à Lévi : "Vous m'avez rendu malheureux en me mettant en mauvaise odeur chez les habitants du pays, le Cananéen et le Phérézéen ; moi, je suis une poignée d'hommes, ils se réuniront contre moi et me frapperont et je serai exterminé avec ma famille."

31 Ils répondirent : "Devait-on traiter notre sœur comme une prostituée ?"

CHAPITRE TRENTE-CINQ

L e Seigneur dit à Jacob : "Va, monte à Béthel et y séjourne ; et élèves-y un autel au Dieu qui t'apparut, lorsque tu fuyais devant Ésaü ton frère."

2 Jacob dit à sa famille et à tous ses gens : "Faites disparaître les dieux étrangers qui sont au milieu de vous ; purifiez vous et changez de vêtements.

3 Disposons-nous à monter à Béthel ; j'y érigerai un autel au Dieu qui m'exauça à l'époque de ma détresse et qui fut avec moi sur la route où je marchais."

4 Ils remirent à Jacob tous les dieux étrangers qui étaient en leur possession et les joyaux qui étaient à leurs oreilles et Jacob les enfouit sous le tilleul qui était près de Sichem.

5 Ils partirent ; dominées par une terreur divine, les villes d'alentour ne poursuivirent pas les fils de Jacob.

6 Jacob arriva à Louz, qui est dans le pays de Canaan, la même que Béthel, lui et tous ceux qui l'accompagnaient.

7 Là il dressa un autel et il appela l'endroit Él béth Él ; car là

les puissances célestes lui étaient apparues, comme il fuyait à cause de son frère.

8 Débora, nourrice de Rébecca, étant morte alors, fut enterrée au dessous de Béthel, au pied d'un chêne qui fut appelé le Chêne des Pleurs.

9 Dieu apparut de nouveau à Jacob, à son retour du territoire d'Aram et il le bénit.

10 Dieu lui dit : "Tu te nommes Jacob ; mais ton nom, désormais, ne sera plus Jacob, ton nom sera Israël" ; il lui donna ainsi le nom d'Israël"

11 Et Dieu lui dit : "Je suis le Dieu tout puissant : tu vas croître et multiplier ! Un peuple, un essaim de peuples naîtra de toi et des rois sortiront de tes entrailles.

12 Et le pays que j'ai accordé à Abraham et à Isaac, je te l'accorde et à ta postérité après toi je donnerai ce pays."

13 Le Seigneur disparut d'auprès de lui, dans le lieu où il lui avait parlé.

14 Jacob érigea un monument dans l'endroit où il lui avait parlé, un monument de pierre ; il fit couler dessus une libation et y répandit de l'huile.

15 Et Jacob nomma cet endroit, où le Seigneur s'était entretenu avec lui, Béthel.

16 Ils partirent de Béthel ; il y avait encore une kibra de pays pour arriver à Éfrath lorsque Rachel enfata et son enfantement fut pénible.

17 Comme elle était en proie aux douleurs de cet enfantement, la sage femme lui dit : "Ne sois pas inquiète, car c'est encore un fils qui t'arrive."

18 Or, au moment de rendre l'âme, car elle mourut, elle le nomma Ben-Oni ; mais son père l'appela Benjamin.

19 Rachel mourut donc et fut ensevelie sur le chemin

d'Éfrath, qui est Bethléem.

20 Jacob éleva un monument sur sa tombe : c'est le monument du Tombeau de Rachel, qui subsiste encore aujourd'hui.

21 Israël partit et dressa sa tente au delà de Migdal Éder.

22 Il arriva, tandis qu'Israël résidait dans cette contrée que Ruben alla cohabiter avec Bilha, concubine de son père, Israël en fut instruit. Or, les fils de Jacob furent douze.

23 Fils de Léa : le premier né de Jacob, Ruben ; puis Siméon, Lévi, Juda, Issachar et Zabulon.

24 Fils de Rachel : Joseph et Benjamin.

25 Fils de Bilha, l'esclave de Rachel : Dan et Nephtali ;

26 et fils de Zilpa, l'esclave de Léa : Gad et Aser. Tels sont les fils de Jacob, qui lui naquirent dans le territoire d'Aram.

27 Jacob arriva chez Isaac son père, à Mamré, la cité d'Arba, autrement Hébron, où demeurèrent Abraham et Isaac.

28 Les jours d'Isaac ayant été de cent quatre vingts ans,

29 il défaillit et mourut et rejoignit ses pères, âgé et rassasié de jours. Ésaü et Jacob, ses fils, l'ensevelirent.

CHAPITRE TRENTE-SIX

Ceci est la lignée d'Ésaü, le même qu'Édom.
2 Ésaü choisit ses femmes parmi les filles de Canaan : Ada, fille d'Élôn le Héthéen et Oholibama, fille de Ana, fille de Cibôn le Hévéen ;

3 puis Basemath, fille d'Ismaël, sœur de Nebaïoth.

4 Ada enfanta à Ésaü Élifaz ; Basemath enfanta Reouel ;

5 et Oholibama enfanta Yeouch, Yâlam et Korah. Tels sont les fils d'Ésaü, qui lui naquirent au pays de Canaan.

6 Ésaü prit ses femmes, ses fils, ses filles et tous les gens de sa maison ; ses troupeaux, toutes ses bêtes et tout le bien qu'il avait acquis au pays de Canaan et il émigra vers une autre terre, à cause de son frère Jacob.

7 Car leurs possessions étaient trop nombreuses pour qu'ils pussent habiter en commun ; et le lieu de leur séjour ne pouvait les contenir, à cause de leurs troupeaux.

8 Ésaü se fixa donc sur la montagne de Séir. Ésaü, c'est Édom.

9 Or, voici les générations d'Ésaü, père des Édomites, sur la montagne de Séir.

10 Voici les noms des fils d'Ésaü : Élifaz, fils de Ada, épouse d'Ésaü ; Reouél, fils de Basemath, épouse d'Ésaü.

11 Les fils d'Élifaz furent :

12 Têman, Omar, Cefo, Gàtam et Kenaz. Timna devint concubine d'Élifaz, fils d'Ésaü ; elle lui enfanta Amalec. Tels sont les enfants de Ada, épouse d'Ésaü.

13 Et ceux ci furent les fils de Reouél : Nahath, Zérah, Chamma et Mizza. Tels furent les enfants de Basemath, épouse d'Ésaü.

14 Et ceux-ci furent les fils d'Oholibama, fille de Ana, fille de Cibôn, épouse d'Ésaü : elle enfanta à Ésaü Yeouch, Yâlam et Korah.

15 Suivent les chefs de famille des enfants d'Ésaü. Fils d'Élifaz, premier né d'Ésaü : le chef Témàn, le chef Omar, le chef Cefo, le chef Kenaz ;

16 le chef Korah, le chef Gatam, le chef Amalec. Tels sont les chefs issus d'Élifaz, dans le pays d'Édom ; ceux là sont les fils de Ada.

17 Et ceux-ci sont les fils de Reouél, fils d'Ésaü : le chef Nahath, le chef Zérah, le chef Chamma, le chef Mizza. Tels sont les chefs issus de Reouél, dans le pays d'Édom : ceux là sont les descendants de Basemath épouse d'Ésaü.

18 Et ceux-ci sont les fils d'Oholibama, épouse d'Ésaü : le chef Yeouch, le chef Yâlam, le chef Korah. Tels sont les chefs d'Oholibama, fille de Ana, épouse d'Ésaü.

19 Ce sont là les enfants d Ésaü, ce sont là leurs chefs de famille c'est là Édom.

20 Ceux-ci sont les enfants de Séir, les Horéens, premiers habitants du pays : Lotân, Chobal, Cibôn, Ana ;

21 Dichôn, Écer et Dichân. Tels sont les chefs des Horéens, fils de Séir, dans le pays d'Édom.

22 Les fils de Lotân furent Hori et Hémam ; et la sœur de Lotân, Timna.

23 Voici les enfants de Chobal : Alevân, Manahath, Ébal, Chefo et Onam.

24 Voici les enfants de Cibôn : Veayya et Ana, le même Ana qui trouva les yémîm dans le désert, lorsqu'il menait paître les ânes de Cibôn son père.

25 Voici les enfants de Ana : Dichôn et Oholibama, fille de Ana.

26 Voici les fils de Dichôn : Hemdân, Échbân, Yithrân et Kerân.

27 Voici les fils d'Écre : Bilhân, Zaavân et Akân.

28 Fils de Dichân : Ouç et Arân.

29 Suivent les chefs de famille des Hôréens : le chef Lotân, le chef Chobal, le chef Cibôn, le chef Ana ;

30 le chef Dichôn, le chef Écer, le chef Dichân. Tels étaient les chefs des Horéens, selon leurs familles, dans le pays de Séir.

31 Ce sont ici les rois qui régnèrent dans le pays d'Édom, avant qu'un roi régnât sur les enfants d'Israël.

32 En Édom régna d'abord Béla, fils de Beor ; le nom de sa ville natale : Dinhaba.

33 Béla étant mort, à sa place régna Yobab, fils de Zérah, de Boçra.

34 Yobab étant mort, à sa place régna Houcham, du pays des Témanites.

35 Houcham mort, à sa place régna Hadad, fils de Bedad, qui défit Madian dans la campagne de Moab. Le nom de sa ville : Avith.

36 Hadad mort, à sa place régna Samla, de Masréka.

37 Samla mort, à sa place régna Chaoul, de Rehoboth sur le Fleuve.

38 Chaoul mort, à sa place régna Baal Hanân, fils d'Akbor.

39 Baal Hanân, fils d'Akbor, étant mort, à sa place régna Hadar, dont la ville avait nom Pâou et dont la femme était Mehétabel, fille de Matred, fille de Mé Zahab.

40 Voici maintenant les noms des chefs d'Ésaü, selon leurs familles, leurs résidences, leur titre : le chef Timna, le chef Aleva, le chef Yethéth ;

41 le chef Oholibama, le chef Éla, le chef Pinôn ;

42 le chef Kenaz, le chef Témân, le chef Mibçar ;

43 le chef Magdiel, le chef Iram. Tels sont les chefs d'Édom, selon leurs résidences dans le pays qu'ils occupaient ; tel fut Ésaü, le père d'Édom.

CHAPITRE TRENTE-SEPT

Jacob demeura dans le pays des pérégrinations de son père, dans le pays de Canaan.

2 Voici l'histoire de la descendance de Jacob. Joseph, âgé de dix sept ans, menait paître les brebis avec ses frères. Passant son enfance avec les fils de Bilha et ceux de Zilpa, épouses de son père, Joseph débitait sur leur compte des médisances à leur père.

3 Or Israël préférait Joseph à ses autres enfants parce qu'il était le fils de sa vieillesse ; et il lui avait fait une tunique à rayures.

4 Ses frères, voyant que leur père l'aimait de préférence à eux tous, le prirent en haine et ne purent se résoudre à lui parler amicalement.

5 Joseph, ayant eu un songe, le conta à ses frères et leur haine pour lui s'en accrut encore.

6 Il leur dit : "Écoutez, je vous prie, ce songe que j'ai eu.

7 Nous composions des gerbes dans le champ, soudain ma

gerbe se dressa ; elle resta debout et les vôtres se rangèrent à l'entour et s'inclinèrent devant la mienne."

8 Ses frères lui dirent : "Quoi ! Régnerais-tu sur nous ? Deviendrais-tu notre maître ?" Et ils le haïrent plus encore, pour ses songes et pour ses propos.

9 Il eut encore un autre songe et le raconta à ses frères en disant : "J'ai fait encore un songe où j'ai vu le soleil, la lune et onze étoiles se prosterner devant moi."

10 Il le répéta à son père et à ses frères. Son père le blâma et lui dit : "Qu'est ce qu'un pareil songe ? Eh quoi ! Nous viendrions, moi et ta mère et tes frères, nous prosterner à terre à tes pieds !"

11 Les frères de Joseph le jalousèrent ; mais son père retint l'affaire.

12 Un jour ses frères étaient allés conduire les troupeaux de leur père à Sichem.

13 Israël dit à Joseph : "Tes frères font paître les troupeaux à Sichem. Viens donc, je veux t'envoyer auprès d'eux." Il lui répondit :"Je suis prêt."

14 Il reprit : "Va voir, je te prie, comment se portent tes frères, comment se porte le bétail et rapporte m'en des nouvelles." Il l'envoya ainsi de la vallée d'Hébron et Joseph se rendit à Sichem.

15 Un homme le rencontra errant dans la campagne ; cet homme lui demanda : "Que cherches-tu ?"

16 Il répondit : "Ce sont mes frères que je cherche. Veuille me dire où ils font paître leur bétail."

17 L'homme dit : "Ils sont partis d'ici, car je les ai entendus dire : 'Allons à Dothan'." Joseph s'en alla sur les pas de ses frères et il les trouva à Dothan.

18 Ils l'aperçurent de loin ; et, avant qu'il fût près d'eux, ils complotèrent de le faire mourir.

19 Ils se dirent l'un à l'autre : "Voici venir l'homme aux songes.

20 Or çà, venez, tuons le, jetons le dans quelque citerne, puis nous dirons qu'une bête féroce l'a dévoré. Nous verrons alors ce qui adviendra de ses rêves !"

21 Ruben l'entendit et voulut le sauver de leurs mains ; il se dit : "N'attentons point à sa vie."

22 Ruben leur dit donc : "Ne versez point le sang ! Jetez le dans cette citerne qui est dans le désert, mais ne portez point la main sur lui." C'était pour le sauver de leurs mains et le ramener à son père.

23 En effet, lorsque Joseph fut arrivé près de ses frères ils le dépouillèrent de sa robe, de la tunique à rayures dont il était vêtu ;

24 et ils le saisirent et ils le jetèrent dans la citerne. Cette citerne était vide et sans eau.

25 Comme ils étaient assis pour prendre leur repas, ils levèrent les yeux et virent une caravane d'Ismaélites, laquelle venait de Galaad ; leurs chameaux étaient chargés d'aromates, de baume et de lotus qu'ils allaient transporter en Égypte.

26 Juda dit à ses frères : "Quel avantage, si nous tuons notre frère et si nous scellons sa mort ?

27 Venez, vendons le aux Ismaélites et que notre main ne soit pas sur lui, car il est notre frère, notre chair !" Et ses frères consentirent.

28 Or, plusieurs marchands madianites vinrent à passer, qui tirèrent et firent remonter Joseph de la citerne, puis le vendirent aux Ismaélites pour vingt pièces d'argent. Ceux ci emmenèrent Joseph en Égypte.

29 Ruben revint à la citerne et voyant que Joseph n'y était plus, il déchira ses vêtements,

30 retourna vers ses frères et dit : "L'enfant n'y est plus et moi, où irai je ?"

31 Ils prirent la robe de Joseph, égorgèrent un chevreau et trempèrent la robe dans son sang ;

32 puis ils envoyèrent cette tunique à rayures, qu'on apporta à leur père en disant : "Voici ce que nous avons trouvé ; examine si c'est la tunique de ton fils ou non."

33 Il la reconnut et s'écria : "La tunique de mon fils ! Une bête féroce l'a dévoré ! Joseph, Joseph a été mis en pièces !"

34 Et Jacob déchira ses vêtements et il mit un cilice sur ses reins et il porta longtemps le deuil de son fils.

35 Tous ses fils et toutes ses filles se mirent en devoir de le consoler ; mais il refusa toute consolation et dit : "Non ! Je rejoindrai, en pleurant, mon fils dans la tombe !" Et son père continua de le pleurer.

36 Quant aux Madianites, ils le vendirent en Égypte à Putiphar, officier de Pharaon, chef des gardes.

CHAPITRE TRENTE-HUIT

Il arriva, en ce temps là, que Juda s'éloigna de ses frères et s'achemina vers un habitant d'Adoullam, nommé Hira.

2 Là, Juda vit la fille d'un Cananéen, appelé Choua ; il l'épousa et s'approcha d'elle.

3 Elle conçut et enfanta un fils, à qui il donna le nom d'Ér.

4 Elle conçut encore et eut un fils et elle lui donna le nom d'Onàn.

5 De nouveau elle enfanta un fils et elle le nomma Chéla. Il était à Kezib lorsqu'elle l'enfanta.

6 Juda choisit une épouse à Ér, son premier né ; elle se nommait Thamar.

7 Ér, le premier né de Juda, ayant déplu au Seigneur, le Seigneur le fit mourir.

8 Alors Juda dit à Onàn : "Épouse la femme de ton frère en vertu du lévirat, afin de constituer une postérité à ton frère."

9 Onân comprit que cette postérité ne serait pas la sienne ; et

alors, chaque fois qu'il approchait de la femme de son frère, il corrompait sa voie, afin de ne pas donner de postérité à son frère.

10 Sa conduite déplut au Seigneur, qui le fit mourir de même.

11 Et Juda dit à Thamar, sa belle fille : "Demeure veuve dans la maison de ton père, jusqu'à ce que mon fils Chéla soit plus grand," car il craignait qu'il ne meure, lui aussi, comme ses frères. Et Thamar s'en alla demeurer dans la maison de son père.

12 Longtemps après mourut la fille de Choua, femme de Juda. Quand Juda se fut consolé, il alla surveiller la tonte de ses brebis, avec Hira son ami l'Adoullamite, à Timna.

13 On informa Thamar en ces termes : "Ton beau père monte en ce moment à Timna pour tondre ses brebis."

14 Elle quitta ses vêtements de veuve, prit un voile et s'en couvrit ; et elle s'assit au carrefour des Deux Sources, qui est sur le chemin de Timna. Car elle voyait que Chéla avait grandi et qu'elle ne lui avait pas été donnée pour épouse.

15 Juda, l'ayant aperçue, la prit pour une prostituée ; car elle avait voilé son visage.

16 Il se dirigea de son côté et lui dit : "Laisse moi te posséder." Car il ignorait que ce fût sa belle fille. Elle répondit : "Que me donneras-tu pour me posséder ?"

17 Il répliqua : "Je t'enverrai un chevreau de mon troupeau." Et elle dit : "Bien, si tu me donnes un gage en attendant cet envoi."

18 Il reprit : "Quel gage te donnerai-je ?" Elle répondit : "Ton sceau, ton cordon et le bâton que tu as à la main." Il les lui donna, il approcha d'elle et elle conçut de son fait.

19 Elle se leva et partit ; elle quitta son voile et reprit les vêtements de son veuvage.

20 Juda envoya le chevreau par l'entremise de son ami

l'Adoullamite, pour retirer le gage des mains de cette femme ; il ne la trouva point.

21 Il questionna les gens de l'endroit, disant : "Où est la prostituée qui se tient aux Deux Sources, sur le chemin ?" Ils répondirent :"Il n'y a point de prostituée ici."

22 Il retourna auprès de Juda et dit : "Je ne l'ai pas trouvée ; et même les habitants de l'endroit ont dit qu'il n'y avait point là de prostituée."

23 Et Juda dit : "Qu'elle garde ce qu'elle a et que nous n'ayons pas à rougir ; car enfin, j'ai envoyé ce chevreau et tu n'as pu la trouver."

24 Or, environ trois mois après, on informa Juda, en disant :"Thamar, ta bru, s'est prostituée et elle porte dans son sein le fruit de la débauche." Juda répondit : "Emmenez la et qu'elle soit brûlée !"

25 Comme on l'emmenait, elle envoya dire à son beau père : "Je suis enceinte du fait de l'homme à qui ces choses appartiennent." Et elle dit : "Examine, je te prie, à qui appartiennent ce sceau, ces cordons et ce bâton."

26 Juda les reconnut et dit : "Elle est plus juste que moi, car il est vrai que je ne l'ai point donnée à Chéla mon fils." Cependant il cessa, dès lors, de la connaître.

27 Or il se trouva, lors de son enfantement, qu'elle portait des jumeaux dans son sein.

28 Au moment de sa délivrance, l'un d'eux avança la main ; la sage femme la saisit et y attacha un fil d'écarlate, pour indiquer que celui ci était né le premier.

29 Comme il retirait sa main, voici que son frère vint au monde. Elle dit : "Avec quelle violence tu te fais jour !" Et on lui donna le nom de Péreç.

30 Ensuite naquit son frère, dont la main portait le fil d'écarlate. On lui donna le nom de Zérah.

CHAPITRE TRENTE-NEUF

Joseph fut donc emmené en Égypte. Putiphar, officier de Pharaon, chef des gardes, égyptien, l'acheta aux ismaélites qui l'avaient conduit dans ce pays.

2 Le Seigneur fut avec Joseph, qui devint un homme heureux et fut admis dans la maison de son maître l'égyptien.

3 Son maître vit que Dieu était avec lui ; qu'il faisait prospérer toutes les oeuvres de ses mains,

4 et Joseph trouva faveur à ses yeux et il devint son serviteur ; Putiphar le mit à la tête de sa maison et lui confia tout son avoir.

5 Du moment où il l'eut mis à la tête de sa maison et de toutes ses affaires, le Seigneur bénit la maison de l'Égyptien à cause de Joseph ; et la bénédiction divine s'étendit sur tous ses biens, à la ville et aux champs.

6 Alors il abandonna tous ses intérêts aux mains de Joseph et il ne s'occupa plus avec lui de rien, sinon du pain qu'il mangeait. Or, Joseph était beau de taille et beau de visage.

7 Il arriva, après ces faits, que la femme de son maître jeta les yeux sur Joseph. Elle lui dit : "Viens reposer près de moi."

8 Il s'y refusa, en disant à la femme de son maître : "Vois, mon maître ne me demande compte de rien dans sa maison et toutes ses affaires il les a remises en mes mains ;

9 il n'est pas plus grand que moi dans cette maison et il ne m'a rien défendu, sinon toi, parce que tu es son épouse ; et comment puis je commettre un si grand méfait et offenser le Seigneur ?"

10 Quoiqu'elle en parlât chaque jour à Joseph, il ne cédait point à ses vœux en venant à ses côtés pour avoir commerce avec elle.

11 Mais il arriva, à une de ces occasions, comme il était venu dans la maison pour faire sa besogne et qu'aucun des gens de la maison ne s'y trouvait,

12 qu'elle le saisit par son vêtement, en disant : "Viens dans mes bras !" Il abandonna son vêtement dans sa main, s'enfuit et s'élança dehors.

13 Lorsqu'elle vit qu'il avait laissé son vêtement dans sa main et qu'il s'était échappé,

14 elle appela les gens de sa maison et leur dit : "Voyez ! On nous a amené un Hébreu pour nous insulter ! Il m'a abordée pour coucher avec moi et j'ai appelé à grands cris.

15 Lui, entendant que j'élevais la voix pour appeler à mon aide, a laissé son habit près de moi et il s'est échappé et il est sorti."

16 Elle garda le vêtement de Joseph par devers elle, jusqu'à ce que son maître fût rentré à la maison.

17 Elle lui fit le même récit, disant : "L'esclave hébreu que tu nous a amené est venu près de moi pour m'insulter ;

18 puis, comme j'ai élevé la voix et que j'ai appelé, il a laissé son vêtement près de moi et a pris la fuite."

19 Lorsque le maître entendit le récit que lui faisait son épouse, disant : "Voilà ce que m'a fait ton esclave", sa colère s'enflamma.

20 Le maître de Joseph le fit saisir ; on l'enferma dans la Rotonde, endroit ou étaient détenus les prisonniers du roi ; et il resta là dans la Rotonde.

21 Le Seigneur fut avec Joseph, lui attira de la bienveillance et le rendit agréable aux yeux du gouverneur de la Rotonde.

22 Ce gouverneur mit sous la main de Joseph tous les prisonniers de la Rotonde ; et tout ce qu'on y faisait, c'était lui qui le dirigeait.

23 Le gouverneur de la Rotonde ne vérifiait rien de ce qui passait par sa main, parce que le Seigneur était avec lui ; et ce qu'il entreprenait, le Seigneur le faisait réussir.

CHAPITRE QUARANTE

Il advint, après ces événements que l'échanson du roi d'Égypte et le panetier offensèrent leur maître, le roi d'Égypte.

2 Pharaon, irrité contre ses deux officiers, le maître échanson et le maître panetier,

3 les fit mettre aux arrêts dans la maison du chef des gardes, dans la Rotonde, le même lieu où Joseph était captif.

4 Le chef des gardes mit Joseph à leur disposition et celui ci les servit. Ils étaient depuis quelque temps aux arrêts,

5 lorsqu'ils eurent un rêve tous les deux, chacun le sien, la même nuit et chacun selon le sens de son rêve ; l'échanson et le panetier du roi d'Égypte, détenus dans la Rotonde.

6 Joseph, étant venu près d'eux le matin, remarqua qu'ils étaient soucieux.

7 Il demanda aux officiers de Pharaon, qui étaient avec lui en prison chez son maître : "Pourquoi votre visage est-il sombre aujourd'hui ?"

8 Ils lui répondirent : "Nous avons fait un songe et il n'y a personne pour l'interpréter." Joseph leur dit : "L'interprétation n'est elle pas à Dieu ? Dites les moi, je vous prie."

9 Le maître échanson raconta son rêve à Joseph, en disant :"Dans mon rêve, une vigne était devant moi.

10 A cette vigne étaient trois pampres. Or, elle semblait se couvrir de fleurs, ses bourgeons se développaient, ses grappes mûrissaient leurs raisins.

11 J'avais en main la coupe de Pharaon ; je cueillais les raisins, j'en exprimais le jus dans la coupe de Pharaon et je présentais la coupe à la main du roi."

12 Joseph lui répondit : "En voici l'explication. Les trois pampres, ce sont trois jours.

13 Trois jours encore et Pharaon te fera élargir et il te rétablira dans ton poste ; et tu mettras la coupe de Pharaon dans sa main, comme tu le faisais précédemment en qualité d'échanson.

14 Si tu te souviens de moi lorsque tu seras heureux, rends-moi, de grâce, un bon office : parle de moi à Pharaon et fais moi sortir de cette demeure.

15 Car j'ai été enlevé, oui, enlevé du pays des Hébreux ; et ici non plus je n'avais rien fait lorsqu'on m'a jeté dans ce cachot."

16 Le maître panetier, voyant qu'il avait interprété dans un sens favorable, dit à Joseph : "Pour moi, dans mon songe j'avais trois corbeilles à claire voie sur la tête.

17 La corbeille supérieure contenait tout ce que mange Pharaon en fait de boulangerie ; et les oiseaux le becquetaient dans la corbeille, au dessus de ma tête."

18 Joseph répondit en ces termes : "En voici l'explication. Les trois corbeilles, ce sont trois jours.

19 Trois jours encore et Pharaon te feratrancher la tête et attacher à un gibet ; et les oiseaux viendront becqueter ta chair."

20 Or, le troisième jour, anniversaire de la naissance de Pharaon, celui ci donna un banquet à tous ses serviteurs. Il porta le maître échanson et le maître panetier sur la liste de ses serviteurs.

21 Il préposa de nouveau le maître échanson à sa boisson et celui-ci présenta la coupe à la main de Pharaon ;

22 et le maître panetier, il le fit pendre, ainsi que l'avait présagé Joseph.

23 Mais le maître échanson ne se souvint plus de Joseph, il l'oublia.

CHAPITRE QUARANTE-ET-UN

Après un intervalle de deux années, Pharaon eut un songe, où il se voyait debout au bord du fleuve.

2 Et voici que du fleuve sortaient sept vaches belles et grasses, qui se mirent à paître dans l'herbage ;

3 puis sept autres vaches sortirent du fleuve après elles, celles là chétives et maigres et s'arrêtèrent près des premières au bord du fleuve ;

4 et les vaches chétives et maigres dévorèrent les sept vaches belles et grasses. Alors Pharaon s'éveilla.

5 Il se rendormit et eut un nouveau songe. Voici que sept épis, pleins et beaux, s'élevaient sur une seule tige ;

6 puis sept épis maigres et flétris par le vent d'est, s'élevèrent après eux,

7 et ces épis maigres engloutirent les sept épis grenus et pleins. Pharaon s'éveilla et c'était un songe.

8 Mais, le matin venu, son esprit en fut troublé et il manda

tous les magiciens de l'Égypte et tous ses savants. Pharaon leur exposa son rêve, mais nul ne put lui en expliquer le sens.

9 Alors le maître échanson parla devant Pharaon en ces termes : "Je rappelle, en cette occasion, mes fautes.

10 Un jour, Pharaon était irrité contre ses serviteurs ; et il nous fit enfermer dans la maison du chef des gardes, moi et le maître panetier.

11 Nous eûmes un rêve la même nuit, lui et moi, chacun selon le pronostic de son rêve.

12 Là était avec nous un jeune hébreu, esclave du chef des gardes. Nous lui racontâmes nos songes et il nous les interpréta, à chacun selon le sens du sien.

13 Or, comme il nous avait pronostiqué, ainsi fut-il : moi, je fus rétabli dans mon poste et lui on le pendit."

14 Pharaon envoya quérir Joseph, qu'on fit sur le champ sortir de la geôle ; il se rasa et changea de vêtements, puis il parut devant Pharaon.

15 Et Pharaon dit à Joseph : "J'ai eu un songe et nul ne l'explique ; mais j'ai ouï dire, quant à toi, que tu entends l'art d'interpréter un songe."

16 Joseph répondit à Pharaon en disant : "Ce n'est pas moi, c'est Dieu, qui saura tranquilliser Pharaon."

17 Alors Pharaon parla ainsi à Joseph : "Dans mon songe, je me tenais au bord du fleuve.

18 Et voici que du fleuve sortirent sept vaches grasses et de belle taille, qui vinrent paître dans l'herbage ;

19 puis sept autres vaches les suivirent, maigres, d'apparence fort chétive et toutes décharnées : je n'en ai point vu d'aussi misérables dans tout le pays d'Égypte.

20 Ces vaches maigres et chétives dévorèrent les sept premières vaches, les grasses.

21 Celles ci donc passèrent dans leur corps, mais on ne se serait pas douté qu'elles y eussent passé : elles étaient chétives comme auparavant. Je m'éveillai.

22 Puis je vis en songe sept épis, s'élevant sur une même tige, pleins et beaux ;

23 ensuite sept épis secs, maigres, brûlés par le vent d'est, s'élevèrent après eux,

24 et ces épis maigres absorbèrent les sept beaux épis. Je l'ai raconté aux magiciens et nul ne me l'a expliqué."

25 Joseph dit à Pharaon : "Le songe de Pharaon est un : ce que Dieu prépare, il l'a annoncé à Pharaon.

26 Les sept belles vaches, ce sont sept années ; les sept beaux épis, sept années : c'est un même songe.

27 Et les sept vaches maigres et laides qui sont sorties en second lieu, sept années, de même que les sept épis vides frappés par le vent d'est. Ce seront sept années de famine.

28 C'est bien ce que je disais à Pharaon ce que Dieu prépare, il l'a révélé à Pharaon.

29 Oui, sept années vont venir, abondance extraordinaire dans tout le territoire d'Égypte.

30 Mais sept années de disette surgiront après elles et toute abondance disparaîtra dans le pays d'Égypte et la famine épuisera le pays.

31 Le souvenir de l'abondance sera effacé dans le pays par cette famine qui surviendra, car elle sera excessive.

32 Et si le songe s'est reproduit à Pharaon par deux fois, c'est que la chose est arrêtée devant Dieu, c'est que Dieu est sur le point de l'accomplir.

33 Donc, que Pharaon choisisse un homme prudent et sage et qu'il le prépose au pays d'Égypte.

34 Que Pharaon avise à ce qu'on établisse des commissaires

dans le pays et qu'on impose d'un cinquième le territoire d'Égypte durant les sept années d'abondance.

35 Qu'on amasse toute la nourriture de ces années fertiles qui approchent ; qu'on emmagasine du blé sous la main de Pharaon, pour l'approvisionnement des villes et qu'on le tienne en réserve.

36 Ces provisions seront une ressource pour le pays, lors des sept années de disette qui surviendront en Égypte, afin que ce pays ne périsse pas par la famine."

37 Ce discours plut à Pharaon et à tous ses serviteurs.

38 Et Pharaon dit à ses serviteurs : "Pourrions-nous trouver un homme tel que celui-ci, plein de l'esprit de Dieu ?"

39 Et Pharaon dit à Joseph : "Puisque Dieu t'a révélé tout cela, nul n'est sage et entendu comme toi.

40 C'est toi qui sera le chef de ma maison ; tout mon peuple sera gouverné par ta parole et je n'aurai sur toi que la prééminence du trône."

41 Pharaon dit à Joseph : "Vois ! je te mets à la tête de tout le pays d'Égypte."

42 Et Pharaon ôta son anneau de sa main et le passa à celle de Joseph ; il le fit habiller de byssus et suspendit le collier d'or de son cou.

43 Il le fit monter sur son second char ; on cria devant lui : Abrêk et il fut installé chef de tout le pays d'Égypte.

44 Pharaon dit à Joseph : "Je suis le Pharaon ; mais, sans ton ordre, nul ne remuera la main ni le pied dans tout le pays d'Égypte."

45 Pharaon surnomma Joseph Çâfenath Panéah et il lui donna pour femme Asenath, fille de Pôti Féra, prêtre d'On. Joseph fit une excursion dans le pays d'Égypte.

46 Or, Joseph avait trente ans lorsqu'il parut devant Pharaon,

roi d'Egypte. Joseph, étant sorti de devant Pharaon, parcourut tout le pays d'Egypte.

47 La terre, pendant les sept années de fertilité, produisit d'abondantes moissons.

48 On amassa toutes les denrées des sept années, qui se trouvèrent dans le pays d'Égypte et l'on approvisionna les villes : on mit dans chaque ville les denrées des campagnes d'alentour.

49 Et Joseph fit des amas de blé considérables comme le sable de la mer ; tellement qu'on cessa de le compter, car c'était incalculable.

50 Or, il naquit à Joseph, avant qu'arrivât la période de disette, deux fils, que lui donna Asenath, fille de Pôti Féra, prêtre d'On.

51 Joseph appela le premier né Manassé : "Car Dieu m'a fait oublier toutes mes tribulations et toute la maison de mon père."

52 Au second, il donna le nom d'Éphraïm : "Car Dieu m'a fait fructifier dans le pays de ma misère."

53 Quand furent écoulées les sept années de l'abondance qui régnait dans le pays d'Égypte,

54 survinrent les sept années dedisette, comme l'avait prédit Joseph. Il y eut famine dans tous les pays, mais dans tout le pays d'Égypte il y avait du pain.

55 Tout le territoire égyptien étant affligé par la disette, le peuple demanda à grands cris, à Pharaon, du pain. Mais Pharaon répondit à tous les Égyptiens : "Allez à Joseph ; ce qu'il vous dira, vous le ferez."

56 Comme la famine régnait sur toute la contrée, Joseph ouvrit tous les greniers et vendit du blé aux Égyptiens. La famine persista dans le pays d'Égypte.

57 De tous les pays on venait en Égypte pour acheter à Joseph, car la famine était grande dans toute la contrée.

CHAPITRE QUARANTE-DEUX

Jacob, voyant qu'il y avait vente de blé en Égypte, dit à ses fils : "Pourquoi vous entre regarder ?"

2 Il ajouta "J'ai ouï dire qu'il y avait vente de blé en Égypte. Allez-y, achetez-y du blé pour nous et nous resterons en vie au lieu de mourir."

3 Les frères de Joseph partirent à dix, pour acheter du grain en Égypte.

4 Quant à Benjamin, frère de Joseph, Jacob ne le laissa pas aller avec ses frères, parce qu'il se disait : "Il pourrait lui arriver malheur."

5 Les fils d'Israël vinrent s'approvisionner avec ceux qui allaient en "gypte, la disette régnant dans le pays de Canaan.

6 Or, Joseph était le gouverneur de la contrée ; c'était lui qui faisait distribuer le blé à tout le peuple du pays. Les frères de Joseph à leur arrivée, se prosternèrent devant lui la face contre terre.

7 En voyant ses frères, Joseph les reconnut ; mais il dissimula

vis à vis d'eux, et, leur parlant rudement, leur dit : "D'où venez vous ?" Ils répondirent : "Du pays de Canaan, pour acheter des vivres.

8 Joseph reconnut bien ses frères, mais eux ne le reconnurent point.

9 Joseph se souvint alors des songes qu'il avait eus à leur sujet. Il leur dit : "Vous êtes des espions ! C'est pour découvrir le côté faible du pays que vous êtes venus !"

10 Ils lui répondirent : "Non, seigneur, mais tes serviteurs sont venus pour acheter des vivres.

11 Tous fils d'un même père, nous sommes d'honnêtes gens ; tes serviteurs ne furent jamais des espions."

12 Il leur dit : "Point du tout ! Vous êtes venus reconnaître les côtés faibles du territoire."

13 Ils répondirent : "Nous, tes serviteurs, sommes douze frères, nés d'un même père, habitants du pays de Canaan ; le plus jeune est auprès de notre père en ce moment et l'autre n'est plus."

14 Joseph leur dit : "Ce que je vous ai déclaré subsiste : vous êtes des espions.

15 C'est par là que vous serez jugés : sur la vie de Pharaon, vous ne sortirez pas d'ici que votre plus jeune frère n'y soit venu.

16 Dépêchez l'un de vous pour qu'il aille quérir votre frère et vous, restez prisonniers : on appréciera alors la sincérité de vos paroles. Autrement, par Pharaon ! vous êtes des espions."

17 Et il les garda en prison durant trois jours.

18 Le troisième jour, Joseph leur dit : "Faites ceci et vous vivrez ; je crains le Seigneur.

19 Si vous êtes de bonne foi, qu'un seul d'entre vous soit détenu dans votre prison, tandis que vous irez apporter à vos familles de quoi calmer leur faim.

20 Puis amenez moi votre jeune frère et vos paroles seront justifiées et vous ne mourrez point." Ils acquiescèrent.

21 Et ils se dirent l'un à l'autre : "En vérité nous sommes punis à cause de notre frère ; nous avons vu son désespoir lorsqu'il nous criait de grâce et nous sommes demeurés sourds. Voilà pourquoi ce malheur nous est arrivé."

22 Ruben leur répondit en ces termes : "Est ce que je ne vous disais pas alors : Ne vous rendez point coupables envers cet enfant ! Et vous ne m'écoutâtes point. Eh bien ! Voilà que son sang nous est redemandé."

23 Or ils ne savaient pas que Joseph les comprenaient, car il s'était servi d'un interprète.

24 Il s'éloigna d'eux et pleura ; puis il revint à eux, leur parla et sépara d'eux Siméon, qu'il fit incarcérer en leur présence.

25 Joseph ordonna qu'on remplit leur bagages de blé ; puis qu'on remit l'argent de chacun dans son sac et qu'on leur laissa des provisions de voyage, ce qui fut exécuté.

26 Ils chargèrent leur blé sur leurs ânes et partirent.

27 L'un d'eux, ayant ouvert son sac pour donner du fourrage à son âne, dansune hôtellerie, trouva son argent qui était à l'entrée de son sac.

28 Et il dit à ses frères : "Mon argent a été remis ; et de fait, le voici dans mon sac." Le cœur leur manqua et ils s'entreregardèrent effrayés en disant : "Qu'est ce donc que le Seigneur nous prépare !"

29 Arrivés chez Jacob leur père, au pays de Canaan, ils lui contèrent toute leur aventure en ces termes :

30 "Ce personnage, le maître du pays, nous a parlé durement ; il nous a traités comme venant explorer le pays.

31 Nous lui avons dit : "Nous sommes des gens de bien, nous ne fûmes jamais des espions.

32 Nous sommes douze frères, fils du même père : l'un est perdu et le plus jeune est actuellement avec notre père au pays de Canaan.

33 Le personnage, maître du pays, nous a répondu : 'Voici à quoi je reconnaîtrai que vous êtes sincères : laissez l'un de vous auprès de moi, prenez ce que réclame le besoin de vos familles et partez ;

34 puis, amenez-moi votre jeune frère et je saurai que vous n'êtes pas des espions, que vous êtes d'honnêtes gens ; je vous rendrai votre frère et vous pourrez circuler dans le pays.'

35 Or, comme ils vidaient leurs sacs, voici que chacun retrouva son argent serré dans son sac ; à la vue de cet argent ainsi enveloppé, eux et leur père frémirent.

36 Jacob, leur père, leur dit : "Vous m'arrachez mes enfants ! Joseph a disparu, Siméon a disparu et vous voulez m'ôter Benjamin ! C'est sur moi que tout cela tombe."

37 Ruben dit à son père : "Fais mourir mes deux fils, si je ne te le ramène ! Confie le à mes mains et je le ramènerai près de toi."

38 Il répondit : "Mon fils n'ira point avec vous ; car son frère n'est plus et lui seul reste encore. Qu'un malheur lui arrive sur la route où vous irez et vous ferez descendre, sous le poids de la douleur, mes cheveux blancs dans la tombe."

CHAPITRE QUARANTE-TROIS

Cependant, la famine pesait sur le pays.
2 Lors donc qu'on eut consommé tout le blé qu'ils avaient apporté d'Égypte, leur père leur dit : "Allez de nouveau nous acheter un peu de nourriture."

3 Juda lui parla ainsi : "Cet homme nous a formellement avertis en disant : 'Vous ne paraîtrez point devant moi, si votre frère ne vous accompagne.'

4 Si tu consens à laisser partir notre frère avec nous, nous irons acheter pour toi des vivres.

5 Mais si tu n'en fais rien, nous ne saurions y aller, puisque cet homme nous a dit : 'Vous ne paraîtrez devant moi qu'accompagnés de votre frère.'

6 Israël reprit : "Pourquoi m'avez vous rendu ce mauvais office, d'apprendre à cet homme que vous avez encore un frère ?

7 Ils répondirent : "Cet homme nous a questionnés en détail sur nous et sur notre famille, disant : 'Votre père vit il encore ? Avez vous encore un frère ?' Et nous lui avons répondu selon ces

questions. Pouvions nous prévoir qu'il dirait : 'Faites venir votre frère ?' "

8 Juda dit à Israël, son père : "Laisse aller le jeune homme avec moi, que nous puissions nous disposer au départ ; et nous vivrons au lieu de mourir, nous et toi et nos familles.

9 C'est moi qui réponds de lui, c'est à moi que tu le redemanderas : si je ne te le ramène et ne le remets en ta présence, je me déclare coupable à jamais envers toi.

10 Certes, sans nos délais, nous serions, à présent, déjà revenus deux fois !"

11 Israël, leur père, leur dit : "Puisqu'il en est ainsi, eh bien ! Faites ceci : mettez dans vos bagages des meilleures productions du pays et apportez les en hommage à cet homme : un peu de baume, un peu de miel, des aromates et du lotus, des pistaches et des amandes.

12 Munissez vous d'une somme d'argent double : l'argent qui a été remis à l'entrée de vos sacs, restituez le de votre main, c'est peut être une méprise.

13 Et prenez votre frère et disposez-vous à retourner vers cet homme.

14 Que le Dieu tout puissant vous fasse trouver compassion auprès de cet homme, afin qu'il vous rende votre autre frère et Benjamin. Pour moi, j'ai pleuré mes fils, je vais les pleurer encore."

15 Ces hommes se chargèrent du présent, se munirent d'une somme double et emmenèrent Benjamin. Ils se mirent en route, arrivèrent en Égypte et parurent devant Joseph.

16 Joseph, apercevant parmi eux Benjamin, dit à l'intendant de sa maison : "Fais entrer ces hommes chez moi ; qu'on tue des animaux et qu'on les accommode, car ces hommes dîneront avec moi."

17 L'homme exécuta l'ordre de Joseph et il introduisit les voyageurs dans la maison de Joseph.

18 Mais ces hommes s'alarmèrent en se voyant introduits dans la maison de Joseph et ils dirent : "C'est à cause de l'argent remis la première fois dans nos sacs, qu'on nous a conduits ici, pour nous accabler et se jeter sur nous, pour nous rendre esclaves, pour s'emparer de nos ânes."

19 Ils abordèrent l'homme qui gouvernait la maison de Joseph et lui parlèrent au seuil de la maison,

20 disant : "De grâce, seigneur ! Nous étions venus une première fois pour acheter des provisions ;

21 et il est advenu, quand nous sommes arrivés dans l'hôtellerie et que nous avons ouvert nos sacs, voici que l'argent de chacun était à l'entrée de son sac, notre même poids d'argent nous le rapportons dans nos mains.

22 Et nous avons apporté par de vers nous une autre somme pour acheter des vivres. Nous ne savons qui a replacé notre argent dans nos sacs."

23 Il répondit : "Soyez tranquilles, ne craignez rien. Votre Dieu, le Dieu de votre père, vous a fait trouver un trésor dans vos sacs ; votre argent m'était parvenu." Et il leur amena Siméon.

24 L'intendant fit entrer ces hommes dans la demeure de Joseph ; on apporta de l'eau et ils lavèrent leur pieds et l'on donna du fourrage à leurs ânes.

25 Ils apprêtèrent le présent, Joseph devant venir à midi ; car ils avaient appris que c'était là qu'on ferait le repas.

26 Joseph étant rentré à la maison, ils lui apportèrent, dans l'intérieur, le présent dont ils s'étaient munis et s'inclinèrent devant lui jusqu'à terre.

27 Il s'informa de leur bien être, puis il dit : "Comment se

porte votre père, ce vieillard dont vous avez parlé ? Vit-il encore ?"

28 Ilsrépondirent : "Ton serviteur, notre père, vit encore et se porte bien." Et ils s'inclinèrent et se prosternèrent.

29 En levant les yeux, Joseph aperçut Benjamin, son frère, le fils de sa mère et il dit : "Est ce là votre jeune frère, dont vous m'avez parlé ?" Et il ajouta : "Dieu te soit favorable, mon fils !"

30 Joseph se hâta de sortir, car sa tendresse pour son frère s'était émue et il avait besoin de pleurer ; il entra dans son cabinet et il y pleura.

31 Il se lava le visage et ressortit ; puis, se faisant violence, il dit : "Servez le repas."

32 Il fut servi à part et eux à part et à part aussi les égyptiens ses convives ; car les égyptiens ne peuvent manger en commun avec les hébreux, cela étant une abomination en Égypte.

33 Ils se mirent à table devant lui, le plus âgé selon son âge, le plus jeune selon le sien ; ces hommes se regardaient l'un l'autre avec étonnement.

34 Joseph leur fit porter des présents de sa table ; la part de Benjamin était cinq fois supérieure à celles des autres. Ils burent et s'enivrèrent ensemble.

CHAPITRE QUARANTE-QUATRE

Joseph donna cet ordre à l'intendant de sa maison "Remplis de vivres les sacs de ces hommes, autant qu'ils en peuvent contenir et dépose l'argent de chacun à l'entrée de son sac.

2 Et ma coupe, la coupe d'argent, tu la mettras à l'entrée du sac du plus jeune, avec le prix de son blé." Ce que Joseph avait dit fut exécuté.

3 Le matin venu, on laissa repartir ces hommes, eux et leurs ânes.

4 Or, ils venaient de quitter la ville, ils en étaient à peu de distance, lorsque Joseph dit à l'intendant de sa maison : "Va, cours après ces hommes et, aussitôt atteints, dis leur : "Pourquoi avez-vous rendu le mal pour le bien ?

5 N'est ce pas dans cette coupe que boit mon maître et ne lui sert elle pas pour la divination ? C'est une mauvaise action que la vôtre !"

6 Il les atteignit et leur adressa ces mêmes paroles.

7 Ils lui répondirent : "Pourquoi mon seigneur tient il de pareils discours ? Dieu préserve tes serviteurs d'avoir commis une telle action !

8 Quoi ! L'argent que nous avons trouvé à l'entrée de nos sacs, nous te l'avons rapporté du pays de Canaan ; et nous déroberions, dans la maison de ton maître, de l'argent ou de l'or !

9 Celui de tes serviteurs qui l'aura en sa possession, qu'il meure ; et nous-mêmes, nous serons les esclaves de mon seigneur."

10 Il répliqua : "Oui certes, ce que vous dites est juste. Seulement celui qui en sera trouvé possesseur sera mon esclave et vous serez quittes."

11 Ils se hâtèrent, chacun, de descendre leurs sacs à terre et chacun ouvrit le sien.

12 L'intendant fouilla, commençant par le plus âgé, finissant par le plus jeune. La coupe fut trouvée dans le sac de Benjamin.

13 Ils déchirèrent leurs vêtements ; chacun rechargea son âne et ils retournèrent à la ville.

14 Juda entra avec ses frères dans la demeure de Joseph, lequel s'y trouvait encore ; et ils se jetèrent à ses pieds contre terre.

15 Joseph leur dit "Quelle action venez vous de commettre ! Ne savez vous pas qu'un homme tel que moi devine les mystères ?"

16 Juda répondit : "Que dirons-nous à mon seigneur ? Comment parler et comment nous justifier ? Le Tout Puissant a su atteindre l'iniquité de tes serviteurs. Nous sommes maintenant les esclaves de mon seigneur et nous et celui aux mains duquel s'est trouvée la coupe."

17 Il répliqua : "Loin de moi d'agir ainsi ! L'homme aux

mains duquel la coupe s'est trouvée, sera mon esclave ; pour vous, retournez en paix auprès de votre père."

18 Alors Juda s'avança vers lui, en disant : "De grâce, seigneur ! que ton serviteur fasse entendre une parole aux oreilles de mon seigneur et que ta colère n'éclate pas contre ton serviteur ! Car tu es l'égal de Pharaon.

19 Mon seigneur avait interrogé ses serviteurs, disant : 'Vous reste-t-il un père, un frère ?'

20 Nous répondîmes à mon seigneur : 'Nous avons un père âgé et un jeune frère enfant de sa vieillesse : son frère est mort et lui, resté seul des enfants de sa mère, son père le chérit.'

21 Tu dis alors à tes serviteurs : 'Amenez-le moi, que je l'examine.'

22 Et nous répondîmes à mon seigneur : 'Le jeune homme ne saurait quitter son père ; s'il quittait son père, il en mourrait.'

23 Mais tu dis à tes serviteurs : 'Si votre jeune frère ne vous accompagne, ne reparaissez point devant moi.'

24 Or, de retour auprès de ton serviteur, notre père, nous lui rapportâmes les paroles de mon seigneur.

25 Notre père nous dit : 'Retournez acheter pour nous quelques provisions.'

26 Nous répondîmes : 'Nous ne saurions partir. Si notre jeune frère nous accompagne, nous irons ; car nous ne pouvons paraître devant ce personnage, notre jeune frère n'étant point avec nous.'

27 Ton serviteur, notre père, nous dit : 'Vous savez que ma femme m'a donné deux enfants.

28 L'un a disparu d'auprès de moi et j'ai dit : 'Assurément il a été dévoré !' et je ne l'ai point revu jusqu'ici.

29 Que vous m'arrachiez encore celui ci, qu'il lui arrive malheur et vous aurez précipité cruellement ma vieillesse dans la tombe.'

30 Et maintenant, en retournant chez ton serviteur, mon père, nous ne serions point accompagnés du jeune homme et sa vie est attachée à la sienne !

31 Certes, ne voyant point paraître le jeune homme, il mourra ; et tes serviteurs auront fait descendre les cheveux blancs de ton serviteur, notre père, douloureusement dans la tombe.

32 Car ton serviteur a répondu de cet enfant à son père, en disant : 'Si je ne te le ramène, je serai coupable à jamais envers mon père.'

33 Donc, de grâce, que ton serviteur, à la place du jeune homme, reste esclave de mon seigneur et que le jeune homme reparte avec ses frères.

34 Car comment retournerais-je près de mon père sans ramener son enfant ? Pourrais-je voir la douleur qui accablerait mon père ?"

CHAPITRE QUARANTE-CINQ

Joseph ne put se contenir, malgré tous ceux qui l'entouraient. Il s'écria : "Faites sortir tout le monde d'ici !" Et nul homme ne fut présent lorsque Joseph se fit connaître à ses frères.

2 Il éleva la voix en pleurant. Les Égyptiens l'entendirent, la maison de Pharaon l'entendit,

3 et il dit à ses frères : "Je suis Joseph ; mon père vit-il encore ?" Mais ses frères ne purent lui répondre, car il les avait frappés de stupeur.

4 Joseph dit à ses frères : "Approchez-vous de moi, je vous prie." Et ils s'approchèrent. Il reprit : "Je suis Joseph, votre frère que vous avez vendu pour l'Égypte.

5 Et maintenant, ne vous affligez point, ne soyez pas irrités contre vous-mêmes de m'avoir vendu pour ce pays ; car c'est pour le salut que le Seigneur m'y a envoyé avant vous.

6 En effet, voici deux années que la famine règne au sein de

la contrée et durant cinq années encore, il n'y aura ni culture ni moisson.

7 Le Seigneur m'a envoyé avant vous pour vous préparer une ressource dans ce pays et pour vous sauver la vie par une conservation merveilleuse.

8 Non, ce n'est pas vous qui m'avez fait venir ici, c'est Dieu ; et il m'a fait devenir le père de Pharaon, le maître de toute sa maison et l'arbitre de tout le pays d'Égypte.

9 Hâtez-vous, retournez chez mon père et dites lui : 'Ainsi parle ton fils Joseph : Dieu m'a fait le maître de toute l'Égypte ; viens auprès de moi, ne tarde point !

10 Tu habiteras la terre de Gessen et tu seras rapproché de moi ; toi, tes enfants, tes petits-enfants, ton menu et ton gros bétail et tout ce qui t'appartient.

11 Là je te fournirai des vivres car cinq années encore il y aura famine afin que tu ne souffres point, toi, ta famille et tout ce qui est à toi.'

12 Or, vous voyez de vos yeux, comme aussi mon frère Benjamin, que c'est bien moi qui vous parle.

13 Faites part à mon père des honneurs qui m'entourent en Égypte et de tout ce que vous avez vu et hâtez vous d'amener ici mon père."

14 Il se jeta au cou de Benjamin son frère et pleura ; et Benjamin aussi pleura dans ses bras.

15 Il embrassa tous ses frères et les baigna de ses larmes ; alors seulement ses frères lui parlèrent.

16 Or, le bruit s'était répandu à la cour de Pharaon, savoir : les frères de Joseph sont venus ; ce qui avait plu à Pharaon et à ses serviteurs.

17 Et Pharaon dit à Joseph : "Dis à tes frères : faites ceci :

rechargez vos bêtes et mettez-vous en route pour le pays de Canaan.

18 Emmenez votre père et vos familles et venez près de moi ; je veux vous donner la meilleure province de l'Égypte, vous consommerez la moelle de ce pays.

19 Pour toi, tu es chargé de cet ordre : faites ceci : prenez, dans le pays d'Égypte, des voitures pour vos enfants et pour vos femmes ; faites-y monter votre père et revenez.

20 N'ayez point regret à vos possessions, car le meilleur du pays d'Égypte est à vous."

21 Ainsi firent les fils d'Israël : Joseph leur donna des voitures d'après l'ordre de Pharaon et les munit de provisions pour le voyage.

22 Il donna à tous, individuellement, des habillements de rechange ; pour Benjamin, il lui fit présent de trois cents pièces d'argent et de cinq habillements de rechange.

23 Pareillement, il envoya à son père dix ânes chargés des meilleurs produits de l'Égypte et dix ânesses portant du blé, du pain et des provisions de voyage pour son père.

24 Il reconduisit ses frères lorsqu'ils partirent et il leur dit : "Point de rixes durant le voyage !"

25 Ils sortirent de l'Égypte et arrivèrent dans le pays de Canaan, chez Jacob leur père.

26 Ils lui apprirent que Joseph vivait encore et qu'il commandait à tout le pays d'Égypte. Mais son cœur restait froid, parce qu'il ne les croyait pas.

27 Alors ils lui répétèrent toutes les paroles que Joseph leur avait adressées et il vit les voitures que Joseph avait envoyées pour l'emmener et la vie revint au cœur de Jacob leur père.

28 Et Israël s'écria : "Il suffit : mon fils Joseph vit encore ! Ah ! J'irai et je le verrai avant de mourir !"

CHAPITRE QUARANTE-SIX

Israël partit avec tout ce qui lui appartenait et arriva à Beer Shava, où il immola des victimes au Dieu de son père Isaac.

2 Le Seigneur parla à Israël dans les visions de la nuit, disant : "Jacob ! Jacob !" Il répondit : "Me voici."

3 Il poursuivit : "Je suis le Seigneur, Dieu de ton père : n'hésite point à descendre en Égypte car je t'y ferai devenir une grande nation.

4 Moi-même, je descendrai avec toi en Égypte ; moi-même aussi je t'en ferai remonter ; et c'est Joseph qui te fermera les yeux."

5 Jacob repartit de Beer Shava. Les fils d'Israël firent monter leur père, leurs enfants et leurs femmes dans les voitures envoyées par Pharaon pour l'amener.

6 Ils prirent leurs troupeaux et les biens qu'ils avaient acquis dans le pays de Canaan et vinrent en Égypte, Jacob et avec lui toute sa famille :

7 ses fils et ses petits-fils, ses filles et ses petites-filles et toute sa descendance l'accompagnèrent en Égypte.

8 Suivent les noms des enfants d'Israël venus en Égypte : Jacob et ses fils ; l'aîné de Jacob, Ruben

9 et les fils de Ruben : Hénoc, Pallou, Heçrèn, Karmi ;

10 et les fils de Siméon : Yemouël, Yamin, Ohad, Yakhin, Çohar ; puis Chaoul, fils de la Cananéenne.

11 Les fils de Lévi : Gerson, Kehàth, Merari.

12 Les fils de Juda : Ér, Onân, Chêla, Péreç et Zérah. Ér et Onân moururent dans le pays de Canaan. Les fils de Péreç furent Heçrôn et Hamoul.

13 Les fils d'Issachar : Tôlà, Pouvva, Yôb et Chimron.

14 Les fils de Zabulon : Séred, Élôn et Yahleêl.

15 Ceux-là sont les fils de Lia, qui les enfanta à Jacob sur le territoire araméen, puis Dina sa fille : total de ses fils et de ses filles, trente trois.

16 Les fils de Gad : Cifyôn, Hagghi, Chouni, Eçbôn, Éri, Arodi, Aréli.

17 Les enfants d'Aser : Yimna, Yichva, Yichvi, Berïa et Sérah leur sœur ; et les fils de Berïa : Héber et Malkïél.

18 Ceux-là sont les enfants de Zilpa, que Laban avait donnée à Léa sa fille ; c'est elle qui les enfanta à Jacob, seize personnes.

19 Les fils de Rachel, épouse de Jacob : Joseph et Benjamin.

20 Il naquit à Joseph, dans le pays d'Égypte ; Asenath, fille de Pôti-Féra, prêtre d'On, les lui enfanta : Manassé et Éphraïm.

21 Et les fils de Benjamin : Béla, Béker, Achbêl, Ghêra, Naamân, Éhi, Rôch, Mouppim, Houppim et Ard'.

22 Ceux-là sont les fils de Rachel, qui naquirent à Jacob ; en tout, quatorze.

23 Fils de Dan : Houchim.

24 Fils de Nephtali : Yahceél, Gouni, Yécer et Chillem.

25 Ceux-là sont les fils de Bilha, que Laban avait donnée à Rachel sa fille ; c'est elle qui les enfanta à Jacob, en tout, sept personnes.

26 Toutes les personnes de la famille de Jacob et issues de lui, qui vinrent en Égypte, outre les épouses des fils de Jacob, furent en tout soixante-six personnes.

27 Puis, les fils de Joseph, qui lui naquirent en Égypte, deux personnes : total des individus de la maison de Jacob qui se trouvèrent réunis en Égypte, soixante-dix.

28 Jacob avait envoyé Juda en avant, vers Joseph, pour qu'il lui préparât l'entrée de Gessen. Lorsqu'ils y furent arrivés,

29 Joseph fit atteler son char et alla au-devant d'Israël, son père, à Gessen. A sa vue, il se précipita à son cou et pleura longtemps dans ses bras.

30 Et Israël dit à Joseph : "Je puis mourir à présent, puisque j'ai vu ta face, puisque tu vis encore !"

31 Joseph dit à ses frères, à la famille de son père"Je vais remonter pour en faire part à Pharaon ; je lui dirai 'Mes frères et toute la famille de mon père, qui habitent le pays de Canaan, sont venus auprès de moi.

32 Ces hommes sont pasteurs de troupeaux, parce qu'ils possèdent du bétail ; or leur menu et leur gros bétail et tout ce qu'ils possèdent, ils l'ont amené.'

33 Maintenant, lorsque Pharaon vous mandera et dira : 'Quelles sont vos occupations ?'

34 vous répondrez : 'Tes serviteurs se sont adonnés au bétail depuis leur jeunesse jusqu'à présent et nous et nos pères.' C'est afin que vous demeuriez dans la province de Gessen, car les Égyptiens ont en horreur tout pasteur de menu bétail."

CHAPITRE QUARANTE-SEPT

Joseph vint annoncer la nouvelle à Pharaon, en disant "Mon père et mes frères, avec leur menu et leur gros bétail et tout ce qu'ils possèdent, sont venus du pays de Canaan ; et ils se trouvent dans la province de Gessen."

2 Puis il prit une partie de ses frères, cinq hommes et il les mit en présence de Pharaon.

3 Pharaon dit à ses frères : "Quelles sont vos occupations ?" Ils répondirent à Pharaon : "Tes serviteurs sont une famille de bergers, de père en fils."

4 Et ils dirent à Pharaon : "Nous sommes venus émigrer dans ce pays, parce que le pâturage manque aux troupeaux de tes serviteurs, la disette étant grande dans le pays de Canaan. Donc, permets à tes serviteurs d'habiter dans la province de Gessen."

5 Pharaon dit à Joseph : "Ton père et tes frères sont venus auprès de toi.

6 Le pays d'Égypte est mis à ta disposition ; établis, dans sa meilleure province, ton père et tes frères. Qu'ils habitent la terre

de Gessen et si tu reconnais qu'il y ait parmi eux des hommes de mérite, nomme-les inspecteurs des bestiaux de mon domaine."

7 Joseph introduisit Jacob son père et le présenta à Pharaon ; et Jacob rendit hommage à Pharaon.

8 Pharaon dit à Jacob : "Quel est le nombre des années de ta vie ?"

9 Et Jacob répondit à Pharaon : "Le nombre des années de mes pérégrinations, cent trente ans. Il a été court et malheureux, le temps des années de ma vie et il ne vaut pas les années de la vie de mes pères, les jours de leurs pérégrinations."

10 Jacob salua Pharaon et se retira de devant lui.

11 Joseph établit son père et ses frères et leur donna droit de propriété dans le pays d'Égypte, dans le meilleur territoire, celui de Ramsès, comme l'avait ordonné Pharaon.

12 Joseph nourrit son père, ses frères et toute la maison de son père, donnant des vivres selon les besoins de chaque famille.

13 Or, le pain manqua dans toute la contrée, tant la disette était grande ; et le pays d'Égypte et le pays de Canaan étaient accablés par la famine.

14 Joseph recueillit tout l'argent qui se trouvait dans le pays d'Égypte et dans celui de Canaan, en échange du blé qu'ils achetaient et il fit entrer cet argent dans la maison de Pharaon.

15 Quand l'argent fut épuisé dans le pays d'Égypte et dans celui de Canaan, tous les Égyptiens s'adressèrent à Joseph, disant : "Donne-nous du pain ; pourquoi péririons-nous sous tes yeux, faute d'argent ?"

16 Joseph répondit : "Livrez vos bestiaux, je veux vous en fournir contre vos bestiaux, si l'argent manque."

17 Ils amenèrent leur bétail à Joseph et Joseph leur donna du pain en échange des chevaux, du menu bétail, du gros bétail et

des ânes ; ils les sustenta de nourriture, pour tout leur bétail, cette année-là.

18 Cette année écoulée, ils vinrent à lui l'année suivante et lui dirent : "Nous ne pouvons dissimuler à mon seigneur que, l'argent et le bétail ayant entièrement passé à mon seigneur, il ne nous reste à lui offrir que nos corps et nos terres.

19 Pourquoi péririons-nous à ta vue, nous et nos terres ? Deviens notre possesseur et celui de nos terres, moyennant des vivres : nous et nos terres serons serfs de Pharaon ; tu nous donneras de la semence et nous vivrons au lieu de périr et la terre ne sera pas désolée."

20 Joseph acquit tout le sol de l'Égypte au profit de Pharaon, les Égyptiens ayant vendu chacun leurs champs, contraints qu'ils étaient par la famine : ainsi la contrée appartint à Pharaon.

21 A l'égard du peuple, il le transféra d'une ville dans l'autre, dans toute l'étendue du territoire égyptien.

22 Toutefois, le domaine des prêtres, il ne l'acquit point. Car les prêtres recevaient de Pharaon une portion fixe et ils consommaient la portion que leur allouait Pharaon, de sorte qu'ils ne vendirent pas leur domaine.

23 Et Joseph dit au peuple : "Donc, je vous ai acheté aujourd'hui vous et vos terres pour Pharaon. Voici pour vous des grains, ensemencez la terre ;

24 puis, à l'époque des produits, vous donnerez un cinquième à Pharaon ; les quatre autres parts vous serviront à ensemencer les champs et à vous nourrir ainsi que vos gens et vos familles."

25 Ils répondirent : "Tu nous rends la vie ! Puissions-nous trouver grâce aux yeux de mon seigneur et nous resterons serfs de Pharaon."

26 Joseph imposa au sol de l'Égypte cette contribution, qui

subsiste encore, d'un cinquième pour Pharaon. Le domaine des prêtres seuls était excepté, il ne relevait point de Pharaon.

27 Israël s'établit donc dans le pays d'Égypte, dans la province de Gessen ; ils en demeurèrent possesseurs, y crûrent et y multiplièrent prodigieusement.

28 Jacob vécut dans le pays d'Égypte dix sept ans ; la durée de la vie de Jacob fut donc de cent quarante-sept années.

29 Les jours d'Israël approchant de leur terme, il manda son fils Joseph et lui dit : "Si tu as quelque affection pour moi, mets, je te prie, ta main sous ma hanche pour attester que tu agiras envers moi avec bonté et fidélité, en ne m'ensevelissant point en Egypte.

30 Quand je dormirai avec mes pères, tu me transporteras hors de l'Égypte et tu m'enseveliras dans leur sépulcre." Il répondit : "Je ferai selon ta parole."

31 Il reprit : "Jure-le-moi" et il le lui jura ; et Israël s'inclina sur le chevet du lit.

CHAPITRE QUARANTE-HUIT

Il arriva, après ces faits, qu'on dit à Joseph : "Ton père est malade." Et il partit emmenant ses deux fils, Manassé et Éphraïm.

2 On l'annonça à Jacob, en disant : "Voici que ton fils Joseph vient te voir." Israël recueillit ses forces et s'assit sur le lit.

3 Et Jacob dit à Joseph : "Le Dieu tout-puissant m'est apparu à Louz, au pays de Canaan et m'a béni.

4 Il m'a dit : 'Je veux te faire croître et fructifier et je te ferai devenir une multitude de peuples ; et je donnerai ce pays à te postérité ultérieure, comme possession perpétuelle.'

5 Eh bien ! Tes deux fils, qui te sont nés au pays d'Égypte avant que je vinsse auprès de toi en Égypte, deviennent les miens ; non moins que Ruben et Siméon, Éphraïm et Manassé seront à moi.

6 Quant aux enfants que tu engendrerais après eux, ils te seront attribués : ils s'appelleront du nom de leurs frères, à l'égard de leur héritage.

7 Pour moi, quand je revins du territoire d'Aram, Rachel mourut dans mes bras au pays de Canaan pendant le voyage, lorsqu'une kibra de pays me séparait encore d'Éphrath ; je l'inhumai là, sur le chemin d'Éphrath, qui est Bethléem."

8 Israël remarqua les enfants de Joseph et il dit : "Qui sont ceux-là ?"

9 Joseph répondit à son père : "Ce sont mes fils, que Dieu m'a donnés dans ce pays." Jacob reprit : "Approche-les de moi, je te prie, que je les bénisse."

10 Or, les yeux d'Israël, appesantis par la vieillesse, ne pouvaient plus bien voir. Il fit approcher de lui ces jeunes gens, leur donna des baisers, les pressa dans ses bras ;

11 et Israël dit à Joseph : "Je ne comptais pas revoir ton visage et voici que Dieu m'a fait voir jusqu'à ta postérité".

12 Joseph les retira d'entre ses genoux et se prosterna devant lui jusqu'à terre.

13 Puis Joseph les prit tous deux, Éphraïm de la main droite, à gauche d'Israël et Manassé de la main gauche, à droite d'Israël ; et il les fit avancer vers lui.

14 Israël étendit la main droite, l'imposa sur la tête d'Éphraïm, qui était le plus jeune et mit sa main gauche sur la tête de Manassé ; il croisa ses mains, quoique Manassé fut l'aîné.

15 Il bénit Joseph, puis dit : "Que la Divinité dont mes pères, Abraham et Isaac, ont suivi les voies ; que la Divinité qui a veillé sur moi depuis ma naissance jusqu'à ce jour ;

16 que l'ange qui m'a délivré de tout mal, bénisse ces jeunes gens ! Puisse-t-il perpétuer mon nom et le nom de mes pères Abraham et Isaac ! Puisse-t-il multiplier à l'infini au milieu de la contrée."

17 Joseph remarqua que son père posait sa main droite sur la tête d'Éphraïm et cela lui déplut ; il souleva la main de son

père pour la faire passer de la tête d'Éphraïm sur la tête de Manassé

18 et il dit à son père : "Pas ainsi, mon père ! Puisque celui-ci est l'aîné, mets ta main droite sur sa tête."

19 Son père s'y refusa et dit : "Je le sais, mon fils, je le sais ; lui aussi deviendra un peuple et lui aussi sera grand : mais son jeune frère sera plus grand que lui et sa postérité formera plusieurs nations."

20 Il les bénit alors et il dit : "Israël te nommera dans ses bénédictions, en disant : Dieu te fasse devenir comme Éphraïm et Manassé !" Il plaça ainsi Éphraïm avant Manassé.

21 Israël dit à Joseph : "Voici, je vais mourir. Dieu sera avec vous et il vous ramènera au pays de vos aïeux.

22 Or, je te promets une portion supérieure à celle de tes frères, portion conquise sur l'Amorréen, à l'aide de mon épée et de mon arc."

CHAPITRE QUARANTE-NEUF

Jacob fit venir ses fils et il dit : "Rassemblez-vous, je veux vous révéler ce qui vous arrivera dans la suite des jours.

2 Pressez-vous pour écouter, enfants de Jacob, pour écouter Israël votre Père.

3 Ruben ! Tu fus mon premier-né, mon orgueil et les prémices de ma vigueur : le premier en dignité, le premier en puissance.

4 Impétueux comme l'onde, tu as perdu ta noblesse ! Car tu as attenté au lit paternel, tu as flétri l'honneur de ma couche.

5 Siméon et Lévi ! Digne couple de frères ; leurs armes sont des instruments de violence.

6 Ne t'associe point à leurs desseins, ô mon âme ! Mon honneur, ne sois pas complice de leur alliance ! Car, dans leur colère, ils ont immolé des hommes et pour leur passion ils ont frappé des taureaux.

7 Maudite soit leur colère, car elle fut malfaisante et leur indignation, car elle a été funeste ! Je veux les séparer dans Jacob, les disperser en Israël.

8 Pour toi, Juda, tes frères te rendront hommage ; ta main fera ployer le cou de tes ennemis ; les enfants de ton père s'inclineront devant toi !

9 Tu es un jeune lion, Juda, quand tu reviens, ô mon fils, avec ta capture ! Il se couche ; c'est le repos du lion et du léopard ; qui oserait le réveiller ?

10 Le sceptre n'échappera point à Juda, ni l'autorité à sa descendance, jusqu'à l'avènement du Pacifique auquel obéiront les peuples.

11 Alors on attachera son ânon à la vigne, et à la treille le fils de son ânesse : on lavera son vêtement dans le vin, et dans le sang des raisins sa tunique ;

12 les yeux seront pétillants de vin et les dents toutes blanches de lait.

13 Zabulon occupera le littoral des mers ; il offrira des ports aux vaisseaux et sa plage atteindra Sidon.

14 Issachar est un âne musculeux qui se couche entre les collines.

15 Il a goûté le charme du repos et les délices du pâturage ; et Il a livré son épaule au joug et Il est devenu tributaire.

16 Dan sera l'arbitre de son peuple, sous lui se grouperont les tribus d'Israël.

17 Il sera, Dan, un serpent sur le chemin, un aspic dans le sentier : il pique le pied du cheval et le cavalier tombe renversé.

18 J'espère en ton assistance, Seigneur.

19 Gad sera assailli d'ennemis, mais il les assaillira à son tour.

20 Pour Asher, sa production sera abondante ; c'est lui qui pourvoira aux jouissances des rois.

21 Nephtali est une biche qui s'élance ; il apporte d'heureux messages.

22 C'est un rameau fertile que Joseph, un rameau fertile au bord d'une fontaine ; il dépasse les autres rameaux le long de la muraille.

23 Ils l'ont exaspéré et frappé de leurs flèches ; ils l'ont pris en haine, les fiers archers :

24 mais son arc est resté plein de vigueur et les muscles de ses bras sont demeurés fermes grâce au Protecteur de Jacob, qui par là préparait la vie au rocher d'Israël ;

25 grâce au Dieu de ton père, qui sera ton appui et au Tout-Puissant, qui te bénira des bénédictions supérieures du ciel, des bénédictions souterraines de l'abîme, des bénédictions des mamelles et des entrailles ! Les vœux de ton père,

26 surpassant ceux de mes ancêtres, atteignent la limite des montagnes éternelles ; ils s'accompliront sur la tête de Joseph, sur le front de l'Élu de ses frères !

27 Benjamin est un loup ravisseur : le matin il s'assouvit de carnage, le soir il partagera le butin."

28 Tous ceux-là sont les douze tribus d'Israël ; et c'est ainsi que leur père leur parla et les bénit, dispensant à chacun sa bénédiction propre.

29 Et il leur donna ses ordres en disant : "Je vais être réuni à mon peuple ; ensevelissez-moi auprès de mes pères dans le caveau qui fait partie du domaine d'Éfrôn le Héthéen ;

30 dans ce caveau qui appartient au territoire de Makhpêla, en face de Mamré, dans le pays de Canaan, territoire qu'Abraham acheta d'Éfrôn le Héthéen, comme sépulture héréditaire.

31 Là furent enterrés Abraham et Sara son épouse ; là furent enterrés Isaac et Rébecca son épouse et là j'ai enterré Léa.

32 L'acquisition de ce territoire et du caveau qui s'y trouve a été faite chez les Héthéens."

33 Jacob, ayant dicté à ses fils ses volontés dernières, ramena ses pieds dans sa couche ; il expira et rejoignit ses pères.

CHAPITRE CINQUANTE

Joseph se précipita sur le visage de son père et le couvrit de pleurs et de baisers.

2 Joseph ordonna aux médecins, ses serviteurs, d'embaumer son père ; et les médecins embaumèrent Israël.

3 On y employa quarante jours ; car on emploie autant de jours pour ceux qu'on embaume. Les Égyptiens portèrent son deuil soixante-dix jours.

4 Les jours de son deuil écoulés, Joseph parla ainsi aux gens de Pharaon : "De grâce, si j'ai trouvé faveur à vos yeux, veuillez porter aux oreilles de Pharaon ces paroles :

5 Mon père m'a adjuré en ces termes : 'Voici, je vais mourir ; dans mon sépulcre, que j'ai acquis dans le pays de Canaan, là même tu m'enseveliras.' Et maintenant, je voudrais partir, j'ensevelirai mon père et je reviendrai."

6 Pharaon répondit : "Pars et ensevelis ton père ainsi qu'il t'a adjuré."

7 Joseph partit pour ensevelir son père. Il fut accompagné par tous les officiers de Pharaon qui avaient vieilli à sa cour, par tous les anciens du pays d'Égypte,

8 par toute la maison de Joseph, par ses frères et par la maison de son père. Leurs enfants seuls, avec leur menu et leur gros bétail, restèrent dans la province de Gessen.

9 Il y eut à sa suite et des chars et des cavaliers ; le convoi fut très considérable.

10 Parvenus jusqu'à l'Aire-du-Buisson, située au bord du Jourdain, ils y célébrèrent de grandes et solennelles funérailles et Joseph ordonna en l'honneur de son père un deuil de sept jours.

11 L'habitant du pays, le Cananéen, vit ce deuil de l'Aire-du-Buisson et ils dirent : "Voilà un grand deuil pour l'Égypte !" C'est pourquoi on nomma Abêl-Miçrayim ce lieu situé de l'autre coté du Jourdain.

12 Ses fils agirent à son égard, ponctuellement comme il leur avait enjoint :

13 ils le transportèrent au pays de Canaan et l'inhumèrent dans le caveau du champ de Makhpêla, ce champ qu'Abraham avait acheté comme possession tumulaire à Éfrôn le Héthéen, en face de Mambré.

14 Joseph, après avoir enseveli son père, retourna en Égypte avec ses frères et tous ceux qui l'avaient accompagné pour ensevelir son père.

15 Or, les frères de Joseph, considérant que leur père était mort, se dirent : "Si Joseph nous prenait en haine ! S'il allait nous rendre tout le mal que nous lui avons fait souffrir !"

16 Ils mandèrent à Joseph ce qui suit : "Ton père a commandé avant sa mort, en ces termes :

17 'Parlez ainsi à Joseph : Oh ! Pardonne, de grâce, l'offense de tes frères et leur faute et le mal qu'ils t'ont fait !' Maintenant

donc, pardonne leur tort aux serviteurs du Dieu de ton père !" Joseph pleura lorsqu'on lui parla ainsi.

18 Puis, ses frères vinrent eux-mêmes tomber à ses pieds, en disant : "Nous sommes prêts à devenir tes esclaves.

19 Joseph leur répondit : Soyez sans crainte ; car suis-je à la place de Dieu ?

20 Vous, vous aviez médité contre moi le mal : Dieu l'a combiné pour le bien, afin qu'il arrivât ce qui arrive aujourd'hui, qu'un peuple nombreux fût sauvé.

21 Donc, soyez sans crainte : j'aurai soin de vous et de vos familles." Et il les rassura et il parla à leur cœur.

22 Joseph demeura en Égypte, lui et la famille de son père et il vécut cent dix ans.

23 Il vit naître à Éphraïm des enfants de la troisième génération ; de même les enfants de Makir, fils de Manassé, naquirent sur les genoux de Joseph.

24 Joseph dit à ses frères : "Je vais mourir. Sachez que le Seigneur vous visitera et vous ramènera de ce pays dans celui qu'il a promis par serment à Abraham, à Isaac et à Jacob."

25 Et Joseph adjura les enfants d'Israël en disant : "Oui, le Seigneur vous visitera et alors vous emporterez mes ossements de ce pays."

26 Joseph mourut âgé de cent dix ans ; on l'embauma et il fut déposé dans un cercueil en Égypte.

LE LIVRE DE L'EXODE

SHEMOT - שמות

CHAPITRE UN

Voici les noms des fils d'Israël, venus en Égypte ; ils y accompagnèrent Jacob, chacun avec sa famille :
2 Ruben, Siméon, Lévi et Juda ;
3 Issachar, Zabulon et Benjamin ;
4 Dan et Nephtali, Gad et Aser.
5 Toutes les personnes composant la lignée de Jacob étaient au nombre de soixante-dix. Pour Joseph, il était déjà en Égypte.
6 Joseph mourut, ainsi que tous ses frères, ainsi que toute cette génération.
7 Or, les enfants d'Israël avaient augmenté, pullulé, étaient devenus prodigieusement nombreux et ils remplissaient la contrée.
8 Un roi nouveau s'éleva sur l'Égypte, lequel n'avait point connu Joseph.
9 Il dit à son peuple : "Voyez, la population des enfants d'Israël surpasse et domine la nôtre.

10 Eh bien ! usons d'expédients contre elle ; autrement, elle s'accroîtra encore et alors, survienne une guerre, ils pourraient se joindre à nos ennemis, nous combattre et sortir de la province."

11 Et l'on imposa à ce peuple des officiers de corvée pour l'accabler de labeurs et il bâtit pour Pharaon des villes d'approvisionnement, Pithom et Ramessès.

12 Mais, plus on l'opprimait, plus sa population grossissait et débordait et ils conçurent de l'aversion pour les enfants d'Israël.

13 Les Égyptiens accablèrent les enfants d'Israël de rudes besognes.

14 Ils leur rendirent la vie amère par des travaux pénibles sur l'argile et la brique, par des corvées rurales, outre les autres labeurs qu'ils leur imposèrent tyranniquement.

15 Le roi d'Égypte s'adressa aux sages femmes hébreues, qui se nommaient, l'une Chifra, l'autre Poûa

16 et il dit : "Lorsque vous accoucherez les femmes hébreues, vous examinerez les attributs du sexe : si c'est un garçon, faites-le périr ; une fille, qu'elle vive."

17 Mais les sages-femmes craignaient Dieu : elles ne firent point ce que leur avait dit le roi d'Égypte, elles laissèrent vivre les garçons.

18 Le roi d'Égypte manda les sages-femmes et leur dit : "Pourquoi avez-vous agi ainsi, avez-vous laissé vivre les garçons ?"

19 Les sages-femmes répondirent à Pharaon : "C'est que les femmes des Hébreux ne sont pas comme celles des Égyptiens, elles sont vigoureuses et avant que la sage-femme soit arrivée près d'elles, elles sont délivrées."

20 Le Seigneur bénit les sages-femmes et le peuple multiplia et s'accrut considérablement.

21 Or, comme les sages-femmes avaient craint le Seigneur et qu'il avait augmenté leurs familles,

22 Pharaon donna l'ordre suivant à tout son peuple : "Tout mâle nouveau-né, jetez-le dans le fleuve et toute fille laissez-la vivre."

CHAPITRE DEUX

Or, il y avait un homme de la famille de Lévi, qui avait épousé une fille de Lévi.

2 Cette femme conçut et enfanta un fils. Elle considéra qu'il était beau et le tint caché pendant trois mois.

3 Ne pouvant le cacher plus longtemps, elle lui prépara un berceau de jonc qu'elle enduisit de bitume et de poix, elle y plaça l'enfant et le déposa dans les roseaux sur la rive du fleuve.

4 Sa sœur se tint à distance pour observer ce qui lui arriverait.

5 Or, la fille de Pharaon descendit, pour se baigner, vers le fleuve, ses compagnes la suivant sur la rive. Elle aperçut le berceau parmi les roseaux et envoya sa servante qui alla le prendre.

6 Elle l'ouvrit, elle y vit l'enfant : c'était un garçon vagissant. Elle eut pitié de lui et dit : "C'est quelque enfant des Hébreux."

7 Sa sœur dit à la fille de Pharaon : "Faut-il t'aller quérir une nourrice parmi les femmes hébreues, qui t'allaitera cet enfant ?"

8 La fille de Pharaon lui répondit : "Va." Et la jeune fille alla quérir la mère de l'enfant.

9 La fille de Pharaon dit à celle-ci : "Emporte cet enfant et allaite-le moi, je t'en donnerai le salaire." Cette femme prit l'enfant et l'allaita.

10 L'enfant devenu grand, elle le remit à la fille de Pharaon et il devint son fils ; elle lui donna le nom de Moïse, disant : "Parce que je l'ai retiré des eaux."

11 Or, en ce temps-là, Moïse, ayant grandi, alla parmi ses frères et fut témoin de leurs souffrances.

12 Il aperçut un Égyptien frappant un Hébreu, un de ses frères. Il se tourna de côté et d'autre et ne voyant paraître personne, il frappa l'Égyptien et l'ensevelit dans le sable.

13 Étant sorti le jour suivant, il remarqua deux Hébreux qui se querellaient et il dit au coupable : "Pourquoi frappes-tu ton prochain ?"

14 L'autre répondit : "Qui t'a fait notre seigneur et notre juge ? Voudrais-tu me tuer, comme tu as tué l'Égyptien ?" Moïse prit peur et se dit : "En vérité, la chose est connue !"

15 Pharaon fut instruit de ce fait et voulut faire mourir Moïse. Celui-ci s'enfuit de devant Pharaon et s'arrêta dans le pays de Madian, où il s'assit près d'un puits.

16 Le prêtre de Madian avait sept filles. Elles vinrent puiser là et emplir les auges, pour abreuver les brebis de leur père.

17 Les pâtres survinrent et les repoussèrent. Moïse se leva, prit leur défense et abreuva leur bétail.

18 Elles retournèrent chez Réouël leur père, qui leur dit : "Pourquoi rentrez-vous sitôt aujourd'hui ?"

19 Elles répondirent : "Un certain Égyptien nous a défendues contre les pâtres ; bien plus, il a même puisé pour nous et a fait boire le bétail."

20 Il dit à ses filles : "Et où est-il ? Pourquoi avez-vous laissé là cet homme ? Appelez-le, qu'il vienne manger."

21 Moïse consentit à demeurer avec cet homme, qui lui donna en mariage Séphora, sa fille.

22 Elle enfanta un fils, qu'il nomma Gersom, en disant : "Je suis un émigré sur une terre étrangère."

23 Il arriva, dans ce long intervalle, que le roi d'Égypte mourut. Les enfants d'Israël gémirent du sein de l'esclavage et se lamentèrent ; leur plainte monta vers Dieu du sein de l'esclavage.

24 Le Seigneur entendit leurs soupirs et il se ressouvint de son alliance avec Abraham, avec Isaac, avec Jacob.

25 Puis, le Seigneur considéra les enfants d'Israël et il avisa.

CHAPITRE TROIS

Or, Moïse faisait paître les brebis de Jéthro son beau-père, prêtre de Madian. Il avait conduit le bétail au fond du désert et était parvenu à la montagne divine, au mont Horeb.

2 Un ange du Seigneur lui apparut dans un jet de flamme au milieu d'un buisson. Il remarqua que le buisson était en feu et cependant ne se consumait point.

3 Moïse se dit : "Je veux m'approcher, je veux examiner ce grand phénomène : pourquoi le buisson ne se consume pas."

4 L'Éternel vit qu'il s'approchait pour regarder ; alors Dieu l'appela du sein du buisson, disant : "Moïse ! Moïse !" Et il répondit : "Me voici."

5 Il reprit : "N'approche point d'ici ! Ote ta chaussure, car l'endroit que tu foules est un sol sacré !"

6 Il ajouta : "Je suis la Divinité de ton père, le Dieu d'Abraham, d'Isaac et de Jacob..." Moïse se couvrit le visage, craignant de regarder le Seigneur.

7 L'Éternel poursuivit : "J'ai vu, j'ai vu l'humiliation de mon peuple qui est en Égypte ; j'ai accueilli sa plainte contre ses oppresseurs, car je connais ses souffrances.

8 Je suis donc intervenu pour le délivrer de la puissance égyptienne et pour le faire passer de cette contrée-là dans une contrée fertile et spacieuse, dans une terre ruisselante de lait et de miel, où habitent le Cananéen, le Héthéen, l'Amorréen, le Phérézéen, le Hévéen et le Jébuséen.

9 Oui, la plainte des enfants d'Israël est venue jusqu'à moi ; oui, j'ai vu la tyrannie dont les Égyptiens les accablent.

10 Et maintenant va, je te délègue vers Pharaon ; et fais que mon peuple, les enfants d'Israël, sortent de l'Égypte."

11 Moïse-dit au Seigneur : "Qui suis-je, pour aborder Pharaon et pour faire sortir les enfants d'Israël de l'Égypte ?"

12 Il répondit : "C'est que je serai avec toi et ceci te servira à prouver que c'est moi qui t'envoie : quand tu auras fait sortir ce peuple de l'Égypte, vous adorerez le Seigneur sur cette montagne même."

13 Moïse dit à Dieu : "Or, je vais trouver les enfants d'Israël et je leur dirai : Le Dieu de vos pères m'envoie vers vous... S'ils me disent : Quel est son nom ? que leur dirai-je ?"

14 Dieu répondit à Moïse : "Je suis l'Être invariable !" Et il ajouta : "Ainsi parleras-tu aux enfants d'Israël : C'est l'Être invariable qui m'a délégué auprès de vous."

15 Dieu dit encore à Moïse : "Parle ainsi aux enfants d'Israël : 'L'Éternel, le Dieu de vos pères, le Dieu d'Abraham, d'Isaac et de Jacob, m'envoie vers vous.' Tel est mon nom à jamais, tel sera mon attribut dans tous les âges.

16 Va rassembler les anciens d'Israël et dis-leur : 'L'Éternel, Dieu de vos pères, Dieu d'Abraham, d'Isaac et de Jacob, m'est

apparu en disant : J'ai fixé mon attention sur vous et sur ce qu'on vous fait en Égypte

17 et j'ai résolu de vous faire monter, du servage de l'Égypte, au territoire du Cananéen, du Héthéen, de l'Amorréen, du Phérézéen, du Hévéen et du Jébuséen, contrée ruisselante de lait et de miel.'

18 Et ils écouteront ta voix ; alors tu iras, avec les anciens d'Israël, trouver le roi d'Égypte et vous lui direz : 'L'Éternel, le Dieu des Hébreux, s'est manifesté à nous. Et maintenant nous voudrions aller à trois journées de chemin, dans le désert, sacrifier à l'Éternel, notre Dieu'

19 Or, je sais que le roi d'Égypte ne vous laissera point partir, pas même en présence d'une puissance supérieure.

20 Mais j'étendrai ma main et je terrasserai l'Égypte par tous les prodiges que j'accomplirai dans son sein ; alors seulement on vous laissera partir.

21 Et j'inspirerai aux Égyptiens de la bienveillance pour ce peuple ; si bien que, lorsque vous partirez, vous ne partirez point les mains vides.

22 Chaque femme demandera à sa voisine, à l'habitante de sa maison, des vases d'argent, des vases d'or, des parures ; vous en couvrirez vos fils et vos filles et vous dépouillerez l'Égypte.

CHAPITRE QUATRE

Moïse prit la parole et dit : "Mais certes, ils ne me croiront pas et ils n'écouteront pas ma voix, parce qu'ils diront : L'Éternel ne t'est point apparu."

2 Le Seigneur lui dit : "Qu'as-tu là à la main ?" Il répondit : "Une verge."

3 Il reprit : "Jette-la à terre !" Et il la jeta à terre et elle devint un serpent. Moïse s'enfuit à cette vue.

4 Le Seigneur dit à Moïse : "Avance la main et saisis sa queue !" Il avança la main et le saisit et il redevint verge dans sa main.

5 "Ceci leur prouvera qu'il s'est révélé à toi, l'Éternel, le Dieu de leurs pères, le Dieu d'Abraham, d'Isaac et de Jacob."

6 Le Seigneur lui dit encore : "Mets ta main dans ton sein." Il mit sa main dans son sein, l'en retira et voici qu'elle était lépreuse, blanche comme la neige.

7 Il reprit : "Replace ta main dans ton sein." Il remit sa main

dans son sein, puis il l'en retira et voici qu'elle avait repris sa carnation.

8 "Eh bien ! s'ils n'ont pas croyance en toi, s'ils sont sourds à la voix du premier prodige, ils devront céder à la voix du dernier.

9 Que s'ils restent incrédules en présence de ces deux prodiges et s'ils n'écoutent pas ta voix, tu prendras des eaux du fleuve et tu les répandras à terre et ces eaux que tu auras prises du fleuve deviendront du sang sur la terre."

10 Moïse dit à l'Éternel : "De grâce, Seigneur ! je ne suis habile à parler, ni depuis hier, ni depuis avant-hier, ni depuis que tu parles à ton serviteur ; car j'ai la bouche pesante et la langue embarrassée."

11 L'Éternel lui répondit : "Qui a donné une bouche à l'homme ? qui le fait muet ou sourd, clairvoyant ou aveugle, si ce n'est moi, l'Éternel ?

12 Va donc, je seconderai ta parole et je t'inspirerai ce que tu devras dire."

13 Il repartit : "De grâce, Seigneur ! donne cette mission à quelque autre !"

14 Le courroux de l'Éternel s'alluma contre Moïse et il dit : "Eh bien ! c'est Aaron ton frère, le Lévite, que je désigne ! Oui, c'est lui qui parlera ! Déjà même il s'avance à ta rencontre et à ta vue il se réjouira dans son cœur.

15 Tu lui parleras et tu transmettras les paroles à sa bouche ; pour moi, j'assisterai ta bouche et la sienne et je vous apprendrai ce que vous aurez à faire.

16 Lui, il parlera pour toi au peuple, de sorte qu'il sera pour toi un organe et que tu seras pour lui un inspirateur.

17 Cette même verge, tu l'auras à la main, car c'est par elle que tu opéreras les miracles."

18 Là-dessus Moïse s'en retourna chez Jéthro, son beau-père

et lui dit : "Je voudrais partir, retourner près de mes frères qui sont en Égypte, afin de voir s'ils vivent encore." Jéthro répondit à Moïse : "Va en paix."

19 L'Éternel dit à Moïse, en Madian : "Va, retourne en Égypte ; tous ceux-là sont morts qui en voulaient à ta vie."

20 Moïse emmena sa femme et ses enfants, les plaça sur un âne et reprit le chemin du pays d'Égypte. Moïse tenait la verge divine à la main.

21 L'Éternel dit à Moïse : "Maintenant que tu te disposes à rentrer en Égypte, sache que tous les miracles dont je t'aurai chargé, tu les accompliras devant Pharaon mais moi je laisserai s'endurcir son cœur et il ne renverra point le peuple.

22 Alors tu diras à Pharaon : 'Ainsi parle l'Éternel : Israël est le premier-né de mes fils ;

23 or, je t'avais dit : Laisse partir mon fils, pour qu'il me serve et tu as refusé de le laisser partir. Eh bien ! moi, je ferai mourir ton fils premier-né.' "

24 Pendant ce voyage, il s'arrêta dans une hôtellerie ; le Seigneur l'aborda et voulut le faire mourir.

25 Séphora saisit un caillou, retrancha l'excroissance de son fils et la jeta à ses pieds en disant : "Est-ce donc par le sang que tu es uni à moi ?"

26 Le Seigneur le laissa en repos. Elle dit alors : "Oui, tu m'es uni par le sang, grâce à la circoncision !"

27 L'Éternel dit à Aaron : "Va au-devant de Moïse, dans le désert." Il y alla ; il le rencontra sur la montagne et l'embrassa.

28 Moïse fit part à Aaron de toutes les paroles dont l'Éternel l'avait chargé et de tous les prodiges qu'il lui avait donné mission d'accomplir.

29 Alors Moïse et Aaron partirent et assemblèrent tous les anciens des enfants d'Israël.

30 Et Aaron dit toutes les paroles que l'Éternel avait adressées à Moïse et il opéra les prodiges à la vue du peuple.

31 Et le peuple y eut foi ; ils comprirent que l'Éternel s'était souvenu des enfants d'Israël, qu'il avait considéré leur misère et ils courbèrent la tête et se prosternèrent.

CHAPITRE CINQ

Puis, Moïse et Aaron vinrent trouver Pharaon et lui dirent : "Ainsi a parlé l'Éternel, Dieu d'Israël : Laisse partir mon peuple, pour qu'il célèbre mon culte dans le désert."

2 Pharaon répondit : "Quel est cet Éternel dont je dois écouter la parole en laissant partir Israël ? Je ne connais point l'Éternel et certes je ne renverrai point Israël."

3 Ils reprirent : "Le Dieu des Hébreux s'est manifesté à nous. Nous voudrions donc aller à trois journées de chemin dans le désert et sacrifier à l'Éternel notre Dieu, de peur qu'il ne sévisse sur nous par la peste ou par le glaive."

4 Le roi d'Égypte leur dit : "Pourquoi, Moïse et Aaron, débauchez-vous le peuple de ses travaux ? Allez à vos affaires !"

5 Pharaon ajouta : "Vraiment, cette population est nombreuse à présent dans le pays et vous leur feriez interrompre leurs corvées ?"

6 Et Pharaon donna, ce jour même, aux commissaires du peuple et à ses surveillants l'ordre suivant :

7 "Vous ne fournirez plus, désormais, de la paille au peuple pour la préparation des briques, comme précédemment ; ils iront eux-mêmes faire leur provision de paille.

8 Du reste, la quantité de briques qu'ils faisaient précédemment, imposez-la leur encore, n'en rabattez rien. Car ils sont désœuvrés, voilà pourquoi ils profèrent ces clameurs : 'Allons sacrifier à notre Dieu !'

9 Qu'il y ait donc surcharge de travail pour eux et qu'ils y soient astreints ; et qu'on n'ait pas égard à des propos mensongers."

10 Les commissaires du peuple et ses surveillants sortirent et parlèrent ainsi au peuple : "Voici ce qu'a dit Pharaon : 'Je ne vous donnerai plus de paille ;

11 vous mêmes, allez, fournissez-vous de paille où vous pourrez en trouver, car il n'est rien diminué de votre besogne.'"

12 Et le peuple se répandit par tout le pays d'Égypte, pour ramasser du chaume en guise de paille.

13 Les commissaires le harcelaient, disant : "Remplissez votre tâche jour par jour, comme lorsque la paille vous était livrée."

14 On frappa les surveillants des enfants d'Israël que les commissaires de Pharaon leur avaient préposés, en disant : "Pourquoi n'avez-vous pas fait toute votre tâche en livrant les briques comme précédemment, ni hier ni aujourd'hui ?"

15 Les surveillants des enfants d'Israël vinrent se plaindre à Pharaon en ces termes : "Pourquoi traites-tu ainsi tes serviteurs ?

16 La paille, il n'en est pas fourni à tes serviteurs et pourtant on nous dit 'Faites des briques !' A présent tes serviteurs sont frappés et c'est ton peuple qui est coupable."

17 Il répondit : "Vous êtes des gens désœuvrés, oui, désœuvrés ! c'est pour cela que vous dites : 'Allons sacrifier à l'Éternel.'

18 Et maintenant, allez au travail ! La paille ne vous sera point donnée et vous fournirez la même quantité de briques."

19 Les surveillants des enfants d'Israël les traitèrent avec rigueur, en disant :"Vous ne ferez pas moins de briques que précédemment, jour par jour."

20 Or, ils avaient rencontré Moïse et Aaron, debout devant eux, comme ils sortaient de chez Pharaon ;

21 et ils leur avaient dit : "Que l'Éternel vous regarde et vous juge, vous qui nous avez mis en mauvaise odeur auprès de Pharaon et de ses serviteurs ; vous qui avez mis le glaive dans leur main pour nous faire périr !"

22 Moïse retourna vers le Seigneur et dit : "Mon Dieu, pourquoi as-tu rendu ce peuple misérable ? Dans quel but m'avais-tu donc envoyé ?

23 Depuis que je me suis présenté à Pharaon pour parler en ton nom, le sort de ce peuple a empiré, bien loin que tu aies sauvé ton peuple !"

CHAPITRE SIX

L'Éternel dit à Moïse : "C'est à présent que tu seras témoin de ce que je veux faire à Pharaon. Forcé par une main puissante, il les laissera partir ; d'une main puissante, lui-même les renverra de son pays."

2 Dieu adressa la parole à Moïse, en disant : "Je suis l'Éternel.

3 J'ai apparu à Abraham, à Isaac, à Jacob, comme Divinité souveraine ; ce n'est pas en ma qualité d'Être immuable que je me suis manifesté à eux.

4 De plus, j'avais établi mon alliance avec eux en leur faisant don du pays de Canaan, cette terre de leurs pérégrinations où ils vécurent étrangers

5 et enfin, j'ai entendu les gémissements des enfants d'Israël, asservis par les Égyptiens et je me suis souvenu de mon alliance.

6 Donc, parle ainsi aux enfants d'Israël : 'Je suis l'Éternel ! Je veux vous soustraire aux tribulations de l'Égypte et vous déli-

vrer de sa servitude ; et je vous affranchirai avec un bras étendu, à l'aide de châtiments terribles.

7 Je vous adopterai pour peuple, je deviendrai votre Dieu ; et vous reconnaîtrez que moi, l'Éternel, je suis votre Dieu, moi qui vous aurai soustraits aux tribulations de l'Égypte.

8 Puis, je vous introduirai dans la contrée que j'ai solennellement promise à Abraham, à Isaac et à Jacob ; je vous la donnerai comme possession héréditaire, moi l'Éternel.' "

9 Moïse redit ces paroles aux enfants d'Israël mais ils ne l'écoutèrent point, ayant l'esprit oppressé par une dure servitude.

10 L'Éternel parla à Moïse en ces termes :

11 "Va, dis à Pharaon, roi d'Égypte, qu'il laisse partir de son pays les enfants d'Israël."

12 Mais Moïse s'exprima ainsi devant l'Éternel : "Quoi ! les enfants d'Israël ne m'ont pas écouté et Pharaon m'écouterait, moi qui ai la parole embarrassée !"

13 Alors l'Éternel parla à Moïse et à Aaron ; il leur donna des ordres pour les enfants d'Israël et pour Pharaon, roi d'Égypte, afin de faire sortir les enfants d'Israël du pays d'Égypte.

14 Voici les souches de leur famille paternelle. Fils de Ruben, premier-né d'Israël : Hanoc, Pallou, Heçrôn et Karmi. Telles sont les familles de Ruben.

15 Fils de Siméon : Yemouel, Yamîn, Ohad, Yakhin, Çôhar et Chaoul, fils de la Cananéenne. Telles sont les familles de Siméon.

16 Et voici les noms des fils de Lévi, selon leur ordre de naissance : Gerson, Kehath, Merari. La durée de la vie de Lévi fut de cent trente-sept ans.

17 Fils de Gerson : Libni et Chimi, avec leurs familles.

18 Fils de Kehath : Amram, Yiçhar, Hébrôn et Ouzziel. Les années de la vie de Kehath : cent trente-trois ans.

19 Fils de Merari : Mahli et Mouchi. Ce sont là les familles lévitiques selon leur filiation.

20 Amram choisit Jocabed, sa tante, pour épouse ; elle lui enfanta Aaron et Moïse. Les années de la vie d'Amram : cent trente-sept ans.

21 Fils de Yiçhar : Coré, Néfeg et Zikri.

22 Fils d'Ouzziel : Michaël, Elçafân et Sithri.

23 Aaron choisit pour épouse Élichéba, fille d'Amminadab, sœur de Nahchôn ; elle lui enfanta Nadab et Abihou, Éléazar et Ithamar.

24 Fils de Coré : Assir, Elkana et Abiasaf. Telles sont les familles des Coréites.

25 Quant à Éléazar, fils d'Aaron, il choisit pour femme une des filles de Poutïel et elle lui enfanta Phinéas. Telles sont les souches paternelles des Lévites, selon leurs familles.

26 C'est ce même Aaron, ce même Moïse, à qui Dieu dit : "Faites sortir les enfants d'Israël du pays d'Égypte, selon leurs légions."

27 Ce sont eux qui parlèrent à Pharaon, roi d'Égypte, à l'effet de conduire hors d'Égypte les enfants d'Israël ; savoir, Moïse et Aaron.

28 Or, le jour où l'Éternel avait parlé à Moïse, dans le pays d'Égypte.

29 L'Éternel avait parlé ainsi à Moïse : "Je suis l'Éternel ! Transmets à Pharaon, roi d'Égypte, tout ce que je te dirai."

30 Et Moïse avait dit devant l'Éternel : "Certes, j'ai la parole embarrassée, comment donc Pharaon m'écouterait-il ? "

CHAPITRE SEPT

Alors l'Éternel dit à Moïse "Regarde ! je fais de toi un dieu à l'égard de Pharaon et Aaron ton frère sera ton prophète.

2 Toi, tu diras tout ce que je t'aurai ordonné et Aaron, ton frère, parlera à Pharaon pour qu'il renvoie les Israélites de son pays.

3 Pour moi, j'endurcirai le cœur de Pharaon et je multiplierai mes signes et mes preuves de puissance dans le pays d'Égypte.

4 Pharaon ne vous écoutera pas, mais j'imposerai ma main sur l'Égypte et je ferai sortir mes légions, les Israélites mon peuple, du pays d'Égypte, après une vindicte éclatante.

5 Et les Égyptiens reconnaîtront que je suis l'Éternel, lorsque j'étendrai ma main sur eux et que je ferai sortir du milieu d'eux les enfants d'Israël."

6 Moïse et Aaron obéirent comme l'Éternel leur avait enjoint, ainsi firent-ils.

7 Or, Moïse était âgé de quatre-vingts ans et Aaron de quatre-vingt-trois ans, lorsqu'ils parlèrent à Pharaon.

8 L'Éternel parla à Moïse et à Aaron en ces termes :

9 "Lorsque Pharaon vous dira : 'Produisez une preuve de votre mission', tu diras à Aaron : 'Prends ta verge et jette-la devant Pharaon, qu'elle devienne serpent !'"

10 Moïse et Aaron se rendirent chez Pharaon et firent exactement comme l'avait prescrit le Seigneur. Aaron jeta sa verge en présence de Pharaon et de ses serviteurs et elle devint serpent.

11 Pharaon, de son côté, manda les experts et les magiciens ; et les devins de l'Égypte en firent autant par leurs prestiges.

12 Ils jetèrent chacun leurs verges et elles se transformèrent en serpent, mais la verge d'Aaron engloutit les leurs.

13 Le cœur de Pharaon persista et il ne leur céda point, ainsi que l'avait prédit l'Éternel.

14 L'Éternel dit à Moïse : "Le cœur de Pharaon est opiniâtre, il refuse de laisser partir le peuple.

15 Va trouver Pharaon le matin, comme il se dirigera vers les eaux ; tu te tiendras sur son passage, au bord du fleuve et cette verge qui a été changée en serpent, tu l'auras à la main.

16 Et tu lui diras : 'L'Éternel, Divinité des Hébreux, m'avait délégué vers toi pour te dire : Renvoie mon peuple et qu'il m'adore au désert ; or, tu n'as pas obéi jusqu'à présent.

17 Ainsi parle l'Éternel : Voici qui t'apprendra que je suis l'Éternel ! Je vais frapper, de cette verge que j'ai à la main, les eaux du fleuve et elles se convertiront en sang.

18 Les poissons du fleuve périront et le fleuve deviendra infect et les Égyptiens renonceront à boire de ses eaux.' "

19 L'Éternel dit à Moïse : "Parle ainsi à Aaron : 'Prends ta verge, dirige ta main sur les eaux des Égyptiens, sur leurs fleuves, sur leurs canaux, sur leurs lacs, sur tous leurs réservoirs,

et elles deviendront du sang et il n'y aura que du sang dans tout le pays d'Égypte, même dans les vaisseaux de bois et de pierre.' "

20 Moïse et Aaron agirent ainsi qu'avait ordonné l'Éternel : Aaron leva la verge, frappa les eaux du fleuve à la vue de Pharaon et de ses serviteurs et toutes les eaux du fleuve se changèrent en sang.

21 Les poissons du fleuve moururent, le fleuve devint infect et les Égyptiens ne purent boire de ses eaux. Il n'y eut que du sang dans tout le pays d'Égypte.

22 Mais, comme les devins de l'Égypte en faisaient autant par leurs prestiges, le cœur de Pharaon persista et il ne leur céda point, selon ce qu'avait prédit l'Éternel.

23 Pharaon s'en retourna et rentra dans sa demeure, sans se préoccuper non plus de ce prodige.

24 Tous les Égyptiens creusèrent dans le voisinage du fleuve, pour trouver de l'eau à boire ; car ils ne pouvaient boire de l'eau du fleuve.

25 Sept jours pleins s'écoulèrent après que l'Éternel eut frappé le fleuve.

26 Alors l'Éternel dit à Moïse "Va trouver Pharaon et lui dis : 'Renvoie mon peuple, qu'il puisse m'adorer.

27 Si tu refuses de le renvoyer, je m'apprête à infester de grenouilles tout ton territoire.

28 Le fleuve regorgera de grenouilles, elles en sortiront pour envahir ta demeure et la chambre où tu reposes et jusqu'à ton lit ; les demeures de tes serviteurs, celles de ton peuple et tes fours et tes pétrins.

29 Toi-même et ton peuple et tous tes serviteurs, les grenouilles vous assailliront.' "

CHAPITRE HUIT

L'Éternel dit à Moïse : "Parle ainsi à Aaron : 'Dirige ta main, avec ta verge, sur les fleuves, sur les canaux, sur les lacs ; et suscite les grenouilles sur le pays d'Égypte.' "

2 Aaron dirigea sa main sur les eaux de l'Égypte ; les grenouilles montèrent et envahirent le pays d'Égypte.

3 Autant en firent les devins par leurs enchantements ils suscitèrent des grenouilles sur le pays d'Égypte.

4 Pharaon manda Moïse et Aaron et leur dit : "Sollicitez l'Éternel, pour qu'il écarte les grenouilles de moi et de mon peuple ; je laisserai partir le peuple hébreu, pour qu'il sacrifie à l'Éternel."

5 Moïse répondit à Pharaon : "Prends cet avantage sur moi, de me dire quand je dois demander pour toi, tes serviteurs et ton peuple, que les grenouilles se retirent de toi et de tes demeures, qu'elles restent seulement dans le fleuve."

6 Il repartit : "Dès demain." Moïse reprit : "Soit fait selon ta parole, afin que tu saches que nul n'égale l'Éternel notre Dieu.

7 Oui, les grenouilles se retireront de toi et de tes demeures, de tes serviteurs et de ton peuple : elles seront reléguées dans, le fleuve."

8 Moïse et Aaron étant sortis de chez Pharaon, Moïse implora le Seigneur au sujet des grenouilles qu'il avait envoyées contre Pharaon

9 et le Seigneur agit selon la parole de Moïse : les grenouilles périrent dans les maisons, dans les fermes et dans les champs.

10 On les entassa par monceaux ; le pays en était infecté.

11 Mais Pharaon, se voyant de nouveau à l'aise, appesantit son cœur et ne leur obéit point, ainsi que l'avait prédit l'Éternel.

12 L'Éternel dit à Moïse "Parle ainsi à Aaron : 'Étends ta verge et frappe la poussière de la terre, elle se changera en vermine dans tout le pays d'Égypte.' "

13 Ils obéirent : Aaron étendit sa main armée de la verge, frappa la poussière de la terre et la vermine couvrit hommes et bêtes ; toute la poussière de la terre se transforma en vermine, par tout le pays d'Égypte.

14 Les devins essayèrent à leur tour, par leurs enchantements, de faire disparaître la vermine, mais ils ne purent : la vermine resta sur les hommes et sur le bétail.

15 Les devins dirent à Pharaon : "Le doigt de Dieu est là !" Mais le cœur de Pharaon persista et il ne les écouta point, ainsi que l'avait dit l'Éternel.

16 L'Éternel dit à Moïse : "Demain, de bon matin, présente-toi devant Pharaon, car il se dirigera vers les eaux et dis-lui : 'Ainsi parle l'Éternel : Renvoie mon peuple pour qu'il m'adore !

17 Que si tu ne renvoies pas mon peuple, moi je susciterai

contre toi et tes serviteurs et ton peuple et tes maisons, les animaux malfaisants ; les maisons des Égyptiens seront envahies par eux, comme aussi la contrée où ils demeurent.

18 Je distinguerai, en cette occurrence, la province de Gessen où réside mon peuple, en ce qu'il n'y paraîtra point d'animaux malfaisants afin que tu saches que moi, l'Éternel, je suis au milieu de cette province.

19 Oui, je ferai une séparation salutaire entre mon peuple et le tien ; c'est à demain qu'est réservé ce prodige.' "

20 Ainsi fit l'Éternel. Un formidable essaim d'animaux pénétra dans la demeure de Pharaon et dans celles de ses serviteurs ; dans tout le pays d'Égypte, la terre était infestée par eux.

21 Pharaon manda Moïse et Aaron et dit : "Allez sacrifier à votre Dieu dans le pays."

22 Moïse répondit : "Il ne convient pas d'agir ainsi, car c'est la terreur de l'Égypte que nous devons immoler à l'Éternel notre Dieu. Or, nous immolerions sous leurs yeux la terreur des Égyptiens et ils ne nous lapideraient point !

23 C'est à trois journées de chemin dans le désert que nous voulons aller et nous y sacrifierons à l'Éternel notre Dieu selon ce qu'il nous enjoindra."

24 Pharaon reprit : "Je vous laisserai partir, pour sacrifier à l'Éternel votre Dieu dans le désert ; toutefois, gardez vous d'aller trop loin. Intercédez pour moi."

25 Moïse répondit : "Sitôt que je t'aurai quitté, je vais intercéder auprès de l'Éternel et les animaux malfaisants se retireront de Pharaon, de ses serviteurs et de son peuple, dès demain. Du moins, que Pharaon cesse de se jouer de nous, en ne laissant pas le peuple partir pour sacrifier à l'Éternel."

26 Sorti de chez Pharaon, Moïse implora le Seigneur.

27 Le Seigneur accomplit la parole de Moïse et il éloigna les animaux malfaisants de Pharaon, de ses serviteurs et de son peuple ; il n'en demeura pas un.

28 Mais Pharaon s'opiniâtra cette fois encore et il ne laissa point, partir le peuple.

CHAPITRE NEUF

L'Éternel dit à Moïse : "Rends-toi chez Pharaon et dis-lui : 'Ainsi a parlé l'Éternel, Dieu des Hébreux : Renvoie mon peuple pour qu'il m'adore.

2 Que si tu te refuses à le renvoyer, si tu persistes à le retenir,

3 voici : la main de l'Éternel se manifestera sur ton bétail qui est aux champs, chevaux, ânes, chameaux, gros et menu bétail, par une mortalité très grave.

4 Mais l'Éternel distinguera entre le bétail d'Israël et le bétail de Misraïm et rien ne périra de ce qui est aux enfants d'Israël.' "

5 L'Éternel fixa le jour en disant : "C'est demain que l'Éternel exécutera cette chose dans le pays."

6 Et l'Éternel exécuta la chose le lendemain ; et tout le bétail des Égyptiens périt et du bétail des Israélites il ne périt pas une bête.

7 Pharaon fit vérifier et de fait, pas un animal n'était mort du bétail des Israélites. Cependant le cœur de Pharaon s'obstina et il ne renvoya point le peuple.

8 L'Éternel dit à Moïse et à Aaron : "Prenez chacun une poignée de suie de fournaise ; et que Moïse la lance vers le ciel, à la vue de Pharaon.

9 Elle s'étendra en poussière sur tout le pays d'Égypte et elle s'attachera aux hommes et aux animaux, éclatant en éruption pustuleuse par tout le pays d'Égypte."

10 Ils prirent la suie de fournaise, se présentèrent devant Pharaon et Moïse la lança vers le ciel ; et elle devint une éruption pustuleuse, qui se développa sur les hommes et sur les animaux.

11 Les devins ne purent lutter contre Moïse, à cause de l'éruption car elle les avait frappés eux-mêmes avec toute l'Égypte.

12 Mais le Seigneur endurcit le cœur de Pharaon et il ne céda point, ainsi que le Seigneur l'avait dit à Moïse.

13 L'Éternel dit à Moïse : "Demain, de bonne heure, présente-toi, devant Pharaon et dis-lui : 'Ainsi parle l'Éternel, Dieu des Hébreux : Renvoie mon peuple pour qu'il m'adore !

14 Car, pour le coup, je déchaînerai tous mes fléaux contre toi-même, contre tes serviteurs, contre ton peuple, afin que tu saches que nul ne m'égale sur toute la terre.

15 Si à présent j'eusse étendu ma main et fait sévir, sur toi et sur ton peuple, la mortalité, tu aurais disparu de la terre !

16 Mais voici pourquoi je t'ai laissé vivre pour te faire voir ma puissance et pour glorifier mon nom dans le monde.

17 Tu persistes à t'élever contre mon peuple, en ne le laissant point partir :

18 Eh bien ! moi, je ferai pleuvoir demain, à pareille heure, une grêle très intense, telle qu'il n'y en aura pas eu de semblable dans l'Égypte depuis son origine jusqu'à ce jour.

19 Donc, fais rassembler ton bétail et tout ce que tu as dans les champs. Tout homme ou animal qui se trouvera dans les

champs et ne sera pas rentré dans les maisons, sera atteint de la grêle et périra.' "

20 Ceux des serviteurs de Pharaon qui révéraient la parole du Seigneur mirent à couvert leurs gens et leur bétail dans leurs maisons

21 mais ceux qui ne tinrent pas compte de la parole du Seigneur laissèrent leurs gens et leur bétail aux champs.

22 L'Éternel dit à Moïse : "Dirige ta main vers le ciel et que la grêle éclate dans tout le pays d'Égypte, sur les hommes, sur les bestiaux, sur toute l'herbe des champs dans le pays d'Égypte."

23 Moïse dirigea sa verge vers le ciel et le Seigneur produisit des tonnerres et de la grêle, des feux s'élancèrent sur le sol et le Seigneur fit pleuvoir la grêle sur le pays d'Égypte.

24 C'était une grêle et un feu tourbillonnant au milieu de la grêle ; c'était effroyable, rien de pareil n'était arrivé dans tout le pays des Égyptiens depuis qu'ils formaient une nation.

25 La grêle frappa, dans tout le pays d'Égypte, tout ce qui était dans les champs, depuis l'homme jusqu'à la bête ; toute herbe des champs fut abattue par la grêle et tout arbre des champs brisé.

26 La seule province de Gessen, où habitaient les enfants d'Israël, fut exempte de la grêle.

27 Pharaon fit appeler Moïse et Aaron et leur dit : "J'ai péché, je le vois à cette heure : l'Éternel est juste et c'est moi et mon peuple qui sommes coupables.

28 Implorez l'Éternel pour qu'il mette un terme à ces tonnerres célestes et à cette grêle ; alors je vous laisserai partir et vous n'éprouverez plus de retards."

29 Moïse lui répondit : "Au Moment où je quitterai la ville, j'étendrai mes mains vers l'Éternel, les tonnerres cesseront et la

grêle ne se produira plus, afin que tu saches que la terre est à l'Éternel.

30 Mais toi et tes serviteurs, je sais que vous ne rendrez pas encore hommage au Dieu éternel."

31 Or, le lin et l'orge avaient été abattus, parce que l'orge était en épi et le lin en fleur ;

32 mais le froment et l'épeautre n'avaient point souffert, parce qu'ils sont tardifs.

33 Moïse, étant sorti de chez Pharaon, hors de la ville, étendit les mains vers le Seigneur ; et tonnerres et grêle disparurent et la pluie ne s'épancha point sur la terre.

34 Pharaon, se voyant délivré de la pluie, de la grêle et des tonnerres, recommença à pécher et endurcit son cœur, lui et ses serviteurs.

35 Et Pharaon persista à ne pas renvoyer les enfants d'Israël, comme l'Éternel l'avait annoncé par l'organe de Moïse.

CHAPITRE DIX

L'Éternel dit à Moïse : "Rends toi chez Pharaon ; car moi même j'ai appesanti son cœur et celui de ses serviteurs, à dessein d'opérer tous ces prodiges autour de lui

2 et afin que tu racontes à ton fils, à ton petit-fils, ce que j'ai fait aux Égyptiens et les merveilles que j'ai opérées contre eux ; vous reconnaîtrez ainsi que je suis l'Éternel."

3 Moïse et Aaron se rendirent chez Pharaon et lui dirent "Ainsi parle l'Éternel, Dieu des Hébreux : 'Jusqu'à quand refuseras tu de fléchir devant moi ? Laisse partir mon peuple, pour qu'il m'adore !

4 Que si tu refuses de laisser partir mon peuple, je susciterai demain des sauterelles dans ton territoire.

5 Elles déroberont la vue de la terre et l'on ne pourra plus apercevoir la terre ; elles anéantiront le reste des ressources que vous a laissées la grêle, elles dévoreront toutes les plantes qui croissent pour vous dans les champs.

6 Elles rempliront tes maisons et les maisons de tous tes

serviteurs et celles de toute l'Égypte : telles n'en virent point tes aïeux, ni les pères de tes aïeux, depuis le jour où ils occupèrent le pays jusqu'à ce jour.' " Et il se retira et sortit de devant Pharaon.

7 Les serviteurs de Pharaon lui dirent : "Combien de temps celui-ci nous portera-t-il malheur ? Laisse partir ces hommes, qu'ils servent l'Éternel leur Dieu : ignores-tu encore que l'Égypte est ruinée ?"

8 Moïse et Aaron furent rappelés auprès de Pharaon, qui leur dit : "Allez servir l'Éternel votre Dieu ; quels sont ceux qui iront ?"

9 Moïse répondit : "Nous irons jeunes gens et vieillards ; nous irons avec nos fils et nos filles, avec nos brebis et nos bœufs, car nous avons à fêter l'Éternel."

10 Il leur répliqua : "Ainsi soit l'Éternel avec vous, comme je compte vous laisser partir avec vos enfants ! Voyez comme vos intentions sont mauvaises !

11 Non pas !... Allez, je vous prie, vous autres hommes et servez l'Éternel, puisque c'est là ce que vous désirez." Et on les chassa de devant Pharaon.

12 L'Éternel dit à Moïse." Étends ta main sur le pays d'Égypte pour les sauterelles, afin qu'elles envahissent le pays d'Égypte et qu'elles dévorent tout l'herbage de la terre, tout ce qu'a épargné la grêle."

13 Moïse étendit sa verge sur le pays d'Égypte ; alors l'Éternel dirigea un vent d'est sur le pays tout ce jour-là, puis toute la nuit. Le matin venu, le vent d'est avait amené les sauterelles.

14 Elles se répandirent, les sauterelles, par tout le pays d'Égypte et elles s'abattirent sur tout le territoire égyptien. C'était prodigieux : pareille quantité de sauterelles ne s'était pas encore vue, pareille quantité ne devait plus se voir.

15 Elles dérobèrent si complètement la vue du sol, qu'il en fut obscurci ; elles dévorèrent tout l'herbage de la terre : et tous les fruits d'arbre, épargnés par la grêle et il ne resta plus de verdure soit aux arbres, soit en herbe des champs, dans tout le pays d'Égypte.

16 Pharaon, en toute hâte, manda Moïse et Aaron et leur dit : "J'ai péché contre l'Éternel votre Dieu et contre vous.

17 Eh bien ! De grâce, pardonnez ma faute, cette fois seulement et suppliez l'Éternel votre Dieu qu'il me délivre, à tout prix, de ce fléau."

18 Moïse se retira de chez Pharaon et sollicita le Seigneur.

19 Et le Seigneur fit tourner le vent, qui souffla de l'ouest avec une grande violence, emporta les sauterelles et les noya dans la mer des joncs : il ne resta plus une sauterelle sur tout le territoire de l'Égypte.

20 Mais l'Éternel endurcit le cœur de Pharaon et il ne renvoya pas les enfants d'Israël.

21 L'Éternel dit à Moïse : "Dirige ta main vers le ciel et des ténèbres se répandront sur le pays d'Égypte, des ténèbres opaques."

22 Moïse dirigea sa main vers le ciel et d'épaisses ténèbres couvrirent tout le pays d'Égypte, durant trois jours.

23 On ne se voyait pas l'un l'autre et nul ne se leva de sa place, durant trois jours mais tous les enfants d'Israël jouissaient de la lumière dans leurs demeures.

24 Pharaon manda Moïse et dit : "Partez, adorez l'Éternel ; seulement, que votre menu et votre gros bétail demeurent, mais vos enfants peuvent vous suivre."

25 Moïse répondit : "Toi-même, tu nous donneras des victimes et des holocaustes pour les offrir à l'Éternel notre Dieu

26 et notre bétail ne nous suivra pas moins ; il n'en restera

pas ici un ongle, car nous devons en prendre pour sacrifier à l'Éternel notre Dieu ; or, nous ne saurons de quoi lui faire hommage que lorsque nous serons arrivés."

27 Mais l'Éternel endurcit le cœur de Pharaon, qui ne consentit point à les laisser partir.

28 Pharaon dit à Moïse : "Sors de devant moi ! Garde-toi de reparaître à ma vue, car, le jour où tu verras mon visage, tu mourras !"

29 Moïse repartit : " Tu as bien dit. Je ne reverrai plus ton visage."

CHAPITRE ONZE

L'Éternel avait dit à Moïse : "Il est une plaie encore que j'enverrai à Pharaon et à l'Égypte et alors il vous laissera partir de ce pays ; en le faisant cette fois, il vous en repoussera d'une manière absolue.

2 Fais donc entendre au peuple que chacun ait à demander à son voisin et chacune à sa voisine, des vases d'argent et des vases d'or."

3 Le Seigneur avait fait trouver faveur à son peuple chez les Égyptiens ; cet homme aussi, Moïse, était très considéré dans le pays d'Égypte, aux yeux des serviteurs de Pharaon et aux yeux du peuple.

4 Moïse ajouta : "Ainsi a parlé l'Éternel : 'Au milieu de la nuit, je m'avancerai à travers l'Égypte

5 et alors périra tout premier-né dans le pays d'Égypte, depuis le premier né de Pharaon qui devait occuper son trône, jusqu'au premier-né de l'esclave qui fait tourner la meule ; de même tous les premiers-nés des animaux.

6 Et ce sera une clameur immense dans tout le pays d'Égypte, telle qu'il n'y en a pas eu, qu'il n'y en aura plus de pareille.

7 Quant aux enfants d'Israël, pas un chien n'aboiera contre eux ni contre leur bétail afin que vous reconnaissiez combien l'Éternel distingue entre Misraïm et Israël.

8 Tous ces courtisans qui t'entourent descendront jusqu'à moi et se prosterneront à mes pieds en disant : 'Pars, toi et tout le peuple qui t'obéit !' Et alors je partirai.' " Et il sortit, tout courroucé, de devant Pharaon.

9 L'Éternel avait dit à Moïse : "Pharaon ne vous cédera point, afin que mes miracles se multiplient dans le pays d'Égypte."

10 Or, Moïse et Aaron avaient exécuté tous ces miracles à la vue de Pharaon mais l'Éternel endurcit le cœur de Pharaon et il ne renvoya point les Israélites de son pays.

CHAPITRE DOUZE

L'Éternel parla à Moïse et à Aaron, dans le pays d'Égypte, en ces termes :

2 "Ce mois-ci est pour vous le commencement des mois ; il sera pour vous le premier des mois de l'année.

3 Parlez à toute la communauté d'Israël en ces termes : Au dixième jour de ce mois, que chacun se procure un agneau pour sa famille paternelle, un agneau par maison.

4 Celui dont le ménage sera trop peu nombreux pour manger un agneau, s'associera avec son voisin, le plus proche de sa maison, selon le nombre des personnes ; chacun, selon sa consommation, réglera la répartition de l'agneau.

5 L'animal doit être sans défaut, mâle, dans sa première année ; vous le choisirez parmi les brebis ou les chèvres.

6 Vous le tiendrez en réserve jusqu'au quatorzième jour de ce mois ; alors toute la communauté d'Israël l'immolera vers le soir.

7 On prendra de son sang et on en teindra les deux poteaux et le linteau des maisons dans lesquelles on le mangera.

8 Et l'on en mangera la chair cette même nuit ; on la mangera rôtie au feu et accompagnée d'azymes et d'herbes amères.

9 N'en mangez rien qui soit à demi cuit, ni bouilli dans l'eau mais seulement rôti au feu, la tête avec les jarrets et les entrailles.

10 Vous n'en laisserez rien pour le matin ; ce qui en serait resté jusqu'au matin, consumez-le par le feu.

11 Et voici comme vous le mangerez : la ceinture aux reins, la chaussure aux pieds, le bâton a la main ; et vous le mangerez à la hâte, c'est la pâque en l'honneur de l'Éternel.

12 Je parcourrai le pays d'Égypte, cette même nuit ; je frapperai tout premier-né dans le pays d'Égypte, depuis l'homme jusqu'à la bête et je ferai justice de toutes les divinités de l'Égypte, moi l'Éternel !

13 Le sang, dont seront teintes les maisons où vous habitez, vous servira de signe : je reconnaîtrai ce sang et je vous épargnerai et le fléau n'aura pas prise sur vous lorsque je sévirai sur le pays d'Égypte.

14 Ce jour sera pour vous une époque mémorable et vous le solenniserez comme une fête de l'Éternel ; d'âge en âge, à jamais, vous le fêterez.

15 Sept jours durant, vous mangerez des pains azymes ; surtout, le jour précédent, vous ferez disparaître le levain de vos maisons. Car celui-là serait retranché d'Israël, qui mangerait du pain levé, depuis le premier jour jusqu'au septième.

16 Le premier jour vous aurez une convocation sainte et le septième jour encore une sainte convocation. Aucun travail ne pourra être fait ces jours-là ; toutefois, ce qui sert à la nourriture de chacun, cela seul vous pourrez le faire.

17 Conservez la fête des Azymes, car c'est en ce même jour que j'aurai fait sortir vos légions du pays d'Égypte ; conservez ce jour-là dans vos générations, comme une institution perpétuelle.

18 Le premier mois, le quatorzième jour du mois, au soir, vous mangerez des azymes, jusqu'au vingt-et-unième jour du mois au soir.

19 Durant sept jours, qu'il ne soit point trouvé de levain dans vos maisons ; car quiconque mangera une substance levée, celui-là sera retranché de la communion d'Israël, le prosélyte comme l'indigène.

20 Vous ne mangerez d'aucune pâte levée ; dans toutes vos demeures vous consommerez des pains azymes."

21 Moïse convoqua tous les anciens d'Israël et leur dit : "Choisissez et prenez chacun du menu bétail pour vos familles et égorgez la victime pascale.

22 Puis vous prendrez une poignée d'hysope, vous la tremperez dans le sang reçu dans un bassin et vous teindrez le linteau et les deux poteaux de ce sang du bassin. Que pas un d'entre vous ne franchisse alors le seuil de sa demeure, jusqu'au matin.

23 Lorsque le Seigneur s'avancera pour frapper l'Égypte, il regardera le sang appliqué au linteau et aux deux poteaux et il passera devant la porte et il ne permettra pas au fléau d'entrer dans vos maisons pour sévir.

24 Vous garderez cette loi, comme une règle invariable pour toi et pour tes enfants.

25 Et lorsque vous serez arrivés dans le pays que le Seigneur vous donnera, comme il l'a promis, vous conserverez ce rite.

26 Alors, quand vos enfants vous demanderont : 'Que signifie pour vous ce rite ?'

27 vous répondrez : 'C'est le sacrifice de la pâque en l'honneur de l'Éternel, qui épargna les demeures des Israélites en Égypte, alors qu'il frappa les Égyptiens et voulut préserver nos familles.' " Et le peuple s'inclina et tous se prosternèrent.

28 Les enfants d'Israël se mirent en devoir d'obéir : comme l'Éternel avait ordonné à Moïse et à Aaron, ainsi firent-ils.

29 Or, au milieu de la nuit, le Seigneur fit périr tout premier-né dans le pays d'Égypte, depuis le premier-né de Pharaon, héritier de son trône, jusqu'au premier-né du captif au fond de la geôle et tous les premiers nés des animaux.

30 Pharaon se leva de nuit, ainsi que tous ses serviteurs et tous les Égyptiens et ce fut une clameur immense dans l'Égypte : car il n'y avait point de maison qui ne renfermât un mort.

31 Il manda Moïse et Aaron, la nuit même et dit : "Allez ! Partez du milieu de mon peuple et vous et les enfants d'Israël ! Allez adorer l'Éternel comme vous avez dit !

32 Prenez votre menu et votre gros bétail comme vous avez dit et partez ! Mais, en retour, bénissez-moi."

33 Les Égyptiens firent violence au peuple, en se hâtant de le repousser du pays ; car ils disaient : "Nous périssons tous."

34 Et le peuple emporta sa pâte non encore levée, leurs sébiles sur l'épaule, enveloppées dans leurs manteaux.

35 Les enfants d'Israël s'étaient conformés à la parole de Moïse, en demandant aux Égyptiens des vases d'argent, des vases d'or et des vêtements

36 et le Seigneur avait inspiré pour ce peuple de la bienveillance aux Égyptiens, qui lui prêtèrent, de sorte qu'il dépouilla les Égyptiens.

37 Les enfants d'Israël partirent de Ramsès, dans la direction de Soukkoth ; environ six cent mille voyageurs, hommes faits, sans compter les enfants.

38 De plus, une tourbe nombreuse les avait suivis, ainsi que du menu et du gros bétail en troupeaux très considérables.

39 Ils firent, de la pâte qu'ils avaient emportée d'Égypte, des gâteaux azymes, car elle n'avait pas fermenté ; parce que,

repoussés de l'Égypte, ils n'avaient pu attendre et ne s'étaient pas munis d'autres provisions.

40 Or, le séjour des Israélites, depuis qu'ils s'établirent dans l'Égypte, avait été de quatre cent trente ans.

41 Et ce fut au bout de quatre cent trente ans, précisément le même jour, que toutes les milices du Seigneur sortirent du pays d'Égypte.

42 C'était la Nuit prédestinée par l'Éternel, pour leur sortie du pays d'Égypte ; c'est cette même nuit instituée par le Seigneur, comme prédestinée à toutes les générations des enfants d'Israël.

43 L'Éternel dit à Moïse et à Aaron : "Ceci est la règle de l'agneau pascal. Nul étranger n'en mangera.

44 Quant à l'esclave acheté à prix d'argent, circoncis-le, alors il pourra en manger.

45 L'habitant et le mercenaire étrangers n'en mangeront point.

46 Il sera consommé dans une même maison, tu ne transporteras rien de sa chair au dehors et vous n'en romprez pas un seul os.

47 Toute la communauté d'Israël doit y prendre part.

48 Si un étranger, habite avec toi et veut célébrer la pâque du Seigneur, que tout mâle qui lui appartient soit circoncis, il sera alors admis à la célébrer et deviendra l'égal de l'indigène ; mais nul incirconcis n'en mangera.

49 Une seule et même loi régira l'indigène et l'étranger demeurant au milieu de vous."

50 Tous les Israélites obéirent : comme l'Éternel l'avait prescrit à Moïse et à Aaron, ainsi firent-ils.

51 Or, ce fut ce jour-là même que l'Éternel fit sortir les Israélites du pays d'Égypte, selon leurs légions.

CHAPITRE TREIZE

L'Éternel parla à Moïse en ces termes :
    2 "Consacre-moi tout premier-né, toutes prémices des entrailles parmi les enfants d'Israël, soit homme, soit animal : c'est mon bien."

3 Et Moïse dit au peuple : "Qu'on se souvienne de ce jour où vous êtes sortis de l'Égypte, de la maison de servitude, alors que, par la puissance de son bras, l'Éternel vous a fait sortir d'ici et que l'on ne mange point de pain levé.

4 Et Moïse dit au peuple : "Qu'on se souvienne de ce jour où vous êtes sortis de l'Égypte, de la maison de servitude, alors que, par la puissance de son bras, l'Éternel vous a fait sortir d'ici et que l'on ne mange point de pain levé.

5 Donc, lorsque l'Éternel t'aura fait entrer dans le pays du Cananéen, du Héthéen, de l'Amorréen, du Hévéen et du Jébuséen, pays qu'il a juré à tes pères de te donner, pays ruisselant de lait et de miel, tu célébreras cette cérémonie dans ce même mois,

6 Sept jours durant, tu te nourriras d'azymes ; le septième jour, fête en l'honneur de l'Éternel.

7 On se nourrira de pains azymes durant ces sept jours ; et l'on ne doit voir chez toi ni pain levé, ni levain, dans toutes tes possessions.

8 Tu donneras alors cette explication à ton fils : 'C'est dans cette vue que l'Éternel a agi en ma faveur, quand je sortis de l'Égypte.'

9 Et tu porteras comme symbole sur ton bras et comme mémorial entre tes yeux afin que la doctrine du Seigneur reste dans ta bouche, que d'un bras puissant, l'Éternel t'a fait sortir de l'Égypte.

10 Tu observeras cette institution en son temps, à chaque anniversaire,

11 "Lorsque l'Éternel t'aura introduit dans le pays du Cananéen, selon ce qu'il a juré à toi et à tes pères et qu'il te l'aura livré,

12 tu céderas à l'Éternel toutes prémices des entrailles : tout premier-né des animaux qui t'appartiendront, s'il est mâle, sera à l'Éternel.

13 Le premier-né d'un âne, tu le rachèteras par un agneau, sinon tu lui briseras la nuque et le premier-né de l'homme, si c'est un de tes fils, tu le rachèteras.

14 Et lorsque ton fils, un jour, te questionnera en disant : "Qu'est-ce que cela ?" tu lui répondras : "D'une main toute puissante, l'Éternel nous a fait sortir d'Égypte, d'une maison d'esclavage.

15 En effet, comme Pharaon faisait difficulté de nous laisser partir, l'Éternel fit mourir tous les premiers-nés du pays d'Égypte, depuis le premier-né de l'homme jusqu'à celui de

l'animal. C'est pourquoi j'immole au Seigneur tout premier-né mâle et tout premier-né de mes fils je dois le racheter.

16 Et il sera écrit comme symbole sur ton bras et comme fronteau entre tes yeux, que d'une main puissante l'Éternel nous a fait sortir de l'Égypte."

17 Or, lorsque Pharaon eut laissé partir le peuple, Dieu ne les dirigea point par le pays des Philistins, lequel est rapproché parce que Dieu disait : "Le peuple pourrait se raviser à la vue de la guerre et retourner en Égypte."

18 Dieu fit donc dévier le peuple du côté du désert, vers la mer des Joncs et les enfants d'Israël partirent en bon ordre du pays d'Égypte.

19 Moïse emporta en même temps les ossements de Joseph car celui-ci avait formellement adjuré les enfants d'Israël, en disant : "Dieu ne manquera pas de vous visiter et alors vous emporterez mes os de ce pays."

20 Ils décampèrent de Soukkoth et vinrent camper à Ètham, à l'extrémité du désert.

21 L'Éternel les guidait, le jour, par une colonne de nuée qui leur indiquait le chemin, la nuit, par une colonne de feu destinée à les éclairer, afin qu'ils pussent marcher jour et nuit.

22 La colonne de nuée, le jour et la colonne de feu, la nuit, ne cessaient de précéder le peuple.

CHAPITRE QUATORZE

L'Éternel parla ainsi à Moïse :
2 "Dis aux enfants d'Israël de remonter et de camper en face de Pi-Hahiroth, entre Migdol et la mer ; devant Baal-Cefôn, à l'opposite, vous camperez au bord de la mer.

3 Pharaon se dira que les enfants d'Israël sont égarés dans ce pays ; que le désert les emprisonne.

4 Et je raffermirai le cœur de Pharaon et il les poursuivra ; puis j'accablerai de ma puissance Pharaon avec toute son armée et les Égyptiens apprendront que je suis l'Éternel." Ils obéirent.

5 On rapporta au roi d'Égypte que le peuple s'enfuyait. Alors les dispositions de Pharaon et de ses serviteurs changèrent à l'égard de ce peuple et ils dirent : "Qu'avons-nous fait là, d'affranchir les Israélites de notre sujétion !"

6 Il fit atteler son char, emmena avec lui son peuple,

7 prit six cents chars d'élite et tous les chariots d'Égypte, tous couverts de guerriers.

8 L'Éternel fortifia le cœur de Pharaon, roi d'Égypte, qui se mit à la poursuite des enfants d'Israël. Cependant les Israélites s'avançaient triomphants.

9 Les Égyptiens qui les poursuivaient les rencontrèrent, campés sur le rivage ; tous les attelages de Pharaon, ses cavaliers, son armée, les joignirent près de Pi-Hahiroth, devant Baal-Cefôn.

10 Comme Pharaon approchait, les enfants d'Israël levèrent les yeux et voici que l'Égyptien était à leur poursuite ; remplis d'effroi, les Israélites jetèrent des cris vers l'Éternel.

11 Et ils dirent à Moïse : "Est-ce faute de trouver des sépulcres en Égypte que tu nous as conduits mourir dans le désert ? Quel bien nous as-tu fait, en nous tirant de l'Égypte ?

12 N'est-ce pas ainsi que nous te parlions en Égypte, disant : 'Laisse-nous servir les Égyptiens ?' De fait, mieux valait pour nous être esclaves des Égyptiens, que de périr dans le désert."

13 Moïse répondit au peuple : "Soyez sans crainte ! Attendez, et vous serez témoins de l'assistance que l'Éternel vous procurera en ce jour ! Certes, si vous avez vu les Égyptiens aujourd'hui, vous ne les reverrez plus jamais.

14 L'Éternel combattra pour vous ; et vous, tenez-vous tranquilles !"

15 L'Éternel dit à Moïse : "Pourquoi m'implores-tu ? Ordonne aux enfants d'Israël de se mettre en marche.

16 Et toi, lève ta verge, dirige ta main vers la mer et divise la ; et les enfants d'Israël entreront au milieu de la mer à pied sec."

17 De mon côté, je vais affirmer le cœur des Égyptiens pour qu'ils y entrent après eux ; et alors j'accablerai Pharaon et son armée entière, ses chars et sa cavalerie.

18 Les Égyptiens reconnaîtront que je suis l'Éternel, quand j'accablerai Pharaon, ses chars et ses cavaliers."

19 Le messager de Dieu, qui marchait en avant du camp d'Israël, passa derrière eux, la colonne nébuleuse cessa d'être à leur tête et se fixa en arrière."

20 Elle passa ainsi entre le camp égyptien et celui des Israélites : pour les uns il y eut nuée et ténèbres, pour les autres la nuit fut éclairée ; et, de toute la nuit, les uns n'approchèrent point des autres.

21 Moïse étendit sa main sur la mer et l'Éternel fit reculer la mer, toute la nuit, par un vent d'est impétueux et il mit la mer à sec et les eaux furent divisées.

22 Les enfants d'Israël entrèrent au milieu de la mer, dans son lit desséché, les eaux se dressant en muraille à leur droite et à leur gauche.

23 Les Égyptiens les poursuivirent et tous les chevaux de Pharaon, ses chariots, ses cavaliers, entrèrent à leur suite au milieu de la mer.

24 Or, à la dernière veille, l'Éternel fit peser sur l'armée égyptienne une colonne de feu et une nuée et jeta la perturbation dans l'armée égyptienne

25 et il détacha les roues de ses chars, les faisant ainsi avancer pesamment. Alors l'Égyptien s'écria : "Fuyons devant Israël, car l'Éternel combat pour eux contre l'Égypte !"

26 Le Seigneur dit à Moïse : "Étends ta main sur la mer et les eaux rebrousseront sur l'Égyptien, sur ses chars et sur ses cavaliers."

27 Moïse étendit sa main sur la mer et la mer, aux approches du matin, reprit son niveau comme les Égyptiens s'élançaient en avant ; et le Seigneur précipita les Égyptiens au sein de la mer.

28 Les eaux, en refluant, submergèrent chariots, cavalerie, toute l'armée de Pharaon qui était entrée à leur suite dans la mer ; pas un d'entre eux n'échappa.

29 Pour les enfants d'Israël, ils s'étaient avancés à pied sec au milieu de la mer, ayant les eaux, comme un mur, à leur droite et à leur gauche.

30 L'Éternel, en ce jour, sauva Israël de la main de l'Égypte ; Israël vit l'Égyptien gisant sur le rivage de la mer.

31 Israël reconnut alors la haute puissance que le Seigneur avait déployée sur l'Égypte et le peuple révéra le Seigneur ; et ils eurent foi en l'Éternel et en Moïse, son serviteur.

CHAPITRE QUINZE

Alors Moïse et les enfants d'Israël chantèrent l'hymne suivant à l'Éternel. Ils dirent : "Chantons l'Éternel, il est souverainement grand ; coursier et cavalier, il les a lancés dans la mer.

2 Il est ma force et ma gloire, l'Éternel ! Je lui dois mon salut. Voilà mon Dieu, je lui rends hommage ; le Dieu de mon père et je le glorifie.

3 L'Éternel est le maître des batailles ; Éternel est son nom !

4 Les chars de Pharaon et son armée, il les a précipités dans la mer ; l'élite de ses combattants se sont noyés dans la mer des Joncs.

5 L'abîme s'est fermé sur eux ; au fond du gouffre ils sont tombés comme une pierre.

6 Ta droite, Seigneur, est insigne par la puissance ; Ta droite, Seigneur, écrase l'ennemi.

7 Par ta souveraine majesté tu renversas tes adversaires ; tu déchaînes ton courroux. Il les consume comme du chaume.

8 Au souffle de ta face les eaux s'amoncellent, les ondes se dressent comme une digue, les flots se figent au sein de la mer.

9 Il disait, l'ennemi : 'Courons, atteignons ! Partageons le butin ! Que mon âme s'en repaisse !" Tirons l'épée, que ma main les extermine !...'

10 Toi, tu as soufflé, l'océan les a engloutis ; ils se sont abîmés comme le plomb au sein des eaux puissantes.

11 Qui t'égale parmi les forts, Éternel ? Qui est, comme toi, paré de sainteté ; inaccessible à la louange, fécond en merveilles ?

12 Tu as étendu ta droite, la terre les dévore.

13 Tu guides, par ta grâce, ce peuple que tu viens d'affranchir ; tu le diriges, par ta puissance, vers ta sainte demeure.

14 A cette nouvelle, les peuples s'inquiètent, un frisson s'empare des habitants de la Philistée.

15 A leur tour ils tremblent, les chefs d'Édom ; les vaillants de Moab sont saisis de terreur, consternés, tous les habitants de Canaan.

16 Sur eux pèse l'anxiété, l'épouvante ; la majesté de ton bras les rend immobiles comme la pierre, jusqu'à ce qu'il ait passé, ton peuple, Seigneur ! Qu'il ait passé, ce peuple acquis par toi ;

17 Que tu les aies amenés, fixés, sur ce mont, ton domaine, résidence que tu t'es réservée, Seigneur ! Sanctuaire, ô mon Dieu ! Préparé par tes mains.

18 L'Éternel régnera à tout jamais !"

19 Car, les chevaux de Pharaon, chars et cavalerie, s'étant avancés dans la mer, l'Éternel en avait refoulé les eaux sur eux, tandis que les enfants d'Israël marchaient à pied sec au milieu de la mer.

20 Miryam, la prophétesse, sœur d'Aaron, prit en main un

tambourin et toutes les femmes la suivirent avec des tambourins et des instruments de danse.

21 Et Miryam leur fit répéter : "Chantez l'Éternel, il est souverainement grand ; coursier et cavalier, il les a lancés dans la mer…"

22 Moïse fit décamper Israël de la plage des joncs et ils débouchèrent dans le désert de Chour, où ils marchèrent trois jours sans trouver d'eau.

23 Ils arrivèrent à Mara. Or, ils ne purent boire l'eau de Mara, elle était trop amère ; c'est pourquoi on nomma ce lieu Mara.

24 Le peuple murmura contre Moïse, disant : "Que boirons-nous ?"

25 Moïse implora le Seigneur ; celui-ci lui indiqua un bois, qu'il jeta dans l'eau et l'eau devint potable. C'est alors qu'il lui imposa un principe et une loi, c'est alors qu'il le mit à l'épreuve

26 et il dit : "Si tu écoutes la voix de l'Éternel ton Dieu ; si tu t'appliques à lui plaire ; si tu-es docile à ses préceptes et fidèle à toutes ses lois, aucune des plaies dont j'ai frappé, l'Égypte ne t'atteindra, car moi, l'Éternel, je te préserverai."

27 Ils arrivèrent à Élim, là étaient douze sources d'eau et soixante-dix palmiers. Ils y campèrent près des eaux.

CHAPITRE SEIZE

Puis ils partirent d'Élim et arrivèrent, toute la communauté des enfants d'Israël, au désert de Sin, qui s'étend entre Elim et Sinaï ; c'était le quinzième jour du deuxième mois après leur sortie du pays d'Égypte.

2 Toute la communauté des enfants d'Israël murmura contre Moïse et Aaron, dans ce désert

3 et les enfants d'Israël leur dirent : "Que ne sommes-nous morts de la main du Seigneur, dans le pays d'Égypte, assis près des marmites de viande et nous rassasiant de pain, tandis que vous nous avez amenés dans ce désert, pour faire mourir de faim tout ce peuple !"

4 L'Éternel dit à Moïse : "Je vais faire pleuvoir pour vous une nourriture céleste, le peuple ira en ramasser chaque jour sa provision et j'éprouverai de la sorte s'il obéit à ma doctrine ou non.

5 Le sixième jour, lorsqu'ils accommoderont ce qu'ils auront apporté, il se trouvera le double de leur récolte de chaque jour."

6 Moïse et Aaron dirent à tous les enfants d'Israël : "Ce soir,

vous reconnaîtrez que c'est l'Éternel qui vous a fait sortir du pays d'Égypte

7 et demain, vous serez témoins de la gloire du Seigneur, lorsqu'il fera droit à vos murmures contre lui. Mais nous, que sommes nous, pour être l'objet de vos murmures ?

8 Vous le verrez, ajouta Moïse, lorsque Dieu vous donnera, ce soir, de la viande pour vous nourrir et demain, du pain pour vous rassasier, accueillant ainsi les murmures que vous proférez contre lui, car que sommes-nous ? ce n'est pas nous qu'atteignent vos murmures, c'est l'Éternel !"

9 Moïse dit à Aaron : "Dis à toute la communauté des enfants d'Israël : 'Approchez-vous de l'Éternel, car il a entendu vos murmures.' "

10 Comme Aaron parlait ainsi à toute la communauté des enfants d'Israël, ils se tournèrent du côté du désert et voici que la majesté divine apparut dans le nuage.

11 L'Éternel parla ainsi à Moïse :

12 "J'ai entendu les murmures des Israélites. Parle-leur en ces termes : 'Vers le soir vous mangerez de la viande, au matin vous vous rassasierez de pain et vous reconnaîtrez que moi, l'Éternel, je suis votre Dieu.' "

13 En effet, le soir, les cailles arrivèrent et couvrirent le camp et le matin, une couche de rosée s'étendait autour du camp.

14 Cette couche de rosée ayant disparu, on vit sur le sol du désert quelque chose de menu, de floconneux, fin comme le givre sur la terre.

15 A cette vue, les enfants d'Israël se dirent les uns aux autres : "Qu'est ceci ?" car ils ne savaient ce que c'était. Et Moïse leur dit : "C'est là le pain que l'Éternel vous donne pour nourriture.

16 Voici ce qu'a prescrit l'Éternel : Recueillez-en chacun

selon ses besoins : un ômer par tête ; autant chacun a de personnes dans sa tente, autant vous en prendrez."

17 Ainsi firent les enfants d'Israël : ils en ramassèrent, l'un plus, l'autre moins."

18 Puis ils mesurèrent à l'étrier. Or, celui qui en avait beaucoup pris n'en avait pas de trop, celui qui en avait peu n'en avait pas faute, chacun avait recueilli à proportion de ses besoins.

19 Moïse leur dit : "Que nul n'en réserve pour le lendemain."

20 N'écoutant point Moïse, quelques-uns gardèrent de leur provision pour le lendemain, mais elle fourmilla de vers et se gâta. Et Moïse s'irrita contre eux.

21 Ils recueillirent cette substance tous les matins, chacun en raison de sa consommation ; lorsque le soleil l'échauffait, elle fondait.

22 Mais il advint, au sixième jour, qu'ils recueillirent une provision double, deux ômer par personne ; tous les phylarques de la communauté vinrent l'annoncer à Moïse.

23 Il leur répondit : "C'est ce qu'a dit le Seigneur : Demain est le sabbat solennel, le saint chômage en l'honneur de l'Éternel ! Ce que vous avez à cuire, cuisez-le, à faire bouillir, faites-le bouillir aujourd'hui et toute la provision restante, gardez-la en réserve pour demain."

24 Ils la réservèrent pour le lendemain, comme l'avait ordonné Moïse et elle ne se gâta point et il ne s'y mit point de vers.

25 Moïse dit : "Mangez-la aujourd'hui, car c'est aujourd'hui sabbat en l'honneur de l'Éternel, aujourd'hui vous n'en trouveriez point aux champs.

26 Six jours de suite vous en recueillerez ; mais le septième jour, jour de chômage, il n'y en aura point."

27 Or, le septième jour, quelques-uns du peuple allèrent à la récolte, mais ils ne trouvèrent rien.

28 L'Éternel dit à Moïse : "Jusqu'à quand vous refuserez-vous à garder mes préceptes et mes enseignements ?

29 Considérez que l'Éternel vous a gratifiés du sabbat ! c'est pourquoi il vous donne, au sixième jour, la provision de deux jours. Que chacun demeure où il est, que nul ne sorte de son habitation le septième jour."

30 Et le peuple chôma le septième jour.

31 La maison d'Israël donna à cette substance le nom de manne. Elle ressemblait à de la graine de coriandre, était blanche et avait la saveur d'un beignet au miel.

32 Moïse dit : "Voici ce qu'a ordonné le Seigneur : 'Qu'un ômer plein de cette manne reste en dépôt pour vos générations, afin qu'elles connaissent le pain dont je vous ai nourris dans le désert, lorsque je vous ai fait sortir du pays d'Égypte.' "

33 Moïse dit à Aaron : "Prends une urne et y dépose un plein ômer de manne et place-la devant l'Éternel, comme souvenir pour vos générations."

34 Ainsi que l'Éternel l'avait prescrit à Moïse, Aaron la déposa devant l'arche du Statut, comme souvenir.

35 Les enfants d'Israël mangèrent de la manne quarante ans, jusqu'à leur arrivée en pays habité ; cette manne, ils en mangèrent jusqu'à leur arrivée aux confins du pays de Canaan.

36 Quant à l'ômer, c'est la dixième partie de l'êpha.

CHAPITRE DIX-SEPT

Toute la communauté des enfants d'Israël partit du désert de Sîn pour diverses stations, sur l'ordre du Seigneur. Ils campèrent à Refidîm, où il n'y avait point d'eau à boire pour le peuple.

2 Le peuple querella Moïse, en disant : "Donnez-nous de l'eau, que nous buvions !" Moïse leur répondit : "Pourquoi me cherchez-vous querelle ? pourquoi tentez-vous le Seigneur ?"

3 Le peuple querella Moïse, en disant : "Donnez-nous de l'eau, que nous buvions !" Moïse leur répondit : "Pourquoi me cherchez-vous querelle ? pourquoi tentez-vous le Seigneur ?"

4 Moïse se plaignit au Seigneur, en disant : "Que ferai-je pour ce peuple ? Peu s'en faut qu'ils ne me lapident"

5 Le Seigneur répondit à Moïse : "Avanc-toi à la tête du peuple, accompagné de quelques-uns des anciens d'Israël ; cette verge, dont tu as frappé le fleuve, prends-la en main et marche.

6 Je vais t'apparaître là-bas sur le rocher, au mont Horeb ; tu

frapperas ce rocher et il en jaillira de l'eau et le peuple boira." Ainsi fit Moïse, à la vue des anciens d'Israël.

7 On appela ce lieu Massa et Meriba, à cause de la querelle des enfants d'Israël et parce qu'ils avaient tenté l'Éternel en disant : "Nous verrons si l'Éternel est avec nous ou non !"

8 Amalec survint et attaqua Israël à Refidim.

9 Moïse dit à Josué : "Choisis des hommes et va livrer bataille à Amalec ; demain, je me tiendrai au sommet de cette colline, la verge divine à la main."

10 Josué exécuta ce que lui avait dit Moïse, en livrant bataille à Amalec, tandis que Moïse, Aaron et Hour montèrent au haut de la colline.

11 Or, tant que Moïse tenait son bras levé, Israël avait le dessus ; lorsqu'il le laissait fléchir, c'est Amalec qui l'emportait.

12 Les bras de Moïse s'appesantissant, ils prirent une pierre qu'ils mirent sous lui et il s'assit dessus ; Aaron et Hour soutinrent ses bras, l'un de çà, l'autre de là et ses bras restèrent fermes jusqu'au coucher du soleil.

13 Josué triompha d'Amalec et de son peuple, à la pointe de l'épée.

14 L'Éternel dit à Moïse : "Consigne ceci, comme souvenir, dans le Livre et inculque-le à Josué : 'que je veux effacer la trace d'Amalec de dessous les cieux.' "

15 Moïse érigea un autel, qu'il nomma : "Dieu est ma bannière."

16 Et il dit : "Puisque sa main s'attaque au trône de l'Éternel, guerre à Amalec de par l'Éternel, de siècle en siècle !"

CHAPITRE DIX-HUIT

Jéthro, prêtre de Madian, beau père de Moïse, apprit tout ce que Dieu avait fait pour Moïse et pour Israël son peuple, lorsque l'Éternel avait fait sortir Israël de l'Égypte.

2 Alors Jéthro, beau-père de Moïse, emmena Séphora, épouse de Moïse, qui la lui avait renvoyée.

3 Il emmena aussi ses deux fils, l'un nommé Gersom, "car, avait-il dit, je suis un émigré sur une terre étrangère" ;

4 l'autre nommé Eliézer, "parce que le Dieu de mon père m'est venu en aide et m'a sauvé du glaive de Pharaon."

5 Jéthro, beau-père de Moïse, vint, avec les fils et la femme de celui-ci, trouver Moïse au désert où il campait, près de la montagne du Seigneur.

6 Il fit dire à Moïse : "Moi ton beau-père, Jéthro, je viens à toi avec ta femme accompagnée de ses deux fils."

7 Moïse alla au-devant de son beau-père ; il se prosterna, il

l'embrassa et ils s'informèrent mutuellement de leur bien-être puis ils entrèrent dans la tente.

8 Moïse conta à son beau père tout ce que l'Éternel avait fait à Pharaon et à l'Égypte à cause d'Israël ; toutes les tribulations qu'ils avaient essuyées dans le voyage et comment le Seigneur les avait protégés.

9 Jéthro se réjouit de tout le bien que l'Éternel avait fait à Israël, en le sauvant de la main des Égyptiens

10 et il dit : "Loué soit l'Éternel, qui vous a sauvés de la main des Égyptiens et de celle de Pharaon, qui a soustrait ce peuple à la main des Égyptiens !

11 Je reconnais, à cette heure, que l'Éternel est plus grand que tous les dieux, puisqu'il a été dans cette circonstance où l'on avait agi tyranniquement à leur égard."

12 Jéthro, beau-père de Moïse, offrit holocauste et d'autres sacrifices à Dieu ; et Aaron et tous les anciens d'Israël vinrent partager le repas du beau-père de Moïse, en présence de Dieu.

13 Le lendemain, Moïse s'assit pour rendre la justice au peuple et le peuple se tint debout autour de Moïse, du matin jusqu'au soir.

14 Le beau-père de Moïse, voyant comme il procédait à l'égard du peuple, lui dit : "Que signifie ta façon d'agir envers ce peuple ? Pourquoi sièges-tu seul et tout le peuple stationne t-il autour de toi du matin au soir ?"

15 Moïse répondit à son beau-père : "C'est que le peuple vient à moi pour consulter le Seigneur.

16 Lorsqu'ils ont une affaire, elle m'est soumise ; alors je prononce entre les parties et je fais connaître les décrets du Seigneur et ses instructions."

17 Le beau-père de Moïse lui répliqua : "Le procédé que tu emploies n'est pas bon.

18 Tu succomberas certainement et toi-même et ce peuple qui t'entoure ; car la tâche est trop lourde pour toi, tu ne saurais l'accomplir seul.

19 Or, écoute ma voix, ce que je veux te conseiller et que Dieu te soit en aide ! Représente, toi seul, le peuple vis-à-vis de Dieu, en exposant les litiges au Seigneur ;

20 notifie-leur également les lois et les doctrines, instruis-les de la voie qu'ils ont à suivre et de la conduite qu'ils doivent tenir.

21 Mais, de ton côté, choisis entre tout le peuple des hommes éminents, craignant Dieu, amis de la vérité, ennemis du lucre et place-les à leur tête comme chiliarques, centurions, cinquante-niers et décurions.

22 Ils jugeront le peuple en permanence ; et alors, toute affaire grave ils te la soumettront, tandis qu'ils décideront eux-mêmes les questions peu importantes. Ils te soulageront ainsi en partageant ton fardeau.

23 Si tu adoptes cette conduite, Dieu te donnera ses ordres et tu pourras suffire à l'œuvre ; et de son côté, tout ce peuple se rendra tranquillement où il doit se rendre."

24 Moïse écouta l'avis de son beau-père et effectua tout ce qu'il avait dit.

25 Il choisit des hommes de mérite entre tout Israël et les créa magistrats du peuple : chiliarques, centurions, cinquante-niers et décurions.

26 Ils jugeaient le peuple en permanence ; les cas difficiles, ils les rapportaient à Moïse et les causes simples, ils les déci-daient eux-mêmes.

27 Moïse reconduisit son beau-père, qui s'en retourna dans son pays.

CHAPITRE DIX-NEUF

A la troisième néoménie depuis le départ des Israélites du pays d'Égypte, le jour même, ils arrivèrent au désert de Sinaï.

2 Partis de Refidim, ils entrèrent dans le désert de Sinaï et y campèrent, Israël y campa en face de la montagne.

3 Pour Moïse, il monta vers le Seigneur et le Seigneur, l'appelant du haut de la montagne, lui dit : "Adresse ce discours à la maison de Jacob, cette déclaration aux enfants d'Israël :

4 'Vous avez vu ce que j'ai fait aux Égyptiens ; vous, je vous ai portés sur l'aile des aigles, je vous ai rapprochés de moi.

5 Désormais, si vous êtes dociles à ma voix, si vous gardez mon alliance, vous serez mon trésor entre tous les peuples ! Car toute la terre est à moi,

6 mais vous, vous serez pour moi une dynastie de pontifes et une nation sainte.' Tel est le langage que tu tiendras aux enfants d'Israël."

7 Moïse, de retour, convoqua les anciens du peuple et leur

transmit toutes ces paroles comme le Seigneur le lui avait prescrit.

8 Le peuple entier répondit d'une voix unanime : "Tout ce qu'a dit l'Éternel, nous le ferons !" Et Moïse rapporta les paroles du peuple au Seigneur.

9 L'Éternel dit à Moïse : "Voici, moi-même je t'apparaîtrai au plus épais du nuage, afin que le peuple entende que c'est moi qui te parle et qu'en toi aussi ils aient foi constamment." Alors Moïse redit à l'Éternel les paroles du peuple.

10 Et l'Éternel dit à Moïse : "Rends-toi près du peuple, enjoins-leur de se tenir purs aujourd'hui et demain et de laver leurs vêtements,

11 afin d'être prêts pour le troisième jour ; car, le troisième jour, le Seigneur descendra, à la vue du peuple entier, sur le mont Sinaï.

12 Tu maintiendras le peuple tout autour, en disant : 'Gardez-vous de gravir cette montagne et même d'en toucher le pied, quiconque toucherait à la montagne serait mis à mort.

13 On ne doit pas porter la main sur lui, mais le lapider ou le percer de flèches ; homme ou bête, il cesserait de vivre. Mais aux derniers sons du cor, ceux-ci monteront sur la montagne'".

14 Moïse descendit de la montagne vers le peuple, lui enjoignit la pureté et ils lavèrent leurs vêtements.

15 Il dit au peuple : "Tenez-vous prêts pour le troisième jour ; n'approchez point d'une femme."

16 Or, au troisième jour, le matin venu, il y eut des tonnerres et des éclairs et une nuée épaisse sur la montagne et un son de cor très intense. Tout le peuple frissonna dans le camp.

17 Moïse fit sortir le peuple du camp au-devant de la Divinité et ils s'arrêtèrent au pied de la montagne.

18 Or, la montagne de Sinaï était toute fumante, parce que le

Seigneur y était descendu au sein de la flamme ; sa fumée montait comme la fumée d'une fournaise et la montagne entière tremblait violemment.

19 Le son du cor allait redoublant d'intensité ; Moïse parlait et la voix divine lui répondait."

20 Le Seigneur, étant descendu sur le mont Sinaï, sur la cime de cette montagne, y appela Moïse ; Moïse monta,

21 et le Seigneur lui dit : "Descends avertir le peuple : ils pourraient se précipiter vers le Seigneur pour contempler sa gloire et beaucoup d'entre eux périraient.

22 Que les pontifes aussi, plus rapprochés du Seigneur, s'observent religieusement ; autrement il pourrait sévir parmi eux."

23 Moïse répondit au Seigneur : "Le peuple ne saurait monter sur le mont Sinaï, puisque tu nous as avertis par ces paroles : 'Défends la montagne et déclare-la sainte !'"

24 Le Seigneur lui repartit : "Descends, dis-je, puis tu remonteras accompagné d'Aaron. Mais que les pontifes et le peuple ne s'aventurent pas à monter vers le Seigneur, il pourrait sévir contre eux."

25 Moïse redescendit vers le peuple et lui en fit part.

CHAPITRE VINGT

Alors Dieu prononça toutes ces paroles, savoir :
    2 (1) "Je suis l'Éternel, ton Dieu, qui t'ai fait sortir du pays d'Égypte, d'une maison d'esclavage. (2) "Tu n'auras point d'autre dieu que moi.

3 Tu ne te feras point d'idole, ni une image quelconque de ce qui est en haut dans le ciel, ou en bas sur la terre, ou dans les eaux au-dessous de la terre.

4 Tu ne te prosterneras point devant elles, tu ne les adoreras point ; car moi, l'Éternel, ton Dieu, je suis un Dieu jaloux, qui poursuis le crime des pères sur les enfants jusqu'à la troisième et à la quatrième générations, pour ceux qui m'offensent ;

5 et qui étends ma bienveillance à la millième, pour ceux qui m'aiment et gardent mes commandements.

6 (3) "Tu n'invoqueras point le nom de l'Éternel ton Dieu à l'appui du mensonge ; car l'Éternel ne laisse pas impuni celui qui invoque son nom pour le mensonge.

7 (4)"Pense au jour du Sabbat pour le sanctifier.

8 Durant six jours tu travailleras et t'occuperas de toutes tes affaires,

9 mais le septième jour est la trêve de l'Éternel ton Dieu : tu n'y feras aucun travail, toi, ton fils ni ta fille, ton esclave mâle ou femelle, ton bétail, ni l'étranger qui est dans tes murs.

10 Car en six jours l'Éternel a fait le ciel, la terre, la mer et tout ce qu'ils renferment et il s'est reposé le septième jour ; c'est pourquoi l'Éternel a béni le jour du Sabbat et l'a sanctifié.

11 (5)"Honore ton père et ta mère, afin que tes jours se prolongent sur la terre que l'Éternel ton Dieu t'accordera.

12 (6) "Ne commets point d'homicide. (7) "Ne commets point d'adultère. (8) "Ne commets point de larcin. (9) "Ne rends point contre ton prochain un faux témoignage.

13 (10)"Ne convoite pas la maison de ton prochain ; Ne convoite pas la femme de ton prochain, son esclave ni sa servante, son bœuf ni son âne, ni rien de ce qui est à ton prochain."

14 Or, tout le peuple fut témoin de ces tonnerres, de ces feux, de ce bruit de cor, de cette montagne fumante et le peuple à cette vue, trembla et se tint à distance.

15 Et ils dirent à Moïse : "Que ce soit toi qui nous parles et nous pourrons entendre mais que Dieu ne nous parle point, nous pourrions mourir."

16 Moïse répondit au peuple : "Soyez sans crainte ! c'est pour vous mettre à l'épreuve que le Seigneur est intervenu ; c'est pour que sa crainte vous soit toujours présente, afin que vous ne péchiez point."

17 Le peuple resta éloigné, tandis que Moïse s'approcha de la brume où était le Seigneur.

18 L'Éternel dit à Moïse : "Parle ainsi aux enfants d'Israël :

'Vous avez vu, vous-mêmes, que du haut des cieux je vous ai parlé.

19 Ne m'associez aucune divinité ; dieux d'argent, dieux d'or, n'en faites point pour votre usage.'

20 Tu feras pour moi un autel de terre, sur lequel tu sacrifieras tes holocaustes et tes victimes rémunératoires, ton menu et ton gros bétail, en quelque lieu que je fasse invoquer mon nom, je viendrai à toi pour te bénir.

21 Si toutefois tu m'ériges un autel de pierres, ne le construis pas en pierres de taille ; car, en les touchant avec le fer, tu les as rendues profanes.

22 Tu ne dois pas non plus monter sur mon autel à l'aide de degrés, afin que ta nudité ne s'y découvre point.

CHAPITRE VINGT-ET-UN

Et voici les statuts que tu leur exposeras.

2 Si tu achètes un esclave hébreu, il restera six années esclave et à la septième il sera remis en liberté sans rançon.

3 S'il est venu seul, seul il sortira ; s'il était marié, sa femme sortira avec lui.

4 Si son maître lui a donné une femme, laquelle lui ait enfanté des fils ou des filles, la femme, avec les enfants, appartiendra à son maître et lui se retirera seul.

5 Que si l'esclave dit : "J'aime mon maître, ma femme et mes enfants, je ne veux pas être affranchi",

6 son maître l'amènera par-devant le tribunal, on le placera près d'une porte ou d'un poteau ; et son maître lui percera l'oreille avec un poinçon et il le servira indéfiniment.

7 "Si un homme vend sa fille comme esclave, elle ne quittera pas son maître à la façon des esclaves.

8 Si elle lui déplaît et qu'il ne la réserve point à lui-même, il

la laissera s'affranchir ; il n'aura pas pouvoir de la vendre à une famille étrangère, après l'avoir déçue.

9 Que s'il la fiance à son fils, il procédera à son égard selon la règle des filles.

10 S'il lui en adjoint une autre, il ne devra point la frustrer de sa nourriture, de son habillement, ni du droit conjugal.

11 Et s'il ne procède pas à son égard de l'une de ces trois manières, elle se retirera gratuitement, sans rançon.

12 "Celui qui frappe un homme et le fait mourir sera puni de mort.

13 S'il n'y a pas eu guet-apens et que Dieu seul ait conduit sa main, il se réfugiera dans un des endroits que je te désignerai.

14 "Mais si quelqu'un, agissant avec préméditation contre son prochain, le tue de guet-apens, du pied même de mon autel tu le conduiras à la mort.

15 "Celui qui frappera son père ou sa mère sera mis à mort.

16 "Celui qui aura enlevé un homme et l'aura vendu, si on l'a pris sur le fait, sera mis à mort.

17 "Celui qui maudit son père ou sa mère sera puni de mort.

18 "Si des hommes se prennent de querelle et que l'un frappe l'autre d'un coup de pierre ou de poing, sans qu'il en meure, mais qu'il soit forcé de s'aliter,

19 s'il se relève et qu'il puisse sortir appuyé sur son bâton, l'auteur de la blessure sera absous. Toutefois, il paiera le chômage et les frais de la guérison.

20 "Si un homme frappe du bâton son esclave mâle ou femelle et que l'esclave meure sous sa main, il doit être vengé.

21 Si pourtant il survit un jour ou deux, il ne sera pas vengé, parce qu'il est sa propriété.

22 "Si, des hommes ayant une rixe, l'un d'eux heurte une femme enceinte et la fait avorter sans autre malheur, il sera

condamné à l'amende que lui fera infliger l'époux de cette femme et il la paiera à dire d'experts.

23 Mais si un malheur s'ensuit, tu feras payer corps pour corps ;

24 œil pour œil, dent pour dent, main pour main, pied pour pied ;

25 brûlure pour brûlure, plaie pour plaie, contusion pour contusion.

26 "Si un homme blesse l'œil de son esclave ou de sa servante de manière à lui en ôter l'usage, il le renverra libre à cause de son œil

27 et s'il fait tomber une dent à son esclave ou à sa servante, il lui rendra la liberté à cause de sa dent.

28 "Si un bœuf heurte un homme ou une femme et qu'ils en meurent, ce bœuf doit être lapidé et il ne sera point permis d'en manger la chair ; mais le propriétaire du bœuf sera absous.

29 Si ce bœuf était sujet à heurter, déjà antérieurement, que son maître, averti, ne l'ait pas surveillé et qu'il ait fait périr un homme ou une femme, le bœuf sera lapidé et même son maître mérite la mort.

30 Si toutefois une amende lui est imposée, il paiera la rançon de sa vie selon ce qu'on lui aura imposé.

31 Si un bœuf heurte soit un garçon, soit une fille, la même loi lui sera appliquée.

32 Si ce bœuf heurte un esclave ou une esclave, on paiera à leur maître une somme de trente sicles et le bœuf sera lapidé.

33 "Si quelqu'un découvre une citerne, ou si, en ayant creusé une, il ne la couvre point et qu'un bœuf ou un âne y tombe,

34 le propriétaire de la citerne doit payer : il remboursera la valeur au maître et l'animal mort lui restera.

35 "Si le bœuf appartenant à un homme blesse celui d'un

autre et le fait périr, on vendra le bœuf vivant ; ils s'en partageront le prix, et partageront aussi le bœuf mort.

36 Mais si, notoirement, ce bœuf a déjà heurté à plusieurs reprises et que son maître ne l'ait pas surveillé, il devra restituer bœuf pour bœuf et le bœuf tué lui restera.

37 Si quelqu'un dérobe un bœuf ou une brebis, puis égorge ou vend l'animal, il donnera cinq pièces de gros bétail en paiement du bœuf, quatre de menu bétail pour la brebis.

CHAPITRE VINGT-DEUX

"Si un voleur est pris sur le fait d'effraction, si on le frappe et qu'il meure, son sang ne sera point vengé.

2 Si le soleil a éclairé son délit, son sang serait vengé. Lui cependant doit réparer ; et s'il ne le peut, il sera vendu pour son vol.

3 Si le corps du délit est trouvé entre ses mains, intact, soit bœuf, soit âne ou brebis, il paiera le double.

4 "Si un homme fourrage un champ ou un vignoble en faisant pâturer son bétail sur les terres d'autrui, il paiera le dégât du meilleur de son champ ou de sa vigne.

5 "Si le feu, en s'étendant, gagne des buissons et dévore une meule de blé, ou la moisson ou le champ d'autrui, l'auteur de l'incendie sera tenu de payer.

6 "Si quelqu'un donne en garde à un autre de l'argent ou des effets et qu'ils disparaissent de la maison de cet homme, si le voleur est découvert, il paiera le double.

7 Si l'on ne trouve point le voleur, le maître de la maison

viendra jurer au tribunal qu'il n'a point porté la main sur la chose d'autrui.

8 Quel que soit l'objet du délit, bœuf, âne, menue bête, vêtement, toute chose perdue qu'on affirme être sienne, la contestation des deux parties sera déférée au tribunal : celui que les juges condamneront paiera le double à l'autre.

9 "Si quelqu'un donne en garde à un autre un âne, ou un bœuf, ou une pièce de menu bétail, un animal quelconque et que celui-ci meure, ou soit estropié ou pris de force, sans que personne l'ait vu,

10 un serment solennel interviendra entre les parties, comme quoi l'accusé n'a point porté atteinte à la chose de son prochain ; le propriétaire acceptera ce serment et l'autre ne paiera point.

11 Mais si la bête lui avait été dérobée, il indemnisera le propriétaire.

12 Si elle avait été mise en pièces, qu'il en produise la preuve ; il ne paiera point pour la bête mise en pièces.

13 "Si quelqu'un emprunte à un autre un animal et que celui-ci soit estropié ou meure, si le propriétaire est absent, l'autre est tenu de payer.

14 Si le propriétaire se trouvait là, il ne paiera point. Si la bête était louée, il l'a eue sous le bénéfice de cette location.

15 "Si un homme séduit une vierge non encore fiancée et cohabite avec elle, il devra l'acquérir pour épouse.

16 Que si son père refuse de la lui accorder, il paiera la somme fixée pour la dot des vierges.

17 "La sorcière, tu ne la laisseras point vivre.

18 Quiconque aura eu commerce avec un animal sera mis à mort.

19 "Celui qui sacrifie aux dieux, sauf à l'Éternel exclusivement, sera voué à la mort.

20 Tu ne contristeras point l'étranger ni ne le molesteras ; car vous-mêmes avez été étrangers en Égypte.

21 N'humiliez jamais la veuve ni l'orphelin.

22 Si tu l'humiliais, sache que, quand sa plainte s'élèvera vers moi, assurément j'entendrai cette plainte

23 et mon courroux s'enflammera et je vous ferai périr par le glaive et alors vos femmes aussi deviendront veuves et vos enfants orphelins.

24 "Si tu prêtes de l'argent à quelqu'un de mon peuple, au pauvre qui est avec toi, ne sois point à son égard comme un créancier ; n'exigez point de lui des intérêts.

25 Si tu saisis, comme gage, le manteau de ton prochain, au soleil couchant tu devras le lui rendre.

26 Car c'est là sa seule couverture, c'est le vêtement de son corps, comment abritera-t-il son sommeil ? Or, s'il se plaint à moi, je l'écouterai, car je suis compatissant.

27 "N'outrage point l'autorité suprême et ne maudis point le chef de ton peuple.

28 Ton abondance et ta liqueur, ne diffère pas à les offrir ; le premier-né de tes fils, fais m'en hommage.

29 Ainsi feras-tu à l'égard de ton gros et de ton menu bétail : le premier-né restera sept jours avec sa mère, le huitième jour tu me le livreras.

30 Vous devez aussi être des hommes saints devant moi : vous ne mangerez donc point la chair d'un animal déchiré dans les champs, vous l'abandonnerez aux chiens.

CHAPITRE VINGT-TROIS

"N'accueille point un rapport mensonger. Ne sois pas complice d'un méchant, en servant de témoin à l'iniquité.

2 Ne suis point la multitude pour mal faire ; et n'opine point, sur un litige, dans le sens de la majorité, pour faire fléchir le droit.

3 Ne sois point partial pour le pauvre, dans son procès.

4 "Si tu trouves le bœuf ou l'âne de ton ennemi, égaré, aie soin de le lui ramener.

5 "Si tu vois l'âne de ton ennemi succomber sous sa charge, garde toi de l'abandonner ; aide-lui au contraire à le décharger.

6 "Ne fais pas fléchir le droit de ton prochain indigent, s'il a un procès.

7 Fuis la parole de mensonge et ne frappe point de mort celui qui est innocent et juste, car je n'absoudrais point le prévaricateur.

8 N'accepte point de présents corrupteurs ; car la corruption trouble la vue des clairvoyants et fausse la parole des justes.

9 Tu ne vexeras point l'étranger. Vous connaissez, vous, le cœur de l'étranger, vous qui avez été étrangers dans le pays d'Égypte !

10 Six années tu ensemenceras ta terre et en recueilleras le produit ;

11 mais la septième, tu lui donneras du repos et en abandonneras les fruits, pour que les indigents de ton peuple en jouissent, le surplus pourra être consommé par les animaux des champs. Ainsi en useras-tu pour ta vigne et pour ton plant d'oliviers.

12 Six jours durant tu t'occuperas de tes travaux, mais au septième jour tu chômeras ; afin que ton bœuf et ton âne se reposent, que puissent respirer le fils de ton esclave et l'étranger.

13 Attachez-vous scrupuleusement à tout ce que je vous ai prescrit. Ne mentionnez jamais le nom de divinités étrangères, qu'on ne l'entende point dans ta bouche !

14 Trois fois l'an, tu célébreras des fêtes en mon honneur.

15 Et d'abord, tu observeras la fête des Azymes : durant sept jours tu mangeras des pains azymes, ainsi que je te l'ai ordonné, à l'époque du mois de la germination, car c'est alors que tu es sorti de l'Égypte et l'on ne paraîtra point devant ma face les mains vides.

16 Puis, la fête de la Moisson, fête des prémices de tes biens, que tu auras semés dans la terre ; et la fête de l'Automne, au déclin de l'année, lorsque tu rentreras ta récolte des champs.

17 Trois fois par an, tous tes mâles paraîtront par-devant le Souverain, l'Éternel.

18 Tu ne verseras point, en présence du pain levé, le sang de mon sacrifice ; et la graisse de mes victimes ne séjournera pas jusqu'au matin sans être offerte.

19 Les prémices nouvelles de ton sol, tu les apporteras dans la maison de l'Éternel ton Dieu. Tu ne feras point cuire un chevreau dans le lait de sa mère.

20 "Or, j'enverrai devant toi un mandataire, chargé de veiller sur ta marche et de te conduire au lieu que je t'ai destiné.

21 Sois circonspect à son égard et docile à sa voix ; ne lui résiste point ! Il ne pardonnerait pas votre rébellion, car ma divinité est en lui.

22 Que si tu es toujours docile à sa voix, si tu accomplis toutes mes paroles, je serai l'ennemi de tes ennemis et je persécuterai tes persécuteurs.

23 Lorsque mon mandataire, guidant tes pas, t'aura introduit chez l'Amorréen, le Héthéen, le Phérézéen, le Cananéen, le Hévéen, le Jébuséen et que je les aurai exterminés,

24 ne te prosterne point devant leurs dieux, ne les sers point et n'imite point leurs rites ; au contraire, tu dois les, renverser, tu dois briser leurs monuments.

25 Vous servirez uniquement l'Éternel votre Dieu ; et il bénira ta nourriture et ta boisson et j'écarterai tout fléau du milieu de toi.

26 "Nulle femme n'avortera, nulle ne sera stérile dans ton pays ; je comblerai la mesure de tes jours.

27 J'enverrai ma terreur devant toi et je jetterai le trouble en toute population chez qui tu pénétreras et je mettrai tous tes ennemis en fuite devant toi.

28 Je te ferai précéder par le frelon, qui chassera le Hévéen, le Cananéen et le Héthéen de devant toi.

29 Je ne l'expulserai pas de devant toi en une seule année, car le pays deviendrait un désert et les bêtes sauvages se multiplieraient à tes dépens :

30 je l'expulserai de devant toi successivement, jusqu'à ce que, devenu nombreux, tu puisses occuper tout le pays.

31 Je fixerai tes limites depuis la mer des Joncs jusqu'à la mer des Philistins et depuis le Désert jusqu'au Fleuve ; car je livrerai en ta main les habitants de cette contrée et tu les chasseras de devant toi.

32 Tu ne feras de pacte avec eux ni avec leurs divinités.

33 Qu'ils ne subsistent point sur ton territoire ! Ils te feraient prévariquer contre moi ; car tu adorerais leurs divinités et ce serait pour toi un écueil."

CHAPITRE VINGT-QUATRE

Or Dieu avait dit à Moïse : "Monte vers l'Éternel, avec Aaron, Nadab, Abihou et soixantedix des anciens d'Israël et vous vous prosternerez à distance.

2 Puis, Moïse s'avancera seul vers le Seigneur et eux ne le suivront point ; quant au peuple, il ne montera pas avec lui."

3 Moïse, de retour, transmit au peuple toutes les paroles de l'Éternel et tous les statuts ; et le peuple entier s'écria d'une seule voix : "Tout ce qu'a prononcé l'Éternel, nous l'exécuterons."

4 Moïse écrivit toutes les paroles de l'Éternel. Le lendemain, de bonne heure, il érigea un autel au pied de la montagne ; puis douze monuments, selon le nombre des tribus d'Israël.

5 Il chargea les jeunes gens d'Israël d'offrir des holocaustes et d'immoler, comme victimes rémunératoires, des taureaux au Seigneur.

6 Alors Moïse prit la moitié du sang, la mit dans des bassins et répandit l'autre moitié sur l'autel.

7 Et il prit le livre de l'Alliance, dont il fit entendre la lecture

au peuple et ils dirent : "Tout ce qu'a prononcé l'Éternel, nous l'exécuterons docilement."

8 Moïse prit le sang, en aspergea le peuple et dit : "Ceci est le sang de l'alliance que l'Éternel a conclue avec vous touchant toutes ces paroles."

9 Moïse et Aaron remontèrent, accompagnés de Nadab, d'Abihou et des soixante-dix anciens d'Israël."

10 Ils contemplèrent la Divinité d'Israël. Sous ses pieds, quelque chose de semblable au brillant du saphir et de limpide comme la substance du ciel.

11 Mais Dieu ne laissa point sévir son bras sur ces élus des enfants d'Israël et après avoir joui de la vision divine, ils mangèrent et burent.

12 L'Éternel dit à Moïse : "Monte vers moi, sur la montagne et y demeure : je veux te donner les tables de pierre, la doctrine et les préceptes, que j'ai écrits pour leur instruction."

13 Moïse partit, avec Josué son serviteur ; puis il gravit la divine montagne.

14 Il avait dit aux anciens : "Attendez-nous ici jusqu'à notre retour. Comme Aaron et Hour sont avec vous, celui qui aura une affaire devra s'adresser à eux."

15 C'est alors que Moïse s'achemina vers la montagne, qu'enveloppait le nuage.

16 La majesté divine se fixa sur le mont Sinaï, que le nuage enveloppa six jours ; le septième jour, Dieu appela Moïse du milieu du nuage.

17 Or, la majesté divine apparaissait comme un feu dévorant au sommet de la montagne, à la vue des enfants d'Israël.

18 Moïse pénétra au milieu du nuage et s'éleva sur la montagne ; et il resta sur cette montagne quarante jours et quarante nuits.

CHAPITRE VINGT-CINQ

L'éternel parla à Moïse en ces termes :
2 "Invite les enfants d'Israël à me préparer une offrande de la part de quiconque y sera porté par son cœur, vous recevrez mon offrande.

3 Et voici l'offrande que vous recevrez d'eux : or, argent et cuivre ;

4 étoffes d'azur, de pourpre, d'écarlate, de fin lin et de poil de chèvre ;

5 peaux de bélier teintes en rouge, peaux de tahach et bois de chittîm ;

6 huile pour le luminaire, aromates pour l'huile d'onction et pour la combustion des parfums ;

7 pierres de choham et pierres à enchâsser, pour l'éphod et pour le pectoral.

8 Et ils me construiront un sanctuaire, pour que je réside au milieu d'eux,

9 semblable en tout à ce que je t'indiquerai, c'est-à-dire au

plan du tabernacle et de toutes ses pièces et vous l'exécuterez ainsi.

10 "On fera une arche en bois de chittîm, ayant deux coudées et demie de long, une coudée et demie de large, une coudée et demie de hauteur.

11 Tu la revêtiras d'or pur, intérieurement et extérieurement ; et tu l'entoureras d'une corniche d'or."

12 Tu mouleras pour l'arche quatre anneaux d'or, que tu placeras à ses quatre angles ; savoir, deux anneaux à l'un de ses côtés et deux anneaux au côté opposé.

13 Tu feras des barres de bois de chittîm, que tu recouvriras d'or.

14 Tu passeras ces barres dans les anneaux, le long des côtés de l'arche, pour qu'elles servent à la porter.

15 Les barres, engagées dans les anneaux de l'arche, ne doivent point la quitter.

16 Tu déposeras dans l'arche le Statut que je te donnerai.

17 Tu feras aussi un propitiatoire d'or pur, ayant deux coudées et demie de long, une coudée et demie de large.

18 Puis tu feras deux chérubins d'or, tu les fabriqueras tout d'une pièce, ressortant des deux extrémités du propitiatoire.

19 Fais ressortir un chérubin d'un côté et l'autre du côté opposé, c'est du propitiatoire même que vous ferez saillir ces chérubins, à ses deux extrémités.

20 Ces chérubins auront les ailes étendues en avant et dominant le propitiatoire et leurs visages, tournés l'un vers l'autre, seront dirigés vers le propitiatoire.

21 Tu placeras ce propitiatoire au-dessus de l'arche, après avoir déposé dans l'arche le Statut que je te donnerai.

22 C'est là que je te donnerai rendez-vous ; c'est de dessus le propitiatoire, entre les deux chérubins placés sur l'arche du

Statut, que je te communiquerai tous mes ordres pour les enfants d'Israël.

23 "Tu feras ensuite une table de bois de chittîm, longue de deux coudées, haute d'une coudée et demie.

24 Tu la recouvriras d'or pur et tu l'entoureras d'une bordure d'or.

25 Tu y adapteras, tout autour, un châssis large d'un palme et tu entoureras ce châssis d'une bordure d'or.

26 Tu feras pour la table quatre anneaux d'or, que tu fixeras aux quatre extrémités formées par ses quatre pieds.

27 C'est vis-à-vis que se trouveront les anneaux ; ils donneront passage à des barres servant à porter la table.

28 Tu feras ces barres en bois de chittîm et tu les recouvriras d'or ; c'est par leur moyen que sera portée la table.

29 Tu feras ses sébiles et ses cuillers, ses montants et ses demi-tubes, pièces dont elle doit être garnie ; c'est en or pur que tu les confectionneras.

30 Et tu placeras sur cette table des pains de proposition, en permanence devant moi.

31 "Tu, feras aussi un candélabre d'or pur. Ce candélabre, c'est-à-dire son pied et sa tige, sera fait tout d'une pièce ; ses calices, ses boutons et ses fleurs feront corps avec lui.

32 Six branches sortiront de ses côtés : trois branches du candélabre d'un côté et trois branches du candélabre de l'autre.

33 Trois calices amygdaloïdes à l'une des branches, avec bouton et fleur et trois calices amygdaloïdës, avec bouton et fleur à l'autre branche ; ainsi pour les six branches qui sailliront du candélabre.

34 Le fût du candélabre portera quatre calices amygdaloïdes, avec ses boutons et ses fleurs ;

35 savoir, un bouton à l'origine d'une de ses paires de

branches, un bouton à l'origine de sa seconde paire de branches, un bouton à l'origine de la troisième : ils répondront aux six branches partant du candélabre.

36 Boutons et branches feront corps avec lui ; le tout sera fait d'un seul lingot d'or pur.

37 Puis tu feras ses lampes au nombre de sept ; quand on disposera ces lampes, on en dirigera la lumière du côté de sa face.

38 Puis, ses mouchettes et ses godets, en or pur.

39 Un kikkar d'or pur sera employé pour le candélabre, y compris tous ces accessoires.

40 Médite et exécute, selon le plan qui t'est indiqué sur cette montagne.

CHAPITRE VINGT-SIX

"Puis tu feras le tabernacle, savoir dix tapis, qui seront faits de lin retors, de fils d'azur, de pourpre et d'écarlate et artistement damassés de chérubins.

2 La longueur de chaque tapis sera de vingt-huit coudées ; la largeur, de quatre coudées par tapis : dimension uniforme pour tous les tapis.

3 Cinq des tapis seront attachés l'un à l'autre et les cinq autres seront joints de la même manière.

4 Tu adapteras des nœuds d'étoffe azurée au bord du tapis qui termine un assemblage et de même au bord du dernier tapis de l'autre assemblage.

5 Tu mettras cinquante nœuds à un tapis et cinquante autres au bord du tapis terminant le second assemblage ; ces nœuds se correspondront l'un à l'autre.

6 Tu feras cinquante agrafes d'or ; tu joindras les tapis l'un à l'autre au moyen de ces agrafes, de sorte que l'enceinte sera continue.

7 Puis tu feras des tapis en poil de chèvre, servant de pavillon au tabernacle ; tu les feras au nombre de onze.

8 La longueur de chaque tapis sera de trente coudées ; la largeur, de quatre coudées par tapis : même dimension pour les onze tapis.

9 Tu joindras cinq de ces tapis à part et à part les six autres, le sixième tapis devant être rabattu sur le devant de la tente.

10 Tu disposeras cinquante nœuds au bord du tapis extrême d'un assemblage et cinquante nœuds au bord, du tapis terminant le second assemblage.

11 Tu confectionneras cinquante agrafes de cuivre ; tu les feras entrer dans les nœuds et réuniras ainsi le pavillon en un seul corps.

12 Les tapis du pavillon dépassant les autres d'une certaine longueur, le demi-tapis qui sera en plus descendra sur la face postérieure du tabernacle.

13 Et la coudée d'un côté et la coudée de l'autre, qui se trouveront en excès dans la longueur des tapis du pavillon, retomberont sur les côtés du tabernacle, de part et d'autre, pour le couvrir.

14 Tu ajouteras, pour couvrir le pavillon, des peaux de bélier teintes en rouge et, par-dessus, une couverture de peaux de tahach.

15 "Tu feras ensuite les solives destinées au tabernacle : ce seront des ais de chittîm perpendiculaires.

16 Dix coudées seront la longueur de chaque solive ; une coudée et demie la largeur de chacune.

17 Chaque solive aura deux tenons parallèles l'un à l'autre ; ainsi feras-tu pour toutes les solives du tabernacle.

18 Tu disposeras ces solives pour le tabernacle, comme il suit : vingt solives dans le sens du sud ou midi ;

19 sous ces vingt solives tu placeras quarante socles d'argent : deux socles sous une solive, pour recevoir ses deux tenons et deux socles sous une autre, pour ses deux tenons.

20 De même, pour le second côté du tabernacle, à la face nord, vingt solives,

21 avec leurs quarante socles d'argent : deux socles sous une solive et deux socles sous la solive suivante.

22 Pour le côté postérieur du tabernacle, à l'occident, tu prépareras six solives ;

23 puis, tu en prépareras deux pour les angles postérieurs du tabernacle.

24 Elles seront accouplées par en bas et également accouplées, au sommet, par un seul anneau ; même disposition pour ces deux solives, placées aux deux angles.

25 Il y aura donc huit solives, avec leurs socles d'argent, soit seize socles : deux socles sous une solive et deux socles sous l'autre.

26 Tu feras ensuite des traverses de bois de chittîm : cinq pour les solives d'un côté du tabernacle,

27 cinq autres pour les solives du second côté du tabernacle et cinq traverses pour les solives du côté postérieur, occidental.

28 La traverse du milieu passera dans l'intérieur des solives, les reliant d'une extrémité à l'autre.

29 Ces solives, tu les recouvriras d'or ; tu feras en or leurs anneaux, où passeront les traverses et ces traverses tu les recouvriras d'or.

30 Tu érigeras ainsi le tabernacle, suivant la disposition qui t'a été enseignée sur cette montagne.

31 "Tu feras ensuite un voile en étoffe d'azur, de pourpre, d'écarlate et de lin retors ; on le fabriquera artistement, en le damassant de chérubins.

32 Tu le suspendras à quatre piliers de chittîm, recouverts d'or, à crochets d'or et soutenus par quatre socles d'argent.

33 Tu fixeras ce voile au-dessous des agrafes ; c'est là, dans l'enceinte protégée par le voile, que tu feras entrer l'arche du Statut et le voile séparera ainsi pour vous le sanctuaire d'avec le Saint des saints.

34 Tu poseras le propitiatoire sur l'arche du Statut, dans le Saint des saints.

35 Tu placeras la table en dehors du voile et le candélabre en face de la table au côté méridional du tabernacle, la table étant placée au côté septentrional.

36 Puis, tu confectionneras un rideau pour l'entrée de la Tente, en azur, pourpre, écarlate et lin retors, artistement brodés.

37 Tu feras, pour ce rideau, cinq piliers de chittîm ; tu les revêtiras d'or, leurs crochets seront d'or et tu mouleras pour eux cinq socles de cuivre.

CHAPITRE VINGT-SEPT

"Puis tu feras l'autel, en bois de chittîm ; cinq coudées de longueur, cinq coudées de largeur, l'autel sera carré, et trois coudées de hauteur.

2 Tu sculpteras ses cornes aux quatre angles, de sorte qu'elle fassent corps avec lui et tu le revêtiras de cuivre.

3 Tu feras ses cendriers, destinés à en recueillir les cendres ; ses pelles, ses bassins, ses fourches et ses brasiers. Pour tous ces ustensiles tu emploieras le cuivre.

4 Tu y ajouteras un grillage en forme de réseau de cuivre et tu adapteras à ce réseau quatre anneaux de cuivre, vers ses quatre angles.

5 Tu le placeras sous l'entablement de l'autel, dans la partie inférieure et ce réseau s'élèvera jusqu'au milieu de l'autel.

6 tu feras pour l'autel des barres de bois de chittîm, que tu recouvriras de cuivre.

7 Ces barres, introduites dans les anneaux, se trouveront aux deux côtés de l'autel lorsqu'on le transportera.

8 Tu le disposeras en boiserie creuse ; comme on te l'a fait voir sur cette montagne, c'est ainsi qu'ils l'exécuteront.

9 "Tu formeras ensuite le parvis du tabernacle. Pour le côté du sud ou méridional, les toiles du parvis, en lin retors, auront cent coudées de longueur, formant un côté.

10 Il aura vingt piliers dont les socles, au nombre de vingt, seront de cuivre ; les crochets des piliers et leurs tringles d'argent.

11 De même, pour la longueur du côté nord, des toiles de cent coudées de long, avec vingt piliers ayant vingt socles de cuivre, avec les crochets et leurs tringles en argent.

12 Pour la largeur du parvis à la face occidentale, des toiles de cinquante coudées, avec dix piliers munis de dix socles.

13 Largeur du parvis au côté oriental, au levant, cinquante coudées :

14 quinze coudées de toiles formeront une aile, elles auront trois piliers et ceux-ci trois socles.

15 Egalement, pour la seconde aile, quinze coudées de toiles, ayant trois piliers avec trois socles.

16 La porte du parvis sera un rideau de vingt coudées, étoffe d'azur, de pourpre, d'écarlate et de lin retors, artistement brodés ; elle aura quatre piliers avec quatre socles.

17 "Tous les piliers formant le pourtour du parvis seront unis par des tringles d'argent ; leurs crochets seront d'argent et leurs socles de cuivre.

18 Longueur du parvis, cent coudées ; largeur, cinquante de part et d'autre ; hauteur, cinq coudées de toiles en lin retors, avec socles de cuivre.

19 Quant aux ustensiles employés aux divers services du tabernacle, ainsi que ses chevilles et toutes les chevilles du parvis, ils seront en cuivre.

20 " Pour toi, tu ordonneras aux enfants d'Israël de te choisir une huile pure d'olives concassées, pour le luminaire, afin d'alimenter les lampes en permanence.

21 C'est dans la Tente d'assignation, en dehors du voile qui abrite le Statut, qu'Aaron et ses fils les disposeront, pour brûler du soir jusqu'au matin en présence du Seigneur : règle invariable pour leurs générations, à observer par les enfants d'Israël.

CHAPITRE VINGT-HUIT

"De ton côté, fais venir à toi Aaron ton frère, avec ses fils, du milieu des enfants d'Israël, pour exercer le sacerdoce en mon honneur : Aaron, avec Nadab et Abihou, Éléazar et Ithamar, ses fils.

2 Tu feras confectionner pour Aaron ton frère des vêtements sacrés, insignes d'honneur et de majesté.

3 Tu enjoindras donc à tous les artistes habiles, que j'ai doués du génie de l'art, qu'ils exécutent le costume d'Aaron, afin de le consacrer à mon sacerdoce.

4 Or, voici les vêtements qu'ils exécuteront : un pectoral, un éphod, une robe, une tunique à mailles, une tiare et une écharpe ; ils composeront ainsi un saint costume à Aaron ton frère et à ses fils, comme exerçant mon ministère.

5 Et ils emploieront l'or, l'azur, la pourpre, l'écarlate et le fin lin.

6 "Ils confectionneront l'éphod en or, azur, pourpre, écarlate et lin retors, artistement brochés.

7 Deux épaulières d'attache, placées à ses deux extrémités, serviront à le réunir.

8 La ceinture qu'il porte, destinée à l'assujettir, sera du même travail, fera partie de son tissu or, azur, pourpre, écarlate et lin retors.

9 Tu prendras deux pierres de choham, sur lesquelles tu graveras les noms des fils d'Israël :

10 six de leurs noms sur une pierre et les noms des six autres sur la seconde pierre, selon leur ordre de naissance.

11 A l'instar du graveur sur pierre et comme la gravure d'un cachet, tu traceras sur ces deux pierres les noms des fils d'Israël et tu les enchâsseras dans des chatons d'or

12 Tu adapteras ces deux pierres aux épaulières de l'éphod, comme pierres commémoratives pour les enfants d'Israël, dont Aaron portera les noms, en présence de l'Éternel, sur ses deux épaules, comme souvenir.

13 "Tu prépareras aussi des chatons d'or

14 et deux chaînettes d'or pur, que tu feras en les cordonnant en forme de torsade ; ces chaînettes-torsades, tu les fixeras sur les chatons.

15 "Tu feras le pectoral de jugement, artistement ouvragé et que tu composeras à la façon de l'éphod : c'est d'or, d'azur, de pourpre, d'écarlate et de fin retors, que tu le composeras.

16 Il sera carré, plié en deux ; un empan sera sa longueur, un empan sa largeur.

17 Tu le garniras de pierreries enchâssées, formant quatre rangées. Sur une rangée : un rubis, une topaze et une émeraude, première rangée ;

18 deuxième rangée : un nofek, un saphir et un diamant ;

19 troisième, rangée : un léchem, un chebô et un ahlama ;

20 quatrième rangée : une tartessienne, un choham et un jaspe. Ils seront enchâssés dans des chatons d'or.

21 Ces pierres, portant les noms des fils d'Israël, sont au nombre de douze selon ces mêmes noms ; elles contiendront, gravé en manière de cachet, le nom de chacune des douze tribus.

22 Ensuite, tu prépareras pour le pectoral des chaînettes cordonnées, forme de torsade, en or pur.

23 Tu feras encore, pour le pectoral, deux anneaux d'or, que tu mettras aux deux coins du pectoral.

24 Puis tu passeras les deux torsades d'or dans les deux anneaux placés aux coins du pectoral

25 et les deux bouts de chaque torsade, tu les fixeras sur les deux chatons, les appliquant aux épaulières de l'éphod du côté de la face.

26 Tu feras encore deux anneaux d'or, que tu placeras aux deux coins du pectoral, sur le bord qui fait face à l'éphod intérieurement

27 et tu feras deux autres anneaux d'or, que tu fixeras aux deux épaulières de l'éphod, par le bas, au côté extérieur, à l'endroit de l'attache, au-dessus de la ceinture de l'éphod.

28 On assujettira le pectoral en joignant ses anneaux à ceux de l'éphod par un cordon d'azur, de sorte qu'il reste fixé sur la ceinture de l'éphod ; et ainsi le pectoral n'y vacillera point.

29 Et Aaron portera sur son cœur, lorsqu'il entrera dans le sanctuaire, les noms des enfants d'Israël, inscrits sur le pectoral du jugement : commémoration perpétuelle devant le Seigneur.

30 Tu ajouteras au pectoral du jugement les ourîm et les toummîm, pour qu'ils soient sur la poitrine d'Aaron lorsqu'il se présentera devant l'Éternel. Aaron portera ainsi le destin des enfants d'Israël sur sa poitrine, devant le Seigneur, constamment.

31 "Tu feras la robe de l'éphod, uniquement d'azur.

32 L'ouverture supérieure sera infléchie ; cette ouverture sera garnie, tout autour, d'un ourlet tissu et sera faite comme l'ouverture d'une cotte de mailles, pour qu'elle ne se déchire point.

33 Tu adapteras au bord, tout autour du bord, des grenades d'azur, de pourpre et d'écarlate et des clochettes d'or entremêlées, tout à l'entour.

34 Une clochette d'or, puis une grenade ; une clochette d'or, puis une grenade, au bas de la robe, à l'entour.

35 Aaron doit la porter lorsqu'il fonctionnera, pour que le son s'entende quand il entrera dans le saint lieu devant le Seigneur et quand il en sortira et qu'il ne meure point.

36 "Tu feras une plaque d'or pur, sur laquelle tu graveras, comme sur un sceau :"Consacré au Seigneur".

37 Tu la fixeras par un ruban d'azur, de manière à la placer sur la tiare ; c'est en avant de la tiare qu'elle doit se trouver.

38 Elle sera sur le front d'Aaron, qui se chargera ainsi des péchés relatifs aux consécrations des enfants d'Israël, à leurs diverses offrandes religieuses ; et elle sera sur son front en permanence, pour leur obtenir la bienveillance de l'Éternel.

39 Tu feras la tunique à mailles de lin, de lin aussi la tiare et l'écharpe tu l'exécuteras en broderie.

40 Pour les fils d'Aaron également tu feras des tuniques et pour eux aussi des écharpes ; puis tu leur feras des turbans, signes d'honneur et de dignité.

41 Tu feras revêtir ce costume à Aaron ton frère, de même à ses fils ; tu les oindras, tu les installeras et tu les consacreras à mon sacerdoce.

42 Fais-leur aussi des caleçons de lin commun, pour couvrir la nudité de la chair, depuis les reins jusqu'aux cuisses.

43 Aaron et ses fils porteront ce costume lorsqu'ils entreront dans la Tente d'assignation, ou lorsqu'ils approcheront de l'autel pour le saint ministère, afin de ne pas se trouver en faute et encourir la mort : loi perpétuelle pour lui et pour sa postérité.

CHAPITRE VINGT-NEUF

"Or, voici comment tu procéderas à leur égard, pour les consacrer à mon sacerdoce : prends un jeune taureau et deux béliers sans défaut ;

2 puis des pains azymes, des gâteaux azymes pétris avec de l'huile et des galettes azymes ointes d'huile ; tu les feras de la plus pure farine de froment.

3 Tu les mettras dans une même corbeille et les présenteras dans cette corbeille, en même temps que le taureau et les deux béliers

4 Tu feras avancer Aaron et ses fils à l'entrée de la Tente d'assignation et tu les feras baigner.

5 Tu prendras les vêtements sacrés ; tu feras endosser à Aaron la tunique, la robe de l'éphod, l'éphod et le pectoral et tu le ceindras de la ceinture de l'éphod.

6 Puis tu placeras la tiare sur sa tête et tu assujettiras le saint diadème sur la tiare.

7 Tu prendras alors l'huile d'onction, que tu répandras sur sa tête, lui donnant ainsi l'onction.

8 Puis tu feras approcher ses fils et tu les revêtiras de tuniques ;

9 tu les ceindras de l'écharpe, Aaron et ses fils ; tu coifferas ceux-ci de turbans et le sacerdoce leur appartiendra à titre perpétuel ; c'est ainsi que tu investiras Aaron et ses fils.

10 Tu amèneras le taureau devant la Tente d'assignation ; Aaron et ses fils imposeront leurs mains sur la tête du taureau."

11 Puis tu l'immoleras devant le Seigneur, à l'entrée de la Tente d'assignation ;

12 tu prendras de son sang, que tu appliqueras sur les cornes de l'autel avec ton doigt ; et le reste du sang, tu le répandras dans le réceptacle de l'autel.

13 Tu prendras alors toute la graisse qui tapisse les entrailles, la membrane du foie, les deux rognons avec leur graisse et tu feras fumer le tout sur l'autel.

14 Pour la chair du taureau, sa peau et sa fiente, tu les consumeras par le feu, hors du camp ; c'est un expiatoire.

15 Tu prendras ensuite l'un des béliers ; Aaron et ses fils imposeront leurs mains sur sa tête.

16 Tu immoleras ce bélier ; tu prendras son sang, dont tu aspergeras le tour de l'autel.

17 Le bélier, tu le dépèceras par quartiers ; tu laveras ses intestins et ses jambes, que tu poseras sur les quartiers et sur la tête

18 et tu feras fumer le bélier tout entier sur l'autel : c'est un holocauste au Seigneur ; ce sera une odeur agréable, comme sacrifice à l'Éternel.

19 Alors tu prendras le second bélier ; Aaron et ses fils imposeront leurs mains sur sa tête.

20 Tu immoleras ce bélier. ; tu prendras de son sang, que tu appliqueras sur le lobe de l'oreille droite d'Aaron et de celle de ses fils, sur le pouce de leur main droite et sur l'orteil de leur pied droit ; tu aspergeras aussi, avec le sang, le tour de l'autel.

21 Tu prendras de ce même sang resté près de l'autel, puis de l'huile d'onction ; tu en feras aspersion sur Aaron et sur ses vêtements, sur ses fils et sur leurs vêtements de même ; il se trouvera ainsi consacré lui et ses vêtements, ainsi que ses fils et leurs vêtements.

22 Tu extrairas du bélier le suif, la queue, la graisse qui tapisse les entrailles, la membrane du foie, les deux rognons avec leur graisse et la cuisse droite ; car c'est un bélier d'installation.

23 Tu prendras encore un des pains, un des gâteaux à l'huile et une galette, dans la corbeille d'azymes placée devant le Seigneur ;

24 tu poseras le tout sur les mains d'Aaron et sur celles de ses fils et tu le balanceras devant le Seigneur ;

25 puis tu le reprendras de leurs mains et le feras brûler sur l'autel, à la suite de l'holocauste : parfum agréable à l'Éternel, combustion faite en son honneur.

26 Tu prendras la poitrine du bélier d'installation destiné à Aaron et tu la balanceras devant le Seigneur et elle deviendra ta portion.

27 Tu consacreras ainsi cette poitrine balancée et cette cuisse prélevée (balancée et prélevée séparément du bélier d'installation destiné à Aaron et à ses fils),

28 afin qu'elles appartiennent à Aaron et à ses fils comme redevance constante de la part des Israélites, car c'est une chose prélevée ; ce sera l'offrande que les Israélites auront à prélever, sur leurs sacrifices rémunératoires, en l'honneur de l'Éternel.

29 Le costume sacré d'Aaron sera celui de ses fils après lui ;

c'est sous ce costume qu'on doit les oindre et les investir de leurs fonctions,

30 Sept jours durant, ces vêtements seront portés par celui de ses fils son successeur dans le sacerdoce qui entrera dans la Tente d'assignation pour le saint ministère.

31 Puis, tu prendras le bélier d'installation, dont tu feras cuire la chair en lieu saint ;

32 et Aaron et ses fils mangeront la chair du bélier, ainsi que le pain qui est dans la corbeille, à l'entrée de la Tente d'assignation.

33 Ils les mangeront ces mêmes offrandes qui les auront purifiés pour que s'accomplisse leur installation, pour qu'ils soient consacrés ; un profane n'en pourra manger, car elles sont une chose sainte.

34 S'il reste quelque chose de la chair de la victime ou des pains jusqu'au lendemain, tu consumeras ce reste par le feu ; il ne sera point mangé, car c'est une chose sainte.

35 Tu agiras à l'égard d'Aaron et de ses fils, exactement comme je te l'ai prescrit ; tu emploieras sept jours à leur installation.

36 Tu immoleras aussi, chaque jour, un taureau expiatoire en sus des expiatoires précédents et tu purifieras l'autel au moyen de cette expiation ; puis tu l'oindras pour le consacrer.

37 Sept jours durant, tu purifieras ainsi l'autel et le consacreras ; alors l'autel sera une chose éminemment sainte , tout ce qui touchera à l'autel deviendra saint.

38 "Or, voici ce que tu offriras sur cet autel : des agneaux de première année, deux par jour, constamment.

39 L'un des agneaux tu l'offriras le matin et tu offriras le second vers le soir ;

40 plus, un dixième de fleur de farine pétrie avec un quart de

vin d'huile vierge et une libation d'un quart de vin de vin, pour ce premier agneau.

41 Le second agneau, tu l'offriras vers le soir ; tu y joindras une oblation et une libation semblables à celles du matin, sacrifice d'odeur agréable à l'Éternel.

42 Tel sera l'holocauste perpétuel, offert par vos générations à l'entrée de la Tente d'assignation, devant l'Éternel, là où je vous donnerai rendez-vous, où je m'entretiendrai avec toi.

43 C'est là que je me mettrai en rapport avec les enfants d'Israël et ce lieu sera consacré par ma majesté.

44 Oui, je sanctifierai la Tente d'assignation et l'autel ; Aaron et ses fils, je les sanctifierai aussi, pour qu'ils exercent mon ministère.

45 Et je résiderai au milieu des enfants d'Israël et je serai leur Divinité.

46 Et ils sauront que moi, l'Éternel, je suis leur Dieu, qui les ai tirés du pays d'Égypte pour résider au milieu d'eux ; moi-même, l'Éternel, leur Dieu !

CHAPITRE TRENTE

"Tu feras aussi un autel pour la combustion des parfums ; c'est en bois de chittîm que tu le feras.

2 Une coudée sera sa longueur, une coudée sa largeur, il sera carré, et deux coudées sa hauteur ; ses cornes feront corps avec lui.

3 Tu le recouvriras d'or pur, savoir : sa plateforme, ses parois tout autour et ses cornes ; et tu l'entoureras d'une bordure d'or.

4 Tu y adapteras deux anneaux d'or au-dessous de la bordure, à ses deux parois, les plaçant de part et d'autre : ils donneront passage à des barres qui serviront à le porter.

5 Tu feras ces barres de bois de chittîm et tu les recouvriras d'or.

6 Tu placeras cet autel devant le voile qui abrite l'arche du Statut, en face du propitiatoire qui couvre ce Statut et où je communiquerai avec toi.

7 C'est sur cet autel qu'Aaron fera l'encensement aroma-

tique. Chaque matin, lorsqu'il accommodera les lampes, il fera cet encensement,

8 et lorsque Aaron allumera les lampes vers le soir, il le fera encore : encensement quotidien devant l'Éternel, dans toutes vos générations.

9 Vous n'y offrirez point un parfum profané, ni holocauste ni oblation et vous n'y répandrez aucune libation.

10 Aaron en purifiera les cornes une fois l'année ; c'est avec le sang des victimes expiatoires, une seule fois l'année, qu'on le purifiera dans vos générations. Il sera éminemment saint devant l'Éternel."

11 L'Éternel parla à Moïse en ces termes :

12 "Quand tu feras le dénombrement général des enfants d'Israël, chacun d'eux paiera au Seigneur le rachat de sa personne lors du dénombrement, afin qu'il n'y ait point de mortalité parmi eux à cause de cette opération.

13 Ce tribut, présenté par tous ceux qui seront compris dans le dénombrement, sera d'un demi-sicle, selon le poids du sanctuaire ; ce dernier est de vingt ghéra, la moitié sera l'offrande réservée au Seigneur.

14 Quiconque fera partie du dénombrement depuis l'âge de vingt ans et au-delà doit acquitter l'impôt de l'Éternel.

15 Le riche ne donnera pas plus, le pauvre ne donnera pas moins que la moitié du sicle, pour acquitter l'impôt de l'Éternel, à l'effet de racheter vos personnes.

16 Tu recevras des enfants d'Israël le produit de cette rançon et tu l'appliqueras au service de la Tente d'assignation et il servira de recommandation aux enfants d'Israël devant le Seigneur pour qu'il épargne vos personnes."

17 L'Éternel parla ainsi à Moïse :

18 "Tu feras une cuve de cuivre, avec son support en cuivre,

pour les ablutions ; tu la placeras entre la Tente d'assignation et l'autel et tu y mettras de l'eau.

19 Aaron et ses fils y laveront leurs mains et leurs pieds.

20 Pour entrer dans la Tente d'assignation, ils devront se laver de cette eau, afin de ne pas mourir ; de même, lorsqu'ils approcheront de l'autel pour leurs fonctions, pour la combustion d'un sacrifice en l'honneur de l'Éternel,

21 ils se laveront les mains et les pieds, pour ne pas mourir. Ce sera une règle constante pour lui et pour sa postérité, dans toutes leurs générations."

22 L'Éternel parla ainsi à Moïse : "

23 Tu prendras aussi des aromates de premier choix : myrrhe franche, cinq cents sicles ; cinnamone odorant, la moitié, soit deux cent cinquante ; jonc aromatique, deux cent cinquante,

24 enfin casse, cinq cents sicles au poids du sanctuaire ; puis de l'huile d'olive, un hîn.

25 Tu en composeras une huile pour l'onction sainte, manipulant ces aromates à l'instar du parfumeur : ce sera l'huile de l'onction sainte.

26 Tu en oindras la Tente d'assignation, puis l'arche du Statut ;

27 la table avec tous ses accessoires, le candélabre avec les siens ; l'autel du parfum ;

28 l'autel aux holocaustes avec tous ses ustensiles et la cuve avec son support.

29 Tu les sanctifieras ainsi et ils deviendront éminemment saints : tout ce qui y touchera deviendra saint.

30 Tu en oindras aussi Aaron et ses fils et tu les consacreras à mon ministère.

31 Quant aux enfants d'Israël, tu leur parleras ainsi : Ceci

sera l'huile d'onction sainte, en mon honneur, dans vos générations.

32 Elle ne doit point couler sur le corps du premier venu et vous n'en composerez point une pareille, dans les mêmes proportions : c'est une chose sainte, elle doit être sacrée pour vous.

33 Celui qui en imitera la composition, ou qui en appliquera sur un profane, sera retranché de son peuple."

34 L'Éternel dit à Moïse : "Choisis des ingrédients : du storax, de l'ongle aromatique, du galbanum, divers ingrédients et de l'encens pur ; le tout à poids égal.

35 Tu en composeras un parfum, manipulé selon l'art du parfumeur ; mixtionné, ce sera une chose pure et sainte.

36 Tu le réduiras en poudre fine et tu en poseras devant le Statut, dans la Tente d'assignation, où je communiquerai avec toi ; ce sera pour vous une chose éminemment sainte.

37 Ce parfum que tu composeras, vous n'en ferez point un semblable pour votre usage : ce sera pour toi une chose sacrée, réservée au Seigneur.

38 Quiconque en fera un pareil pour en aspirer l'odeur, sera retranché de son peuple."

CHAPITRE TRENTE-ET-UN

L'Éternel parla à Moïse en ces termes :

2 "Vois, j'ai désigné expressément Beçalêl, fils d'Ouri, fils de Hour, de la tribu de Juda,

3 et je l'ai rempli d'une inspiration divine, d'habileté, de jugement, de science, et d'aptitude pour tous les arts.

4 Il saura combiner les tissus ; mettre en œuvre l'or, l'argent et le cuivre,

5 mettre en œuvre et enchâsser la pierre, travailler le bois, exécuter toute espèce d'ouvrage.

6 De plus, je lui ai adjoint Oholiab, fils d'Ahisamak, de la tribu de Dan ainsi que d'autres esprits industrieux que j'ai doués d'habileté. Ils exécuteront tout ce que je t'ai prescrit :

7 la Tente d'Assignation, l'arche destinée aux Statuts, le propitiatoire qui doit la couvrir et toutes les pièces de la Tente ;

8 la table avec ses accessoires, le candélabre d'or pur avec tous ses ustensiles et l'autel du parfum ;

9 l'autel de l'holocauste et tous ses ustensiles, la cuve et son support ;

10 les tapis d'emballage, les vêtements sacrés du pontife Aaron et ceux que ses fils doivent porter lorsqu'ils fonctionnent ;

11 l'huile d'onction et le parfum aromatique pour le sanctuaire. Ils se conformeront, en tout, à ce que Je t'ai ordonné."

12 L'Éternel parla ainsi à Moïse :

13 "Et toi, parle aux enfants d'Israël en ces termes : Toutefois, observez mes sabbats car c'est un symbole de moi à vous dans toutes vos générations, pour qu'on sache que c'est Moi, l'Éternel qui vous sanctifie.

14 Gardez donc le sabbat, car c'est chose sainte pour vous ! Qui le violera sera puni de mort ; toute personne même qui fera un travail en ce jour, sera retranchée du milieu de son peuple.

15 Six jours on se livrera au travail ; mais le septième jour il y aura repos, repos complet consacré au Seigneur. Quiconque fera un travail le jour du sabbat sera puni de mort.

16 Les enfants d'Israël seront donc fidèles au sabbat, en l'observant dans toutes leurs générations comme un pacte immuable.

17 Entre moi et les enfants d'Israël c'est un symbole perpétuel, attestant qu'en six jours, l'Éternel a fait les cieux et la terre, et que, le septième jour, il a mis fin à l'œuvre et s'est reposé."

18 Dieu donna à Moïse, lorsqu'il eut achevé de s'entretenir avec lui sur le mont Sinaï, les deux tables du Statut, tables de pierre, burinées par le doigt de Dieu.

CHAPITRE TRENTE-DEUX

Le peuple, voyant que Moïse tardait à descendre de la montagne, s'attroupa autour d'Aaron et lui dit : "Allons ! fais-nous un dieu qui marche à notre tête, puisque celui-ci, Moïse, l'homme qui nous a fait sortir du pays d'Égypte, nous ne savons ce qu'il est devenu."

2 Aaron leur répondit : "Détachez les pendants d'or qui sont aux oreilles de vos femmes, de vos fils et de vos filles et me les apportez."

3 Tous se dépouillèrent des pendants d'or qui étaient à leurs oreilles et les apportèrent à Aaron.

4 Ayant reçu cet or de leurs mains, il le jeta en moule et en fit un veau de métal ; et ils dirent : "Voilà tes dieux, ô Israël, qui t'ont fait sortir du pays d'Égypte !"

5 Ce que voyant, Aaron érigea devant lui un autel et il proclama : "A demain une solennité pour l'Éternel !"

6 Ils s'empressèrent, dès le lendemain, d'offrir des holo-

caustes, d'amener des victimes rémunératoires ; le peuple se mit à manger et à boire, puis se livra à des réjouissances.

7 Alors l'Éternel dit à Moïse : "Va, descends ! car on a perverti ton peuple que tu as tiré du pays d'Égypte !

8 De bonne heure infidèles à la voie que je leur avais prescrite, ils se sont fait un veau de métal et ils se sont courbés devant lui, ils lui ont sacrifié, ils ont dit : 'Voilà tes dieux, Israël, qui t'ont fait sortir du pays d'Égypte !'"

9 L'Éternel dit à Moïse : "Je vois que ce peuple est un peuple rétif.

10 Donc, cesse de me solliciter, laisse s'allumer contre eux ma colère et que je les anéantisse, tandis que je ferai de toi un grand peuple !"

11 Mais Moïse implora l'Éternel son Dieu, en disant :

12 "Pourquoi, Seigneur, ton courroux menace-t-il ton peuple, que tu as tiré du pays d'Égypte avec une si grande force et d'une main si, puissante ? Faut-il que les Égyptiens disent : 'C'est pour leur malheur qu'il les a emmenés, pour les faire périr dans les montagnes et les anéantir de dessus la face de la terre !' Reviens de ton irritation et révoque la calamité qui menace ton peuple.

13 Souviens-toi d'Abraham, d'Isaac et d'Israël, tes serviteurs, à qui tu as juré par toi-même leur disant : Je ferai votre postérité aussi nombreuse que les étoiles du ciel ; et tout ce pays que j'ai désigné, je le donnerai à votre postérité, qui le possédera pour jamais !"

14 L'Éternel révoqua le malheur qu'il avait voulu, infliger à son peuple.

15 Moïse redescendit de la montagne, les deux tables du Statut à la main, tables écrites sur leurs deux faces, d'un côté et de l'autre.

16 Et ces tables étaient l'ouvrage de Dieu ; et ces caractères, gravés sur les tables, étaient des caractères divins.

17 Josué, entendant la clameur jubilante du peuple, dit à Moïse : "Des cris de guerre au camp !"

18 Moïse répondit : "Ce n'est point le bruit d'un chant de victoire, ce n'est point le cri annonçant une défaite ; c'est une clameur affligeante que j'entends !"

19 Or, comme il approchait du camp, il aperçut le veau et les danses. Le courroux de Moïse s'alluma ; il jeta de ses mains les tables et les brisa au pied de la montagne.

20 Puis il prit le veau qu'on avait fabriqué, le calcina par le feu, le réduisit en menue poussière qu'il répandit sur l'eau et qu'il fit boire aux enfants d'Israël.

21 Moïse dit à Aaron : "Que t'avait fait ce peuple, pour que tu l'aies induit à une telle prévarication ?"

22 Aaron répondit : "Que mon seigneur ne se courrouce point ; toi-même tu sais combien ce peuple est prompt au mal.

23 Ils m'ont dit : 'Fabrique-nous un dieu qui marche à notre tête, puisque celui-ci, Moïse, l'homme qui nous a fait sortir du pays d'Égypte, nous ne savons ce qu'il est devenu.'

24 Je leur ai répondu : 'Qui a de l'or ?' et ils s'en sont dépouillés et me l'ont livré ; je l'ai jeté au feu et ce veau en est sorti."

25 Moïse vit que le peuple était livré au désordre ; qu'Aaron l'y avait abandonné, le dégradant ainsi devant ses ennemis

26 et Moïse se posta à la porte du camp et il dit : "Qui aime l'Éternel me suive !" Et tous les Lévites se groupèrent autour de lui.

27 Il leur dit : "Ainsi a parlé l'Éternel, Dieu d'Israël : 'Que chacun de vous s'arme de son glaive ! passez, repassez d'une

porte à l'autre dans le camp et immolez, au besoin, chacun son frère, son ami, son parent !'

28 Les enfants de Lévi se conformèrent à l'ordre de Moïse ; et il périt dans le peuple, ce jour-là, environ trois mille hommes.

29 Moïse dit : "Consacrez-vous dès aujourd'hui à l'Éternel, parce que chacun l'a vengé sur son fils, sur son frère et que ce jour vous a mérité sa bénédiction."

30 Puis le lendemain, Moïse dit au peuple : "Pour vous, vous avez commis un grand péché ! Et maintenant, je vais monter vers le Seigneur, peut-être obtiendrai-je grâce pour votre péché."

31 Moïse retourna vers le Seigneur et dit : "Hélas ! Ce peuple est coupable d'un grand péché, ils se sont fait un dieu d'or ;

32 et pourtant, si tu voulais pardonner à leur faute !... Sinon efface-moi du livre que tu as écrit."

33 Le Seigneur répondit à Moïse : "Celui qui a prévariqué envers moi, c'est lui que j'effacerai de mon livre.

34 Et maintenant va, conduis ce peuple où je t'ai dit ; mon envoyé te précédera. Mais le jour où j'aurai à sévir, je leur demanderai compte de ce péché."

35 Ainsi l'Éternel châtia le peuple, comme auteur du veau qu'avait fabriqué Aaron.

CHAPITRE TRENTE-TROIS

L'Éternel dit à Moïse : "Va, pars d'ici avec le peuple que tu as conduit hors du pays d'Égypte et allez au pays que j'ai promis par serment à Abraham, à Isaac et à Jacob, disant : 'Je le donnerai à votre postérité.'

2 J'enverrai devant toi un ange, par lequel j'expulserai le Cananéen, l'Amorréen, le Héthéen, le Phérézéen, le Hévéen et le Jébuséen.

3 Vers ce pays ruisselant de lait et de miel, non, je ne monterai point au milieu de toi, peuple réfractaire que tu es, car je pourrais t'anéantir pendant le voyage."

4 Le peuple, ayant eu connaissance de cette fâcheuse parole, prit le deuil et nul ne se para de ses ornements.

5 L'Éternel dit à Moïse : "Dis aux enfants d'Israël : 'Vous êtes un peuple réfractaire ; si un seul instant je m'avançais au milieu de vous, je vous anéantirais. Donc, déposez vos ornements et j'aviserai à ce que je dois vous faire.' "

6 Les enfants d'Israël renoncèrent à leur parure, à dater du mont Horeb.

7 Pour Moïse, il prit sa tente pour la dresser hors du camp, loin de son enceinte et il la nomma Tente d'assignation ; de sorte que tout homme ayant à consulter le Seigneur devait se rendre à la Tente d'assignation, située hors du camp.

8 Et chaque fois que Moïse se retirait vers la Tente, tout le peuple se levait, chacun se tenait au seuil de sa propre tente et suivait Moïse du regard jusqu'à ce qu'il fût arrivé à la Tente.

9 Quand Moïse y était entré, la colonne de nuée descendait, s'arrêtait à l'entrée de la Tente et Dieu s'entretenait avec Moïse.

10 Et tout le peuple voyait la colonne nébuleuse arrêtée à l'entrée de la Tente et tout le peuple, aussitôt se prosternait, chacun devant sa tente.

11 Or, l'Éternel s'entretenait avec Moïse face à face, comme un homme s'entretient avec un autre ; puis Moïse retournait au camp. Mais Josué, fils de Noun, son jeune serviteur, ne quittait pas l'intérieur de la Tente.

12 Moïse dit au Seigneur : "Considère que tu me dis : 'Fais avancer ce peuple', sans me faire savoir qui tu veux m'adjoindre. D'ailleurs, tu avais dit : 'Je t'ai distingué spécialement et certes tu as trouvé faveur à mes yeux.'

13 Eh bien ! de grâce, si j'ai trouvé faveur à tes yeux, daigne me révéler tes voies, afin que je te connaisse et que je mérite encore ta bienveillance. Songe aussi que c'est ton peuple, cette nation !"

14 Dieu répondit : "Ma face vous guidera et je te donnerai toute sécurité."

15 Moïse lui dit : "Si ta face ne nous guide, ne nous fais pas sortir d'ici.

16 Et comment serait-il avéré que j'ai obtenu ta bien-

veillance, moi ainsi que ton peuple, sinon parce que tu marches avec nous ? Nous serons ainsi distingués, moi et ton peuple, de tous les peuples qui sont sur la face de la terre."

17 L'Éternél dit à Moïse : "Cette chose-là même, que tu as demandée, je l'accorde, parce que tu as trouvé faveur à mes yeux et que je t'ai spécialement distingué."

18 Moïse reprit : "Découvre-moi donc ta Gloire."

19 Il répondit : "C'est ma bonté tout entière que je veux dérouler à ta vue, et, toi présent, je nommerai de son vrai nom l'Éternel ; alors je ferai grâce à qui je devrai faire grâce et je serai miséricordieux pour qui je devrai l'être."

20 Il ajouta : "Tu ne saurais voir ma face ; car nul homme ne peut me voir et vivre."

21 Le Seigneur ajouta : "Il est une place près de moi : tu te tiendras sur le rocher ;

22 puis, quand passera ma gloire, je te cacherai dans la cavité du roc et je t'abriterai de ma main jusqu'à ce que je sois passé.

23 Alors je retirerai ma main et tu me verras par derrière ; mais ma face ne peut être vue."

CHAPITRE TRENTE-QUATRE

Le Seigneur dit à Moïse : "Taille toi-même deux tables de pierre semblables aux précédentes ; et je graverai sur ces tables les paroles qui étaient sur les premières tables, que tu as brisées.

2 Sois prêt pour le matin ; tu monteras, au matin, sur le mont Sinaï et tu m'y attendras au sommet de la montagne.

3 Nul n'y montera avec toi et nul, non plus, ne doit paraître sur toute la montagne ; qu'on ne laisse même paître aux environs de cette montagne ni menu ni gros bétail."

4 Ayant taillé deux tables de pierre pareilles aux précédentes, Moïse se leva de bonne heure et monta sur le mont Sinaï, comme le lui avait commandé l'Éternel, après avoir pris en main les deux tables de pierre.

5 L'Éternel descendit dans la nuée, s'arrêta là, près de lui et proclama nominativement l'Éternel.

6 La Divinité passa devant lui et proclama : "ADONAÏ est l'Être éternel, tout puissant, clément, miséricordieux, tardif à la

colère, plein de bienveillance et d'équité ;

7 il conserve sa faveur à la millième génération ; il supporte le crime, la rébellion, la faute, mais il ne les absout point : il poursuit le méfait des pères sur les enfants, sur les petits-enfants, jusqu'à la troisième et à la quatrième descendance."

8 Aussitôt Moïse s'inclina jusqu'à terre et se prosterna ;

9 et il dit : "Ah ! si j'ai trouvé faveur à tes yeux, Seigneur, daigne marcher encore au milieu de nous ! Oui, ce peuple est indocile, mais tu pardonneras notre iniquité et nos péchés et nous resterons ton héritage."

10 Il répondit : "Eh bien ! je renouvelle le pacte : à la face de tout ton peuple, je ferai des prodiges qui n'ont encore été opérés dans aucun pays, chez aucune nation ; et tout le peuple qui t'entoure verra combien est imposante l'œuvre de l'Éternel, que j'accomplirai par toi."

11 Mais prends garde à ce que je te commande aujourd'hui. Voici, j'écarterai de devant toi l'Amorréen, le Cananéen, le Héthéen, le Phérézeen, le Hévéen et le jébuséen.

12 Garde-toi de contracter alliance avec l'habitant du pays que tu vas occuper : il deviendrait un danger au milieu de toi.

13 Au contraire, vous renverserez leurs autels, vous briserez leurs monuments, vous abattrez leurs bosquets.

14 Car tu ne dois pas te courber devant une divinité étrangère, parce que l'Éternel a nom JALOUX, c'est un Dieu jaloux !

15 Garde-toi de faire alliance avec l'habitant de ce pays : prostitué au culte de ses dieux, il leur sacrifierait et il te convierait à ses sacrifices et tu en mangerais.

16 Puis, tu choisirais parmi ses filles des épouses à tes fils ; et ses filles, s'abandonnant au culte de leurs dieux, entraîneraient tes fils dans leur culte.

17 Tu ne te fabriqueras point des dieux de métal.

18 Observe la fête des Azymes : sept jours tu mangeras des azymes, comme je te l'ai prescrit, à l'époque du mois de la germination, car c'est dans ce mois que tu es sorti de l'Égypte.

19 Toutes prémices des entrailles sont à moi : tout ce qui, dans ton bétail, naîtrait mâle, premier-né de la vache ou de la brebis.

20 Le premier-né de l'âne, tu le rachèteras par un agneau, sinon tu lui briseras la nuque ; tout premier-né de tes fils, tu le rachèteras et ils ne paraîtront point devant moi sans offrande.

21 Six jours tu travailleras et le septième jour tu chômeras ; labourage et moisson seront interrompus.

22 Tu auras aussi une fête des Semaines, pour les prémices de la récolte du froment ; puis la fête de l'Automne, au renouvellement de l'année.

23 Trois fois l'année, tous tes mâles paraîtront en présence du Souverain, de l'Éternel, Dieu d'Israël.

24 Car je déposséderai des peuples à cause de toi et je reculerai ta frontière : et cependant nul ne convoitera ton territoire, quand tu t'achemineras pour comparaître devant l'Éternel ton Dieu, trois fois l'année.

25 Tu ne feras point couler ; en présence du pain levé, le sang de ma victime, ni ne différeras jusqu'au matin le sacrifice de cette victime pascale.

26 Les prémices nouvelles de ta terre, tu les apporteras dans la maison de l'Éternel ton Dieu. Tu ne feras point cuire un chevreau dans le lait de sa mère."

27 L'Éternel dit à Moïse : "Consigne par écrit ces paroles ; car c'est à ces conditions mêmes que j'ai conclu une alliance avec toi et avec Israël."

28 Et il passa là avec le Seigneur quarante jours et quarante nuits, ne mangeant point de pain, ne buvant point d'eau ; et Dieu

écrivit sur les tables les paroles de l'alliance, les dix commandements.

29 Or, lorsque Moïse redescendit du mont Sinaï, tenant en main les deux tables du Statut, il ne savait pas que la peau de son visage était devenue rayonnante lorsque Dieu lui avait parlé.

30 Aaron et tous les enfants d'Israël regardèrent Moïse et voyant rayonner la peau de son visage, ils n'osèrent l'approcher.

31 Moïse les appela, Aaron et tous les phylarques de la communauté se rapprochèrent de lui et Moïse leur parla.

32 Ensuite s'avancèrent tous les enfants d'Israël et il leur transmit tous les ordres que l'Éternel lui avait donnés sur le mont Sinaï.

33 Moïse, ayant achevé de parler, couvrit son visage d'un voile.

34 Or, quand Moïse se présentait devant l'Éternel pour communiquer avec lui, il ôtait ce voile jusqu'à son départ ; sorti de ce lieu, il répétait aux Israélites ce qui lui avait été prescrit

35 et les Israélites remarquaient le visage de Moïse, dont la peau était rayonnante ; puis Moïse remettait le voile sur son visage, jusqu'à ce qu'il rentrât pour communiquer avec le Seigneur.

CHAPITRE TRENTE-CINQ

Moïse convoqua toute la communauté des enfants d'Israël et leur dit : "Voici les choses que l'Éternel a ordonné d'observer.

2 Pendant six jours on travaillera, mais au septième vous aurez une solennité sainte, un chômage absolu en l'honneur de l'Éternel ; quiconque travaillera en ce jour sera mis à mort.

3 Vous ne ferez point de feu dans aucune de vos demeures en ce jour de repos."

4 Moïse parla en ces termes à toute la communauté d'Israël : "Voici ce que l'Éternel m'a ordonné de vous dire :

5 'Prélevez sur vos biens une offrande pour l'Éternel ; que tout homme de bonne volonté l'apporte, ce tribut du Seigneur : de l'or, de l'argent et du cuivre ;

6 des étoffes d'azur, de pourpre, d'écarlate, de fin lin et de poil de chèvre ;

7 des peaux de bélier teintes en rouge, des peaux de tahach et du bois de chittim ;

8 de l'huile pour le luminaire, des aromates pour l'huile d'onction et pour la combustion des parfums ;

9 des pierres de choham et des pierres à enchâsser, pour l'éphod et le pectoral.

10 Puis, que les plus industrieux d'entre vous se présentent pour exécuter tout ce qu'a ordonné l'Éternel :

11 le tabernacle, avec son pavillon et sa couverture ; ses agrafes et ses solives, ses traverses, ses piliers et ses socles ;

12 l'arche avec ses barres, le propitiatoire, le voile protecteur ;

13 la table, avec ses barres et toutes ses pièces, ainsi que les pains de proposition ;

14 le candélabre pour l'éclairage avec ses ustensiles et ses lampes et l'huile du luminaire ;

15 l'autel du parfum avec ses barres, l'huile d'onction et le parfum aromatique, puis le rideau d'entrée pour l'entrée du tabernacle ;

16 l'autel de l'holocauste avec son grillage de cuivre, ses barres et tous ses ustensiles ; la cuve avec son support ;

17 les toiles du parvis, ses piliers et ses socles et le rideau-portière du parvis ;

18 les chevilles du tabernacle, celles du parvis et leurs cordages ;

19 les tapis d'emballage pour le service des choses saintes ; les vêtements sacrés pour Aaron, le pontife et ceux que ses fils porteront pour fonctionner.' "

20 Toute la communauté des enfants d'Israël se retira de devant Moïse.

21 Puis vinrent tous les hommes au cœur élevé, aux sentiments généreux, apportant le tribut du Seigneur pour l'œuvre de

la Tente d'assignation et pour tout son appareil, ainsi que pour les vêtements sacrés.

22 Hommes et femmes accoururent. Tous les gens dévoués de cœur apportèrent boucles, pendants, anneaux, colliers, tout ornement d'or ; quiconque avait voué une offrande en or pour le Seigneur.

23 Tout homme se trouvant en possession d'étoffes d'azur, de pourpre, d'écarlate, de fin lin, de poil de chèvre, de peaux de bélier teintes en rouge, de peaux de tahach, en fit hommage.

24 Quiconque put prélever une offrande d'argent ou de cuivre, apporta l'offrande du Seigneur ; et tous ceux qui avaient par devers eux du bois de chittîm propre à un des ouvrages à exécuter, l'apportèrent.

25 Toutes les femmes industrieuses filèrent elles-mêmes et elles apportèrent, tout filés, l'azur, la pourpre, l'écarlate et le lin ;

26 et toutes celles qui se distinguaient par une habileté supérieure, filèrent le poil de chèvre.

27 Quant aux phylarques, ils apportèrent les pierres de choham et les pierres à enchâsser, pour l'éphod et le pectoral ;

28 et les aromates et l'huile pour l'éclairage, pour l'huile d'onction et pour le fumigatoire aromatique.

29 Tous, hommes et femmes, ce que leur zèle les porta à offrir pour les divers travaux que l'Éternel avait prescrits par l'organe de Moïse, les enfants d'Israël en firent l'hommage spontané à l'Éternel.

30 Moïse dit aux enfants d'Israël : "Voyez ; l'Éternel a désigné nominativement Beçalel, fils d'Ouri, fils de Hour, de la tribu de Juda.

31 Il l'a rempli d'un souffle divin ; d'habileté, de jugement, de science, d'aptitude pour tous les arts ;

32 lui a appris à combiner des tissus ; à mettre en œuvre l'or, l'argent et le cuivre ;

33 à tailler la pierre pour la sertir, à travailler le bois, à exécuter toute œuvre d'artiste.

34 Il l'a aussi doué du don de l'enseignement, lui et Oholiab, fils d'Ahisamak, de la tribu de Dan.

35 Il les a doués du talent d'exécuter toute œuvre d'artisan, d'artiste, de brodeur sur azur, pourpre, écarlate et fin lin, de tisserand, enfin de tous artisans et artistes ingénieux.

CHAPITRE TRENTE-SIX

"Donc Beçalel et Oholiab et tous les hommes de talent à qui le Seigneur a dispensé industrie et intelligence pour concevoir et pour exécuter, exécuteront tout le travail de la sainte entreprise, conformément à ce qu'a ordonné l'Éternel."

2 Moïse manda Beçalel et Oholiab, ainsi que tous les hommes de talent à qui le Seigneur avait départi un génie industrieux, quiconque se sentait digne d'entreprendre l'œuvre, capable de l'exécuter.

3 Ils emportèrent de devant Moïse, pour la mettre en œuvre, toute l'offrande présentée par les Israélites pour l'exécution de la sainte œuvre. Mais ceux-ci continuant de lui apporter, chaque matin, des dons volontaires,

4 tous les artistes qui travaillaient aux diverses parties de la tâche sacrée, revinrent chacun du travail dont ils s'occupaient

5 et dirent à Moïse : "Le peuple fait surabondamment d'of-

frandes, au delà de ce qu'exige l'ouvrage que l'Éternel a ordonné de faire."

6 Sur l'ordre de Moïse, on fit circuler dans le camp cette proclamation : "Que ni homme ni femme ne préparent plus de matériaux pour la contribution des choses saintes !" Et le peuple s'abstint de faire des offrandes.

7 Les matériaux suffirent et par delà, pour l'exécution de tout l'ouvrage.

8 Les plus habiles parmi les ouvriers composèrent les dix tapis de l'enceinte, en lin retors, étoffes d'azur, de pourpre et d'écarlate, artistement damassés de chérubins.

9 Longueur de chaque tapis, vingt-huit coudées ; largeur, quatre coudées, même dimension pour tous les tapis.

10 On attacha cinq des tapis bout à bout et bout à bout aussi les cinq autres.

11 On disposa des nœuds de laine azurée au bord du tapis extrême d'un assemblage et de même au bord du tapis terminant le second assemblage.

12 On mit cinquante de ces nœuds à un tapis et cinquante nœuds au bord du tapis terminant le second assemblage ; ces nœuds étaient en regard l'un de l'autre.

13 On fit cinquante agrafes d'or, par lesquelles on joignit les tapis l'un à l'autre, de sorte que l'enceinte se trouva continue.

14 On fabriqua des tapis en poil de chèvre, pour servir de pavillon à cette enceinte ; on les fit au nombre de onze.

15 Longueur d'un tapis, trente coudées ; largeur de chacun, quatre coudées : dimension égale pour les onze tapis.

16 On joignit cinq des tapis séparément et les six autres séparément.

17 On disposa cinquante nœuds au bord du tapis terminant un

assemblage et cinquante nœuds au bord du tapis extrême du second assemblage.

18 On fit cinquante agrafes de cuivre, destinées à réunir le pavillon en un seul corps.

19 On arrangea, pour couvrir ce pavillon, des peaux de bélier teintes en rouge, puis, par-dessus, une couverture de peaux de tahach.

20 On fit les solives destinées au tabernacle : des ais de chittîm, perpendiculaires.

21 Dix coudées formaient la longueur de chaque solive, une coudée et demie la largeur de chacune.

22 Chaque solive portait deux tenons, parallèles l'un à l'autre ; ce qu'on pratiqua pour toutes les solives du tabernacle.

23 On prépara ainsi les solives du tabernacle vingt solives pour le côté du sud, regardant le midi.

24 Quarante socles d'argent furent destinés aux vingt solives : deux socles sous une solive, recevant ses deux tenons et deux socles sous une autre, pour ses deux tenons.

25 Pour le second côté du tabernacle, à la face nord, on fit vingt solives,

26 ainsi que leurs quarante socles d'argent : deux socles sous une solive, deux socles sous l'autre.

27 Pour le côté postérieur du tabernacle, à l'occident, on fit six solives

28 et l'on ajouta deux solives pour les angles postérieurs du tabernacle.

29 Elles devaient être accouplées par le bas et s'ajuster également vers le sommet par un seul anneau : on le fit ainsi pour toutes deux, pour les deux encoignures.

30 Cela devait former huit solives, avec leurs socles d'argent, soit seize socles : deux socles uniformément sous chaque solive.

31 Puis on fit des traverses en bois de chittîm cinq pour les solives d'une face du tabernacle ;

32 cinq autres traverses pour les solives de la seconde face du tabernacle ; enfin, cinq pour les solives du tabernacle situées du côté postérieur, vers l'occident.

33 On tailla la traverse du milieu, devant passer dans l'intérieur des solives d'une extrémité à l'autre.

34 Ces solives, on les recouvrit d'or ; on fit en or leurs anneaux, qui devaient recevoir les traverses et l'on recouvrit les traverses d'or.

35 Puis on fit le voile, en étoffes d'azur, de pourpre, d'écarlate et de lin retors ; on le fabriqua artistement en le damassant de chérubins.

36 On confectionna pour lui quatre piliers de chittîm que l'on recouvrit d'or, dont les crochets furent d'or et pour lesquels on moula quatre socles d'argent.

37 Et l'on fit un rideau pour l'entrée de la tente : en azur, pourpre, écarlate et lin retors, artistement brodés ;

38 plus, ses cinq piliers avec leurs crochets. On en dora les chapiteaux et les tringles et on fit leurs cinq socles en cuivre.

CHAPITRE TRENTE-SEPT

Beçalel exécuta l'arche en bois de chittîm. Elle avait deux coudées et demie de long, une coudée et demie de large, une coudée et demie de haut.

2 Il la revêtit d'or pur, par dedans et par dehors et il l'entoura d'une corniche en or.

3 Il moula quatre anneaux d'or pour ses quatre angles ; savoir, deux anneaux pour l'une de ses faces, deux anneaux pour la face opposée.

4 Il fit des barres en bois de chittîm et les recouvrit d'or.

5 Il introduisit ces barres dans les anneaux, aux côtés de l'arche, pour qu'on pût la transporter.

6 Il confectionna un propitiatoire d'or pur, ayant deux coudées et demie de longueur, une coudée et demie de largeur.

7 Il fabriqua deux chérubins d'or, qu'il fit d'une seule pièce, ressortant des deux bouts du propitiatoire.

8 Un chérubin à l'un des bouts, un chérubin au bout opposé ;

c'est du propitiatoire même qu'il-fit saillir ces chérubins, à ses deux extrémités.

9 Les chérubins, dont les ailes étaient déployées en avant, dominaient de leurs ailes le propitiatoire ; et leurs visages, tournés l'un vers l'autre, s'inclinaient vers le propitiatoire.

10 Puis il fit la table en bois de chittîm ; deux coudées formaient sa longueur, une coudée sa largeur, une coudée et demie sa hauteur.

11 Il la revêtit d'or pur et il l'entoura d'une bordure d'or.

12 Il y ajusta, à l'entour, un châssis large d'un palme qu'il entoura d'une bordure d'or.

13 Il moula pour cette table quatre anneaux d'or et fixa ces anneaux aux quatre extrémités formées par les quatre pieds.

14 C'est en regard du châssis que se trouvaient ces anneaux, où devaient passer les barres destinées à porter la table.

15 Il fit ces barres de bois de chittîm et les recouvrit d'or ; elles servirent à porter la table.

16 Il confectionna encore les ustensiles relatifs à la table : ses sébiles, ses cuillers et ses demi-tubes, ainsi que les montants dont elle devait être garnie ; le tout en or pur.

17 Il exécuta le candélabre en or pur. Il le fit tout d'une pièce, avec sa base et son fût ; ses calices, ses boutons et ses fleurs faisaient corps avec lui.

18 Six branches sortaient de ses côtés : trois branches d'un côté, trois branches du côté opposé.

19 Trois calices amygdaloïdes à l'une des branches, avec bouton et fleur et trois calices amygdaloïdes à une autre branche, avec bouton et fleur ; même disposition pour les six branches qui partaient du candélabre.

20 Le fût du candélabre même portait quatre calices amygdaloïdes, avec ses boutons et ses fleurs,

21 savoir, un bouton à l'origine d'une de ses paires de branches, un bouton à l'origine de la seconde paire de branches, un bouton à l'origine de la troisième paire : ainsi, pour les six branches qui en ressortaient."

22 Boutons et branches faisaient corps avec lui : il formait tout entier une seule masse d'or pur.

23 Il en fabriqua aussi les lampes au nombre de sept, puis les mouchettes et les godets, le tout en or pur.

24 Il employa un kikkar d'or pur à le confectionner avec tous ses accessoires.

25 Il construisit l'autel du parfum en bois de chittîm, long d'une coudée, large d'une coudée, conséquemment carré, et haut de deux coudées ; ses cornes faisaient corps avec lui.

26 Il le revêtit d'or pur, sa plate-forme, ses parois tout autour et ses cornes et il l'entoura d'un bordure d'or.

27 Il y adapta deux anneaux d'or au-dessous de la bordure, à ses deux parois, de part et d'autre, pour recevoir des barres destinées à le porter.

28 Il fit ces barres de bois de chittîm et les recouvrit d'or.

29 Il composa aussi l'huile d'onction sainte et le parfum aromatique pur, selon l'art du parfumeur.

CHAPITRE TRENTE-HUIT

Puis il fit l'autel de l'holocauste en bois de chittîm ; cinq coudées furent sa longueur, cinq coudées sa largeur, il était carré, et trois coudées sa hauteur,

2 Il en sculpta les cornes aux quatre angles, ces cornes faisant corps avec lui ; puis il le revêtit de cuivre

3 Il fabriqua tous les ustensiles de l'autel : les cendriers, les pelles, les bassins, les fourches et les brasiers ; il fit tous ces ustensiles de cuivré.

4 Il fit pour l'autel un grillage formant un réseau de cuivre, au-dessous de l'entablement et régnant jusqu'au milieu.

5 Il moula quatre anneaux aux quatre angles, sur le grillage de cuivre, pour y passer les barres,

6 Il fit ces barres en bois de chittîm et les recouvrit de cuivre ;

7 et il les introduisit dans les anneaux, aux côtés de l'autel, pour servir à le transporter ; C'est en boiserie creuse qu'il le disposa.

8 Il fabriqua la cuve en cuivre et son support de même, au moyen des miroirs des femmes qui s'étaient attroupées à l'entrée de la Tente d'assignation.

9 Il prépara le parvis. Pour le côté du sud, regardant le midi, les toiles du parvis en lin retors, avaient cent coudées,

10 Il fit leurs vingt piliers avec leurs vingt socles de cuivre ; les crochets des piliers et leurs tringles, en argent.

11 Pour le côté nord, cent coudées de toiles, ayant vingt piliers avec vingt socles de cuivre, avec crochets et tringles d'argent.

12 Pour la face occidentale, des toiles mesurant cinquante coudées, avec dix piliers à dix socles, à crochets et tringles d'argent.

13 Pour la face orientale, au levant, cinquante coudées.

14 Quinze coudées de toiles pour une aile, avec trois piliers et trois socles ;

15 pour la seconde aile, elles s'étendaient des deux côtés de l'entrée du parvis, quinze coudées de toiles, ayant trois piliers avec trois socles.

16 Toutes les toiles formant le pourtour du parvis étaient en lin retors,

17 Les socles destinés aux piliers étaient de cuivre ; les crochets des piliers et leurs tringles, d'argent et leurs chapiteaux étaient recouverts en argent : ainsi se trouvaient reliés par de l'argent tous les piliers du parvis.

18 Le rideau portière du parvis, ouvragé en broderie, était d'azur, de pourpre, d'écarlate et de lin retors. Il avait vingt coudées de longueur ; hauteur, formée par la largeur, cinq coudées, semblablement aux toiles du parvis.

19 Elles avaient quatre piliers, avec quatre socles de cuivre ;

leurs crochets étaient d'argent, ainsi que la garniture de leurs chapiteaux et que leurs tringles.

20 Enfin, toutes les chevilles destinées au tabernacle et au pourtour du parvis étaient de cuivre.

21 Telle est la distribution du tabernacle, résidence du Statut, comme elle fut établie par l'ordre de Moïse ; tâche confiée aux Lévites, sous la direction d'Ithamar, fils d'Aaron le pontife.

22 Beçalel, fils d'Ouri, fils dé Hour, de la tribu de Juda, exécuta donc tout ce que l'Éternel avait ordonné à Moïse,

23 secondé par Oholiab, fils d'Ahisamak, de la tribu de Dan, artisan et artiste, brodeur en étoffes d'azur, de, pourpre, d'écarlate et de fin lin.

24 Tout l'or employé à cette œuvre, aux diverses parties de l'œuvre sainte, cet or, produit de l'offrande, se monta à vingt-neuf kikkar, plus sept cent trente sicles, selon le poids du sanctuaire.

25 Ll'argent, produit du dénombrement de la communauté, fut de cent kikkar, plus mille sept cent soixante-quinze sicles, au poids du sanctuaire :

26 à un béka par tête, soit un demi sicle au poids du sanctuaire, pour tous ceux qui firent partie du dénombrement, depuis l'âge de vingt ans et au-dessus, au nombre de six cent trois mille cinq cent cinquante.

27 Or, les cent kikkar d'argent servirent à fondre les socles du sanctuaire et les socles du voile pour les cent socles cent kikkar, un kikkar par socle.

28 Quant aux mille sept cent soixante quinze sicles, on en fit les crochets des piliers, la garniture de leurs chapiteaux et leurs tringles.

29 Le cuivre qu'on avait offert se monta à soixante-dix kikkar, plus deux mille quatre cents sicles.

30 On en fit les socles de l'entrée de la Tente d'assignation, l'autel de cuivre ainsi que son grillage de cuivre et tous les ustensiles de cet autel ;

31 les socles au pourtour du parvis, ceux de l'entrée du parvis ; toutes les chevilles du tabernacle et toutes celles du parvis, tout autour.

CHAPITRE TRENTE-NEUF

Des étoffes d'azur, de pourpre et d'écarlate, on fit des tapis d'emballage pour lé service des choses saintes ; puis on fit le saint costume d'Aaron, ainsi que l'Éternel l'avait prescrit à Moïse.

2 On confectionna l'éphod, en or, azur, pourpre, écarlate et lin retors,

3 On laminait des lingots d'or, puis on y coupait des fils qu'on entremêlait aux fils d'azur, à ceux de pourpre, d'écarlate et de fin lin, en façon de damassé.

4 On y adapta des épaulières d'attache, par lesquelles ses deux extrémités se trouvèrent jointes.

5 La ceinture servant à le fixer faisait partie de son tissu, était ouvragée de même : or, azur, pourpre, écarlate et lin retors, comme l'Éternel l'avait prescrit à Moïse.

6 On mit en œuvre les pierres de choham, qu'on enchâssa dans des chatons d'or et où l'on grava, comme on grave un sceau, les noms des fils d'Israël.

7 On les ajusta sur les épaulières de l'éphod, comme pierres de souvenir pour les Israélites, ainsi que l'Éternel l'avait ordonné à Moïse.

8 Puis on confectionna le pectoral damassé à la façon de l'éphod ; en or, azur, pourpre, écarlate et lin retors.

9 Ce pectoral était carré, on l'avait plié en deux ; ainsi plié, il avait un empan de long et un empan de large.

10 On y enchâssa quatre rangées de pierreries. Sur une rangée : un rubis, une topaze et une émeraude, première rangée ;

11 deuxième rangée : un nofek, un saphir et un diamant ;

12 troisième rangée : un léchem, un chebô et un ahlama ;

13 quatrième rangée : une tartessienne, un choham et un jaspe. Quant à leur sertissure, elles furent enchâssées dans des chatons d'or.

14 Ces pierres portant les noms des fils d'Israël, étaient douze selon ces mêmes noms ; on y avait gravé comme sur un sceau, chacune par son nom, les douze tribus.

15 On prépara, pour le pectoral, des chaînettes cordonnées, forme de torsade, en or pur ; puis on fit deux chatons d'or et deux anneaux d'or.

16 On plaça ces deux anneaux aux deux coins du pectoral ;

17 on passa les deux torsades d'or dans les deux anneaux sur les coins du pectoral et les deux extrémités de chaque torsade,

18 on les fixa sur deux chatons, les appliquant aux épaulières de l'éphod du côté de la face.

19 On fit aussi deux anneaux d'or, qu'on plaça aux deux coins du pectoral, sur le bord intérieur faisant face à l'éphod ;

20 et l'on fit deux autres anneaux d'or, qu'on fixa aux deux épaulières de l'éphod, par en bas, au côté extérieur, à l'endroit de l'attache, au-dessus de la ceinture de l'éphod.

21 On assujettit le pectoral en joignant ses anneaux à ceux de

l'éphod par un cordon d'azur, afin que le pectoral fût maintenu sur la ceinture de f'éphod et n'y vacillât point, ainsi que l'Éternel l'avait prescrit à Moïse.

22 Ensuite on fit la robe de l'éphod selon l'art du tisserand, toute en étoffe d'azur.

23 L'ouverture de la robe était infléchie comme celle d'une cotte de mailles et garnie d'un ourlet tout autour, afin de ne pas se déchirer.

24 On disposa, au bas de la robe, des grenades d'azur, de pourpre et d'écarlate, à brins retors ;

25 et l'on fit des clochettes d'or pur et l'on entremêla les clochettes aux grenades, au bas de la robe, tout autour, entre les grenades :

26 une clochette, puis une grenade ; une clochette, puis une grenade, au bord de la robe, tout autour, pour le saint ministère, ainsi que l'Éternel l'avait ordonné à Moïse.

27 On confectionna les tuniques en fin lin, selon l'art du tisserand, pour Aaron et pour ses fils ;

28 et la tiare en fin lin, de même que les turbans pour coiffure ;

29 et les caleçons de toile, en lin retors ; et l'écharpe, en lin retors , azur, pourpre et écarlate, ouvragé de broderie, ainsi que l'Éternel l'avait ordonné à Moïse.

30 On exécuta la plaque, diadème sacré, en or pur et l'on y traça cette inscription gravée comme sur un sceau : "CONSACRÉ AU SEIGNEUR".

31 On y fixa un ruban d'azur, qui devait passer sur la tiare, vers le sommet, comme l'Éternel l'avait ordonné à Moïse.

32 Ainsi fut terminé tout le travail du tabernacle de la Tente d'assignation ; les Israélites l'avaient exécuté en agissant, de tout point, selon ce que l'Éternel avait enjoint à Moïse.

33 Alors on apporta à Moïse le tabernacle et le pavillon avec toutes leurs pièces : agrafes, solives, traverses, piliers et socles ;

34 la couverture de peaux de bélier teintes en rouge, la couverture de peaux de Tahach et le voile protecteur ;

35 l'arche du Statut avec ses barres et le propitiatoire ;

36 la table avec toutes ses pièces et les pains de proposition ;

37 le candélabre d'or pur, avec ses lampes tout arrangées et tous ses ustensiles ; l'huile du luminaire ;

38 l'autel d'or, l'huile d'onction et le parfum aromatique ; le rideau d'entrée de la Tente ;

39 l'autel de cuivre avec son grillage de cuivre, ses barres et tous ses ustensiles ; la cuve avec son support ;

40 les toiles du parvis, ses piliers et, ses socles ; le rideau formant la porte du parvis, ainsi que ses cordages et ses chevilles, enfin tous les ustensiles nécessaires au tabernacle de la Tente d'assignation ; les tapis d'emballage pour le service des choses saintes ;

41 les vêtements sacrés d'Aaron le pontife et les vêtements sacerdotaux de ses fils.

42 Exactement comme le Seigneur l'avait commandé à Moïse, ainsi les Israélites avaient accompli toute la tâche.

43 Moïse examina tout le travail : or ils l'avaient exécuté conformément aux prescriptions du Seigneur. Et Moïse les bénit.

CHAPITRE QUARANTE

L'Éternel parla à Moïse en ces termes :
2 "A l'époque du premier mois, le premier jour du mois, tu érigeras le tabernacle de la Tente d'assignation.

3 Tu y déposeras l'arche du Statut et tu abriteras cette arche au moyen du voile.

4 Tu introduiras la table et tu en disposeras l'appareil ; tu introduiras le candélabre et tu en allumeras les lampes.

5 Tu installeras l'autel d'or, destiné à l'encensement, devant l'arche du Statut, puis tu mettras le rideau d'entrée devant le tabernacle.

6 Tu installeras l'autel de l'holocauste devant l'entrée du tabernacle de la Tente d'assignation.

7 Tu mettras la cuve entre la Tente d'assignation et l'autel et tu l'empliras d'eau.

8 Tu dresseras le parvis tout autour et tu poseras le rideau-portière du parvis.

9 Puis tu prendras l'huile d'onction, pour oindre le tabernacle et tout son contenu, tu le consacreras ainsi que toutes ses pièces et il deviendra chose sacrée.

10 Tu en oindras l'autel de l'holocauste et tous ses ustensiles, tu consacreras ainsi cet autel et il deviendra éminemment saint.

11 Tu en oindras la cuve et son support et tu les consacreras.

12 Alors tu feras avancer Aaron et ses fils à l'entrée de la Tente d'assignation et tu les feras baigner.

13 Tu revêtiras Aaron du saint costume, tu l'oindras et le consacreras à mon ministère.

14 Puis tu feras approcher ses fils et tu les vêtiras de leurs tuniques.

15 Tu les oindras, ainsi que tu auras oint leur père et ils deviendront mes ministres ; et ainsi leur sera conféré le privilège d'un sacerdoce perpétuel, pour toutes leurs générations."

16 Moïse obéit : tout ce que l'Éternel lui avait prescrit, il s'y conforma.

17 Ce fut au premier mois de la deuxième année, au premier jour du mois, que fut érigé le Tabernacle.

18 Moïse dressa d'abord le tabernacle ; il en posa les socles, en planta les solives, en fixa les traverses, en érigea les piliers ;

19 il étendit le pavillon sur le tabernacle et posa sur le pavillon sa couverture supérieure, ainsi que l'Éternel le lui avait ordonné.

20 Il prit ensuite le Statut qu'il déposa dans l'arche ; il appliqua les barres à l'arche, plaça le propitiatoire par-dessus ;

21 introduisit l'arche dans le Tabernacle et suspendit le voile protecteur pour abriter l'arche du Statut, comme l'Éternel le lui avait ordonné.

22 Il plaça la table dans la Tente d'assignation vers le flanc nord du Tabernacle, en dehors, du voile

23 et y disposa l'appareil des pains devant le Seigneur, comme celui-ci le lui avait ordonné.

24 Il posa le candélabre dans la Tente d'assignation, en face de la table, au flanc méridional du Tabernacle

25 et alluma les lampes devant le Seigneur, comme celui-ci le lui avait ordonné.

26 Il établit l'autel d'or dans la Tente d'assignation, devant le voile

27 et y fit l'encensement aromatique, comme le Seigneur lui avait prescrit.

28 Puis il fixa le rideau d'entrée du Tabernacle

29 et l'autel aux holocaustes, il le dressa à l'entrée du tabernacle de la Tente d'assignation. Il y offrit l'holocauste et l'oblation, comme le lui avait prescrit le Seigneur.

30 Il installa la cuve entre la Tente d'assignation et l'autel et y mit de l'eau pour les ablutions.

31 Moïse, Aaron et ses fils devaient s'y laver les mains et les pieds.

32 C'est en entrant dans la Tente d'assignation ou quand ils s'approchaient de l'autel, qu'ils devaient faire ces ablutions, ainsi que le Seigneur l'avait prescrit à Moïse.

33 Il dressa le parvis autour du Tabernacle et de l'autel, il posa le rideau-portière du parvis ; et ainsi Moïse termina sa tâche.

34 Alors la nuée enveloppa la Tente d'assignation et la majesté du Seigneur remplit le Tabernacle.

35 Et Moïse ne put pénétrer dans la Tente d'assignation, parce que la nuée reposait au sommet et que la majesté divine remplissait le Tabernacle.

36 Lorsque la nuée se retirait de dessus le tabernacle, les enfants d'Israël quittaient constamment leur station

37 et tant que la nuée ne se retirait pas, ils ne décampaient point jusqu'à l'instant où elle se retirait.

38 Car une nuée divine couvrait le Tabernacle durant le jour et un feu y brillait la nuit, aux yeux de toute la maison d'Israël, dans toutes leurs stations.

LE LIVRE DU LÉVITIQUE

ויקרא - VAYIQRA

CHAPITRE UN

L'Éternel appela Moïse, et lui parla, de la Tente d'assignation, en ces termes :

2 "Parle aux enfants d'Israël et dis-leur : Si quelqu'un d'entre vous veut présenter au Seigneur une offrande de bétail, c'est dans le gros ou le menu bétail que vous pourrez choisir votre offrande.

3 Si cette offrande est un holocauste pris dans le gros bétail, il l'offrira mâle, sans défaut. Il le présentera au seuil de la Tente d'assignation, pour être agréable au Seigneur.

4 Il appuiera sa main sur la tête de la victime, et elle sera agréée en sa faveur pour lui obtenir propitiation.

5 On immolera le taureau devant le Seigneur ; les fils d'Aaron, les pontifes, offriront le sang, dont ils aspergeront le tour de l'autel qui est à l'entrée de la Tente d'assignation.

6 Alors on dépouillera la victime, et on la dépècera par quartiers.

7 Les fils d'Aaron le pontife mettront du feu sur l'autel, et

disposeront du bois sur ce feu ;

8 puis les fils d'Aaron, les pontifes, arrangeront les membres, la tête et la graisse sur le bois, disposé sur le feu qui sera sur l'autel.

9 On lavera dans l'eau les intestins et les jambes ; alors le pontife fera fumer le tout sur l'autel comme holocauste, combustion d'une odeur agréable au Seigneur.

10 Si l'offrande destinée à l'holocauste provient du menu bétail, des brebis ou des chèvres, on la présentera mâle, sans défaut.

11 On l'immolera au côté nord de l'autel, devant le Seigneur ; et les fils d'Aaron, les pontifes, aspergeront de son sang le tour de l'autel.

12 On la dépècera par quartiers, séparant là tête et la graisse ; le pontife les arrangera sur le bois, disposé sur le feu qui sera sur l'autel.

13 On lavera dans l'eau les intestins et les jambes ; alors le pontife offrira le tout, qu'il fera fumer sur l'autel comme étant un holocauste, combustion d'une odeur agréable au Seigneur.

14 Si c'est un oiseau qu'on veut offrir en holocauste au Seigneur, qu'on choisisse l'offrande parmi les tourterelles ou les jeunes colombes.

15 Le pontife la présentera à l'autel et lui rompra la tête, qu'il fera fumer sur l'autel après que son sang aura été exprimé sur la paroi de l'autel.

16 Il enlèvera le jabot avec ses plumes, et le jettera à côté de l'autel, à l'orient, dans le dépôt des cendres.

17 Alors le pontife ouvrira l'oiseau du côté des ailes, sans les détacher, puis le fera fumer sur l'autel, sur le bois du brasier. Ce sera un holocauste, combustion d'une odeur agréable au Seigneur.

CHAPITRE DEUX

S i une personne veut présenter une oblation au Seigneur, son offrande doit être de fleur de farine. Elle l'arrosera d'huile et mettra dessus de l'encens ;

2 puis elle l'apportera aux fils d'Aaron, aux pontifes. L'un d'eux y prendra une pleine poignée de cette farine et de cette huile, indépendamment de tout l'encens ; et il fera fumer ce mémorial sur l'autel, combustion d'un parfum agréable au Seigneur.

3 Le surplus de l'oblation sera pour Aaron et ses fils : portion éminemment sainte des sacrifices brûlés devant le Seigneur.

4 Si tu veux offrir, comme oblation, des pièces de four, ce sera de la fleur de farine, en gâteaux azymes pétris avec de l'huile, ou en galettes azymes ointes d'huile.

5 Si ton offrande est une oblation préparée sur la poêle, qu'elle soit de fleur de farine pétrie dans l'huile, sans levain.

6 Qu'on la divise en morceaux, puis tu y répandras de l'huile : c'est une oblation.

7 Si ton offrande est une oblation faite dans le poêlon, elle doit se faire de fleur de farine avec de l'huile.

8 L'oblation préparée de ces diverses manières, tu l'apporteras au Seigneur : on la présentera au pontife, qui l'approchera de l'autel,

9 puis prélèvera de cette oblation le mémorial, qu'il fera fumer sur l'autel : combustion d'odeur agréable au Seigneur ;

10 et le surplus de l'oblation sera pour Aaron et ses fils, comme éminemment sainte entre les sacrifices du Seigneur.

11 Quelque oblation que vous offriez à l'Éternel, qu'elle ne soit pas fermentée ; car nulle espèce de levain ni de miel ne doit fumer, comme combustion, en l'honneur de l'Éternel.

12 Comme offrande de prémices, vous en ferez hommage à l'Éternel ; mais ils ne viendraient point sur l'autel en agréable odeur.

13 Tout ce que tu présenteras comme oblation, tu le garniras de sel, et tu n'omettras point ce sel, signe d'alliance avec ton Dieu, à côté de ton oblation : à toutes tes offrandes tu joindras du sel.

14 Lorsque tu offriras au Seigneur l'oblation des prémices, c'est en épis torréfiés au feu, réduits en gruau pur, que tu offriras l'oblation de tes prémices.

15 Tu y verseras de l'huile et y mettras de l'encens : c'est une oblation.

16 Le pontife en fera fumer le mémorial, tiré du gruau et de l'huile, indépendamment de tout l'encens : combustion en l'honneur du Seigneur.

CHAPITRE TROIS

S on offrande est-elle un sacrifice rémunératoire : s'il la tire du gros bétail, que ce soit un mâle ou une femelle, il doit la présenter sans défaut devant le Seigneur.

2 Il appuiera sa main sur la tête de sa victime, qu'on immolera à l'entrée de la Tente d'assignation ; puis les fils d'Aaron, les pontifes, aspergeront de son sang le tour de l'autel.

3 On présentera, de cette victime rémunératoire, comme combustion au Seigneur, la graisse qui recouvre les intestins, toute la graisse qui y adhère ;

4 les deux rognons avec la graisse qui y adhère du côté des flancs, puis la membrane qui tient au foie et qu'on ôtera avec les rognons.

5 Et les fils d'Aaron feront fumer ces graisses sur l'autel, près de l'holocauste déjà placé sur le bois du brasier : combustion d'une odeur agréable au Seigneur.

6 Si c'est du menu bétail qu'il veut offrir un sacrifice rémunératoire au Seigneur, il l'offrira mâle ou femelle, sans défaut.

7 Son offrande consiste-t-elle en une brebis, il la présentera devant le Seigneur,

8 appuiera sa main sur la tête de sa victime et l'immolera devant la Tente d'assignation ; puis les fils d'Aaron aspergeront de son sang le tour de l'autel.

9 On présentera, de cette victime rémunératoire, comme combustion au Seigneur, le morceau de choix : la queue, qu'on enlèvera tout entière à l'a hauteur de la vertèbre ; puis la graisse qui recouvre les intestins, toute la graisse qui y adhère,

10 les deux rognons avec la graisse qui y adhère du côté des flancs, puis la membrane du foie, qu'on ôtera avec les rognons.

11 Et le pontife les fera fumer sur l'autel, comme aliment de combustion en l'honneur du Seigneur.

12 Que si son offrande est une chèvre, il la présentera devant le Seigneur,

13 appuiera sa main sur la tête de l'animal et l'immolera devant la Tente d'assignation ; puis les fils d'Aaron aspergeront de son sang le tour de l'autel.

14 Il en prélèvera la partie à offrir, comme combustion en l'honneur du Seigneur : la graisse qui recouvre les intestins, toute la graisse qui y adhère ;

15 les deux rognons avec leur graisse du côté des flancs, et la membrane du foie, qu'il retirera avec les rognons.

16 Le pontife les fera fumer sur l'autel : c'est un aliment de combustion dont le parfum sera agréé, toute graisse étant pour le Seigneur.

17 Loi perpétuelle pour vos générations, dans toutes vos demeures : toute graisse et tout sang, vous vous abstiendrez d'en manger."

CHAPITRE QUATRE

L'Éternel parla à Moïse en ces termes :
2 "Parle ainsi aux enfants d'Israël : lorsqu'un individu, violant par mégarde une des défenses de l'Éternel, aura agi contrairement à l'une d'elles ;

3 si c'est le pontife-oint qui a péché, au détriment du peuple, il offrira au Seigneur, pour le péché qu'il a commis, un jeune taureau sans défaut, comme expiatoire.

4 présentera ce taureau à l'entrée de la Tente d'assignation, devant le Seigneur, appuiera sa main sur la tête du taureau, et l'immolera devant le Seigneur.

5 Puis le pontife-oint prendra du sang de ce taureau et l'apportera dans la Tente d'assignation ;

6 le pontife trempera son doigt dans le sang, et il en fera aspersion sept fois devant l'Éternel, vers le voile du sanctuaire ;

7 le pontife mettra aussi de ce sang sur les cornes de l'autel où l'on brûle les parfums devant le Seigneur, et qui est dans la Tente d'assignation ; et le reste du sang du taureau, il le jettera

dans le réceptacle de l'autel aux holocaustes, situé à l'entrée de la Tente d'assignation.

8 Alors il prélèvera toute la graisse du taureau expiatoire : la graisse qui s'étend sur les intestins, toute la graisse qui y adhère ;

9 les deux rognons, avec la graisse adjacente du côté des flancs ; et la membrane du foie, qu'il détachera avec les rognons.

10 Ces portions, prélevées comme sur la victime d'un sacrifice rémunératoire, le pontife les fera fumer sur l'autel aux holocaustes.

11 Mais la peau du taureau et toute sa chair, conjointement avec sa tête et ses jambes, ses intestins avec sa fiente,

12 bref, le taureau entier, on le transportera hors du camp, en lieu pur, au déversoir des cendres, et on le consumera sur du bois, par le feu : c'est au déversoir des cendres qu'il doit être consumé.

13 Si toute la communauté d'Israël commet une erreur, de sorte qu'un devoir se trouve méconnu par l'assemblée, que celle-ci contrevienne à quelqu'une des défenses de l'Éternel et se rende ainsi coupable ;

14 lorsqu'on aura connaissance du péché qu'on aura commis, l'assemblée offrira un jeune taureau comme expiatoire, qu'on amènera devant la Tente d'assignation.

15 Les anciens de la communauté appuieront leurs mains sur la tête du taureau, devant l'Éternel, et on immolera le taureau devant l'Éternel.,

16 Puis le pontife-oint apportera du sang de ce taureau dans la Tente d'assignation ;

17 le pontife teindra son doigt de ce sang et en fera sept aspersions devant l'Éternel, dans la direction du voile ;

18 appliquera de ce sang sur les cornes de l'autel qui est devant le Seigneur, dans la Tente d'assignation ; et le reste du

sang, il le répandra dans le réceptacle de l'autel aux holocaustes, qui est à l'entrée de la Tente d'assignation.

19 Puis, il en enlèvera toute la graisse qu'il fera fumer sur l'autel,

20 procédant pour ce taureau comme il l'a fait pour le taureau expiatoire : ainsi procédera-t-il à son égard. Et le pontife obtiendra propitiation pour eux, et il leur sera pardonné.

21 Et il fera transporter le taureau hors du camp, et il le brûlera comme il a brûlé le taureau précédent. C'est un expiatoire public.

22 Si un prince a péché en faisant, par inadvertance, quelqu'une des choses que l'Éternel son Dieu défend de faire, et se trouve ainsi en faute ;

23 s'il vient à connaître le péché qu'il a commis, il apportera pour offrande un bouc mâle sans défaut.

24 Il appuiera sa main sur la tête de ce bouc, et l'égorgera à l'endroit où l'on égorge l'holocauste, devant l'Éternel : c'est tin expiatoire.

25 Le pontife prendra, avec son doigt, du sang de l'expiatoire, qu'il appliquera sur les cornes de l'autel aux holocaustes, et il répandra le reste du sang dans le réceptacle du même autel.

26 Il en fera fumer toute la graisse sur l'autel, comme la graisse de la victime rémunératoire. Le pontife lui obtiendra ainsi propitiation pour sa faute, et elle lui sera remise.

27 Si un individu d'entre le peuple pèche par inadvertance, en faisant une des choses que l'Éternel défend de faire, et se trouve ainsi en faute ;

28 s'il vient à connaître le péché qu'il a commis, il apportera pour son offrande une chèvre sans défaut, une femelle, à cause du péché qu'il a commis.

29 appuiera sa main sur la tête de l'expiatoire, et l'égorgera au même lieu que l'holocauste.

30 Le pontife prendra de son sang avec le doigt, et l'appliquera sur les cornes de l'autel aux holocaustes ; le reste du sang, il le jettera dans le réceptacle de l'autel.

31 Il enlèvera toute la graisse, de même que la graisse a été enlevée de la victime rémunératoire ; et le pontife la fera fumer sur l'autel, comme odeur agréable au Seigneur. Le pontife fera ainsi expiation pour lui, et il lui sera pardonné.

32 Si c'est un agneau qu'il présente comme son offrande expiatoire, il l'offrira femelle sans défaut.

33 Il appuiera sa main sur la tête de l'expiatoire, et on l'égorgera, à titre d'expiatoire, à l'endroit où l'on égorge l'holocauste.

34 Le pontife prendra, avec son doigt, du sang de l'expiatoire, qu'il appliquera sur les cornes de l'autel aux holocaustes ; et le reste du sang, il le jettera dans le réceptacle de l'autel.

35 Il enlèvera toute la graisse, comme on enlève la graisse de l'agneau dans le sacrifice rémunératoire, et le pontife la fera fumer sur l'autel parmi les combustions destinées au Seigneur. Le pontife lui obtiendra ainsi l'expiation du péché commis, et il lui sera pardonné.

CHAPITRE CINQ

"Si une personne commet un péché, en ce qu'adjurée par la voix d'un serment, quoique témoin d'un fait qu'elle a vu ou qu'elle connaît, elle ne le déclare point et se trouve ainsi chargée d'une faute ;

2 ou si quelqu'un touche à quelque objet impur, soit au cadavre d'une bête sauvage immonde, soit à celui d'un animal domestique immonde, ou à celui d'un reptile immonde, et que, sans s'en apercevoir, il se trouve ainsi souillé et coupable ;

3 ou s'il touche à une impureté humaine (quel que soit le degré de souillure qu'elle occasionne), et que, ne l'ayant pas su, il l'ait ensuite appris et soit devenu coupable ;

4 ou si quelqu'un, par un serment échappé à ses lèvres, s'est imposé un acte pénible ou agréable, selon le serment que peut proférer un homme, mais qu'il l'ait oublié, et se soit ensuite reconnu coupable sur l'un de ces points,

5 dès qu'il sera ainsi en faute à cet égard, il devra confesser son péché.

6 Il offrira pour son délit au Seigneur, à cause du péché qu'il a commis, une femelle du menu bétail, brebis ou chèvre, comme expiatoire ; et le pontife lui procurera l'expiation de son péché.

7 Que si ses moyens ne suffisent pas pour l'achat d'une menue bête, il offrira, pour la faute qu'il a commise, deux tourterelles ou deux jeunes colombes au Seigneur : l'une comme expiatoire, l'autre comme holocauste.

8 Il les présentera au pontife, qui offrira en premier lieu l'expiatoire : il lui rompra la tête à l'endroit de la nuque, mais sans la détacher,

9 puis fera jaillir du sang de l'expiatoire sur la paroi de l'autel ; le reste du sang sera exprimé dans le réceptacle de l'autel. Ceci est un expiatoire.

10 Le second oiseau, il en fera un holocauste selon le rite. Ainsi le pontife lui obtiendra propitiation pour le péché qu'il a commis, et il lui sera pardonné.

11 Si ses moyens ne vont pas jusqu'à deux tourterelles ou deux jeunes colombes, il apportera comme offrande, pour son péché, un dixième d'épha de fleur de farine à titre d'expiatoire ; il n'y emploiera point d'huile et n'y mettra point d'encens, car c'est un expiatoire.

12 Il le présentera au pontife ; le pontife en prendra une pleine poignée comme mémorial, et la fera fumer sur l'autel parmi les combustions du Seigneur : c'est un expiatoire.

13 Le pontife lui obtiendra propitiation du péché qu'il a commis sur l'un de ces chefs, et il lui sera pardonné. Le reste appartiendra au pontife, comme pour l'oblation."

14 L'Éternel parla ainsi à Moïse :

15 "Si quelqu'un commet une faute grave en détournant, par mégarde, un des objets consacrés au Seigneur, il offrira pour ce délit, au Seigneur, un bélier sans défaut, choisi dans le bétail,

valant en argent deux sicles, au poids du sanctuaire, comme offrande délictive.

16 Quant au tort qu'il a fait au sanctuaire, il le réparera, ajoutera un cinquième en sus et le remettra au pontife ; puis le pontife fera propitiation pour lui par le bélier délictif, et il lui sera pardonné.

17 Si un individu, commettant un péché, contrevient à une des défenses de l'Éternel, et que, incertain du délit, il soit sous le poids d'une faute,

18 il apportera au pontife un bélier sans défaut, choisi dans le bétail, selon l'évaluation de l'offrande délictive ; le pontife lui obtiendra grâce pour l'erreur qu'il a commise et qu'il ignore, et il lui sera pardonné.

19 C'est une offrande délictive, l'homme étant coupable d'un délit envers l'Éternel."

20 L'Éternel parla ainsi à Moïse :

21 "Si un individu pèche et commet une faute grave envers le Seigneur, en déniant à son prochain un dépôt, ou une valeur remise en ses mains, ou un objet ravi, ou en détenant quelque chose à son prochain ;

22 ou si, ayant trouvé un objet perdu, il le nie et a recours à un faux serment ; enfin, pour un des méfaits quelconques dont l'homme peut se rendre coupable,

23 lorsqu'il aura ainsi péché et reconnu sa faute, il restituera la chose ravie, ou détenue par lui, ou le dépôt qui lui a été confié, ou l'objet perdu qu'il a trouvé.

24 De même, tout ce qu'il aurait nié sous un faux serment, il le paiera intégralement, et il y ajoutera le cinquième. Il devra le remettre à qui il appartient, du jour où il reconnaîtra sa faute.

25 Puis, il offrira pour son délit, à l'Éternel, un bélier sans

défaut, choisi dans le bétail, selon le taux de l'offrande délictive, et qu'il remettra au pontife ;

26 et le pontife lui fera trouver grâce devant l'Éternel, et il recevra son pardon pour celui de ces faits dont il se sera rendu coupable."

CHAPITRE SIX

L'Éternel parla à Moïse en ces termes :
2 "Ordonne à Aaron et à ses fils ce qui suit : Ceci est la règle de l'holocauste. C'est le sacrifice qui se consume sur le brasier de l'autel, toute la nuit jusqu'au matin ; le feu de l'autel y doit brûler de même.

3 Le pontife revêtira son habit de lin, après avoir couvert sa chair du caleçon de lin ; il enlèvera sur l'autel la cendre de l'holocauste consumé par le feu, et la déposera à côté de l'autel.

4 Il dépouillera ses habits et en revêtira d'autres, pour transporter les cendres hors du camp, dans un lieu pur.

5 Quant au feu de l'autel, il doit y brûler sans s'éteindre : le pontife y allumera du bois chaque matin, y arrangera l'holocauste, y fera fumer les graisses du rémunératoire.

6 Un feu continuel sera entretenu sur l'autel, il ne devra point s'éteindre.

7 Ceci est la règle de l'oblation. Les fils d'Aaron ont à offrir en présence de l'Éternel, sur le devant de l'autel.

8 On y prélèvera une poignée de la fleur de farine de l'oblation et de son huile, puis tout l'encens qui la couvre, et l'on en fera fumer sur l'autel, comme odeur agréable, le mémorial en l'honneur de l'Éternel.

9 Ce qui en restera, Aaron et ses fils le mangeront : il sera mangé sous forme d'azymes, en lieu saint : c'est dans le parvis de la Tente d'assignation qu'on doit le consommer.

10 Il ne sera pas cuit avec du levain, étant leur portion que j'ai réservée sur mes sacrifices ; il est éminemment saint, comme l'expiatoire et le délictif.

11 Tout mâle parmi les enfants d'Aaron pourra le manger : revenu perpétuel attribué à vos générations sur les combustions de l'Éternel. Tout ce qui y touchera deviendra saint."

12 L'Éternel parla à Moïse en ces termes :

13 "Voici l'offrande qu'Aaron et ses fils présenteront au Seigneur, chacun au jour de son onction : un dixième d'êpha de fleur de farine, comme oblation, régulièrement ; la moitié le matin, l'autre moitié le soir.

14 Cette oblation, accommodée à l'huile dans une poêle, tu l'apporteras bien échaudée, pâtisserie d'oblation divisée en morceaux, que tu offriras, comme odeur agréable, à l'Éternel.

15 Tout pontife, appelé par l'onction à lui succéder parmi ses fils, fera cette oblation. Tribut invariable offert à l'Éternel, elle doit être entièrement consumée.

16 De même, toute oblation d'un pontife sera brûlée entièrement, on n'en mangera point."

17 L'Éternel parla à Moïse en ces termes :

18 "Parle ainsi à Aaron et à ses fils : Ceci est la règle de l'expiatoire. A l'endroit où est immolé l'holocauste, sera immolé l'expiatoire, devant l'Éternel : il est éminemment saint.

19 Le pontife expiateur devra le consommer ; c'est en lieu

saint qu'il sera consommé, dans le parvis de la Tente d'assignation.

20 Tout ce qui sera en contact avec sa chair deviendra saint ; s'il rejaillit de son sang sur un vêtement, la place où il aura jailli sera lavée en lieu saint.

21 Un vaisseau d'argile où il aura bouilli, sera brisé ; que s'il a bouilli dans un vaisseau de cuivre, celui-ci sera nettoyé et lavé avec de l'eau.

22 Tout mâle parmi les pontifes pourra en manger ; il est éminemment saint.

23 Mais tout expiatoire dont le sang serait introduit dans la Tente d'assignation pour faire expiation dans le sanctuaire, on n'en mangera point ; il sera consumé par le feu.

CHAPITRE SEPT

"Voici maintenant la règle de l'offrande délictive : C'est une sainteté de premier ordre.

2 A l'endroit où l'on doit immoler l'holocauste, on immolera le délictif ; et l'on aspergera de son sang le tour de l'autel.

3 Puis on en offrira toutes les parties grasses : la queue, la graisse qui recouvre les intestins,

4 les deux rognons avec leur graisse, adjacente aux flancs ; et la membrane du foie, qu'on enlèvera avec les rognons.

5 Le pontife les fera fumer sur l'autel, comme combustible à l'Éternel : c'est une offrande délictive.

6 Tout mâle parmi les pontifes pourra la manger ; c'est en lieu saint qu'elle sera mangée, elle est éminemment sainte.

7 Tel l'expiatoire, tel le délictif, une même loi les régit : c'est au pontife propitiateur qu'il appartiendra.

8 Lorsqu'un pontife offrira l'holocauste d'un particulier, la peau de l'holocauste qu'il aura offert appartiendra à ce pontife.

9 Toute oblation cuite au four, ou apprêtée dans le poêlon ou sur la poêle, appartiendra en propre au pontife qui l'aura offerte.

10 Toute oblation pétrie à l'huile ou sèche appartiendra à tous les fils d'Aaron, à l'un comme à l'autre."

11 Ceci est la règle du sacrifice rémunératoire qu'on offrira à l'Éternel.

12 Si c'est par reconnaissance qu'on en fait hommage, on offrira, avec cette victime de reconnaissance, des gâteaux azymes pétris à l'huile, des galettes azymes ointes d'huile ; plus, de la fleur de farine échaudée, en gâteaux pétris à l'huile.

13 On présentera cette offrande avec des gâteaux de pain levé, pour compléter ce sacrifice, hommage de sa rémunération.

14 On prélèvera un gâteau sur chacune de ces offrandes, comme tribut à l'Éternel ; c'est au pontife qui aura répandu le sang du rémunératoire qu'il appartiendra en propre.

15 Quant à la chair de cette victime, hommage de rémunération, elle devra être mangée le jour même de l'offrande ; on n'en laissera rien pour le lendemain.

16 Que si la victime offerte est votive ou volontaire, elle devra être consommée le jour où on l'aura offerte ; le lendemain même, dans le cas où il en reste, on pourra en manger.

17 Ce qui serait resté de la chair du sacrifice, au troisième jour sera consumé par le feu.

18 Si l'on osait manger, le troisième jour, de la chair de ce sacrifice rémunératoire, il ne serait pas agréé. Il n'en sera pas tenu compte à qui l'a offert, ce sera une chose réprouvée ; et la personne qui en mangerait, en porterait la peine.

19 Si la chair avait touché à quelque impureté, on n'en mangera point, elle sera consumée par le feu ; quant à la chair pure, quiconque est pur pourra en manger.

20 La personne qui, atteinte d'une souillure, mangera de la

chair du sacrifice rémunératoire, consacré à l'Éternel, cette personne sera retranchée de son peuple.

21 Si une personne a touché à quelque impureté, à une souillure humaine, ou à un animal impur, ou à quelque autre abomination immonde, et qu'elle mange de la chair du sacrifice rémunératoire, consacré à l'Éternel, cette personne sera retranchée de son peuple."

22 L'Éternel parla ainsi à Moïse :

23 "Parle aux enfants d'Israël en ces termes : Tout suif de bœuf, de brebis et de chèvre, vous n'en devez point manger.

24 Le suif d'une bête morte et celui d'une bête déchirée pourront être employés à un usage quelconque ; quant à en manger, vous n'en mangerez point.

25 Car, quiconque mangera du suif de l'animal dont l'espèce est offerte en sacrifice au Seigneur, cette personne sera retranchée de son peuple.

26 Vous ne mangerez, dans toutes vos demeures, aucune espèce de sang, soit d'oiseau, soit de quadrupède.

27 Toute personne qui aura mangé d'un sang quelconque, cette personne sera retranchée de son peuple."

28 L'Éternel parla ainsi à Moïse :

29 "Parle aux enfants d'Israël en ces termes : Celui qui fait hommage de son sacrifice rémunératoire au Seigneur doit lui présenter son offrande, prélevée sur la victime rémunératoire.

30 Ses propres mains présenteront les offrandes destinées à l'Éternel : la graisse, qu'il posera sur la poitrine, la poitrine, pour en opérer le balancement devant l'Éternel.

31 Le pontife fera fumer la graisse sur l'autel, mais la poitrine sera pour Aaron et pour ses fils.

32 Vous donnerez aussi la cuisse droite au pontife, comme portion prélevée sur vos victimes rémunératoires.

33 Celui des fils d'Aaron qui offrira le sang et la graisse du rémunératoire, la cuisse droite lui reviendra pour sa part.

34 Car cette poitrine balancée et cette cuisse prélevée, je les ai prises aux enfants d'Israël sur leurs victimes rémunératoires, et les ai assignées à Aaron le pontife et à ses fils, comme tribut invariable de la part des enfants d'Israël."

35 Telle fut la prérogative d'Aaron et celle de ses fils, à l'égard des sacrifices du Seigneur, depuis le jour où on les installa dans le sacerdoce du Seigneur.

36 C'est ce que l'Éternel ordonna de leur attribuer, le jour où il les fit sacrer, de la part des enfants d'Israël, comme règle perpétuelle pour leurs générations.

37 Tel est le rite relatif à l'holocauste, à l'oblation, à l'expiatoire et au délictif, à l'offrande inaugurale et au sacrifice rémunératoire ;

38 selon que l'Éternel le prescrivit à Moïse au Mont Sinaï, alors qu'il ordonna aux enfants d'Israël, dans le désert de Sinaï, d'apporter leurs offrandes à l'Éternel.

CHAPITRE HUIT

L'Éternel parla à Moïse en ces termes :
    2 "Va prendre Aaron, et ses fils avec lui ; prends aussi les vêtements et l'huile d'onction, ainsi que le taureau expiatoire, les deux béliers et la corbeille d'azymes.

    3 Assemble aussi toute la communauté à l'entrée de la Tente d'assignation."

    4 Moïse se conforma à ce que l'Éternel lui avait ordonné, et la communauté s'assembla à l'entrée de la Tente d'assignation.

    5 Et Moïse dit à la communauté : "Voici le cérémonial que l'Éternel a ordonné d'accomplir."

    6 Alors Moïse fit approcher Aaron et ses fils, et les lava avec de l'eau.

    7 Il lui passa la tunique, le ceignit de l'écharpe, le revêtit de la robe, mit l'éphod par-dessus, et l'entoura de la ceinture de l'éphod, au moyen de laquelle il fixa l'éphod autour de lui ;

    8 il posa sur lui le pectoral, et ajouta au pectoral les ourîm et les toummim :

9 il mit la tiare sur sa tête, et fixa sur la tiare, du côté de la face, la plaque d'or, le saint diadème, comme l'Éternel l'avait enjoint à Moïse.

10 Puis Moïse prit l'huile d'onction, en oignit le tabernacle et tout son contenu, et les consacra ainsi ;

11 en aspergea sept fois l'autel, oignit ensuite l'autel et tous ses ustensiles, la cuve et son support, pour les consacrer ;

12 et il versa de cette huile d'onction sur la tête d'Aaron, et il l'oignit pour le consacrer.

13 Puis Moïse fit approcher les fils d'Aaron, les revêtit de tuniques, les ceignit d'écharpes et les coiffa de turbans, comme l'Éternel l'avait enjoint à Moïse.

14 Alors il fit avancer le taureau expiatoire, sur la tête duquel Aaron et ses fils appuyèrent leurs mains.

15 L'ayant égorgé, Moïse recueillit le sang, en appliqua, avec le doigt, sur les cornes de l'autel tout autour, et purifia ainsi l'autel ; puis il fit couler le sang dans le réceptacle de l'autel, qu'il consacra ainsi à la propitiation.

16 Et il prit toute la graisse des intestins, la membrane du foie, les deux rognons avec leur graisse, et les fit fumer sur l'autel.

17 Pour le taureau même, sa peau, sa chair et sa fiente, il les consuma par le feu hors du camp, comme l'Éternel l'avait prescrit à Moïse.

18 Puis il fit approcher le bélier destiné à l'holocauste ; Aaron et ses fils appuyèrent leurs mains sur la tête de ce bélier.

19 Après l'avoir égorgé, Moïse arrosa de son sang le tour de l'autel ;

20 dépeça le bélier par quartiers, et réduisit en fumée la tête, les membres et la graisse.

21 Les intestins et les jambes, il les lava dans l'eau, et fit

fumer tout le bélier sur l'autel. Ce fut un holocauste d'odeur agréable, une combustion en l'honneur de l'Éternel, selon ce que l'Éternel avait prescrit à Moïse.

22 Il fit ensuite approcher le second bélier, le bélier d'inauguration ; Aaron et ses fils appuyèrent leurs mains sur la tête de ce bélier.

23 L'ayant immolé, Moïse prit de son sang, qu'il appliqua sur le lobe de l'oreille droite d'Aaron, sur le pouce de sa main droite et sur l'orteil de son pied droit ;

24 puis, faisant approcher les fils d'Aaron, Moïse mit de ce sang sur le lobe de leur oreille droite, sur le pouce de leur main droite et sur l'orteil de leur pied droit, et il répandit le sang sur le tour de l'autel.

25 Il prit les parties grasses, la queue, toute la graisse des intestins, la membrane du foie, les deux rognons avec leur graisse, ainsi que la cuisse droite ;

26 dans la corbeille d'azymes placée devant le Seigneur, il prit un gâteau azyme, un gâteau à l'huile et une galette, les joignit aux graisses et à la cuisse droite,

27 posa le tout sur les mains d'Aaron et sur les mains de ses fils, et en opéra le balancement devant l'Éternel.

28 Et Moïse reprit ces objets de dessus leurs mains, et les fit fumer sur l'autel, par-dessus l'holocauste. Ce fut une offrande inaugurale d'odeur délectable, ce fut un sacrifice à l'Éternel.

29 Moïse prit la poitrine et en fit le balancement devant l'Éternel ; cette pièce du bélier d'inauguration devint la part de Moïse, ainsi que l'Éternel l'avait ordonné à Moïse.

30 Alors Moïse prit de l'huile d'onction et du sang qui était près de l'autel et en fit aspersion sur Aaron, sur ses vêtements, puis sur ses fils et sur les vêtements de ses fils aussi ; il consacra

ainsi Aaron, ses vêtements, et avec lui ses fils et les vêtements de ses fils.

31 Et Moïse dit à Aaron et à ses fils : "Faites cuire la chair à l'entrée de la Tente d'assignation ; c'est là que vous la mangerez, avec le pain qui est dans la corbeille d'inauguration, ainsi que je l'ai ordonné en disant : Aaron et ses fils doivent la manger.

32 Ce qui restera de la chair et du pain, vous le consumerez par le feu.

33 Vous ne quitterez point le seuil de la Tente d'assignation durant sept jours, jusqu'au terme des jours de votre installation : car votre installation doit durer sept jours.

34 Comme on a procédé en ce jour, l'Éternel a ordonné qu'on procède encore, pour achever votre propitiation.

35 Vous demeurerez à l'entrée de la Tente d'assignation, jour et nuit, durant sept jours, et vous garderez l'observance du Seigneur, afin de ne pas mourir : car tel est l'ordre que j'ai reçu."

36 Aaron et ses fils exécutèrent toutes les choses que l'Éternel leur avait fait enjoindre par Moïse.

CHAPITRE NEUF

Quand on fut au huitième jour, Moïse manda Aaron et ses fils, ainsi que les anciens d'Israël,
 2 et il dit à Aaron : "Prends un veau adulte pour expiatoire et un bélier pour holocauste, tous deux sans défaut, et amène-les devant l'Éternel.

3 Quant aux enfants d'Israël, tu leur parleras ainsi : Prenez un bouc pour expiatoire, un veau et un agneau âgés d'un an, sans défaut, pour holocauste ;

4 plus, un taureau et un bélier pour rémunératoire, à sacrifier en présence de l'Éternel, et une oblation pétrie à l'huile, car aujourd'hui l'Éternel doit vous apparaître."

5 On prit tout ce qu'avait ordonné Moïse, pour l'amener devant la Tente d'assignation ; toute la communauté s'approcha, et se tint debout devant l'Éternel.

6 Moïse dit : "Ceci est la chose qu'a ordonnée l'Éternel ; accomplissez-la, pour que vous apparaisse la gloire du Seigneur."

7 Et Moïse dit à Aaron : "Approche de l'autel, offre ton

expiatoire et ton holocauste, obtiens propitiation pour toi et pour le peuple ; puis, offre le sacrifice du peuple et obtiens-lui propitiation, comme l'a prescrit l'Éternel."

8 Et Aaron s'approcha de l'autel, et il immola le veau expiatoire destiné à lui-même.

9 Les fils d'Aaron lui présentèrent le sang, et il trempa son doigt dans ce sang, qu'il appliqua sur les cornes de l'autel ; et le reste du sang, il le fit couler dans le réceptacle de l'autel.

10 Puis, la graisse, les rognons et la membrane du foie de l'expiatoire, il les fit fumer sur l'autel, ainsi que l'Éternel l'avait ordonné à Moïse.

11 Pour la chair et la peau, il les consuma par le feu en dehors du camp.

12 Il immola l'holocauste ; les fils d'Aaron lui passèrent le sang, et il en arrosa le tour de l'autel.

13 Ils lui passèrent l'holocauste pièce à pièce, puis la tête, et il fit fumer le tout sur l'autel.

14 Il lava les intestins et les jambes, et les fit fumer avec l'holocauste sur l'autel.

15 Puis il présenta l'offrande du peuple. Il prit le bouc expiatoire destiné au peuple, l'égorgea et le fit servir à l'expiation comme la première victime.

16 Il offrit l'holocauste, qu'il exécuta selon la règle.

17 Il y joignit l'oblation et en prit plein sa main, portion qu'il fit fumer sur l'autel, indépendamment de l'holocauste du matin.

18 Il immola le taureau et le bélier, comme sacrifice rémunératoire du peuple ; les fils d'Aaron lui passèrent le sang, dont il arrosa le tour de l'autel ;

19 puis les graisses du taureau ; puis, du bélier, la queue, les téguments, les rognons et la membrane du foie ;

20 ils posèrent ces graisses sur les poitrines, et il fit fumer les graisses sur l'autel.

21 Quant aux poitrines et à la cuisse droite, Aaron en avait opéré le balancement devant l'Éternel, selon l'ordre de Moïse.

22 Aaron étendit ses mains vers le peuple et le bénit ; et il redescendit, après avoir offert l'expiatoire, l'holocauste et le rémunératoire.

23 Moïse et Aaron entrèrent dans la Tente d'assignation ; ils ressortirent et bénirent le peuple, et la gloire du Seigneur se manifesta au peuple entier.

24 Un feu s'élança de devant le Seigneur, et consuma, sur l'autel, l'holocauste et les graisses. A cette vue, tout le peuple jeta des cris de joie, et ils tombèrent sur leurs faces.

CHAPITRE DIX

Les fils d'Aaron, Nadab et Abihou, prenant chacun leur encensoir, y mirent du feu, sur lequel ils jetèrent de l'encens, et apportèrent devant le Seigneur un feu profane sans qu'il le leur eût commandé.

2 Et un feu s'élança de devant le Seigneur et les dévora, et ils moururent devant le Seigneur.

3 Moïse dit à Aaron : "C'est là ce qu'avait déclaré l'Éternel en disant : Je veux être sanctifié par ceux qui m'approchent et glorifié à la face de tout le peuple !" Et Aaron garda le silence.

4 Moïse appela Michaël et Elçafan, fils d'Ouzziel, oncle d'Aaron, et leur dit : "Approchez ! Emportez vos frères de devant le sanctuaire, hors du camp."

5 Ils s'avancèrent et les transportèrent dans leurs tuniques hors du camp, selon ce qu'avait dit Moïse.

6 Moïse dit à Aaron, et à Eléazar et Ithamar ses fils : "Ne découvrez point vos têtes et ne déchirez point vos vêtements, si vous ne voulez mourir et attirer la colère divine sur la commu-

nauté entière ; à vos frères, à toute la maison d'Israël, de pleurer ceux qu'a brûlés le Seigneur.

7 Et ne quittez point le seuil de la Tente d'assignation, de peur que vous ne mouriez ; car l'huile d'onction du Seigneur est sur vous." Ils se conformèrent à la parole de Moïse.

8 L'Éternel parla ainsi à Aaron :

9 "Tu ne boiras ni vin ni liqueur forte, toi non plus que tes fils, quand vous aurez à entrer dans la Tente d'assignation, afin que vous ne mouriez pas : règle perpétuelle pour vos générations ;

10 et afin de pouvoir distinguer entre le sacré et le profane, entre l'impur et ce qui est pur,

11 et instruire les enfants d'Israël dans toutes les lois que l'Éternel leur a fait transmettre par Moïse."

12 Moïse dit à Aaron ainsi qu'à Eléazar et à Ithamar, ses fils survivants :"Prenez la part d'oblation qui reste des combustions du Seigneur, et mangez-la en pains azymes à côté de l'autel, car elle est éminemment sainte.

13 Vous la mangerez donc en lieu saint, c'est ton droit et celui de tes fils sur les combustions du Seigneur ; car ainsi en ai-je reçu l'ordre.

14 Quant à la poitrine qui a été balancée et à la cuisse qui a été prélevée, vous les mangerez en lieu pur, toi ainsi que tes fils et tes filles ; car elles ont été assignées comme revenu à toi et à tes enfants, sur les sacrifices rémunératoires des enfants d'Israël.

15 Cette cuisse à prélever et cette poitrine à balancer, ils doivent les joindre aux graisses destinées au feu, pour qu'on en opère le balancement devant le Seigneur ; alors elles t'appartiendront, et de même à tes enfants, comme portion invariable, ainsi que l'a statué l'Éternel."

16 Au sujet du bouc expiatoire, Moïse fit des recherches, et il

se trouva qu'on l'avait brûlé. Irrité contre Eléazar et Ithamar, les fils d'Aaron demeurés vivants, il dit :

17 "Pourquoi n'avez-vous pas mangé l'expiatoire dans le saint lieu, alors que c'est une sainteté de premier ordre, et qu'on vous l'a donné pour assumer les fautes de la communauté, pour lui obtenir propitiation devant l'Éternel ?

18 Puisque le sang de cette victime n'a pas été introduit dans le sanctuaire intérieur, vous deviez la manger dans le sanctuaire, ainsi que je l'ai prescrit !"

19 Aaron répondit à Moïse : "Certes, aujourd'hui même ils ont offert leur expiatoire et leur holocauste devant le Seigneur, et pareille chose m'est advenue ; or, si j'eusse mangé un expiatoire aujourd'hui, est-ce là ce qui plairait à l'Éternel ?"

20 Moïse entendit, et il approuva.

CHAPITRE ONZE

L'Éternel parla à Moïse et à Aaron, en leur disant :

2 "Parlez ainsi aux enfants d'Israël : voici les animaux que vous pouvez manger, entre tous les quadrupèdes qui vivent sur la terre :

3 tout ce qui a le pied corné et divisé en deux ongles, parmi les animaux ruminants, vous pouvez le manger.

4 Quant aux suivants, qui ruminent ou qui ont le pied corné, vous n'en mangerez point : le chameau, parce qu'il rumine mais n'a point le pied corné : il sera immonde pour vous ;

5 la gerboise, parce qu'elle rumine, mais n'a point le pied corné : elle sera immonde pour vous ;

6 le lièvre, parce qu'il rumine, mais n'a point le pied corné : il sera immonde pour vous ;

7 le porc, qui a bien le pied corné, qui a même le sabot bifurqué, mais qui ne rumine point : il sera immonde pour vous.

8 Vous ne mangerez point de leur chair, et vous ne toucherez point à leur cadavre : ils sont immondes pour vous.

9 Voici ce que vous pouvez manger des divers animaux aquatiques : tout ce qui, dans les eaux, mers ou rivières, est pourvu de nageoires et d'écailles, vous pouvez en manger.

10 Mais tout ce qui n'est pas pourvu de nageoires et d'écailles, dans les mers ou les rivières, soit ce qui pullule dans l'eau, soit les animaux qui l'habitent, ils vous sont abominables,

11 abominables ils resteront pour vous : ne mangez point de leur chair, et ayez leurs cadavres en abomination.

12 Tout ce qui, dans les eaux, est privé de nageoires et d'écailles, vous sera une abomination.

13 Et voici, parmi les oiseaux, ceux que vous repousserez ; on ne les mangera point, ils sont abominables : l'aigle, l'orfraie, la vallérie ;

14 le faucon et le vautour selon ses espèces ;

15 tous les corbeaux selon leurs espèces ;

16 l'autruche, l'hirondelle, la mouette, l'épervier selon ses espèces ;

17 le hibou, le cormoran, la hulotte ;

18 le porphyrion, le pélican, le percnoptère ;

19 la cigogne, le héron selon ses espèces, le tétras et la chauve-souris.

20 Tout insecte ailé qui marche sur quatre pieds vous sera une abomination.

21 Toutefois, vous pourrez manger, parmi les insectes ailés marchant sur quatre pieds, celui qui a au-dessus de ses pieds des articulations au moyen desquelles il saute sur la terre.

22 Vous pouvez donc manger les suivants : l'arbé selon ses espèces, le solam selon les siennes, le hargol selon ses espèces et le hagab selon les siennes.

23 Mais tout autre insecte ailé qui a quatre pieds, sera pour vous chose abominable.

24 Ceux qui suivent vous rendront impurs ; quiconque touchera à leur cadavre sera souillé jusqu'au soir,

25 et qui transportera quoi que ce soit de leur cadavre lavera ses vêtements, et restera souillé jusqu'au soir :

26 tout quadrupède qui a l'ongle divisé mais non fourché, ou qui ne rumine point, ceux-là sont impurs pour vous : quiconque y touchera sera souillé.

27 Tous ceux d'entre les animaux quadrupèdes qui marchent à l'aide de pattes, sont impurs pour vous : quiconque touche à leur cadavre sera souillé jusqu'au soir,

28 et qui transportera leur cadavre doit laver ses vêtements et rester souillé jusqu'au soir. Ils sont impurs pour vous.

29 Voici ceux que vous tiendrez pour impurs, parmi les reptiles qui se traînent sur la terre : la taupe, le rat, le lézard selon ses espèces ;

30 le hérisson, le crocodile, la salamandre, la limace et le caméléon.

31 Ceux-là sont impurs pour vous entre tous les reptiles : quiconque les touchera après leur mort sera souillé jusqu'au soir.

32 Tout objet sur lequel il en tomberait quelque chose après leur mort, deviendrait impur : soit ustensile de bois, soit vêtement, peau ou sac, tout objet destiné à un usage quelconque. Il doit être passé dans l'eau, restera souillé jusqu'au soir, et alors deviendra pur.

33 Que s'il en tombe quelque chose dans l'intérieur d'un vase d'argile, tout son contenu sera souillé, et le vaisseau, vous le briserez.

34 Tout aliment dont on se nourrit, une fois que l'eau l'aura touché, sera susceptible de souillure ; toute liqueur potable sera susceptible de souillure dans un vase quelconque.

35 Tout objet sur lequel il sera tombé quelque chose de leur cadavre, sera souillé ; fût-ce un four ou un fourneau, il sera mis en pièces. Ils sont impurs, impurs ils resteront pour vous.

36 Toutefois, une source ou une citerne contenant une masse d'eau restera pure ; mais ce qui touchera au cadavre sera souillé.

37 S'il tombe de leur cadavre sur une semence végétale quelconque que l'on sème, elle restera pure.

38 Mais si de l'eau a été jetée sur un végétal, et qu'il y tombe quelque chose de leur cadavre, il sera souillé pour vous.

39 Si l'un des animaux que vous pouvez manger vient à mourir, celui qui touchera à son cadavre sera souillé jusqu'au soir.

40 Celui qui mangera de cette chair morte lavera ses vêtements, et restera souillé jusqu'au soir ; celui qui la transportera lavera ses vêtements, et restera souillé jusqu'au soir.

41 Tout reptile, qui se traîne sur le sol, est chose abominable on n'en doit pas manger.

42 Tout ce qui se traîne sur le ventre, ou se meut soit sur quatre pieds, soit sur un plus grand nombre de pieds, parmi les reptiles quelconques rampant sur le sol, vous n'en mangerez point, car ce sont choses abominables.

43 Ne vous rendez point vous-mêmes abominables par toutes ces créatures rampantes ; ne vous souillez point par elles, vous en contracteriez la souillure.

44 Car je suis l'Éternel, votre Dieu ; vous devez donc vous sanctifier et rester saints, parce que je suis saint, et ne point contaminer vos personnes par tous ces reptiles qui se meuvent sur la terre.

45 Car je suis l'Éternel, qui vous ai tirés du pays d'Égypte pour être votre Dieu ; et vous serez saints, parce que je suis saint.

46 Telle est la doctrine relative aux quadrupèdes, aux volatiles, à tous les êtres animés qui se meuvent dans les eaux, et à tous ceux qui rampent sur la terre ;

47 afin qu'on distingue l'impur d'avec le pur, et l'animal qui peut être mangé de celui qu'on ne doit pas manger."

CHAPITRE DOUZE

L'Éternel parla à Moïse en ces termes :
2 "Parle ainsi aux enfants d'Israël : lorsqu'une femme, ayant conçu, enfantera un mâle, elle sera impure durant sept jours, comme lorsqu'elle est isolée à cause de sa souffrance.

3 Au huitième jour, on circoncira l'excroissance de l'enfant.

4 Puis, trente-trois jours durant, la femme restera dans le sang de purification : elle ne touchera à rien de consacré, elle n'entrera point dans le saint lieu, que les jours de sa purification ne soient accomplis.

5 Si c'est une fille qu'elle met au monde, elle sera impure deux semaines, comme lors de son isolement ; puis, durant soixante-six jours, elle restera dans le sang de purification.

6 Quand sera accompli le temps de sa purification, pour un garçon ou pour une fille, elle apportera un agneau d'un an comme holocauste, et une jeune colombe ou une tourterelle

comme expiatoire, à l'entrée de la Tente d'assignation, et les remettra au pontife.

7 Celui-ci les offrira devant le Seigneur, fera expiation pour elle, et elle sera purifiée du flux de son sang. Telle est la règle de la femme qui enfante, qu'il s'agisse d'un garçon ou qu'il s'agisse d'une fille.

8 Si ses moyens ne lui permettent pas d'offrir un agneau, elle prendra deux tourterelles ou deux jeunes colombes, l'une pour holocauste, l'autre pour expiatoire ; et le pontife fera expiation pour elle, et elle sera purifiée."

CHAPITRE TREIZE

L'Éternel parla ainsi à Moïse et à Aaron :

2 "S'il se forme sur la peau d'un homme une tumeur, ou une dartre ou une tache, pouvant dégénérer sur cette peau en affection lépreuse, il sera présenté à Aaron le pontife ou à quelqu'un des pontifes, ses fils.

3 Le pontife examinera cette affection de la peau : si le poil qui s'y trouve est devenu blanc, et que la plaie paraisse plus profonde que la peau du corps, c'est une plaie de lèpre. Cela constaté, le pontife le déclarera impur.

4 Si c'est une tache blanche qu'on voit à la peau, mais qui ne paraisse pas plus profonde que la peau, et qu'elle n'ait pas fait blanchir le poil, le pontife séquestrera la plaie pendant sept jours.

5 Puis il l'examinera le septième jour : si la plaie lui présente le même aspect, si elle n'a pas fait de progrès sur la peau, le pontife la séquestrera une seconde fois pour sept jours.

6 Et le pontife, au septième jour, l'examinera de nouveau : si cette plaie s'est affaiblie et qu'elfe n'ait fait aucun progrès sur la

peau, le pontife la déclarera pure, c'est une simple dartre : l'homme lavera ses vêtements et sera pur.

7 Mais si cette dartre venait à s'étendre sur la peau après qu'il s'est présenté au pontife et a été déclaré pur, il se fera visiter de nouveau par le pontife.

8 Celui-ci constatera que la dartre s'est étendue sur la peau, et alors il le déclarera impur : c'est la lèpre.

9 Lorsqu'une affection lépreuse sera observée sur un individu, il sera amené devant le pontife.

10 Si le pontife remarque qu'il existe sur la peau une tumeur blanche, laquelle ait fait blanchir le poil, ou qu'une chair vive et saine existe au milieu de la tumeur,

11 c'est une lèpre invétérée dans la peau du corps, et le pontife le déclarera impur ; Il ne le séquestrera point, car il est impur.

12 Que st la lèpre va se développant sur la peau, et qu'elle couvre toute la peau affectée, depuis la tête jusqu'aux pieds, partout où atteint le regard du pontife,

13 celui-ci constatera que la lèpre a gagné tout le corps, et il déclarera cette plaie pure : elle a complètement blanchi la peau, elle est pure.

14 Mais, du moment qu'il s'y manifeste une chair vive, elle est impure.

15 Quand le pontife observera cette chair vive, il la déclarera impure : la chair vive est impure, il y a lèpre.

16 Toutefois, si cette chair vive redevient blanche, on se présentera au pontife ;

17 le pontife constatera que la plaie a tourné au blanc, et il déclarera cette plaie pure : elle est pure.

18 S'il s'est formé sur un corps, à la peau, un ulcère, et qu'il se soit guéri,

19 mais qu'au siège de cet ulcère il survienne une tumeur blanche ou une tache blanche-vermeille, on se fera visiter par le pontife.

20 Si le pontife observe qu'elle paraît plus basse que la peau et que le poil y est devenu blanc, le pontife déclarera l'homme impur : c'est une plaie de lèpre, qui s'est développée sur l'ulcère.

21 Si le pontife constate qu'elle ne renferme pas de poil blanc, qu'elle n'est pas plus basse que la peau et qu'elle est terne, il séquestrera l'homme durant sept jours.

22 Si alors elle s'est étendue sur la peau, le pontife le déclarera impur, c'est une plaie.

23 Mais la tache demeure-t-elle où elle était, sans accroissement, c'est la cicatrice de l'ulcère, et le pontife le déclarera pur.

24 Pareillement, s'il existe une brûlure à la peau d'une personne, et que cette brûlure, en se guérissant, forme une tache blanche-vermeille, ou blanche,

25 si le pontife, en l'examinant, constate que le poil, à l'endroit de la tache, est devenu blanc, et qu'elle paraît plus profonde que la peau, c'est une lèpre qui s'est développée sur la brûlure ; le pontife le déclarera impur, c'est une plaie de lèpre.

26 Si le pontife observe que la tache n'a pas de poil blanc, qu'elle n'est pas plus basse que la peau et qu'elle est terne, il séquestrera l'homme durant sept jours,

27 puis il l'examinera le septième jour. Si elle s'est étendue sur la peau, le pontife le déclarera impur, c'est une plaie de lèpre.

28 Mais si la tache est restée stationnaire, sans s'étendre sur la peau, et est demeurée terne, ce n'est que la tumeur de la brûlure : le pontife le déclarera pur, car c'est la cicatrice de la brûlure.

29 Quand un homme ou une femme aura une plaie à la tête ou au menton,

30 si le pontife observe que cette plaie paraît plus profonde que la peau et qu'il s'y trouve du poil jaune ténu, le pontife déclarera la personne impure : c'est une teigne, c'est la lèpre de la tête ou du menton.

31 Mais si le pontife observe que cette plaie teigneuse ne paraît pas plus profonde que la peau, sans toutefois qu'il y ait du poil noir, il séquestrera la plaie teigneuse durant sept jours.

32 Et il visitera la plaie au septième jour : si la teigne n'a pas fait de progrès, si elle ne renferme pas de poil jaune, et que la teigne ne semble pas plus profonde que la peau,

33 la personne se rasera, mais elle ne rasera point la partie teigneuse ; et le pontife séquestrera cette plaie pour sept jours, une seconde fois.

34 Puis le pontife visitera la teigne au septième jour : si elle ne s'est pas étendue sur la peau et qu'elle ne paraisse pas plus profonde que celle-ci, le pontife déclarera pur l'individu, qui lavera ses vêtements et sera pur.

35 Mais si la teigne vient à s'étendre sur la peau après cette déclaration de pureté,

36 le pontife constatera que la teigne s'est étendue sur la peau ; il n'a pas à s'enquérir du poil jaune : la personne est impure.

37 Que si la teigne lui montre encore le même aspect, et qu'il y soit venu du poil noir, c'est la guérison de la teigne : elle est pure, le pontife la déclarera pure.

38 Si un homme ou une femme a la peau du corps parsemée de taches blanches,

39 et que le pontife, examinant, constate sur leur peau des taches d'un blanc obscur, c'est un exanthème qui s'est développé sur la peau : Il est pur.

40 Si la tête d'un homme se dégarnit de cheveux, celui-là n'est que chauve, il est pur.

41 Sa tête se dégarnit-elle du côté de sa face, il est demi-chauve, il est encore pur.

42 Mais s'il survient, sur le derrière ou le devant de cette tête chauve, une plaie blanche-vermeille, c'est une lèpre qui se développe sur la calvitie postérieure ou antérieure.

43 Si le pontife, en l'inspectant, observe que la tumeur de la plaie, sur le derrière ou le devant de la tête, est blanche-vermeille, comme l'aspect de la lèpre sur la peau du corps,

44 c'est un individu lépreux, il est impur : le pontife doit le déclarer impur, sa tête est le siège de la plaie.

45 Or, le lépreux chez qui l'affection est constatée, doit avoir les vêtements déchirés, la tête découverte, s'envelopper jusqu'à la moustache et crier : impur ! Impur !

46 Tant qu'il gardera cette plaie, il sera impur, parce qu'elle est impure ; il demeurera Isolé, sa résidence sera hors du camp.

47 Si une altération lépreuse a lieu dans une étoffe, étoffe de laine ou étoffe de lin,

48 ou seulement dans la chaîne ou dans la trame du lin ou de la laine, ou dans une peau, ou dans quelque ouvrage en peau ;

49 si la partie attaquée est d'un vert ou d'un rouge foncé, dans l'étoffe ou dans la peau, dans la chaîne ou dans la trame, ou dans l'objet quelconque fait de peau, c'est une plaie de lèpre, et elle sera montrée au pontife.

50 Le pontife examinera la plaie et la fera enfermer durant sept jours.

51 S'il constate, en visitant la plaie au septième jour, qu'elle a grandi dans l'étoffe, ou dans la chaîne ou la trame, ou dans la peau, à quelque ouvrage que cette peau ait été employée, c'est une lèpre corrosive que cette plaie : elle est impure.

52 On brûlera l'étoffe, ou la chaîne ou la trame, soit de laine soit de lin, ou l'objet quelconque fait de peau, qui est atteint de cette plaie ; car c'est une lèpre corrosive, elle doit être consumée par le feu.

53 Mais si le pontife observe que la plaie n'a pas grandi dans l'étoffe, dans la chaîne ou la trame, ou dans l'objet fait de peau,

54 il ordonnera qu'on lave la partie altérée ; puis il la fera de nouveau enfermer pour sept jours.

55 Si le pontife observe que cette plaie, après avoir été lavée, n'a pas changé d'aspect et qu'elle ne s'est pas agrandie, elle est impure, tu la consumeras par le feu : il y a érosion sur l'envers ou sur l'endroit de l'étoffe.

56 Mais le pontife observe-t-il que la plaie a pâli après avoir été lavée, il déchirera cette partie de l'étoffe ou de la peau, ou de la chaîne ou de la trame ;

57 et si la plaie reparaît dans l'étoffe, dans la chaîne ou dans la trame, ou dans l'objet fait de peau, c'est une recrudescence : tu dois le brûler, cet objet où gît la plaie.

58 Pour l'étoffe, la chaîne ou la trame, ou l'objet fait de peau, que tu auras lavé et d'où la plaie aura disparu, il sera lavé une seconde fois et sera pur.

59 Telle est la règle concernant l'altération lépreuse sur l'étoffe de laine ou de lin, ou sur la chaîne ou la trame, ou sur tout objet en peau, qu'il s'agira de déclarer purs ou impurs."

CHAPITRE QUATORZE

L'Éternel parla à Moïse en ces termes :
2 "Voici quelle sera la règle imposée au lépreux lorsqu'il redeviendra pur : il sera présenté au pontife.

3 Le pontife se transportera hors du camp, et constatera que la plaie de lèpre a quitté le lépreux.

4 Sur l'ordre du pontife, on apportera, pour l'homme à purifier, deux oiseaux vivants, purs ; du bois de cèdre, de l'écarlate et de l'hysope.

5 Le pontife ordonnera qu'on égorge l'un des oiseaux, au-dessus d'un vaisseau d'argile, sur de l'eau vive.

6 Pour l'oiseau vivant, il le prendra ainsi que le bois de cèdre, l'écarlate et l'hysope ; il plongera ces objets, avec l'oiseau vivant, dans le sang de l'oiseau égorgé, qui s'est mêlé à l'eau vive ;

7 en fera sept aspersions sur celui qui se purifie de la lèpre, et, l'ayant purifié, lâchera l'oiseau vivant dans la campagne.

8 Celui qui se purifie lavera ses vêtements, se rasera tout le

poil, se baignera et deviendra pur. Il pourra alors rentrer dans le camp, mais il restera sept jours hors de sa tente.

9 Puis, le septième jour, il se rasera tout le poil : sa chevelure, sa barbe, ses sourcils, tout son poil ; il lavera ses vêtements, baignera son corps dans l'eau, et deviendra pur.

10 Le huitième jour, il prendra deux agneaux sans défaut, et une brebis âgée d'un an, sans défaut ; plus, trois dixièmes de fleur de farine pétrie à l'huile, comme oblation, et un log d'huile.

11 Le pontife purificateur présentera l'homme qui se purifie, ainsi que ces objets, devant le Seigneur, à l'entrée de la Tente d'assignation ;

12 et le pontife prendra l'un des agneaux (qu'il doit offrir comme délictif), puis le log d'huile, et il en opérera le balancement devant le Seigneur.

13 Il immolera cet agneau à l'endroit où on immole l'expiatoire et l'holocauste : dans le saint lieu. Car le délictif doit être, pour le pontife, comme l'expiatoire : c'est une sainteté de premier ordre.

14 Le pontife prendra du sang de ce délictif, et il en mettra sur le lobe de l'oreille droite de celui qui se purifie, sur le pouce de sa main droite et sur l'orteil de son pied droit.

15 Puis le pontife prendra le log d'huile et en fera couler dans la main gauche du pontife.

16 Le pontife trempera son index droit dans l'huile qui est dans sa main gauche, et de cette huile il fera, avec l'index, sept aspersions devant le Seigneur.

17 Du surplus de l'huile qui est dans sa main, le pontife mettra une partie sur le lobe de l'oreille droite de celui qui se purifie, sur le pouce de sa main droite et sur l'orteil de son pied droit, par-dessus le sang du délictif.

18 Et ce qui sera resté de l'huile contenue dans la main du

pontife, il l'appliquera sur la tête de celui qui se purifie, et fera expiation pour lui devant le Seigneur.

19 Alors le pontife s'occupera de l'expiatoire, et fera expier son impureté à celui qui se purifie ; puis il immolera l'holocauste.

20 Le pontife offrira cet holocauste, ainsi que l'oblation, sur l'autel, fera ainsi expiation pour lui, et il sera pur.

21 Si cet homme est pauvre et que ses moyens soient insuffisants, il prendra un agneau comme délictif destiné à être balancé, pour obtenir son expiation ; plus, un dixième de fleur de farine pétrie à l'huile, pour oblation, et un log d'huile ;

22 puis deux tourterelles ou deux jeunes colombes, selon que le permettront ses moyens ; l'une sera un expiatoire, l'autre un holocauste.

23 Il les apportera, le huitième jour de sa purification, au pontife, à l'entrée de la Tente d'assignation, devant le Seigneur.

24 Le pontife prendra l'agneau délictif et le log d'huile, et en opérera le balancement devant le Seigneur.

25 Après avoir immolé l'agneau délictif, le pontife prendra du sang de la victime, et l'appliquera sur le lobe de l'oreille droite de celui qui se purifie, sur le pouce de sa main droite et sur l'orteil de son pied droit.

26 Puis le pontife versera une partie de l'huile dans la main gauche du pontife ;

27 fera avec l'index droit, de cette huile qui est dans sa main gauche, sept aspersions devant le Seigneur,

28 et mettra un peu de l'huile, contenue dans sa main, sur le lobe de l'oreille droite de celui qui se purifie, sur le pouce de sa main droite et sur l'orteil de son pied droit, au même endroit que le sang du délictif.

29 Quant au restant de l'huile qui est dans la main du pontife,

il l'appliquera sur la tête de celui qui se purifie, pour lui obtenir expiation devant le Seigneur.

30 Puis il traitera l'une des tourterelles ou des jeunes colombes, des victimes qu'on aura pu fournir ;

31 offrira ce qu'on aura pu fournir, un oiseau comme expiatoire, l'autre comme holocauste, en outre de l'oblation ; et ainsi le pontife procurera, à celui qui se purifie, son expiation devant l'Éternel.

32 Telle est la règle pour la purification de celui qui a eu une plaie de lèpre, quand ses moyens sont insuffisants."

33 L'Éternel parla à Moïse et à Aaron en ces termes :

34 "Quand vous serez arrivés au pays de Canaan, dont je vous donne la possession, et que je ferai naître une altération lépreuse dans une maison du pays que vous posséderez,

35 celui a qui sera la maison ira le déclarer au pontife, en disant : "J'ai observé quelque altération à ma maison."

36 Le pontife ordonnera qu'on vide la maison avant qu'il y entre pour examiner l'altération, de peur que tout ce qui est dans la maison ne se trouve impur ; après quoi, le pontife viendra visiter cette maison.

37 S'il constate, en examinant la plaie, que cette plaie est dans les murs de la maison, en dépressions d'un vert ou d'un rouge foncé, plus basses en apparence que le niveau du mur,

38 le pontife se dirigera de la maison vers l'entrée de la maison, et la fera fermer pour sept jours.

39 Le pontife y retournera le septième jour. S'il observe que la plaie a grandi sur les murs de la maison,

40 il ordonnera qu'on détache les pierres atteintes par la plaie et qu'on les jette hors de la ville, dans un lieu impur.

41 Puis il fera gratter la maison intérieurement, autour de la

plaie, et l'on jettera la poussière qu'on aura raclée hors de la ville, dans un lieu impur.

42 On prendra d'autres pierres, que l'on posera à la place des premières ; on prendra d'autre mortier, et l'on recrépira la maison.

43 Et si la plaie recommence à se développer dans la maison après qu'on a gratté et recrépi la maison,

44 le pontife viendra, et constatera que la plaie s'est accrue dans cette maison ; c'est une lèpre corrosive qui règne dans cette maison : elle est impure.

45 On démolira la maison, les pierres, la charpente et tout l'enduit de la maison, qu'on transportera hors de la ville, dans un lieu impur.

46 Celui qui entrera dans la maison tout le temps qu'on l'a déclarée close, sera souillé jusqu'au soir.

47 Celui qui couchera dans cette maison, lavera ses vêtements, et celui qui y mangera doit les laver de même.

48 Mais si le pontife, lorsqu'il vient, observe que la plaie n'a pas fait de progrès dans la maison après que celle-ci a été recrépie, le pontife déclarera cette maison pure, car la plaie est guérie.

49 Il prendra, pour purifier la maison, deux oiseaux, ainsi que du bois de cèdre, de l'écarlate et de l'hysope.

50 Il égorgera l'un des oiseaux, au-dessus d'un vase d'argile, sur de l'eau vive ;

51 prendra le bois de cèdre, l'hysope et l'écarlate avec l'oiseau vivant, les trempera dans le sang de l'oiseau égorgé et dans l'eau vive, et en aspergera la maison sept fois.

52 Il purifiera ainsi la maison par le sang de l'oiseau, par l'eau vive, par l'oiseau vivant, le bois de cèdre, l'hysope et l'écarlate.

53 Il lâchera l'oiseau vivant hors de la ville, dans la

campagne, et fera ainsi propitiation pour la maison, qui deviendra pure.

54 Telle est l'instruction relative à toute affection de lèpre et à la teigne ;

55 à la lèpre des étoffes, à celle des maisons ;

56 à la tumeur, à la dartre et à la tache,

57 pour enseigner l'époque où l'on est impur et celle où l'on est pur. Telle est la règle de la lèpre."

CHAPITRE QUINZE

L'Éternel parla ainsi à Moïse et à Aaron :
2 "Parlez aux enfants d'Israël et dites-leur : Quiconque serait affligé de gonorrhée, son écoulement est impur.

3 Voici quand aura lieu cette souillure de l'écoulement : si sa chair laisse distiller le flux, ou si elle est engorgée par le flux, sa souillure aura lieu.

4 Toute couche sur laquelle repose celui qui a le flux, sera souillée ; tout meuble sur lequel il s'assied, sera souillé.

5 Quiconque toucherait à sa couche, devra donc laver ses vêtements, se baigner dans l'eau, et restera souillé jusqu'au soir ;

6 et qui s'assoira sur le meuble où s'assied celui qui a le flux, lavera ses vêtements, se baignera dans l'eau et sera souillé jusqu'au soir.

7 Si l'on touche au corps de celui qui a le flux, on lavera ses vêtements, on se baignera dans l'eau et l'on sera souillé jusqu'au soir.

8 Si celui qui a le flux vient à cracher sur un individu pur, celui-ci lavera ses vêtements, se baignera dans l'eau et sera souillé jusqu'au soir.

9 Tout harnais servant à la monture de celui qui a le flux, sera souillé.

10 Quiconque touche à un objet placé sous lui, sera souillé jusqu'au soir ; et qui transporte un de ces objets lavera ses vêtements, se baignera dans l'eau, et restera souillé jusqu'au soir.

11 Quiconque serait touché par celui qui avait le flux et qui n'a pas encore nettoyé ses mains dans l'eau, lavera ses vêtements, se baignera dans l'eau, et restera souillé jusqu'au soir.

12 Un vaisseau d'argile, touché par celui qui a le flux, sera brisé ; un vaisseau de bois, quel qu'il soit, sera nettoyé dans d'eau.

13 Quand cet homme sera délivré de sa gonorrhée, il comptera sept jours depuis son rétablissement ; puis il lavera ses vêtements, baignera son corps dans une eau vive, et sera pur.

14 Le huitième jour, il se procurera deux tourterelles ou deux jeunes colombes, se présentera devant l'Éternel, à l'entrée de la Tente d'assignation, et les remettra au pontife.

15 Le pontife les traitera, l'une comme expiatoire, l'autre comme holocauste ; et il l'absoudra, devant l'Éternel, de son écoulement.

16 Un homme qui aura laissé échapper de la matière séminale devra baigne dans l'eau tout son corps, et sera souillé jusqu'au soir.

17 Toute étoffe, toute peau, où il se trouverait de cette matière, sera nettoyée avec de l'eau et restera souillée jusqu'au soir.

18 Et une femme avec laquelle un homme aurait habité char-

nellement, tous deux se baigneront dans l'eau et seront souillés jusqu'au soir.

19 Lorsqu'une femme éprouvera le flux (son flux, c'est le sang qui s'échappe de son corps), elle restera sept jours dans son isolement, et quiconque la touchera sera souillé jusqu'au soir.

20 Tout objet sur lequel elle repose lors de son isolement, sera impur ; tout objet sur lequel elle s'assied, sera impur.

21 Quiconque touchera à sa couche devra laver ses vêtements, se baigner dans l'eau, et restera souillé jusqu'au soir.

22 Quiconque touchera à quelque meuble où elle s'assoirait, lavera ses vêtements, se baignera dans l'eau, et restera souillé jusqu'au soir.

23 Si, en y touchant, il était lui-même sur la couche où elle est assise, il serait souillé jusqu'au soir.

24 Mais si un homme vient à cohabiter avec elle, de sorte que son Impureté se communique à lui, il sera souillé sept jours, et toute couche sur laquelle il reposera sera souillée.

25 SI le flux sanguin d'une femme a lieu pendant plusieurs jours, hors de l'époque de son isolement, ou s'il se prolonge au-delà de son isolement ordinaire, tout le temps que coulera sa souillure, elle sera comme à l'époque de son Isolement : elle est Impure.

26 Toute couche sur laquelle elle repose pendant toute la durée de cet écoulement sera, à son égard, comme la couche où elle reposait lors de son isolement ; tout meuble sur lequel elle s'assied sera souillé, comme II le serait lors de son isolement.

27 Quiconque les touchera deviendra impur ; il devra laver ses vêtements, se baigner dans l'eau, et restera souillé jusqu'au soir.

28 Lorsqu'elle sera délivrée de son flux, elle comptera sept jours, après quoi elle sera pure.

29 Au huitième jour, elle se procurera deux tourterelles ou deux jeunes colombes, qu'elle apportera au pontife, à l'entrée de la Tente d'assignation.

30 Le pontife traitera l'un des oiseaux comme expiatoire, l'autre comme holocauste ; et il l'absoudra, devant l'Éternel, de la souillure de son écoulement.

31 Vous devez éloigner les enfants d'Israël de ce qui pourrait les souiller, afin qu'ils n'encourent point la mort par leur contamination, en souillant ma demeure qui est au milieu d'eux.

32 Telle est la règle pour celui qui a le flux, et pour celui qui aurait laissé échapper de la matière séminale, cause d'impureté ;

33 pour la femme qui souffre, lors de son isolement ; pour la personne, homme ou femme, dont le flux se prolonge, et pour l'homme qui cohabite avec une femme impure."

CHAPITRE SEIZE

L'Éternel parla à Moïse, après la mort des deux fils d'Aaron, qui, s'étant avancés devant l'Éternel, avaient péri,

2 et il dit à Moïse : "Signifie à Aaron, ton frère, qu'Il ne peut entrer à toute heure dans le sanctuaire, dans l'enceinte du voile, devant le propitiatoire qui est sur l'arche, s'il ne veut encourir la mort ; car je me manifeste, dans un nuage, au-dessus du propitiatoire.

3 Voici comment Aaron entrera dans le sanctuaire : avec un jeune taureau comme expiatoire, et un bélier comme holocauste.

4 Il sera vêtu d'une tunique de lin consacrée, un caleçon de lin couvrira sa chair ; une écharpe de lin le ceindra, et une tiare de lin sera sa coiffure. C'est un costume sacré, il doit se baigner dans l'eau avant de s'en vêtir.

5 De la part de la communauté des enfants d'Israël, Il prendra deux boucs pour l'expiation et un bélier comme holocauste.

6 Et Aaron amènera le taureau expiatoire qui lui est destiné, afin d'obtenir grâce pour lui-même et pour sa maison.

7 Et Il prendra les deux boucs et les présentera devant le Seigneur, à l'entrée de la Tente d'assignation.

8 Aaron tirera au sort pour les deux boucs : un lot sera pour l'Éternel, un lot pour Azazel.

9 Aaron devra offrir le bouc que le sort aura désigné pour l'Éternel, et le traiter comme expiatoire ;

10 et le bouc que le sort aura désigné pour Azazel devra être placé, vivant, devant le Seigneur, pour servir à la propitiation, pour être envoyé à Azazel dans le désert.

11 Aaron offrira son taureau expiatoire, fera propitiation pour lui-même et pour sa famille, et Immolera son taureau expiatoire.

12 Il remplira l'encensoir de charbons ardents, pris sur l'autel qui est devant le Seigneur ; prendra deux pleines poignées d'aromates pilés menu, et introduira le tout dans l'enceinte du voile.

13 Il jettera le fumigatoire sur le feu, devant le Seigneur, de sorte que le nuage aromatique enveloppe le propitiatoire qui abrite le Statut, et qu'il ne meure point.

14 Alors il prendra du sang du taureau, en fera aspersion avec le doigt sur la face du propitiatoire, vers l'orient ; et devant le propitiatoire, Il fera sept fois aspersion de ce sang avec le doigt.

15 Il immolera le bouc expiatoire du peuple, en portera le sang dans l'enceinte du voile, et, procédant à son égard comme il aura fait pour le sang du taureau, Il en fera aspersion au-dessus du propitiatoire, et en avant du propitiatoire.

16 Il purifiera ainsi le sanctuaire des souillures des enfants d'Israël, et de leurs transgressions et de toutes leurs fautes ; et il agira de même pour la Tente d'assignation, qui réside avec eux, parmi leurs souillures.

17 Que personne ne soit dans la Tente d'assignation lorsqu'il

entrera pour faire propitiation dans le sanctuaire, jusqu'à sa sortie. Ayant ainsi fait propitiation pour lui-même, pour sa maison et pour toute l'assemblée d'Israël,

18 il s'en ira vers l'autel qui est devant le Seigneur, pour en faire la propitiation : il prendra du sang du taureau et de celui du bouc, en appliquera sur les cornes de l'autel, tout autour,

19 et fera de ce sang, avec son doigt, sept aspersions sur l'autel, qu'il purifiera et sanctifiera ainsi des souillures des enfants d'Israël.

20 Quand il aura achevé de purifier le sanctuaire, la Tente d'assignation et l'autel, il fera amener le bouc vivant.

21 Aaron appuiera ses deux mains sur la tête du bouc vivant ; confessera, dans cette posture, toutes les iniquités des enfants d'Israël, toutes leurs offenses et tous leurs péchés, et, les ayant ainsi fait passer sur la tête du bouc, l'enverra, sous la conduite d'un exprès, dans le désert.

22 Et le bouc emportera sur lui toutes leurs iniquités dans une contrée solitaire, et on lâchera le bouc dans ce désert.

23 Aaron rentrera dans la Tente d'assignation ; puis il dépouillera les vêtements de lin dont il s'était vêtu pour entrer dans le sanctuaire, et les y déposera.

24 Il baignera son corps dans l'eau, en lieu saint, et revêtira son costume ; s'en ira offrir son holocauste et celui du peuple, et fera propitiation pour lui-même et pour le peuple.

25 La graisse de l'expiatoire, il la fera fumer sur l'autel.

26 Pour celui qui aura conduit le bouc vers Azazel, il lavera ses vêtements, baignera son corps dans l'eau, et alors seulement rentrera au camp.

27 Le taureau expiatoire et le bouc expiatoire, dont le sang aura été introduit, pour la propitiation, dans le sanctuaire, on les

transportera hors du camp, et l'on consumera par le feu leur peau, leur chair et leur fiente.

28 Celui qui les aura brûlés lavera ses vêtements, baignera son corps dans l'eau, et alors seulement rentrera au camp.

29 Et ceci sera pour vous une loi perpétuelle : au septième mois, le dixième jour du mois, vous mortifierez vos personnes et ne ferez aucun ouvrage, soit l'indigène, soit l'étranger séjournant parmi vous.

30 Car en ce jour, on fera propitiation sur vous afin de vous purifier ; vous serez purs de tous vos péchés devant l'Éternel.

31 C'est pour vous un sabbat, un sabbat solennel, où vous devez mortifier vos personnes : loi perpétuelle.

32 La propitiation sera accomplie par le pontife qu'on aura oint et installé pour succéder, comme tel, à son père ; il revêtira le costume de lin, le costume sacré,

33 et il fera propitiation pour le saint sanctuaire, propitiation pour la Tente d'assignation et pour l'autel, propitiation en faveur des pontifes et de tout le peuple réuni.

34 Que cela soit pour vous un statut perpétuel, afin de relever les enfants d'Israël de tous leurs péchés, une fois l'année." Et il agit comme l'Éternel l'avait ordonné à Moïse.

CHAPITRE DIX-SEPT

L'Éternel parla à Moïse en ces termes :
2 "Parle à Aaron et à ses fils, ainsi qu'à tous les enfants d'Israël, et dis-leur : voici ce que l'Éternel m'a ordonné de dire :

3 Tout homme de la maison d'Israël qui égorgera une pièce de gros bétail, ou une bête à laine ou une chèvre, dans le camp, ou qui l'égorgera hors du camp,

4 sans l'avoir amenée à l'entrée de la Tente d'assignation pour en faire une offrande à l'Éternel, devant son tabernacle, il sera réputé meurtrier, cet homme, il a répandu le sang ; et cet homme-là sera retranché du milieu de son peuple.

5 Afin que les enfants d'Israël amènent leurs victimes, qu'ils sacrifient en plein champ, qu'ils les amènent désormais à l'Éternel, à l'entrée de la Tente d'assignation, au pontife, et qu'ils les égorgent comme victimes rémunératoires en l'honneur de l'Éternel.

6 Et le pontife lancera le sang sur l'autel de l'Éternel, à l'entrée de la Tente d'assignation, et il fera fumer la graisse comme parfum agréable à l'Éternel ;

7 et ils n'offriront plus leurs sacrifices aux démons, au culte desquels ils se prostituent. Que cela soit une loi immuable pour eux, dans leurs générations.

8 Tu leur diras encore : Quiconque, de la maison d'Israël ou des étrangers qui séjourneraient parmi eux, offrira un holocauste ou un autre sacrifice,

9 et ne conduira pas la victime à l'entrée de la Tente d'assignation pour qu'on la destine à l'Éternel, cet homme-là sera retranché de son peuple.

10 Quiconque aussi, dans la maison d'Israël ou parmi les étrangers établis au milieu d'eux, mangera de quelque sang, je dirigerai mon regard sur la personne qui aura mangé ce sang, et je la retrancherai du milieu de son peuple.

11 Car le principe vital de la chair gît dans le sang, et moi je vous l'ai accordé sur l'autel, pour procurer l'expiation à vos personnes ; car c'est le sang qui fait expiation pour la personne.

12 C'est pourquoi j'ai dit aux enfants d'Israël : Que nul d'entre vous ne mange du sang, et que l'étranger résidant avec vous n'en mange point.

13 Tout homme aussi, parmi les enfants d'Israël ou parmi les étrangers résidant avec eux, qui aurait pris un gibier, bête sauvage ou volatile, propre à être mangé, devra en répandre le sang et le couvrir de terre.

14 Car le principe vital de toute créature, c'est son sang qui est dans son corps, aussi ai-je dit aux enfants d'Israël : Ne mangez le sang d'aucune créature. Car la vie de toute créature c'est son sang : quiconque en mangera sera retranché.

15 Toute personne, indigène ou étrangère, qui mangerait

d'une bête morte ou déchirée, devra laver ses vêtements, se baigner dans l'eau et rester souillée jusqu'au soir, où elle redeviendra pure.

16 Que si elle ne lave point ses vêtements et ne baigne point son corps, elle en portera la peine."

CHAPITRE DIX-HUIT

L'Éternel parla à Moïse en ces termes :
 2 "Parle aux enfants d'Israël et dis-leur : c'est moi, l'Éternel, qui suis votre Dieu !
3 Les pratiques du pays d'Égypte, où vous avez demeuré, ne les imitez pas, les pratiques du pays de Canaan où je vous conduis, ne les imitez pas et ne vous conformez point à leurs lois.

4 C'est à mes statuts que vous devez obéir, ce sont mes lois que vous respecterez dans votre conduite : c'est moi, l'Éternel, qui suis votre Dieu.

5 Vous observerez donc mes lois et mes statuts, parce que l'homme qui les pratique obtient, par eux, la vie : je suis l'Éternel.

6 Que nul de vous n'approche d'aucune proche parente, pour en découvrir la nudité : je suis l'Éternel.

7 Ne découvre point la nudité de ton père. , celle de ta mère : c'est ta mère, tu ne dois pas découvrir sa nudité.

8 Ne découvre point la nudité de la femme de ton père : c'est la nudité de ton père.

9 La nudité de ta sœur, fille de ton père ou fille de ta mère, née dans la maison ou née au dehors, ne la découvre point.

10 La nudité de la fille de ton fils, ou de la fille de ta fille, ne la découvre point ; car c'est ta propre nudité.

11 La fille de la femme de ton père, progéniture de ton père, celle-là est ta sœur : ne découvre point sa nudité.

12 Ne découvre point la nudité de la sœur de ton père : c'est la proche parente de ton père.

13 Ne découvre point la nudité de la sœur de ta mère, car c'est la proche parente de ta mère.

14 Ne découvre point la nudité du frère de ton père : n'approche point de sa femme, elle est ta tante.

15 Ne découvre point la nudité de ta bru : c'est la femme de ton fils, tu ne dois pas découvrir sa nudité.

16 Ne découvre point la nudité de la femme de ton frère : c'est la nudité de ton frère.

17 Ne découvre point la nudité d'une femme et celle de sa fille ; n'épouse point la fille de son fils ni la fille de sa fille, pour en découvrir la nudité : elles sont proches parentes, c'est une Impudicité.

18 N'épouse pas une femme avec sa sœur : c'est créer une rivalité, en découvrant la nudité de l'une avec celle de l'autre, de son vivant.

19 Lorsqu'une femme est isolée par son impureté, n'approche point d'elle pour découvrir sa nudité.

20 Ne t'unis point charnellement avec la femme de ton prochain : tu te souillerais par elle.

21 Ne livre rien de ta progéniture en offrande à Molokh, pour ne pas profaner le nom de ton Dieu : je suis l'Éternel.

22 Ne cohabite point avec un mâle, d'une cohabitation sexuelle : c'est une abomination.

23 Ne t'accouple avec aucun animal, tu te souillerais par là ; et qu'une femme ne s'offre point à l'accouplement d'un animal, c'est un désordre.

24 Ne vous souillez point par toutes ces choses ! Car ils se sont souillés par elles, les peuples que je chasse à cause de vous,

25 et le pays est devenu Impur, et je lui ai demandé compte de son iniquité, et le pays a vomi ses habitants.

26 Pour vous, respectez mes lois et mes statuts, et ne commettez aucune de ces horreurs. Vous indigènes, ni l'étranger qui séjournerait parmi vous.

27 Car toutes ces horreurs, ils les ont commises, les gens du pays qui vous ont précédés, et le pays est devenu Impur.

28 Craignez que cette terre ne vous vomisse si vous la souillez, comme elle a vomi le peuple qui l'habitait avant vous.

29 Car, quiconque aura commis une de toutes ces abominations, les personnes agissant ainsi seront retranchées du sein de leur peuple.

30 Soyez donc fidèles à mon observance, en ne suivant aucune de ces lois infâmes qu'on a suivies avant vous, et ne vous souillez point par leur pratique : je suis l'Éternel, votre Dieu !"

CHAPITRE DIX-NEUF

L'Éternel parla à Moïse en ces termes :
2 "Parle à toute la communauté des enfants d'Israël et dis-leur : Soyez saints ! Car je suis saint, moi l'Éternel, votre Dieu.

3 Révérez, chacun, votre mère et votre père, et observez mes sabbats : je suis l'Éternel votre Dieu.

4 Ne vous adressez point aux idoles, et ne vous fabriquez point des dieux de métal : je suis l'Éternel votre Dieu.

5 Et quand vous sacrifierez une victime rémunératoire à l'Éternel, sacrifiez-la de manière à être agréés.

6 Le jour même de votre sacrifice elle doit être mangée, et encore le lendemain ; ce qui en serait resté jusqu'au troisième jour sera consumé par le feu.

7 Que si l'on voulait en manger au troisième jour, ce serait une chose réprouvée : le sacrifice ne serait point agréé.

8 Celui qui en mangera portera la peine de son méfait, parce

qu'il a profané un objet consacré au Seigneur ; et cette personne sera retranchée de son peuple.

9 Quand vous moissonnerez la récolte de votre pays, tu laisseras la moisson inachevée au bout de ton champ, et tu ne ramasseras point la glanure de ta moisson.

10 Tu ne grappilleras point dans ta vigne, et tu ne recueilleras point les grains épars de ta vigne. Abandonne-les au pauvre et à l'étranger : je suis l'Éternel votre Dieu.

11 Vous ne commettrez point de vol, point de dénégation ni de fraude au préjudice de votre prochain.

12 Vous ne jurerez point par mon nom à l'appui du mensonge, ce serait profaner le nom de ton Dieu : je suis l'Éternel.

13 Ne commets point d'extorsion sur ton prochain, point de rapine ; que le salaire du journalier ne reste point par devers toi jusqu'au lendemain.

14 N'insulte pas un sourd, et ne place pas d'obstacle sur le chemin d'un aveugle : redoute ton Dieu ! Je suis l'Éternel.

15 Ne prévariquez point dans l'exercice de la justice ; ne montre ni ménagement au faible, ni faveur au puissant : juge ton semblable avec impartialité.

16 Ne va point colportant le mal parmi les tiens, ne sois pas indifférent au danger de ton prochain : je suis l'Éternel.

17 Ne hais point ton frère en ton cœur : reprends ton prochain, et tu n'assumeras pas de péché à cause de lui.

18 Ne te venge ni ne garde rancune aux enfants de ton peuple, mais aime ton prochain comme toi-même : je suis l'Éternel.

19 Observez mes décrets : n'accouple point tes bêtes d'espèce différente ; ne sème point dans ton champ des graines hété-

rogènes et qu'un tissu mixte (chaatnêz) ne couvre point ton corps.

20 Si quelqu'un habite charnellement avec une femme, qui est une esclave fiancée à un homme et n'a été ni rachetée ni autrement affranchie, il y aura châtiment, mais ils ne seront pas mis à mort parce qu'elle n'était pas affranchie.

21 Et il amènera pour sa faute, au Seigneur, à l'entrée de la Tente d'assignation, un bélier de délit.

22 Le pontife lui fera expier par ce bélier délictif, devant le Seigneur, le péché qu'il a commis, et le péché qu'il a commis lui sera pardonné.

23 Quand vous serez entrés dans la Terre promise et y aurez planté quelque arbre fruitier, vous en considérerez le fruit comme une excroissance : trois années durant, ce sera pour vous autant d'excroissances, il n'en sera point mangé.

24 Dans sa quatrième année, tous ses fruits seront consacrés à des réjouissances, en l'honneur de l'Éternel :

25 et la cinquième année, vous pourrez jouir de ses fruits, de manière à en augmenter pour vous le produit : je suis l'Éternel votre Dieu.

26 Ne faites point de repas près du sang ; ne vous livrez pas à la divination ni aux présages.

27 Ne taillez pas en rond les extrémités de votre chevelure, et ne rase pas les coins de ta barbe.

28 Ne tailladez point votre chair à cause d'un mort, et ne vous imprimez point de tatouage : je suis l'Éternel.

29 Ne déshonore point ta fille en la prostituant, de peur que le pays ne se livre à là prostitution et ne soit envahi par la débauche.

30 Observez mes sabbats et révérez mon sanctuaire : je suis l'Éternel.

31 N'ayez point recours aux évocations ni aux sortilèges ; n'aspirez pas à vous souiller par ces pratiques : je suis l'Éternel votre Dieu.

32 Lève-toi à l'aspect d'une tête blanche, et honore la personne du vieillard : crains ton Dieu ! Je suis l'Éternel.

33 Si un étranger vient séjourner avec toi, dans votre pays, ne le molestez point.

34 Il sera pour vous comme un de vos compatriotes, l'étranger qui séjourne avec vous, et tu l'aimeras comme toi-même, car vous avez été étrangers dans le pays d'Égypte je suis l'Éternel votre Dieu.

35 Ne commettez pas d'iniquité en fait de jugements, de poids et de mesures.

36 Ayez des balances exactes, des poids exacts, une épha exacte, un men exact : Je suis l'Éternel votre Dieu, qui vous ai fait sortir du pays d'Égypte.

37 Observez donc toutes mes lois et tous mes statuts, et accomplissez-les : je suis l'Éternel."

CHAPITRE VINGT

L'Éternel parla à Moïse en ces termes :
    2 "Quant aux enfants d'Israël, tu leur diras : Quiconque, parmi les Israélites ou les étrangers séjournant en Israël, livrerait quelqu'un de sa postérité à Molokh, doit être mis à mort : le peuple du pays le tuera à coups de pierres.

    3 Moi-même je dirigerai mon regard sur cet homme, et je le retrancherai du milieu de son peuple, parce qu'il a donné de sa postérité à Molokh, souillant ainsi mon sanctuaire et avilissant mon nom sacré.

    4 Et si le peuple du pays ose fermer les yeux sur la conduite de cet homme, qui aurait donné de sa postérité à Molokh, et qu'on ne le fasse point mourir,

    5 ce sera moi alors qui appliquerai mon regard sur cet homme et sur son engeance, et je retrancherai avec lui, du milieu de leur peuple, tous ceux qui, entraînés par lui, se seraient abandonnés au culte de Molokh.

6 Pour la personne qui aurait recours aux évocations, aux sortilèges, et s'abandonnerait à ces pratiques, je dirigerai mon regard sur cette personne, et je la supprimerai du milieu de son peuple.

7 Sanctifiez vous et soyez saints, car je suis l'Éternel votre Dieu.

8 Observez mes lois et les exécutez : je suis l'Éternel qui vous sanctifie.

9 Or, tout homme qui aura maudit son père ou sa mère, doit être mis à mort : il a maudit son père ou sa mère, il a mérité son supplice.

10 Si un homme commet un adultère avec la femme d'un autre homme, avec la femme de son prochain, l'homme et la femme adultères doivent être mis à mort.

11 Si un homme cohabite avec la femme de son père, c'est la nudité de son père qu'il a découverte : qu'ils soient mis à mort l'un et l'autre, ils ont mérité leur supplice.

12 Si un homme cohabite avec sa bru, que tous deux soient mis à mort : Ils ont agi désordonnément, ils ont mérité leur supplice.

13 Si un individu cohabite avec un mâle, d'une cohabitation sexuelle, c'est une abomination qu'ils ont commise tous les deux ; qu'ils soient punis de mort, leur supplice est mérité.

14 Celui qui épouse une femme et sa mère, c'est une Impudicité : on les fera périr par le feu, lui et elles, pour qu'il n'y ait point d'impudicité parmi vous.

15 Un homme qui s'accouplerait avec un animal doit être mis à mort, et l'animal, vous le tuerez ;

16 et une femme qui s'approcherait de quelque animal pour qu'il s'accouple avec elle, tu la tueras ainsi que l'animal : ils doivent être mis à mort, leur supplice est mérité.

17 Si un homme épouse sa sœur, fille de son père ou fille de sa mère, qu'il voie sa nudité et qu'elle voie la sienne, c'est un inceste, et ils seront exterminés à la vue de leurs concitoyens : il a découvert la nudité de sa sœur, il en portera la peine.

18 Si un homme cohabite avec une femme qui souffre du flux, et découvre sa nudité, Il a mis à nu la source de son sang, et elle-même a dévoilé cette source ; lis seront retranchés, tous deux, du sein de leur peuple.

19 Tu ne découvriras point la nudité de la sœur de ta mère ni de la sœur de ton père ; car c'est dévoiler la nudité de sa parente : ils doivent en porter la peine.

20 Celui oui cohabite avec sa tante, a découvert la nudité de son oncle ; ils doivent expier leur péché, ils mourront sans lignée.

21 Et si quelqu'un épouse la femme de son frère, c'est une impureté ; il a découvert la nudité de son frère, ils demeureront sans lignée.

22 Observez donc toutes mes lois et tous mes statuts, et les exécutez, afin qu'il ne vous rejette point, ce pays où je vous mène pour vous y établir.

23 N'adoptez point les lois de la nation que je chasse à cause de vous ; car ils ont fait toutes ces choses, et je les ai pris en aversion,

24 et je vous ai dit : c'est vous qui prendrez possession de leur sol, et moi je vous le donnerai pour que vous en soyez possesseurs, ce pays ruisselant de lait et de miel. Je suis l'Éternel votre Dieu, qui vous ai distingués entre les peuples.

25 Distinguez donc le quadrupède pur de l'impur, et l'oiseau impur d'avec le pur ; ne souillez pas vos personnes par les quadrupèdes, les oiseaux et les différents reptiles de la terre, que je vous ai fait distinguer en les déclarant impurs.

26 Soyez saints pour moi, car je suis saint, moi l'Éternel, et je vous ai séparés d'avec les peuples pour que vous soyez à moi.

27 Un homme ou une femme chez qui serait constatée une évocation ou un sortilège devront être mis à mort ; on les lapidera : ils ont mérité leur supplice."

CHAPITRE VINGT-ET-UN

L'Éternel dit à Moïse : "Parle aux pontifes, fils d'Aaron, et dis-leur : Nul ne doit se souiller par le cadavre d'un de ses concitoyens,

2 si ce n'est pour ses parents les plus proches : pour sa mère ou son père, pour son fils ou sa fille, ou pour son frère ;

3 pour sa sœur aussi, si elle est vierge, habitant près de lui, et n'a pas encore appartenu à un homme, pour elle il peut se souiller.

4 Il ne doit pas se rendre impur, lui qui est maître parmi les siens, de manière à s'avilir.

5 ils ne feront point de tonsure à leur tête, ne raseront point l'extrémité de leur barbe, et ne pratiqueront point d'incision sur leur chair.

6 Ils doivent rester saints pour leur Dieu, et ne pas profaner le nom de leur Dieu ; car ce sont les sacrifices de l'Éternel, c'est le pain de leur Dieu qu'ils ont à offrir : ils doivent être saints.

7 Une femme prostituée ou déshonorée, ils ne l'épouseront

point ; une femme répudiée par son mari, ils ne l'épouseront point : car le pontife est consacré à son Dieu.

8 Tiens-le pour saint, car c'est lui qui offre le pain de ton Dieu ; qu'il soit saint pour toi, parce que je suis saint, moi l'Éternel, qui vous sanctifie.

9 Et si la fille de quelque pontife se déshonore par la prostitution, c'est son père qu'elle déshonore : elle périra par le feu.

10 Quant au pontife supérieur à ses frères, sur la tête duquel aura coulé l'huile d'onction, et qu'on aura investi du droit de revêtir les insignes, il ne doit point découvrir sa tête ni déchirer ses vêtements ;

11 il n'approchera d'aucun corps mort ; pour son père même et pour sa mère il ne se souillera point ;

12 et il ne quittera point le sanctuaire, pour ne pas ravaler le sanctuaire de son Dieu, car il porte le sacre de l'huile d'onction de son Dieu : je suis l'Éternel.

13 De plus, il devra épouser une femme qui soit vierge.

14 Une veuve, une femme répudiée ou déshonorée, une courtisane, il ne l'épousera point : il ne peut prendre pour femme qu'une vierge d'entre son peuple,

15 et ne doit point dégrader sa race au milieu de son peuple : je suis l'Éternel, qui l'ai consacré !"

16 L'Éternel parla à Moïse en ces termes :

17 "Parle ainsi à Aaron : Quelqu'un de ta postérité, dans les âges futurs, qui serait atteint d'une infirmité, ne sera pas admis à offrir le pain de son Dieu.

18 Car quiconque a une infirmité ne saurait être admis : un individu aveugle ou boiteux, ayant le nez écrasé ou des organes inégaux ;

19 ou celui qui serait estropié, soit du pied, soit de la main ;

20 ou un bossu, ou un nain ; celui qui a une taie sur l'œil, la gale sèche ou humide, ou les testicules broyés.

21 Tout individu infirme, de la race d'Aaron le pontife, ne se présentera pas pour offrir les sacrifices de l'Éternel. Atteint d'une infirmité, il ne peut se présenter pour offrir le pain de son Dieu.

22 Le pain de son Dieu, provenant des offrandes très-saintes comme des offrandes saintes, il peut s'en nourrir ;

23 mais qu'il ne pénètre point jusqu'au voile, et qu'il n'approche point de l'autel, car il a une infirmité, et il ne doit point profaner mes choses saintes, car c'est moi, l'Éternel, qui les sanctifie."

24 Et Moïse le redit à Aaron et à ses fils, et à tous les enfants d'Israël.

CHAPITRE VINGT-DEUX

L'Éternel parla ainsi à Moïse :

2 "Avertis Aaron et ses fils d'être circonspects à l'égard des saintetés des enfants d'Israël, pour ne pas profaner mon saint nom en profanant ce que ceux-ci me consacrent : je suis l'Éternel.

3 Dis-leur : à l'avenir, quiconque de toute votre famille, étant en état de souillure, s'approcherait des saintetés que les enfants d'Israël consacrent à l'Éternel, cette personne sera retranchée de devant moi : je suis l'Éternel.

4 Tout individu de la race d'Aaron, atteint de lèpre ou de flux, ne mangera pas de choses saintes qu'il ne soit devenu pur. De même, celui qui touche à une personne souillée par un cadavre, ou celui qui a laissé échapper de la matière séminale,

5 ou celui qui aurait touché à quelque reptile de nature à le souiller, ou à un homme qui lui aurait communiqué une impureté quelconque :

6 la personne qui y touche devant rester souillée jusqu'au

soir, le pontife ne mangera rien des choses saintes qu'il n'ait baigné son corps dans l'eau.

7 Après le soleil couché, il deviendra pur ; et alors il pourra jouir des choses saintes, car elles sont sa subsistance.

8 Une bête morte ou déchirée, il n'en mangera point, elle le rendrait impur : je suis l'Éternel.

9 Qu'ils respectent mon observance et ne s'exposent pas, à cause d'elle, à un péché, car ils mourraient pour l'avoir violée : je suis l'Éternel qui les sanctifie.

10 Nul profane ne mangera d'une chose sainte ; celui qui habite chez un pontife ou est salarié par lui, ne mangera point d'une chose sainte.

11 Mais si un pontife a acheté une personne à prix d'argent, elle pourra en manger ; et les esclaves nés chez lui, ceux-là aussi mangeront de son pain.

12 Si la finie d'un prêtre est mariée à un profane, elle ne mangera point des saintes offrandes.

13 Si cette fille de pontife devient veuve ou est divorcée, qu'elle n'ait point de postérité, et qu'elle retourne à la maison de son père comme en sa jeunesse, elle mangera du pain de son père ; mais aucun profane n'en mangera.

14 Si quelqu'un avait, par inadvertance, mangé une chose sainte, il en ajoutera le cinquième en sus, qu'il donnera au pontife avec la chose sainte.

15 Ils ne doivent pas laisser profaner les saintetés des enfants d'Israël, ce dont ils font hommage à l'Éternel,

16 et faire peser sur eux un délit punissable, alors qu'ils consommeraient leurs propres saintetés ; car c'est moi, l'Éternel, qui les sanctifie."

17 L'Éternel parla à Moïse en ces termes :

18 "parie à Aaron et à ses fils, ainsi qu'à tous les enfants d'Is-

raël, et dis-leur : qui que ce soit de la maison d'Israël, ou parmi les étrangers en Israël, qui voudra présenter son offrande, par suite de quelque vœu ou don volontaire de leur part ; s'ils l'offrent à l'Éternel comme holocauste,

19 pour être agréés, prenez-la sans défaut, mâle, parmi le gros bétail, les brebis ou les chèvres.

20 Tout animal qui aurait un défaut, ne l'offrez point ; car il ne sera pas agréé de votre part.

21 De même, si quelqu'un veut offrir une victime rémunératoire à l'Éternel, par suite d'un vœu particulier ou d'un don volontaire, dans le gros ou dans le menu bétail, cette victime, pour être agréée, doit être irréprochable, n'avoir aucun défaut.

22 Une bête aveugle, estropiée ou mutilée, affectée de verrues, de gale sèche ou humide, vous ne les offrirez point à l'Éternel, et vous n'en ferez rien brûler sur l'autel en son honneur.

23 Si une grosse ou une menue bête a un membre trop long ou trop court, tu pourras l'employer comme offrande volontaire, mais comme offrande votive elle ne serait point agréée.

24 Celle qui a les testicules froissés, écrasés, rompus ou coupés, ne l'offrez point à l'Éternel, et dans votre pays ne faites point pareille chose.

25 De la part même d'un étranger vous n'offrirez aucun de ces animaux comme aliment à votre Dieu ; car ils ont subi une mutilation, ils sont défectueux, vous ne les feriez point agréer."

26 L'Éternel parla à Moïse en ces termes :

27 "Lorsqu'un veau, un agneau ou un chevreau vient de naître, il doit rester sept jours auprès de sa mère ; à partir du huitième jour seulement, il sera propre à être offert en sacrifice à l'Éternel.

28 Crosse ou menue bête, vous n'égorgerez point ranimai avec son petit le même jour.

29 Quand vous ferez un sacrifice de reconnaissance à l'Éternel, faites ce sacrifice de manière à être agréés.

30 Il devra être consommé le jour même, vous n'en laisserez rien pour le lendemain : je suis l'Éternel.

31 Gardez mes commandements et pratiquez-les : je suis l'Éternel.

32 Ne déshonorez point mon saint nom, afin que je sois sanctifié au milieu des enfants d'Israël, moi, l'Éternel, qui vous sanctifie,

33 qui vous ai fait sortir du pays d'Égypte pour devenir votre Dieu : je suis l'Éternel."

CHAPITRE VINGT-TROIS

L'Éternel parla ainsi à Moïse :
2 "Parle aux enfants d'Israël et dis-leur les solennités de l'Éternel, que vous devez célébrer comme convocations saintes. Les voici, mes solennités :

3 pendant six jours on se livrera au travail, mais le septième jour il y aura repos, repos solennel pour une sainte convocation : vous ne ferez aucun travail. Ce sera le Sabbat de l'Éternel, dans toutes vos habitations.

4 Voici les solennités de l'Éternel, convocations saintes, que vous célébrerez en leur saison.

5 Au premier mois, le quatorze du mois, vers le soir, la Pâque sera offerte au Seigneur ;

6 et au quinzième jour de ce mois, ce sera la fête des Azymes pour le Seigneur : durant sept jours vous mangerez des azymes.

7 Le premier jour, il y aura pour vous convocation sainte : vous ne ferez aucune œuvre servile.

8 Vous offrirez un sacrifice au Seigneur sept jours de suite.

Le septième jour, il y aura convocation sainte : vous ne ferez aucune œuvre servile."

9 L'Éternel parla ainsi à Moïse :

10 "Parle aux enfants d'Israël et dis-leur : quand vous serez arrivés dans le pays que je vous accorde, et que vous y ferez la moisson, vous apporterez un ômer des prémices de votre moisson au pontife,

11 lequel balancera cet ômer devant le Seigneur, pour vous le rendre propice ; c'est le lendemain de la fête que le pontife le balancera.

12 Vous offrirez, le jour du balancement de l'ômer, un agneau sans défaut, âgé d'un an, en holocauste à l'Éternel.

13 Son oblation : deux dixièmes de fleur de farine pétrie à l'huile, à brûler en l'honneur de l'Éternel comme odeur agréable ; et sa libation : un quart de hîn de vin.

14 Vous ne mangerez ni pain, ni grains torréfiés, ni gruau, jusqu'à ce jour même, jusqu'à ce que vous ayez apporté l'offrande de votre Dieu ; statut perpétuel pour vos générations, dans toutes vos demeures.

15 Puis, vous compterez chacun, depuis le lendemain de la fête, depuis le jour où vous aurez offert l'ômer du balancement, sept semaines, qui doivent être entières ;

16 vous compterez jusqu'au lendemain de la septième semaine, soit cinquante jours, et vous offrirez à l'Éternel une oblation nouvelle.

17 De vos habitations, vous apporterez deux pains destinés au balancement, qui seront faits de deux dixièmes de farine fine et cuits à pâte levée : ce seront des prémices pour l'Éternel.

18 Vous offrirez, avec ces pains, sept agneaux sans défaut, âgés d'un an, un jeune taureau et deux béliers ; ils formeront un

holocauste pour le Seigneur, avec leurs oblations et leurs libations, sacrifice d'une odeur agréable à l'Éternel.

19 Vous ajouterez un bouc pour le péché, et deux agneaux d'un an comme sacrifice rémunératoire.

20 Le pontife les balancera, avec le pain des prémices, devant l'Éternel, ainsi que deux des agneaux : ils seront consacrés à l'Éternel, au profit du pontife.

21 Et vous célébrerez ce même jour : ce sera pour vous une convocation sainte, où vous ne ferez aucune œuvre servile ; statut invariable, dans toutes vos demeures, pour vos générations.

22 Et quand vous ferez la moisson dans votre pays, tu laisseras la Benda inachevée au bout de ton champ, et tu ne ramasseras point les glanes de ta moisson. Abandonne-les au pauvre et à l'étranger : je suis l'Éternel votre Dieu."

23 L'Éternel parla à Moïse en ces termes :

24 "Parle ainsi aux enfants d'Israël : au septième mois, le premier jour du mois, aura lieu pour vous un repos solennel ; commémoration par une fanfare, convocation sainte.

25 Vous ne ferez aucune œuvre servile, et vous offrirez un sacrifice à l'Éternel."

26 L'Éternel parla à Moïse en ces termes :

27 "Mais au dixième jour de ce septième mois, qui est le jour des Expiations, il y aura pour vous convocation sainte : vous mortifierez vos personnes, vous offrirez un sacrifice à l'Éternel,

28 et vous ne ferez aucun travail en ce même jour ; car c'est un jour d'expiation, destiné à vous réhabiliter devant l'Éternel votre Dieu.

29 Aussi, toute personne qui ne se mortifiera pas en ce même jour, sera supprimée de son peuple ;

30 et toute personne qui fera un travail quelconque en ce

même jour, j'anéantirai cette personne-là du milieu de son peuple.

31 Ne faites donc aucune sorte de travail : loi perpétuelle pour vos générations, dans toutes vos demeures.

32 Ce jour est pour vous un chômage absolu, où vous mortifierez vos personnes ; dès le neuf du mois au soir, depuis un soir jusqu'à l'autre, vous observerez votre chômage."

33 L'Éternel parla à Moïse en ces termes :

34 "Parle ainsi aux enfants d'Israël : le quinzième jour de ce septième mois aura lieu la fête des Tentes, durant sept jours, en l'honneur de l'Éternel.

35 Le premier jour, convocation sainte : vous ne ferez aucune œuvre servile.

36 Sept jours durant, vous offrirez des sacrifices à l'Éternel. Le huitième jour, vous aurez encore une convocation sainte, et vous offrirez un sacrifice à l'Éternel : c'est une fête de clôture, vous n'y ferez aucune œuvre servile.

37 Ce sont là les solennités de l'Éternel, que vous célébrerez comme convocations saintes, en offrant des sacrifices à l'Éternel, holocaustes et oblations, victimes et libations, selon le rite de chaque jour,

38 indépendamment des sabbats de l'Éternel ; indépendamment aussi de vos dons, et de toutes vos offrandes votives ou volontaires, dont vous ferez hommage à l'Éternel.

39 Mais le quinzième jour du septième mois, quand vous aurez rentré la récolte de la terre, vous fêterez la fête du Seigneur, qui durera sept jours ; le premier jour il y aura chômage, et chômage le huitième jour.

40 Vous prendrez, le premier jour, du fruit de l'arbre hadar, des branches de palmier, des rameaux de l'arbre aboth et des

saules de rivière ; et vous vous réjouirez, en présence de l'Éternel votre Dieu, pendant sept jours.

41 Vous la fêterez, cette fête du Seigneur, sept jours chaque année, règle immuable pour vos générations ; c'est au septième mois que vous la solenniserez.

42 Vous demeurerez dans des tentes durant sept jours ; tout indigène en Israël demeurera sous la tente,

43 afin que vos générations sachent que j'ai donné des tentes pour demeure aux enfants d'Israël, quand je les ai fait sortir du pays d'Égypte, moi, l'Éternel, votre Dieu !"

44 Et Moïse exposa les solennités de l'Éternel aux enfants d'Israël.

CHAPITRE VINGT-QUATRE

L'Éternel parla à Moïse en ces termes :
2 "Ordonne aux enfants d'Israël de te choisir une huile pure d'olives concassées, pour le luminaire, afin d'alimenter les lampes en permanence.

3 C'est en dehors du voile qui abrite le Statut, dans la Tente d'assignation, qu'Aaron les entretiendra depuis le soir jusqu'au matin, devant l'Éternel, constamment : règle perpétuelle pour vos générations.

4 C'est sur le candélabre d'or pur qu'il entretiendra ces lampes, devant l'Éternel, constamment.

5 Tu prendras aussi de la fleur de farine, et tu en cuiras douze gâteaux, chaque gâteau contenant deux dixièmes.

6 Tu les disposeras en deux rangées, six par rangée, sur la table d'or pur, devant l'Éternel.

7 Tu mettras sur chaque rangée de l'encens pur, qui servira de mémorial aux pains, pour être brûlé en l'honneur de l'Éternel.

8 Régulièrement chaque jour de sabbat, on les disposera

devant l'Éternel, en permanence, de la part des enfants d'Israël : c'est une alliance perpétuelle.

9 Ce pain appartiendra à Aaron et à ses fils, qui le mangeront en lieu saint ; car c'est une chose éminemment sainte, qui lui revient sur les offrandes de l'Éternel, comme portion invariable."

10 Il arriva que le fils d'une femme israélite, lequel avait pour père un Égyptien, était allé se mêler aux enfants d'Israël ; une querelle s'éleva dans le camp, entre ce fils d'une Israélite et un homme d'Israël.

11 Le fils de la femme israélite proféra, en blasphémant, le Nom sacré ; on le conduisit devant Moïse. Le nom de sa mère était Chelomith, fille de Dibri, de la tribu de Dan.

12 On le mit en lieu sûr, jusqu'à ce qu'une décision intervînt de la part de l'Éternel.

13 Et l'Éternel parla ainsi à Moïse :

14 "Qu'on emmène le blasphémateur hors du camp ; que tous ceux qui l'ont entendu imposent leurs mains sur sa tête, et que toute la communauté le lapide.

15 Parle aussi aux enfants d'Israël en ces termes : quiconque outrage son Dieu portera la peine de son crime.

16 Pour celui qui blasphème nominativement l'Éternel, il doit être mis à mort, toute la communauté devra le lapider ; étranger comme indigène, s'il a blasphémé nominativement, il sera puni de mort.

17 Si quelqu'un fait périr une créature humaine, il sera mis à mort.

18 S'il fait périr un animal, il le paiera, corps pour corps.

19 Et si quelqu'un fait une blessure à son prochain, comme il a agi lui-même on agira à son égard :

20 fracture pour fracture, œil pour œil, dent pour dent ; selon la lésion qu'il aura faite à autrui, ainsi lui sera-t-il fait.

21 Qui tue un animal doit le payer, et qui tue un homme doit mourir.

22 Même législation vous régira, étrangers comme nationaux ; car je suis l'Éternel, votre Dieu à tous."

23 Moïse le redit aux enfants d'Israël. On emmena le blasphémateur hors du camp, et on le tua à coups de pierres ; et les enfants d'Israël firent comme l'Éternel avait ordonné à Moïse.

CHAPITRE VINGT-CINQ

L'Éternel parla à Moïse au mont Sinaï, en ces termes :
2 "Parle aux enfants d'Israël et dis-leur : Quand vous serez entrés dans le pays que je vous donne, la terre sera soumise à un chômage en l'honneur de l'Éternel.

3 Six années tu ensemenceras ton champ, six années tu travailleras ta vigne, et tu en recueilleras le produit ;

4 mais, la septième année, un chômage absolu sera accordé à la terre, un sabbat en l'honneur de l'Éternel. Tu n'ensemenceras ton champ ni ne tailleras ta vigne.

5 Le produit spontané de ta moisson, tu ne le couperas point, et les raisins de ta vigne intacte, tu ne les vendangeras point : ce sera une année de chômage pour le sol.

6 Ce solen repos vous appartiendra à tous pour la consommation : à toi, à ton esclave, à ta servante, au mercenaire et à l'étranger qui habitent avec toi ;

7 ton bétail même, ainsi que les bêtes sauvages de ton pays, pourront se nourrir de tous ces produits.

8 Tu compteras chez toi sept années sabbatiques, sept fois sept années, de sorte que la période de ces sept années sabbatiques te fera quarante-neuf ans ;

9 puis tu feras circuler le retentissement du cor, dans le septième mois, le dixième jour du mois : au jour des expiations, vous ferez retentir le son du cor à travers tout votre pays.

10 Vous sanctifierez cette cinquantième année, en proclamant, dans le pays, la liberté pour tous ceux qui l'habitent : cette année sera pour vous le Jubilé, où chacun de vous rentrera dans son bien, où chacun retournera à sa famille.

11 La cinquantième année est le Jubilé, elle le sera pour vous : vous ne sèmerez point, vous n'en couperez point les produits, ni n'en vendangerez les vignes intactes,

12 parce que cette année est le jubilé et doit vous être une chose sainte. C'est à même le champ que vous en mangerez le produit.

13 En cette année jubilaire, vous rentrerez chacun dans votre possession.

14 Si donc tu fais une vente à ton prochain, ou si tu acquiers de sa main quelque chose, ne vous lésez point l'un l'autre.

15 C'est en tenant compte des années écoulées depuis le Jubilé, que tu feras cet achat à ton prochain ; c'est en tenant compte des années de récolte, qu'il doit te vendre.

16 Selon que ces années seront plus ou moins nombreuses, tu paieras plus ou moins cher la chose acquise ; car c'est un nombre de récoltes qu'il te vend.

17 Ne vous lésez point l'un l'autre, mais redoute ton Dieu ! Car je suis l'Éternel votre Dieu.

18 Exécutez mes édits, observez et pratiquez mes lois, et vous demeurerez dans le pays en sécurité.

19 La terre donnera ses fruits, dont vous vous nourrirez abondamment, et vous y résiderez en toute quiétude.

20 Que si vous dites : "Qu'aurons-nous à manger la septième année, puisque nous ne pouvons ni semer, ni rentrer nos récoltes ?"

21 Je vous octroierai ma bénédiction dans la sixième année, tellement qu'elle produira la récolte de trois années ;

22 et quand vous sèmerez la huitième année, vous vivrez sur la récolte antérieure : jusqu'à la neuvième année, jusqu'à ce que s'effectue sa récolte, vous vivrez sur l'ancienne.

23 Nulle terre ne sera aliénée irrévocablement, car la terre est à moi, car vous n'êtes que des étrangers domiciliés chez moi.

24 Et dans tout le pays que vous posséderez, vous accorderez le droit de rachat sur les terres.

25 Si ton frère, se trouvant dans la gêne, a vendu une partie de sa propriété, son plus proche parent aura la faculté de racheter ce qu'a vendu son frère.

26 Quelqu'un dont personne n'a racheté le bien, mais qui retrouve des ressources suffisantes pour le racheter lui-même,

27 supputera les années de la vente, rendra l'excédent à celui à qui il avait vendu, et rentrera dans son bien.

28 Que s'il n'a point de ressources suffisantes pour cette restitution, la chose vendue restera entre les mains de l'acquéreur jusqu'à l'année jubilaire ; elle en sortira à cette époque, et l'autre en reprendra possession.

29 Si quelqu'un vend une maison d'habitation située dans une ville murée, le droit de rachat durera jusqu'à la fin de l'année de la vente : pendant une année pleine cette faculté subsistera.

30 Et si elle n'a pas été rachetée dans l'espace d'une année entière, cette maison sise dans une ville close de murs sera

acquise définitivement à l'acheteur, pour lui et sa descendance ; le Jubilé ne la dégagera point.

31 Mais les maisons des villages non entourés de murs seront réputées une dépendance de la campagne, laquelle sera rachetable, et dégagée au Jubilé.

32 Quant aux villes des Lévites, aux maisons situées dans les villes qu'ils possèdent, les Lévites auront toujours le droit de les racheter.

33 Si même quelqu'un des Lévites l'a rachetée, la vente de cette maison ou de cette ville qu'il possède sera résiliée par le Jubilé ; car les maisons situées dans les villes des Lévites sont leur propriété parmi les enfants d'Israël.

34 Une terre située dans la banlieue de leurs villes ne peut être vendue : elle est leur propriété inaliénable.

35 Si ton frère vient à déchoir, si tu vois chanceler sa fortune, soutiens-le, fût-il étranger et nouveau venu, et qu'Il vive avec toi.

36 N'accepte de sa part ni intérêt ni profit, mais crains ton Dieu, et que ton frère vive avec toi.

37 Ne lui donne point ton argent à intérêt, ni tes aliments pour en tirer profit.

38 Je suis l'Éternel votre Dieu, qui vous ai fait sortir du pays d'Égypte pour vous donner celui de Canaan, pour devenir votre Dieu.

39 Si ton frère, près de toi, réduit à la misère, se vend à toi, ne lui impose point le travail d'un esclave.

40 C'est comme un mercenaire, comme un hôte, qu'il sera avec toi ; il servira chez toi jusqu'à l'année du Jubilé.

41 Alors il sortira de chez toi, lui ainsi que ses enfants ; il retournera dans sa famille, et recouvrera le bien de ses pères.

42 Car ils sont mes esclaves, à moi, qui les ai fait sortir du

pays d'Égypte ; ils ne doivent pas être vendus à la façon des esclaves.

43 Ne le régente point avec rigueur, crains d'offenser ton Dieu !

44 Ton esclave ou ta servante, que tu veux avoir en propre, doit provenir des peuples qui vous entourent ; à ceux-là vous pouvez acheter esclaves et servantes.

45 Vous pourrez en acheter encore parmi les enfants des étrangers qui viennent s'établir chez vous, et parmi leurs familles qui sont avec vous, qu'ils ont engendrées dans votre pays : ils pourront devenir votre propriété.

46 Vous pourrez les léguer à vos enfants pour qu'ils en prennent possession après vous, et les traiter perpétuellement en esclaves ; mais sur vos frères les enfants d'Israël un frère sur un autre ! Tu n'exerceras point sur eux une domination rigoureuse.

47 Si l'étranger, celui qui s'est établi près de toi, acquiert des moyens, et que ton frère, près de lui, devenu pauvre, se soit vendu à l'étranger établi près de toi, ou au rejeton d'une famille étrangère,

48 après qu'il s'est vendu, le droit de rachat existe pour lui ; l'un de ses frères donc le rachètera.

49 Il sera racheté ou par son oncle ou par le fils de son oncle, ou par quelque autre de sa parenté, de sa famille ; ou, s'il a acquis des moyens, il se rachètera lui-même.

50 Il calculera, avec son acquéreur, l'intervalle entre l'année où il s'est vendu à lui et l'année du Jubilé ; le prix de sa vente sera comparé au chiffre des années, qui seront considérées à son égard comme le temps d'un mercenaire.

51 S'il y a encore un grand nombre d'années, il rendra pour son rachat, sur le prix de son acquisition, une somme équivalente ;

52 et de même, s'il reste un petit nombre d'années jusqu'à l'an jubilaire, il lui en tiendra compte : c'est à proportion des années qu'il paiera son rachat.

53 Qu'il soit chez lui comme le mercenaire loué à l'année : qu'on ne le régente point avec dureté, toi présent.

54 Et s'il n'a pas été racheté par ces voies, il sortira libre à l'époque du jubilé, lui, et ses enfants avec lui.

55 Car c'est à moi que les Israélites appartiennent comme esclaves ; ce sont mes serfs à moi, qui les ai tirés du pays d'Égypte, moi, l'Éternel, votre Dieu !"

CHAPITRE VINGT-SIX

"Ne vous faites point de faux dieux ; n'érigez point, chez vous, image ni monument, et ne mettez point de pierre symbolique dans votre pays pour vous y prosterner : car c'est moi, Éternel, qui suis votre Dieu.

2 Observez mes sabbats et révérez mon sanctuaire : je suis l'Éternel.

3 Si vous vous conduisez selon mes lois, si vous gardez mes préceptes et les exécutez,

4 je vous donnerai les pluies en leur saison, et la terre livrera son produit, et l'arbre du champ donnera son fruit.

5 Le battage de vos grains se prolongera jusqu'à la vendange, et la vendange durera jusqu'aux semailles ; vous aurez du pain à manger en abondance, et vous demeurerez en sécurité dans votre pays.

6 Je ferai régner la paix dans ce pays, et nul n'y troublera votre repos ; je ferai disparaître du pays les animaux nuisibles, et le glaive ne traversera point votre territoire.

7 Vous poursuivrez vos ennemis, et ils succomberont sous votre glaive.

8 Cinq d'entre vous en poursuivront une centaine, et cent d'entre vous une myriade ; et vos ennemis tomberont devant votre glaive.

9 Je m'occuperai de vous, je vous ferai croître et multiplier, et je maintiendrai mon alliance avec vous.

10 Vous pourrez vivre longtemps sur une récolte passée, et vous devrez enlever l'ancienne pour faire place à la nouvelle.

11 Je fixerai ma résidence au milieu de vous, et mon esprit ne se lassera point d'être avec vous ;

12 mais je me complairai au milieu de vous, et je serai votre Divinité, et vous serez mon peuple.

13 Je suis l'Éternel votre Dieu, qui vous ai tirés du pays d'Égypte pour que vous n'y fussiez plus esclaves ; et j'ai brisé les barres de votre joug, et je vous ai fait marcher la tête haute.

14 Mais si vous ne m'écoutez point, et que vous cessiez d'exécuter tous ces commandements ;

15 si vous dédaignez mes lois et que votre esprit repousse mes institutions, au point de ne plus observer mes préceptes, de rompre mon alliance,

16 à mon tour, voici ce que je vous ferai : je susciterai contre vous d'effrayants fléaux, la consomption, la fièvre, qui font languir les yeux et défaillir l'âme ; vous sèmerez en vain votre semence, vos ennemis la consommeront.

17 Je dirigerai ma face contre vous, et vous serez abattus devant vos ennemis ; ceux qui vous haïssent vous domineront, et vous fuirez sans qu'on vous poursuive.

18 Que si malgré cela vous ne m'obéissez pas encore, je redoublerai jusqu'au septuple le châtiment de vos fautes.

19 Je briserai votre arrogante audace, en faisant votre ciel de fer et votre terre d'airain ;

20 et vous vous épuiserez en vains efforts, votre terre refusera son tribut, et ses arbres refuseront leurs fruits.

21 Si vous agissez hostilement à mon égard, si vous persistez à ne point m'obéir, je vous frapperai de nouvelles plaies, septuples comme vos fautes.

22 Je lâcherai sur vous les bêtes sauvages, qui vous priveront de vos enfants, qui extermineront votre bétail, qui vous décimeront vous-mêmes, et vos routes deviendront solitaires.

23 Si ces châtiments ne vous ramènent pas à moi et que votre conduite reste hostile à mon égard,

24 moi aussi je me conduirai à votre égard avec hostilité, et je vous frapperai, à mon tour, sept fois pour vos péchés.

25 Je ferai surgir contre vous le glaive, vengeur des droits de l'Alliance, et vous vous replierez dans vos villes ; puis, j'enverrai la peste au milieu de vous, et vous serez à la merci de l'ennemi,

26 tandis que je vous couperai les vivres, de sorte que dix femmes cuiront votre pain dans un même four et vous le rapporteront au poids, et que vous le mangerez sans vous rassasier.

27 Si, malgré cela, au lieu de m'obéir, vous vous comportez hostilement avec moi,

28 je procéderai à votre égard avec une exaspération d'hostilité, et je vous châtierai, à mon tour, sept fois pour vos péchés.

29 Vous dévorerez la chair de vos fils, et la chair de vos filles vous la dévorerez.

30 Je détruirai vos hauts-lieux, j'abattrai vos monuments solaires, puis je jetterai vos cadavres sur les cadavres de vos impures idoles ; et mon esprit vous repoussera.

31 Je ferai de vos villes des ruines, de vos lieux saints une solitude, et je ne respirerai point vos pieux parfums.

32 Puis, moi-même je désolerai cette terre, si bien que vos ennemis, qui l'occuperont, en seront stupéfaits.

33 Et vous, je vous disperserai parmi les nations, et je vous poursuivrai l'épée haute ; votre pays restera solitaire, vos villes resteront ruinées.

34 Alors la terre acquittera la dette de ses chômages, tandis qu'elle restera désolée et que vous vivrez dans le pays de vos ennemis ; alors la terre chômera, et vous fera payer ses chômages.

35 Dans toute cette période de désolation, elle chômera pour ce qu'elle n'aura pas chômé dans vos années sabbatiques, alors que vous l'habitiez.

36 Pour ceux qui survivront d'entre vous, je leur mettrai la défaillance au cœur dans les pays de leurs ennemis : poursuivis par le bruit de la feuille qui tombe, ils fuiront comme on fuit devant l'épée, ils tomberont sans qu'on les poursuive,

37 et ils trébucheront l'un sur l'autre comme à la vue de l'épée, sans que personne les poursuive. Vous ne pourrez vous maintenir devant vos ennemis ;

38 vous vous perdrez parmi les nations, et le pays de vos ennemis vous dévorera.

39 Et les survivants d'entre vous se consumeront, par leur faute, dans les pays de leurs ennemis, et même pour les méfaits de leurs pères ils se consumeront avec eux.

40 Puis ils confesseront leur iniquité et celle de leurs pères, leur forfaiture envers moi, et aussi leur conduite hostile à mon égard,

41 pour laquelle moi aussi je les aurai traités hostilement, en les déportant au pays de leurs ennemis à moins qu'alors leur cœur obtus ne s'humilie, et alors ils expieront leur iniquité.

42 Et je me ressouviendrai de mon alliance avec Jacob ; mon

alliance aussi avec Isaac, mon alliance aussi avec Abraham, je m'en souviendrai, et la terre aussi, je m'en souviendrai.

43 Cette terre restera donc abandonnée par eux, afin que, laissée par eux déserte, elle répare ses chômages, et qu'eux-mêmes ils réparent leur iniquité ; parce que, oui, parce qu'ils auront dédaigné mes statuts, et que leur esprit aura repoussé mes lois.

44 Et pourtant, même alors, quand ils se trouveront relégués dans le pays de leurs ennemis, je ne les aurai ni dédaignés ni repoussés au point de les anéantir, de dissoudre mon alliance avec eux ; car je suis l'Éternel, leur Dieu !

45 Et je me rappellerai, en leur faveur, le pacte des aïeux, de ceux que j'ai fait sortir du pays d'Égypte à la vue des peuples pour être leur Dieu, moi l'Éternel."

46 Telles sont les ordonnances, les institutions et les doctrines que l'Éternel fit intervenir entre lui et les enfants d'Israël, au mont Sinaï, par l'organe de Moïse.

CHAPITRE VINGT-SEPT

L'Éternel parla à Moïse en ces termes :

2 "Parle aux enfants d'Israël et dis-leur : Si quelqu'un promet expressément, par un vœu, la valeur estimative d'une personne à l'Éternel,

3 appliquée à un homme de l'âge de vingt à soixante ans, cette valeur sera de cinquante sicles d'argent, au poids du sanctuaire ;

4 et s'il s'agit d'une femme, le taux sera de trente sicles.

5 Depuis l'âge de cinq ans jusqu'à l'âge de vingt ans, le taux sera, pour le sexe masculin, de vingt sicles ; pour le sexe féminin, de dix sicles.

6 Depuis l'âge d'un mois jusqu'à l'âge de cinq ans, le taux d'un garçon sera de cinq sicles d'argent, et celui d'une fille, de trois sicles d'argent.

7 Depuis l'âge de soixante ans et au delà, si c'est un homme, le taux sera de quinze sicles et pour une femme il sera de dix sicles.

8 S'il est impuissant à payer la taxe, il mettra la personne en présence du pontife, et celui-ci l'estimera : c'est d'après les moyens du donateur que le pontife fera l'estimation.

9 Si c'est un animal dont on puisse faire une offrande à l'Éternel, tout ce qu'on aura voué à l'Éternel deviendra une chose sainte.

10 On ne peut ni le changer ni le remplacer, bon, par un défectueux, défectueux, par un meilleur ; si toutefois on avait remplacé cet animal par un autre, l'animal et son remplaçant seront également saints.

11 Si c'est quelque animal impur, dont on ne puisse faire offrande à l'Éternel, on amènera l'animal en présence du pontife :

12 celui-ci l'estimera d'après ses qualités bonnes ou mauvaises ; l'estimation du pontife fera loi.

13 Si la personne veut ensuite le racheter, elle donnera un cinquième en sus de l'estimation.

14 Si un homme a consacré sa maison, comme chose sainte, à l'Éternel, le pontife l'estimera selon ses avantages ou ses défauts ; telle le pontife l'aura appréciée, telle elle sera acquise.

15 Mais si le consécrateur veut racheter sa maison, il ajoutera un cinquième en sus du prix estimé, et elle sera à lui.

16 Si un homme a consacré à l'Éternel une partie de sa terre patrimoniale, l'estimation s'en fera d'après la contenance en grains : la contenance d'un hômer d'orge valant cinquante sicles d'argent.

17 Si donc il a consacré sa terre dès l'année du Jubilé, c'est à ce taux qu'elle sera acquise ;

18 s'il l'a consacrée postérieurement au Jubilé, le pontife en supputera le prix en raison des années à courir jusqu'à l'an jubilaire, et il sera fait une déduction sur le taux.

19 Que si celui-là même qui a consacré la terre veut la racheter, il paiera un cinquième en sus du prix estimé, et elle lui restera.

20 Mais s'il ne rachète point cette terre, ou qu'on l'ait vendue à quelque autre, elle ne pourra plus être rachetée ;

21 de sorte que cette terre, devenant libre au Jubilé, se trouvera consacrée à l'Éternel comme une terre dévouée : c'est le pontife qui en aura la propriété.

22 Si ce qu'il a consacré à l'Éternel est une terre achetée par lui, qui ne fasse point partie de son bien patrimonial,

23 le pontife supputera, à son égard, la portion du taux à payer jusqu'à l'an jubilaire, et l'on paiera ce taux, le jour même, comme chose consacrée à l'Éternel.

24 A l'époque du Jubilé, cette terre fera retour à celui de qui on l'avait achetée, qui la possédait comme fonds patrimonial.

25 Or, toute évaluation se fera d'après le sicle du sanctuaire, vingt ghêra formant un sicle.

26 Quant au premier-né d'un animal, lequel appartient par sa naissance à l'Éternel, on ne pourra le consacrer : grosse ou menue bête, il est à l'Éternel.

27 S'il s'agit d'un animal impur, on pourra le racheter au taux, ajoutant le cinquième en sus ; s'il n'a pas été racheté, il sera vendu d'après le taux.

28 Mais toute chose dévouée, qu'un homme aurait dévouée à l'Éternel parmi ses propriétés, que ce soit une personne, une bête ou un champ patrimonial, elle ne pourra être ni vendue ni rachetée : toute chose dévouée devient une sainteté éminente réservée à l'Éternel.

29 Tout anathème qui aura été prononcé sur un homme est irrévocable : il faudra qu'il meure.

30 Toute dîme de la terre, prélevée sur la semence du sol ou

sur le fruit des arbres, appartient à l'Éternel : elle lui est consacrée.

31 Et si quelqu'un veut, racheter une partie de sa dîme, il y joindra le cinquième en sus.

32 Pour la dîme, quelle qu'elle soit, du gros et du menu bétail, de tous les animaux qui passeront sous la verge, le dixième sera consacré à l'Éternel.

33 On n'examinera point s'il est bon ou vicieux, et on ne le remplacera point ; si toutefois on l'a remplacé, lui et son remplaçant seront également saints : il n'y aura point de rachat."

34 Tels sont les commandements que l'Éternel donna à Moïse pour les enfants d'Israël, au mont Sinaï.

LE LIVRE DES NOMBRES

BAMIDBAR - במדבר

CHAPITRE UN

L'Éternel parla en ces termes à Moïse, dans le désert de Sinaï, dans la tente d'assignation, le premier jour du second mois de la deuxième année après leur sortie du pays d'Égypte :

2 "Faites le relevé de toute la communauté des enfants d'Israël, selon leurs familles et leurs maisons paternelles, au moyen d'un recensement nominal de tous les mâles, comptés par tête.

3 Depuis l'âge de vingt ans et au-delà, tous les Israélites aptes au service, vous les classerez selon leurs légions, toi et Aaron.

4 Vous vous adjoindrez un homme par tribu, un homme qui soit chef de sa famille paternelle.

5 Or, voici les noms des hommes qui vous assisteront : pour la tribu de Ruben, Eliçour, fils de Chedéour ;

6 pour Siméon, Cheloumïel, fils de Çourichaddaï ;

7 pour Juda, Nahchôn, fils d'Amminadab ;

8 pour Issachar, Nethanel, fils de Çouar ;

9 pour Zabulon, Elïab, fils de Hêlôn ;

10 pour les fils de Joseph : pour Ephraïm, Elichama, fils d'Ammihoud ; pour Manassé, Gamliel, fils de Pedahçour ;

11 pour Benjamin, Abidân, fils de Ghidoni ;

12 pour Dan, Ahïézer, fils d'Ammichaddaï ;

13 pour Aser, Paghïel, fils d'Okrân ;

14 pour Gad, Elyaçaf, fils de Deouêl ;

15 pour Nephtali, Ahira, fils d'Enân.

16 Ceux-là sont les élus de la communauté, princes de leurs tribus paternelles ; ce sont les chefs des familles d'Israël."

17 Moïse et Aaron s'adjoignirent ces hommes, désignés par leurs noms.

18 Puis ils convoquèrent toute la communauté, le premier jour du second mois ; et on les enregistra selon leurs familles et leurs maisons paternelles, en comptant par noms ceux qui avaient vingt ans et plus, chacun individuellement,

19 ainsi que l'Éternel l'avait prescrit à Moïse. Leur dénombrement eut lieu dans le désert de Sinaï.

20 Les descendants de Ruben, premier-né d'Israël, étant classés selon leur origine, leurs familles, leurs maisons paternelles : d'après le compte nominal et par tête, pour tout mâle âgé de vingt ans et plus, apte au service,

21 les recensés, dans la tribu de Ruben, se montèrent à quarante-six mille cinq cents.

22 Pour les descendants de Siméon, classés selon leur origine, leurs familles, leurs maisons paternelles, recensés d'après le compte nominal et par tête de tout mâle âgé de vingt ans et plus, aptes au service,

23 les recensés, dans la tribu de Siméon, se montèrent à cinquante-neuf mille trois cents.

24 Pour les descendants de Gad, classés selon leur origine,

leurs familles, leurs maisons paternelles : d'après le compte nominal de tous les hommes âgés de vingt ans et plus, aptes au service,

25 les recensés, dans la tribu de Gad, se montèrent à quarante-cinq mille six cent cinquante.

26 Pour les descendants de Juda, classés selon leur origine, leurs familles, leurs maisons paternelles : d'après le compte nominal de tous les hommes âgés de vingt ans et plus, aptes au service,

27 les recensés, dans la tribu de Juda, se montèrent à soixante-quatorze mille six cents.

28 Pour les descendants d'Issachar, classés par origine, familles, maisons paternelles : d'après le compte nominal de tous les hommes âgés de vingt ans et plus, aptes au service,

29 les recensés, dans la tribu d'Issachar, se montèrent à cinquante-quatre mille quatre cents.

30 Pour les descendants de Zabulon, classés par origine, familles, maisons paternelles : suivant le compte nominal de tous les hommes âgés de vingt ans et plus, aptes au service,

31 les recensés, dans la tribu de Zabulon, se montèrent à cinquante-sept mille quatre cents.

32 Quant aux tribus issues de Joseph : pour les descendants d'Ephraïm, classés selon leur origine, leurs familles, leurs maisons paternelles : suivant le compte nominal de tous les hommes âgés de vingt ans et plus, aptes au service,

33 les recensés, dans la tribu d'Ephraïm, se montèrent à quarante mille cinq cents.

34 Pour les descendants de Manassé, classés selon leur origine, leurs familles, leurs maisons paternelles : d'après le compte nominal de tous les hommes âgés de vingt ans et plus, aptes au service,

35 les recensés, dans la tribu de Manassé, se montèrent à trente-deux mille deux cents.

36 Pour les descendants de Benjamin, classés par origine, familles, maisons paternelles : suivant le compte nominal de tous les hommes âgés de vingt ans et plus, aptes au service,

37 les recensés, dans la tribu de Benjamin, se montèrent à trente-cinq mille quatre cents.

38 Pour les descendants de Dan, classés par origine, familles, maisons paternelles : suivant le compte nominal de tous les hommes âgés de vingt ans et plus, aptes au service,

39 les recensés, dans la tribu de Dan, se montèrent à soixante-deux mille sept cents.

40 Pour les descendants d'Asher, classés par origine, familles, maisons paternelles : suivant le compte nominal de tous les hommes âgés de vingt ans et plus, aptes au service,

41 les recensés, dans la tribu d'Asher, se montèrent à quarante et un mille cinq cents.

42 Les descendants de Nephtali étant classés selon leur origine, leurs familles, leurs maisons paternelles : d'après le compte nominal de tous les hommes âgés de vingt ans et plus, aptes au service,

43 les recensés, dans la tribu de Nephtali, se montèrent à cinquante-trois mille quatre cents.

44 Tel fut le dénombrement opéré par Moïse et Aaron conjointement avec les phylarques d'Israël, lesquels étaient douze, un homme par famille paternelle.

45 Le total des Israélites recensés selon leurs maisons paternelles, de tous ceux qui, âgés de vingt ans et au-delà, étaient propres au service en Israël,

46 le total de ces recensés fut de six cent trois mille cinq cent cinquante.

47 Quant aux Lévites, eu égard à leur tribu paternelle, ils ne figurèrent point dans ce dénombrement.

48 Et l'Éternel parla ainsi à Moïse :

49 "Pour ce qui est de la tribu de Lévi, tu ne la recenseras ni n'en feras le relevé en la comptant avec les autres enfants d'Israël.

50 Mais tu préposeras les Lévites au tabernacle du statut, à tout son attirail et à tout ce qui le concerne : ce sont eux qui porteront le tabernacle et tout son attirail, eux qui en feront le service, et qui doivent camper à l'entour.

51 Quand le tabernacle devra partir, ce sont les Lévites qui le démonteront, et quand il devra s'arrêter, ce sont eux qui le dresseront ; le profane qui en approcherait serait frappé de mort.

52 Les enfants d'Israël se fixeront chacun dans son camp et chacun sous sa bannière, selon leurs légions ;

53 et les Lévites camperont autour du tabernacle du statut, afin que la colère divine ne sévisse point sur la communauté des enfants d'Israël ; et les Lévites auront sous leur garde le tabernacle du statut."

54 Les Israélites obéirent : tout ce que l'Éternel avait ordonné à Moïse, ils s'y conformèrent.

CHAPITRE DEUX

L'Éternel parla à Moïse et à Aaron en ces termes :

2 "Rangés chacun sous une bannière distincte, d'après leurs tribus paternelles, ainsi camperont les enfants d'Israël ; c'est en face et autour de la tente d'assignation qu'ils seront campés.

3 Ceux qui campent en avant, à l'orient, seront sous la bannière du camp de Juda, selon leurs légions, le phylarque des enfants de Juda étant Nahchôn, fils d'Amminadab,

4 et sa légion, d'après son recensement, comptant soixante-quatorze mille six cents hommes.

5 Près de lui campera la tribu d'Issachar, le phylarque des enfants d'Issachar étant Nethanel, fils de Çouar,

6 et sa légion, d'après son recensement, comptant cinquante-quatre mille quatre cents hommes.

7 Puis la tribu de Zabulon, le phylarque des enfants de Zabulon étant Elïab, fils de Hêlôn,

8 et sa légion, d'après son recensement, comptant cinquante-sept mille quatre cents hommes.

9 Total des recensés formant le camp de Juda : cent quatre-vingt-six mille quatre cents, répartis selon leurs légions. Ceux-là ouvriront la marche.

10 La bannière du camp de Ruben occupera le midi, avec ses légions, le phylarque des enfants de Ruben étant Eliçour, fils de Chedéour,

11 et sa légion, d'après son recensement, comptant quarante-six mille cinq cents hommes.

12 Près de lui campera la tribu de Siméon, le phylarque des enfants de Siméon étant Cheloumïel, fils de Çourichaddaï,

13 et sa légion, d'après son recensement, comptant cinquante-neuf mille trois cents hommes.

14 Puis la tribu de Gad, le phylarque des enfants de Gad étant Elyaçaf, fils de Reouêl,

15 et sa légion, d'après son recensement, comptant quarante-cinq mille six cent cinquante hommes.

16 Total des recensés formant le camp de Ruben : cent cinquante et un mille quatre cent cinquante, répartis selon leurs légions. Ils marcheront en seconde ligne.

17 Alors s'avancera la tente d'assignation, le camp des Lévites, au centre des camps. Comme on procédera pour le campement, ainsi pour la marche : chacun à son poste, suivant sa bannière.

18 La bannière du camp d'Ephraïm, avec ses légions, occupera le couchant, le phylarque des enfants d'Ephraïm étant Elichama, fils d'Ammihoud,

19 et sa légion, d'après son recensement, comptant quarante mille cinq cents hommes.

20 Près de lui, la tribu de Manassé, le phylarque des enfants de Manassé étant Gamliel, fils de Pedahçour,

21 et sa légion, d'après son recensement, comptant trente-deux mille deux cents hommes.

22 Puis la tribu de Benjamin, le phylarque des enfants de Benjamin étant Abidân, fils de Ghidoni,

23 et sa légion, d'après son recensement, comptant trente-cinq mille quatre cents hommes.

24 Total des recensés formant le camp d'Ephraïm : cent huit mille cent, répartis selon leurs légions. Ils marcheront en troisième ligne.

25 La bannière du camp de Dan occupera le nord, avec ses légions, le phylarque des enfants de Dan étant Ahïézer, fils d'Ammichaddaï,

26 et sa légion, d'après son recensement, comptant soixante-deux mille sept cents hommes.

27 Près de lui campera la tribu d'Asher, le phylarque des enfants d'Asher étant Paghïel, fils d'Okrân,

28 et sa légion, d'après son recensement, comptant quarante et un mille cinq cents hommes.

29 Puis la tribu de Nephtali, le phylarque des enfants de Nephtali étant Ahira, fils d'Enân,

30 et sa légion, d'après son recensement, comptant cinquante-trois mille quatre cents hommes.

31 Total des recensés pour le camp de Dan : cent cinquante-sept mille six cents hommes, qui marcheront en dernier, après les autres bannières."

32 Tel fut le classement des enfants d'Israël, selon leurs familles paternelles ; répartis dans les camps par légions, leur total fut de six cent trois mille cinq cent cinquante.

33 Pour les Lévites, ils ne furent point incorporés parmi les enfants d'Israël, ainsi que l'Éternel l'avait prescrit à Moïse.

34 Les enfants d'Israël exécutèrent tout ce que l'Éternel avait ordonné à Moïse : ils campaient ainsi par bannières et ils marchaient dans cet ordre, chacun selon sa famille, près de sa maison paternelle.

CHAPITRE TROIS

Suivent les générations d'Aaron et de Moïse, à l'époque où l'Éternel parlait à Moïse sur le mont Sinaï.

2 Voici les noms des fils d'Aaron : l'aîné, Nadab ; puis Abihou, Eléazar et Ithamar.

3 Ce sont là les noms des fils d'Aaron, oints en qualité de pontifes, auxquels on conféra le sacerdoce.

4 Or, Nadab et Abihou moururent devant le Seigneur, pour avoir apporté devant lui un feu profane, dans le désert de Sinaï ; ils n'avaient point eu d'enfants. Mais Eléazar et Ithamar fonctionnèrent sous les yeux d'Aaron, leur père.

5 L'Éternel parla à Moïse en ces termes :

6 "Fais approcher la tribu de Lévi et mets-la en présence d'Aaron le pontife, pour qu'ils l'assistent.

7 Ils rempliront sa tâche et celle de toute la communauté, devant la tente d'assignation, en faisant le service du tabernacle.

8 Ils auront la garde de tous les ustensiles de la tente d'assi-

gnation, et feront l'office des enfants d'Israël, en s'occupant du service du tabernacle.

9 Tu adjoindras donc les Lévites à Aaron et à ses fils : ils lui seront donnés comme adjoints, entre les enfants d'Israël.

10 Pour Aaron et ses fils, recommande-leur de veiller sur leur ministère ; le profane qui y prendrait part serait frappé de mort."

11 L'Éternel parla à Moïse en ces termes :

12 "Moi-même, en effet, j'ai pris les Lévites entre les enfants d'Israël, en échange de tous les premiers-nés, prémices de la maternité, des enfants d'Israël ; les Lévites sont donc à moi.

13 Car tout premier-né m'appartient : le jour où j'ai frappé tous les premiers-nés du pays d'Égypte, j'ai consacré à moi tout premier-né en Israël, depuis l'homme jusqu'au bétail, ils m'appartiennent, à moi l'Éternel."

14 L'Éternel parla à Moïse, dans le désert de Sinaï, en ces termes :

15 "Fais le dénombrement des enfants de Lévi, selon leur descendance paternelle, par familles ; tous les mâles, depuis l'âge d'un mois et au-delà, tu les dénombreras."

16 Moïse les dénombra sur l'ordre de l'Éternel, de la manière qui lui avait été prescrite.

17 Or, les fils de Lévi étaient les suivants, ainsi nommés : Gerson, Kehath et Merari.

18 Voici les noms des fils de Gerson avec leurs familles : Libni et Chimi ;

19 les fils de Kehath avec leurs familles : Amram et Yiçhar, Hébrôn et Ouzziêl ;

20 et les fils de Merari avec leurs familles : Mahli et Mouchi. Telles sont les familles des Lévites, selon leur descendance paternelle.

21 Pour Gerson : la famille des Libnites et la famille des Chimites. Telles sont les familles issues de Gerson.

22 Dénombrées par le chiffre total des mâles, de l'âge d'un mois et au-delà, elles se composaient de sept mille cinq cents hommes.

23 Les familles issues de Gerson devaient camper derrière le tabernacle, à l'occident.

24 Le chef de famille, pour les Gersonites, était Elyaçaf, fils de Laël.

25 Et ce qu'avaient à garder les enfants de Gerson dans la tente d'assignation, c'était : le tabernacle et le pavillon, ses couvertures, et le rideau d'entrée de la tente d'assignation ;

26 les toiles du parvis, le rideau d'entrée du parvis, qui s'étend autour du tabernacle et de l'autel, ainsi que les cordages nécessaires à son service.

27 Pour Kehath : la famille des Amramites, la famille des Yiçharites, celle des Hébronites et celle des Ouzziêlites. Telles sont les familles issues de Kehath.

28 Le chiffre total des mâles, depuis l'âge d'un mois et au-delà, fut de huit mille six cents, commis à la garde du sanctuaire.

29 Les familles des enfants de Kehath devaient occuper le flanc méridional du tabernacle.

30 Le chef de famille, pour la descendance de Kehath, était Eliçafân, fils d'Ouzziêl.

31 Et les objets confiés à leur garde : l'arche, la table, le candélabre, les autels, les ustensiles sacrés servant au ministère, et le voile avec tout son appareil.

32 Le chef général des Lévites était Eléazar, fils d'Aaron le pontife, ayant l'inspection de ceux qui étaient chargés de la garde du sanctuaire.

33 Pour Merari : la famille des Mahlites et la famille des Mouchites. Telles sont les familles de Merari.

34 Leur contingent, d'après le relevé de tous les mâles âgés d'un mois et au-delà, fut de six mille deux cents hommes.

35 Le chef de famille, pour la descendance de Merari, était Couriel, fils d'Abihayil. C'est au flanc nord du tabernacle qu'ils devaient camper.

36 Dépôt confié à la garde des Merarites : les solives du tabernacle, ses traverses, ses piliers et ses socles, toutes ses pièces et toute sa dépendance ;

37 les piliers formant le pourtour du parvis, ainsi que leurs socles, leurs chevilles et leurs cordages.

38 Pour ceux qui stationnaient à la face orientale du tabernacle, devant la tente d'assignation, au levant, c'étaient Moïse, Aaron et ses fils, chargés de la garde du sanctuaire, pour le salut des enfants d'Israël : le profane qui en approchait encourait la mort.

39 Le nombre total des Lévites, recensés par Moïse et Aaron, sur l'ordre de l'Éternel, selon leurs familles, le total des mâles de l'âge d'un mois et au-delà, fut de vingt-deux mille.

40 L'Éternel dit à Moïse : "Dénombre tous les premiers-nés mâles des enfants d'Israël, depuis l'âge d'un mois et au-dessus, et fais-en le relevé nominal.

41 Tu m'attribueras les Lévites, à moi l'Éternel, à la place de tous les premiers-nés des enfants d'Israël, et le bétail des Lévites à la place des premiers-nés du bétail des enfants d'Israël."

42 Moïse dénombra, comme l'Éternel le lui avait ordonné, tous les premiers-nés parmi les enfants d'Israël.

43 Or, la somme des premiers-nés mâles, comptés par noms depuis l'âge d'un mois et au-delà, dans ce recensement, fut de vingt-deux mille deux cent soixante-treize.

44 Et l'Éternel parla ainsi à Moïse :

45 "Prends les Lévites à la place de tous les premiers-nés des enfants d'Israël, et le bétail des Lévites à la place de leur bétail, les Lévites devant m'appartenir, à moi l'Éternel.

46 Pour la rançon des deux cent soixante-treize, excédent des premiers-nés israélites sur le nombre des Lévites,

47 tu prendras cinq sicles par chaque tête ; tu les prendras selon le poids du sanctuaire, à vingt ghéra le sicle,

48 et tu donneras cet argent à Aaron et à ses fils, comme rachat de la portion excédante."

49 Moïse recueillit le montant de la rançon, donnée par ceux qui étaient en plus du nombre racheté par les Lévites.

50 C'est des premiers-nés des enfants d'Israël qu'il reçut cette somme, mille trois cent soixante-cinq sicles, au poids du sanctuaire.

51 Et Moïse remit le montant du rachat à Aaron et à ses fils, sur l'ordre de l'Éternel, ainsi que l'Éternel l'avait prescrit à Moïse.

CHAPITRE QUATRE

L'Éternel parla à Moïse et à Aaron en ces termes :

2 "Qu'on fasse le relevé des enfants de Kehath entre les autres descendants de Lévi, selon leurs familles, par maisons paternelles,

3 depuis l'âge de trente ans et plus, jusqu'à l'âge de cinquante ans : quiconque est admissible au service, à l'exécution d'une tâche dans la tente d'assignation.

4 Voici la tâche des enfants de Kehath, dans la tente d'assignation : elle concerne les choses très saintes.

5 Aaron entrera avec ses fils, lorsque le camp devra partir ; ils détacheront le voile protecteur, et en couvriront l'arche du statut ;

6 ils mettront encore dessus une housse de peau de tahach, étendront par-dessus une étoffe entièrement d'azur, puis ajusteront ses barres.

7 Sur la table de proposition ils étendront une étoffe d'azur, sur laquelle ils placeront les sébiles, les cuillers, les demi-tubes et

les montants qui garnissent la table ; quant au pain perpétuel, il restera dessus.

8 Ils étendront sur ces objets une étoffe d'écarlate, qu'ils couvriront d'une housse de peau de tahach ; puis ils ajusteront ses barres.

9 ils prendront une étoffe d'azur, y envelopperont le candélabre servant à l'éclairage, avec ses lampes, ses mouchettes, ses godets et tous les vaisseaux à huile employés pour son service.

10 Et ils le mettront, avec tous ses ustensiles, dans une enveloppe de peau de tahach, et le poseront sur une civière.

11 Sur l'autel d'or ils étendront une étoffe d'azur, la couvriront d'une housse de peau de tahach, et ajusteront les barres ;

12 ils prendront tous les ustensiles employés pour le service du sanctuaire, les mettront dans une étoffe d'azur, les couvriront d'une housse de peau de tahach, et les poseront sur une civière.

13 Ils enlèveront les cendres de l'autel, sur lequel ils étendront une étoffe de pourpre.

14 Ils mettront là-dessus tous les ustensiles destinés à son service : brasiers, fourches, pelles, bassins, tous les ustensiles de cet autel ; ils déploieront par-dessus une housse de peau de tahach, et ajusteront les barres.

15 Aaron et ses fils achèveront ainsi d'envelopper les choses saintes et tous les ustensiles sacrés, lors du départ du camp ; alors seulement viendront les enfants de Kehath pour les porter, car ils ne doivent pas toucher aux choses saintes, sous peine de mort. C'est là la charge des enfants de Kehath dans la tente d'assignation.

16 Les fonctions d'Eléazar, fils d'Aaron le pontife, comprendront l'huile du luminaire, l'encens aromatique, l'oblation perpétuelle et l'huile d'onction, la surveillance du tabernacle entier et de tout ce qu'il renferme, du sanctuaire et de son appareil."

17 L'Éternel parla ainsi à Moïse et à Aaron :

18 "N'exposez point la branche des familles issues de Kehath à disparaître du milieu des Lévites ;

19 mais agissez ainsi à leur égard, afin qu'ils vivent au lieu de mourir, lorsqu'ils approcheront des saintetés éminentes : Aaron et ses fils viendront, et les commettront chacun à sa tâche et à ce qu'il doit porter,

20 de peur qu'ils n'entrent pour regarder, fût-ce un instant, les choses saintes, et qu'ils ne meurent."

21 L'Éternel parla à Moïse en ces termes :

22 "Il faut faire aussi le relevé des enfants de Gerson, par maisons paternelles, selon leurs familles.

23 C'est depuis l'âge de trente ans et plus, jusqu'à l'âge de cinquante ans, que tu les recenseras : quiconque est apte à participer au service, à faire une besogne dans la tente d'assignation.

24 Voici ce qui est imposé aux familles nées de Gerson, comme tâche et comme transport :

25 elles porteront les tapis du tabernacle, le pavillon d'assignation, sa couverture et la housse de tahach qui la couvre extérieurement, ainsi que le rideau-portière de la tente d'assignation ;

26 les toiles du parvis, le rideau d'entrée servant de porte à ce parvis, qui s'étend autour du tabernacle et de l'autel, et leurs cordages, et toutes les pièces de leur appareil ; enfin, tout ce qui s'y rattache, elles s'en occuperont.

27 C'est sur l'ordre d'Aaron et de ses fils qu'aura lieu tout le service des descendants de Gerson, pour tout ce qu'ils ont à porter comme à exécuter ; et vous commettrez à leur garde tout ce qu'ils devront transporter.

28 Telle est la tâche des familles descendant de Gerson, dans la tente d'assignation ; et leur surveillance appartient à Ithamar, fils d'Aaron le pontife.

29 Les enfants de Merari, selon leurs familles, par maisons paternelles, tu les recenseras.

30 De l'âge de trente ans et au-dessus, jusqu'à l'âge de cinquante ans, tu les recenseras : tous ceux qui sont admissibles au service, pouvant faire la besogne de la tente d'assignation.

31 Voici ce qu'ils sont tenus de porter, selon le détail de leur emploi dans la tente d'assignation : les solives du tabernacle, ses traverses, ses piliers et ses socles ;

32 les piliers du pourtour du parvis, leurs socles, leurs chevilles et leurs cordages, avec toutes leurs pièces et tout ce qui s'y rattache. Vous leur attribuerez nominativement les objets dont le transport leur est confié.

33 Telle est la tâche des familles descendant de Merari, le détail de leur service dans la tente d'assignation, sous la direction d'Ithamar, fils d'Aaron le pontife."

34 Moïse et Aaron, et les phylarques de la communauté, firent le recensement des Kehathites, par familles et maisons paternelles,

35 depuis l'âge de trente ans et au-delà, jusqu'à l'âge de cinquante ans, de quiconque était admissible au service, à un emploi dans la tente d'assignation.

36 Recensés ainsi par familles, ils étaient deux mille sept cent cinquante.

37 Tel fut le contingent des familles nées de Kehath, employées dans la tente d'assignation, ainsi que Moïse et Aaron les recensèrent d'après l'ordre de l'Éternel, transmis par Moïse.

38 Pour le contingent des enfants de Gerson, dénombrés selon leurs familles et leurs maisons paternelles,

39 depuis l'âge de trente ans et au-delà, jusqu'à l'âge de cinquante ans, tous ceux qui étaient admissibles au service, à un emploi dans la tente d'assignation,

40 comptés par familles, selon leurs maisons paternelles, leur nombre fut de deux mille six cent trente.

41 Tel fut le contingent des familles nées de Gerson, employées dans la tente d'assignation, ainsi que Moïse et Aaron les recensèrent sur l'ordre de l'Éternel.

42 Et le contingent des familles des enfants de Merari, classés par familles, selon leurs maisons paternelles,

43 depuis l'âge de trente ans et au-delà, jusqu'à l'âge de cinquante ans, tous ceux qui étaient admissibles au service, à une tâche dans la tente d'assignation,

44 leur contingent, par familles, fut de trois mille deux cents.

45 Tel fut le contingent des familles des enfants de Merari, que Moïse et Aaron dénombrèrent sur l'ordre de l'Éternel, transmis par Moïse.

46 Total du dénombrement opéré par Moïse, Aaron et les phylarques d'Israël à l'égard des Lévites, selon leurs familles et leurs maisons paternelles,

47 de l'âge de trente ans et au-delà, jusqu'à l'âge de cinquante ans, tous ceux qui étaient admissibles à l'exécution d'un service ou à celle d'un transport dans la tente d'assignation :

48 leur nombre fut de huit mille cinq cent quatre-vingts.

49 D'après l'ordre de l'Éternel, on leur assigna, sous la direction de Moïse, à chacun son service et les objets à transporter ainsi que ses préposés, désignés par l'Éternel à Moïse.

CHAPITRE CINQ

L'Éternel parla à Moïse en ces termes :
    2 "Ordonne aux enfants d'Israël de renvoyer du camp tout individu lépreux, ou atteint de flux, ou souillé par un cadavre.

3 Renvoyez-les, hommes ou femmes, reléguez-les hors du camp, afin qu'ils ne souillent point ces enceintes au milieu desquelles je réside."

4 Ainsi firent les enfants d'Israël : ils les renvoyèrent hors du camp. Comme l'Éternel avait parlé à Moïse, ainsi agirent les enfants d'Israël.

5 L'Éternel parla à Moïse en ces termes :

6 "Parle ainsi aux enfants d'Israël : Si un homme ou une femme a causé quelque préjudice à une personne et, par là, commis une faute grave envers le Seigneur, mais qu'ensuite cet individu se sente coupable,

7 il confessera le préjudice commis, puis il restituera intégra-

lement l'objet du délit, augmenté du cinquième, et qui doit être remis à la personne lésée.

8 Si cette personne n'a pas de proche parent à qui l'on puisse restituer l'objet du délit, cet objet, appartenant à l'Éternel, sera remis au pontife ; indépendamment du bélier expiatoire, par lequel on lui obtiendra grâce.

9 Toute chose prélevée ou tout objet consacré offert par les enfants d'Israël au pontife, lui appartiendra.

10 Possesseur d'une chose sainte, on peut en disposer ; dès qu'on l'a donnée au pontife, elle est à lui."

11 L'Éternel parla à Moïse en ces termes :

12 "Parle aux enfants d'Israël et dis-leur : Si la femme de quelqu'un, déviant de ses devoirs, lui devient infidèle ;

13 si un homme a eu avec elle un commerce charnel à l'insu de son époux, et qu'elle ait été clandestinement déshonorée, nul cependant ne déposant contre elle, parce qu'elle n'a pas été surprise,

14 mais qu'un esprit de jalousie se soit emparé de lui et qu'il soupçonne sa femme, effectivement déshonorée ; ou qu'un esprit de jalousie se soit emparé de lui et qu'il soupçonne sa femme, bien qu'elle n'ait point subi le déshonneur,

15 cet homme conduira sa femme devant le pontife, et présentera pour offrande, à cause d'elle, un dixième d'épha de farine d'orge ; il n'y versera point d'huile et n'y mettra point d'encens, car c'est une oblation de jalousie, une oblation de ressouvenir, laquelle remémore l'offense.

16 Et le pontife la fera approcher, et il la placera en présence du Seigneur.

17 Le pontife puisera de l'eau sainte dans un vase d'argile, prendra de la poussière se trouvant sur le sol du tabernacle et la mettra dans cette eau.

18 Plaçant alors la femme en présence du Seigneur, le pontife lui découvrira la tête et lui posera sur les mains l'oblation de ressouvenir, qui est l'oblation de jalousie, tandis qu'il tiendra dans sa propre main les eaux amères de la malédiction.

19 Puis le pontife adjurera cette femme. Il lui dira : "Si un homme n'a pas eu commerce avec toi, si tu n'as pas dévié, en te souillant, de tes devoirs envers ton époux, sois épargnée par ces eaux amères de la malédiction.

20 Mais s'il est vrai que tu aies trahi ton époux et te sois laissée déshonorer ; si un homme a eu commerce avec toi, autre que ton époux…"

21 Alors le pontife adjurera la femme par le serment d'imprécation, et il dira à la femme : "Que l'Éternel fasse de toi un sujet d'imprécation et de serment au milieu de ton peuple, en faisant lui l'Éternel dépérir ton flanc et gonfler ton ventre ;

22 et que ces eaux de malédiction s'introduisent dans tes entrailles, pour faire gonfler le ventre et dépérir le flanc !" Et la femme répondra : "Amen ! Amen !"

23 Le pontife écrira ces malédictions sur un bulletin, et les effacera dans les eaux amères ;

24 et il fera boire à la femme les eaux amères de la malédiction, afin que ces eaux de malédiction portent dans son sein l'amertume.

25 Puis le pontife prendra des mains de la femme l'oblation de jalousie ; il balancera cette oblation devant le Seigneur, et l'approchera de l'autel.

26 Le pontife prendra une poignée de cette oblation comme mémorial qu'il fera fumer sur l'autel. C'est alors qu'il fera boire à cette femme le breuvage.

27 Lorsqu'il le lui aura fait boire, il arrivera que, si elle s'est souillée et a trahi son époux, ce breuvage de malédiction portera

dans son sein l'amertume : il fera gonfler son ventre, dépérir son flanc ; et cette femme deviendra un sujet d'imprécation parmi son peuple.

28 Mais si cette femme ne s'est pas souillée, si elle est pure, elle restera intacte et aura même une postérité.

29 Telle est la règle concernant la jalousie, au cas qu'une femme ait dévié de ses devoirs envers son mari et se soit déshonorée,

30 ou si un homme, assailli d'un esprit de jalousie, avait soupçonné sa femme : il la placera en présence du Seigneur, et le pontife lui appliquera cette règle en tout point.

31 Cet homme sera net de toute faute, et cette femme expiera la sienne."

CHAPITRE SIX

L'Éternel parla ainsi à Moïse :
2 "Parle aux enfants d'Israël et dis-leur : Si un homme ou une femme fait expressément vœu d'être abstème, voulant s'abstenir en l'honneur de l'Éternel,

3 il s'abstiendra de vin et de boisson enivrante, ne boira ni vinaigre de vin, ni vinaigre de liqueur, ni une infusion quelconque de raisins, et ne mangera point de raisins frais ni secs.

4 Tout le temps de son abstinence, il ne mangera d'aucun produit de la vigne, depuis les pépins jusqu'à l'enveloppe.

5 Tout le temps stipulé pour son abstinence, le rasoir ne doit pas effleurer sa tête : jusqu'au terme des jours où il veut s'abstenir pour l'Éternel, il doit rester sain, laisser croître librement la chevelure de sa tête.

6 Tout le temps de cette abstinence en l'honneur de l'Éternel, il ne doit pas approcher d'un corps mort ;

7 pour son père et sa mère, pour son frère et sa sœur, pour

ceux-là même il ne se souillera point à leur mort, car l'auréole de son Dieu est sur sa tête.

8 Tant qu'il portera cette auréole, il est consacré au Seigneur.

9 Si quelqu'un vient à mourir près de lui inopinément, ce sera une souillure pour sa tête consacrée : il rasera sa tête le jour de sa purification, le septième jour il la rasera.

10 Puis, le huitième jour, il apportera deux tourterelles ou deux jeunes colombes au pontife, à l'entrée de la tente d'assignation.

11 Le pontife offrira l'une comme expiatoire, l'autre comme holocauste, et fera expiation pour lui du péché qu'il a commis par ce cadavre ; et il consacrera de nouveau sa chevelure en ce jour.

12 Il vouera au Seigneur la même période d'abstinence et il offrira un agneau âgé d'un an comme délictif ; pour les jours antérieurs, ils seront nuls, parce que son abstinence a été violée.

13 Or, voici la règle de l'abstème : quand seront accomplis les jours de son abstinence, on le fera venir à l'entrée de la tente d'assignation,

14 et il présentera son offrande à l'Éternel : un agneau d'un an, sans défaut, pour holocauste ; une brebis d'un an, sans défaut, pour expiatoire, et un bélier, sans défaut, pour rémunératoire.

15 Plus une corbeille d'azymes, savoir des gâteaux de fleur de farine pétris à l'huile, et des galettes azymes ointes d'huile, outre leurs oblations et leurs libations.

16 Le pontife en fera hommage à l'Éternel : il offrira son expiatoire et son holocauste,

17 traitera le bélier comme sacrifice rémunératoire à l'Éternel, accompagné de la corbeille d'azymes, et il y joindra son oblation et sa libation.

18 Alors l'abstème rasera, à l'entrée de la tente d'assignation,

sa tête consacrée ; et il prendra cette chevelure consacrée, et la jettera sur le feu qui est sous la victime de rémunération.

19 Et le pontife prendra l'épaule du bélier, quand elle sera cuite, puis un gâteau azyme dans la corbeille et une galette azyme ; il les posera sur les mains de l'abstème, après qu'il se sera dépouillé de ses cheveux consacrés,

20 et le pontife en opérera le balancement devant le Seigneur : c'est une chose sainte qui appartient au pontife, indépendamment de la poitrine balancée et de la cuisse prélevée. Alors l'abstème pourra boire du vin.

21 Telle est la règle de l'abstème qui aura fait un vœu ; telle sera son offrande à l'Éternel au sujet de son abstinence, sans préjudice de ce que permettront ses moyens : selon le vœu qu'il aura prononcé, ainsi fera-t-il, en sus de la règle relative à son abstinence."

22 L'Éternel parla à Moïse en ces termes :

23 "Parle ainsi à Aaron et à ses fils : Voici comment vous bénirez les enfants d'Israël ; vous leur direz :

24 "Que l'Éternel te bénisse et te protège !

25 Que l'Éternel fasse rayonner sa face sur toi et te soit bienveillant !

26 Que l'Éternel dirige son regard vers toi et t'accorde la paix !"

27 Ils imposeront ainsi mon nom sur les enfants d'Israël, et moi je les bénirai."

CHAPITRE SEPT

Or, le jour où Moïse eut achevé de dresser le tabernacle, de l'oindre et de le consacrer avec toutes ses pièces, ainsi que l'autel et tous ses ustensiles ; lorsqu'il les eut ainsi oints et consacrés,

2 les phylarques d'Israël, chefs de leurs familles paternelles, firent des offrandes ; ce furent les chefs des tribus, les mêmes qui avaient présidé aux dénombrements.

3 Ils présentèrent pour offrande, devant l'Éternel, six voitures-litières et douze bêtes à cornes, une voiture par deux phylarques, un taureau par phylarque, et ils les amenèrent devant le tabernacle.

4 Et l'Éternel dit à Moïse ce qui suit :

5 "Reçois ces présents de leur part, ils seront employés au service de la tente d'assignation : tu les remettras aux Lévites, à chacun selon sa tâche."

6 Moïse reçut les voitures et les bêtes à cornes, et les remit aux Lévites.

7 Il donna deux voitures et quatre taureaux aux enfants de Gerson, eu égard à leur tâche ;

8 et les quatre autres voitures et les huit autres taureaux, il les donna aux enfants de Merari, eu égard à leur tâche, dirigée par Ithamar, fils d'Aaron le pontife.

9 Quant aux enfants de Kehath, il ne leur en donna point : chargés du service des objets sacrés, ils devaient les porter sur l'épaule.

10 Les phylarques firent des offrandes inaugurales pour l'autel, le jour où il avait été oint, et ils amenèrent leurs offrandes devant l'autel.

11 Mais l'Éternel dit à Moïse : "Qu'un jour un phylarque, un jour un autre phylarque présentent leur offrande pour l'inauguration de l'autel."

12 Celui qui présenta le premier jour son offrande, fut Nahchôn, fils d'Amminadab, de la tribu de Juda.

13 Son offrande était : une écuelle d'argent, du poids de cent trente sicles ; un bassin d'argent de soixante-dix sicles, au poids du sanctuaire, tous deux remplis de fleur de farine pétrie à l'huile, pour une oblation ;

14 une coupe de dix sicles, en or, pleine de parfum ;

15 un jeune taureau, un bélier, un agneau d'un an, pour holocauste ;

16 un jeune bouc, pour expiatoire ;

17 puis, pour le sacrifice de rémunération, deux taureaux, cinq béliers, cinq boucs, cinq agneaux d'un an. Telle fut l'offrande de Nahchôn, fils d'Amminadab.

18 Le second jour, l'offrant fut Nethanel, fils de Çouar, phylarque d'Issachar,

19 lequel présenta pour offrande : une écuelle d'argent, du poids de cent trente sicles ; un bassin d'argent de soixante-dix

sicles, au poids du sanctuaire, tous deux remplis de fleur de farine pétrie à l'huile, pour une oblation ;

20 une coupe de dix sicles, en or, pleine de parfum ;

21 un jeune taureau, un bélier, un agneau d'un an, pour holocauste ;

22 un jeune bouc, pour expiatoire ;

23 et, pour le sacrifice de rémunération, deux taureaux, cinq béliers, cinq boucs, cinq agneaux d'un an. Telle fut l'offrande de Nethanel, fils de Çouar.

24 Le troisième jour, ce fut le phylarque des enfants de Zabulon, Elïab, fils de Hêlôn.

25 Son offrande : une écuelle d'argent, du poids de cent trente sicles ; un bassin d'argent de soixante-dix sicles, au poids du sanctuaire, tous deux remplis de fleur de farine pétrie à l'huile, pour une oblation ;

26 une coupe de dix sicles, en or, pleine de parfum ;

27 un jeune taureau, un bélier, un agneau d'un an, pour holocauste ;

28 un jeune bouc, pour expiatoire ;

29 et, pour le sacrifice de rémunération, deux taureaux, cinq béliers, cinq boucs, cinq agneaux d'un an. Telle fut l'offrande d'Elïab, fils de Hêlôn.

30 Au quatrième jour, le phylarque des enfants de Ruben, Eliçour, fils de Chedéour.

31 Son offrande : une écuelle d'argent, du poids de cent trente sicles ; un bassin d'argent de soixante-dix sicles, au poids du sanctuaire, tous deux remplis de fleur de farine pétrie à l'huile, pour une oblation ;

32 une coupe de dix sicles, en or, pleine de parfum ;

33 un jeune taureau, un bélier, un agneau d'un an, pour holocauste ;

34 un jeune bouc, pour expiatoire ;

35 et, pour le sacrifice de rémunération, deux taureaux, cinq béliers, cinq boucs, cinq agneaux d'un an. Telle fut l'offrande d'Eliçour, fils de Chedéour.

36 Au cinquième jour, le phylarque des enfants de Siméon, Cheloumïel, fils de Çourichaddaï.

37 Son offrande : une écuelle d'argent, du poids de cent trente sicles ; un bassin d'argent de soixante-dix sicles, au poids du sanctuaire, tous deux remplis de fleur de farine pétrie à l'huile, pour une oblation ;

38 une coupe de dix sicles, en or, pleine de parfum ;

39 un jeune taureau, un bélier, un agneau d'un an, pour holocauste ;

40 un jeune bouc, pour expiatoire ;

41 et, pour le sacrifice de rémunération, deux taureaux, cinq béliers, cinq boucs, cinq agneaux d'un an. Telle fut l'offrande de Cheloumïel, fils de Çourichaddaï.

42 Au sixième jour, le phylarque des enfants de Gad, Elyaçaf, fils de Deouêl.

43 Son offrande : une écuelle d'argent, du poids de cent trente sicles ; un bassin d'argent de soixante-dix sicles, au poids du sanctuaire, tous deux remplis de fleur de farine pétrie à l'huile, pour une oblation ;

44 une coupe de dix sicles, en or, pleine de parfum ;

45 un jeune taureau, un bélier, un agneau d'un an, pour holocauste ;

46 un jeune bouc, pour expiatoire ;

47 et, pour le sacrifice de rémunération, deux taureaux, cinq béliers, cinq boucs, cinq agneaux d'un an. Telle fut l'offrande d'Elyaçaf, fils de Deouêl.

48 Au septième jour, le phylarque des enfants d'Ephraïm, Elichama, fils d'Ammihoud.

49 Son offrande : une écuelle d'argent, du poids de cent trente sicles ; un bassin d'argent de soixante-dix sicles, au poids du sanctuaire, tous deux remplis de fleur de farine pétrie à l'huile, pour une oblation ;

50 une coupe de dix sicles, en or, pleine de parfum ;

51 un jeune taureau, un bélier, un agneau d'un an, pour holocauste ;

52 un jeune bouc, pour expiatoire ;

53 et, pour le sacrifice de rémunération, deux taureaux, cinq béliers, cinq boucs, cinq agneaux d'un an. Telle fut l'offrande d'Elichama, fils d'Ammihoud.

54 Au huitième jour, le phylarque des enfants de Manassé, Gamliel, fils de Pedahçour.

55 Son offrande : une écuelle d'argent, du poids de cent trente sicles ; un bassin d'argent de soixante-dix sicles, au poids du sanctuaire, tous deux remplis de fleur de farine pétrie à l'huile, pour une oblation ;

56 une coupe de dix sicles, en or, pleine de parfum ;

57 un jeune taureau, un bélier, un agneau d'un an, pour holocauste ;

58 un jeune bouc, pour expiatoire ;

59 et, pour le sacrifice de rémunération, deux taureaux, cinq béliers, cinq boucs, cinq agneaux d'un an. Telle fut l'offrande de Gamliel, fils de Pedahçour.

60 Au neuvième jour, le phylarque des enfants de Benjamin, Abidân, fils de Ghidoni.

61 Son offrande : une écuelle d'argent, du poids de cent trente sicles ; un bassin d'argent de soixante-dix sicles, au poids

du sanctuaire, tous deux remplis de fleur de farine pétrie à l'huile, pour une oblation ;

62 une coupe de dix sicles, en or, pleine de parfum ;

63 un jeune taureau, un bélier, un agneau d'un an, pour holocauste ;

64 un jeune bouc, pour expiatoire ;

65 et, pour le sacrifice de rémunération, deux taureaux, cinq béliers, cinq boucs, cinq agneaux d'un an. Telle fut l'offrande d'Abidân, fils de Ghidoni.

66 Au dixième jour, le phylarque des enfants de Dan, Ahïézer, fils d'Ammichaddaï.

67 Son offrande : une écuelle d'argent, du poids de cent trente sicles ; un bassin d'argent de soixante-dix sicles, au poids du sanctuaire, tous deux remplis de fleur de farine pétrie à l'huile, pour une oblation ;

68 une coupe de dix sicles, en or, pleine de parfum ;

69 un jeune taureau, un bélier, un agneau d'un an, pour holocauste ;

70 un jeune bouc, pour expiatoire ;

71 et, pour le sacrifice de rémunération, deux taureaux, cinq béliers, cinq boucs, cinq agneaux d'un an. Telle fut l'offrande d'Ahïézer, fils d'Ammichaddaï.

72 Au onzième jour, le phylarque des enfants d'Aser, Paghiel, fils d'Okran.

73 Son offrande : une écuelle d'argent, du poids de cent trente sicles ; un bassin d'argent de soixante-dix sicles, au poids du sanctuaire, tous deux remplis de fleur de farine pétrie à l'huile, pour une oblation ;

74 une coupe de dix sicles, en or, pleine de parfum ;

75 un jeune taureau, un bélier, un agneau d'un an, pour holocauste ;

76 un jeune bouc pour expiatoire ;

77 et, pour le sacrifice de rémunération, deux taureaux, cinq béliers, cinq boucs, cinq agneaux d'un an. Telle fut l'offrande de Paghïel, fils d'Okran.

78 Au douzième jour, le phylarque des enfants de Nephtali, Ahlra, fils d'Enân.

79 Son offrande : une écuelle d'argent, du poids de cent trente sicles ; un bassin d'argent de soixante-dix sicles, au poids du sanctuaire, tous deux remplis de fleur de farine pétrie à l'huile, pour une oblation ;

80 une coupe de dix sicles, en or, pleine de parfum ;

81 un jeune taureau, un bélier, un agneau d'un an, pour holocauste ;

82 un jeune bouc, pour expiatoire ;

83 et, pour le sacrifice de rémunération, deux taureaux, cinq béliers, cinq boucs, cinq agneaux d'un an. Telle fut l'offrande d'Ahira, fils d'Enân.

84 Ce fut là le présent dédicatoire de l'autel, offert, lors de son onction, par les phylarques d'Israël : douze écuelles d'argent, douze bassins d'argent, douze coupes d'or.

85 Chaque écuelle d'argent, cent trente sicles, et chaque bassin, soixante-dix : poids total de l'argent des vases, deux mille quatre cents sicles, au poids du sanctuaire.

86 Douze coupes d'or, pleines de parfum, chaque coupe dix sicles, au poids du sanctuaire : total de l'or des coupes, cent vingt sicles.

87 Somme du gros bétail pour holocauste : douze taureaux ; de plus, douze béliers, douze agneaux d'un an, outre leur oblation, et douze jeunes boucs pour expiatoire.

88 Somme du gros bétail pour le sacrifice rémunératoire : vingt-quatre taureaux ; de plus, soixante béliers, soixante boucs,

soixante agneaux âgés d'un an. Ainsi fut inauguré l'autel, après avoir été oint.

89 Or, quand Moïse entrait dans la tente d'assignation pour que Dieu lui parlât, il entendait la voix s'adresser à lui de dessus le propitiatoire qui couvrait l'arche du statut, entre les deux chérubins, et c'est à elle qu'il parlait.

CHAPITRE HUIT

L'Éternel parla à Moïse en ces termes :
2 "Parle à Aaron et dis-lui : Quand tu disposeras les lampes, c'est vis-à-vis de la face du candélabre que les sept lampes doivent projeter la lumière."

3 Ainsi fit Aaron : c'est vis-à-vis de la face du candélabre qu'il en disposa les lampes, comme l'Éternel l'avait ordonné à Moïse.

4 Quant à la confection du candélabre, il était tout d'une pièce, en or ; jusqu'à sa base, jusqu'à ses fleurs, c'était une seule pièce. D'après la forme que l'Éternel avait indiquée à Moïse, ainsi avait-on fabriqué le candélabre.

5 L'Éternel parla à Moïse en ces termes :

6 "Prends les Lévites du milieu des enfants d'Israël, et purifie-les.

7 Voici ce que tu leur feras pour les purifier : tu les aspergeras d'eau expiatoire. Ils passeront le rasoir sur tout leur corps, laveront leurs vêtements et se purifieront.

8 Puis ils prendront un jeune taureau, avec son oblation : de la fleur de farine pétrie à l'huile ; et un autre jeune taureau, que tu recevras comme expiatoire.

9 Tu feras avancer les Lévites devant la tente d'assignation, et tu assembleras toute la communauté des enfants d'Israël.

10 Tu feras avancer les Lévites en présence du Seigneur, et les enfants d'Israël imposeront leurs mains sur les Lévites.

11 Et Aaron fera le balancement des Lévites devant le Seigneur, de la part des enfants d'Israël, pour qu'ils soient consacrés au service du Seigneur.

12 Et les Lévites appuieront leurs mains sur la tête des taureaux ; fais alors offrir l'un comme expiatoire et l'autre comme holocauste au Seigneur, pour faire propitiation sur les Lévites.

13 Puis tu placeras les Lévites en présence d'Aaron et de ses fils, et tu opéreras leur balancement à l'intention du Seigneur.

14 Tu distingueras ainsi les Lévites entre les enfants d'Israël, de sorte que les Lévites soient à moi.

15 Alors seulement les Lévites seront admis à desservir la tente d'assignation, quand tu les auras purifiés et que tu auras procédé à leur balancement.

16 Car ils me sont réservés, à moi, entre les enfants d'Israël : en échange de tout premier fruit des entrailles, de tout premier-né parmi les enfants d'Israël, je me les suis attribués.

17 Car tout premier-né m'appartient chez les enfants d'Israël, homme ou bête ; le jour où je frappai tous les premiers-nés dans le pays d'Égypte, je me les consacrai.

18 Or, j'ai pris les Lévites en échange de tous les premiers-nés des enfants d'Israël ;

19 et je les ai donnés, comme adjoints, à Aaron et à ses fils, entre les enfants d'Israël, pour faire l'office des enfants d'Israël

dans la tente d'assignation, et pour servir de rançon aux enfants d'Israël : de peur qu'il n'y ait une catastrophe parmi les enfants d'Israël, si ceux-ci s'approchent des choses saintes."

20 Ainsi firent Moïse et Aaron et toute la communauté des Israélites à l'égard des Lévites ; selon tout ce que l'Éternel avait prescrit à Moïse touchant les Lévites, ainsi leur firent les enfants d'Israël.

21 Les Lévites se purifièrent, ils lavèrent leurs vêtements ; Aaron effectua leur balancement devant l'Éternel, et il fit propitiation sur eux pour les rendre purs.

22 C'est alors que les Lévites entrèrent en fonction dans la tente d'assignation, en présence d'Aaron et de ses fils. D'après ce que l'Éternel avait prescrit à Moïse au sujet des Lévites, ainsi procéda-t-on à leur égard.

23 L'Éternel parla à Moïse en ces termes :

24 "Ceci concerne encore les Lévites : celui qui sera âgé de vingt-cinq ans et au-delà sera admis à participer au service requis par la tente d'assignation ;

25 mais, passé l'âge de cinquante ans, il se retirera du service actif et ne travaillera plus.

26 Il aidera ses frères dans la tente d'assignation en veillant à sa garde, mais il n'exécutera point de corvée. C'est ainsi que tu en useras pour les Lévites, selon leurs fonctions."

CHAPITRE NEUF

L'Éternel parla à Moïse dans le désert de Sinaï, la seconde année de leur sortie du pays d'Égypte, le premier mois, en disant :

2 "Que les enfants d'Israël fassent la Pâque au temps fixé.

3 C'est le quatorzième jour de ce mois, vers le soir, temps fixé pour elle, que vous devez la faire ; d'après tous ses statuts et toutes ses règles vous l'exécuterez."

4 Moïse parla aux enfants d'Israël, pour qu'ils fissent la Pâque.

5 Et ils firent la Pâque au premier mois, le quatorzième jour du mois, vers le soir, dans le désert de Sinaï ; exactement comme l'Éternel l'avait prescrit à Moïse, ainsi firent les enfants d'Israël.

6 Or, il y eut des hommes qui se trouvaient souillés par des cadavres humains, et qui ne purent faire la Pâque ce jour-là. Ils se présentèrent devant Moïse et devant Aaron, ce même jour,

7 et ces hommes lui dirent : "Nous sommes souillés par des cadavres humains ; mais pourquoi serions-nous privés d'offrir le

sacrifice du Seigneur en son temps, seuls entre les enfants d'Israël ?"

8 Moïse leur répondit : "Attendez que j'apprenne ce que l'Éternel statuera à votre égard."

9 Et l'Éternel parla à Moïse en ces termes :

10 "Parle ainsi aux enfants d'Israël : Si quelqu'un se trouve souillé par un cadavre, ou sur une route éloignée, parmi vous ou vos descendants, et qu'il veuille faire la Pâque en l'honneur de l'Éternel,

11 c'est au deuxième mois, le quatorzième jour, vers le soir, qu'ils la feront ; ils la mangeront avec des azymes et des herbes amères,

12 n'en laisseront rien pour le lendemain, et n'en briseront pas un seul os : ils suivront, à son égard, tout le rite de la Pâque.

13 Pour l'homme qui, étant pur et n'ayant pas été en voyage, se serait néanmoins abstenu de faire la Pâque, cette personne sera retranchée de son peuple : puisqu'il n'a pas offert en son temps le sacrifice du Seigneur, cet homme portera sa faute.

14 Et si un étranger habite avec vous et veut faire la Pâque en l'honneur de l'Éternel, il devra se conformer au rite de la Pâque et à son institution : même loi vous régira, tant l'étranger que l'indigène."

15 Or, le jour où l'on eut érigé le tabernacle, la nuée couvrit le tabernacle, la tente du statut ; et le soir il y avait, au-dessus du tabernacle, comme un météore de feu persistant jusqu'au matin.

16 Il en fut ainsi constamment : la nuée le couvrait le jour, et le météore de feu la nuit.

17 Chaque fois que la nuée s'élevait de dessus la tente, aussitôt les enfants d'Israël levaient le camp ; puis, à l'endroit où se fixait la nuée, là s'arrêtaient les enfants d'Israël.

18 C'est sur l'ordre du Seigneur que partaient les enfants

d'Israël, sur l'ordre du Seigneur qu'ils s'arrêtaient : tant que la nuée restait fixée sur le tabernacle, ils demeuraient campés.

19 Lors même que la nuée stationnait longtemps au-dessus du tabernacle, les enfants d'Israël, fidèles à l'observance du Seigneur, ne partaient point.

20 Parfois la nuée ne restait qu'un certain nombre de jours sur le tabernacle : ils avaient campé à la voix de l'Éternel, à la voix de l'Éternel ils partaient.

21 Parfois la nuée demeurait du soir jusqu'au matin, et quand elle se retirait le matin on partait ; ou bien un jour et une nuit, et quand elle se retirait, l'on partait.

22 Ou bien deux jours, ou un mois, ou une année entière, selon que la nuée prolongeait sa station sur le tabernacle, les enfants d'Israël restaient campés sans partir ; puis, quand elle se retirait, ils levaient le camp.

23 A la voix de l'Éternel ils faisaient halte, à sa voix ils décampaient, gardant ainsi l'observance de l'Éternel, d'après l'ordre divin transmis par Moïse.

CHAPITRE DIX

L'Éternel parla à Moïse en ces termes :

2 "Fais-toi deux trompettes d'argent, que tu façonneras d'une seule pièce ; elles te serviront à convoquer la communauté et à faire décamper les légions.

3 Quand on en sonnera, toute la communauté devra se réunir auprès de toi à l'entrée de la tente d'assignation.

4 Si l'on ne sonne que d'une seule, ce sont les phylarques qui se rendront auprès de toi, les chefs des groupements d'Israël.

5 Quand vous sonnerez une fanfare, les légions qui campent à l'orient se mettront en marche.

6 Vous sonnerez une seconde fanfare, et les légions campées au midi se mettront en marche : une fanfare sera sonnée pour les départs,

7 tandis que, pour convoquer l'assemblée, vous sonnerez, mais sans fanfare.

8 Ce sont les fils d'Aaron, les pontifes, qui sonneront de ces

trompettes. Elles vous serviront, comme institution perpétuelle, dans vos générations.

9 Quand donc vous marcherez en bataille, dans votre pays, contre l'ennemi qui vous attaque, vous sonnerez des trompettes avec fanfare ; vous vous recommanderez ainsi au souvenir de l'Éternel votre Dieu, et vous recevrez assistance contre vos ennemis.

10 Et au jour de votre allégresse, dans vos solennités et vos néoménies, vous sonnerez des trompettes pour accompagner vos holocaustes et vos sacrifices rémunératoires ; et elles vous serviront de mémorial devant votre Dieu. Je suis l'Éternel votre Dieu."

11 Or il advint, dans la deuxième année, au deuxième mois, le vingtième jour du mois, que la nuée se retira de dessus le tabernacle du statut.

12 Et les enfants d'Israël partirent, selon leur ordre de marche, du désert de Sinaï ; et la nuée s'arrêta dans le désert de Pharan.

13 C'est la première fois qu'ils partaient ainsi d'après l'ordre de l'Éternel, transmis par Moïse.

14 La bannière du camp des enfants de Juda se mit en marche la première, selon leurs légions. Sa légion à lui était commandée par Nahchôn, fils d'Amminadab ;

15 la légion de la tribu des enfants d'Issachar, par Nethanel, fils de Çouar ;

16 et la légion de la tribu des enfants de Zabulon, par Elïab, fils de Hêlôn.

17 Alors on démonta le tabernacle, et les enfants de Gerson et ceux de Merari, ses porteurs, se mirent en marche.

18 Puis se mit en marche la bannière du camp de Ruben,

selon ses légions : sa légion à lui, conduite par Eliçour, fils de Chedéour ;

19 la légion de la tribu des enfants de Siméon, par Cheloumïel, fils de Çourichaddaï ;

20 et la légion de la tribu des enfants de Gad, par Elyaçaf, fils de Deouêl.

21 Alors s'avancèrent les Kehathites, porteurs de l'appareil sacré, de sorte qu'on avait redressé le tabernacle lorsqu'ils arrivèrent.

22 Et la bannière du camp des enfants d'Ephraïm se mit en marche, selon leurs légions : sa légion à lui, conduite par Elichama, fils d'Ammihoud ;

23 la légion de la tribu des enfants de Manassé, par Gamliel, fils de Pedahçour ;

24 et la légion de la tribu des enfants de Benjamin, par Abidân, fils de Ghidoni.

25 Enfin s'avança la bannière du camp des Danites, arrière-garde de tous les camps, selon leurs légions : sa légion à lui, commandée par Ahïézer, fils d'Ammichaddaï ;

26 la légion de la tribu des enfants d'Asher, par Paghïel, fils d'Okrân ;

27 et la légion de la tribu des enfants de Nephtali, par Ahira, fils d'Enân.

28 Tel était l'ordre de marche des enfants d'Israël, selon leurs légions, quand ils levaient le camp.

29 Moïse dit à Hobab, fils de Ragouêl le Madianite, beau-père de Moïse : "Nous partons pour la contrée dont l'Éternel a dit : C'est celle-là que je vous donne. Viens avec nous, nous te rendrons heureux, puisque l'Éternel a promis du bonheur à Israël."

30 Il lui répondit : "Je n'irai point ; c'est au contraire dans mon pays, au lieu de ma naissance, que je veux aller."

31 Moïse reprit : "Ne nous quitte point, de grâce ! Car, en vérité, tu connais les lieux où nous campons dans ce désert, et tu nous serviras de guide.

32 Or, si tu nous accompagnes, ce même bonheur dont l'Éternel nous fera jouir, nous te le ferons partager."

33 Et ils firent, à partir du mont de l'Éternel, trois journées de chemin ; l'arche d'alliance de l'Éternel marcha à leur tête l'espace de trois journées, pour leur choisir une halte,

34 tandis que la nuée divine planait au-dessus d'eux, le jour, à leur départ du camp.

35 Or, lorsque l'arche partait, Moïse disait : "Lève-toi, Éternel ! Afin que tes ennemis soient dissipés et que tes adversaires fuient de devant ta face !"

36 Et lorsqu'elle faisait halte, il disait : "Reviens siéger, Éternel, parmi les myriades des familles d'Israël !"

CHAPITRE ONZE

Le peuple affecta de se plaindre amèrement aux oreilles du Seigneur. Le Seigneur l'entendit et sa colère s'enflamma, le feu de l'Éternel sévit parmi eux, et déjà il dévorait les dernières lignes du camp.

2 Mais le peuple implora Moïse ; Moïse pria le Seigneur, et le feu s'affaissa.

3 On nomma cet endroit Tabérah, parce que le feu de l'Éternel y avait sévi parmi eux.

4 Or, le ramas d'étrangers qui était parmi eux fut pris de convoitise ; et, à leur tour, les enfants d'Israël se remirent à pleurer et dirent : "Qui nous donnera de la viande à manger ?

5 Il nous souvient du poisson que nous mangions pour rien en Égypte, des concombres et des melons, des poireaux, des oignons et de l'ail.

6 Maintenant, nous sommes exténués, nous manquons de tout : point d'autre perspective que la manne !"

7 (Or, la manne était comme de la graine de coriandre, et son aspect comme l'aspect du bdellium.

8 Le peuple se dispersait pour la recueillir, puis on l'écrasait sous la meule ou on la pilait au mortier ; on la mettait cuire au pot, et l'on en faisait des gâteaux. Elle avait alors le goût d'une pâtisserie à l'huile.

9 Lorsque la rosée descendait sur le camp, la nuit, la manne y tombait avec elle).

10 Moïse entendit le peuple gémir, groupé par familles, chacun à l'entrée de sa tente. L'Éternel entra dans une grande colère ; Moïse en fut contristé,

11 et il dit à l'Éternel : "Pourquoi as-tu rendu ton serviteur malheureux ? Pourquoi n'ai-je pas trouvé grâce à tes yeux, et m'as-tu imposé le fardeau de tout ce peuple ?

12 Est-ce donc moi qui ai conçu tout ce peuple, moi qui l'ai enfanté, pour que tu me dises : Porte-le dans ton sein, comme le nourricier porte le nourrisson, jusqu'au pays que tu as promis par serment à ses pères ?

13 Où trouverai-je de la chair pour tout ce peuple, qui m'assaille de ses pleurs en disant : Donne-nous de la chair à manger !

14 Je ne puis, moi seul, porter tout ce peuple : c'est un faix trop pesant pour moi.

15 Si tu me destines un tel sort, ah ! Je te prie, fais-moi plutôt mourir, si j'ai trouvé grâce à tes yeux ! Et que je n'aie plus cette misère en perspective !"

16 L'Éternel répondit à Moïse : "Assemble-moi soixante-dix hommes entre les anciens d'Israël, que tu connaisses pour être des anciens du peuple et ses magistrats ; tu les amèneras devant la tente d'assignation, et là ils se rangeront près de toi.

17 C'est là que je viendrai te parler, et je retirerai une partie de l'esprit qui est sur toi pour la faire reposer sur eux : alors ils

porteront avec toi la charge du peuple, et tu ne la porteras plus à toi seul.

18 Quant à ce peuple, tu lui diras : Tenez-vous prêts pour demain, vous mangerez de la chair, puisque vous avez sangloté aux oreilles de l'Éternel en disant : "Qui nous donnera de la viande à manger ? Nous étions plus heureux en Égypte !" L'Éternel vous en donnera à manger, de la viande.

19 Ce n'est pas un jour ni deux que vous en mangerez ; ce n'est pas cinq jours, ni dix jours, ni vingt jours,

20 mais un mois entier, tellement qu'elle vous ressortira de la gorge et vous deviendra en horreur ; parce que vous avez outragé l'Éternel qui est au milieu de vous, et que vous avez pleuré devant lui en disant : Pourquoi sommes-nous sortis de l'Égypte ?"

21 Moïse repartit : "Six cent mille voyageurs composent le peuple dont je fais partie, et tu veux que je leur donne de la viande à manger pour un mois entier !

22 Faudra-t-il leur tuer brebis et bœufs, pour qu'ils en aient assez ? Leur amasser tous les poissons de la mer, pour qu'ils en aient assez ?"

23 Et l'Éternel dit à Moïse : "Est-ce que le bras de l'Éternel est trop court ? Tu verras bientôt si ma parole s'accomplit devant toi ou non."

24 Moïse se retira, et rapporta au peuple les paroles de l'Éternel ; puis il réunit soixante-dix hommes parmi les anciens du peuple et les rangea autour de la tente.

25 L'Éternel descendit dans une nuée et lui parla, et, détournant une partie de l'esprit qui l'animait, la reporta sur ces soixante-dix personnages, sur les anciens. Et aussitôt que l'esprit se fut posé sur eux, ils prophétisèrent, mais ils ne le firent plus depuis.

26 Deux de ces hommes étaient restés dans le camp, l'un nommé Eldad, le second Médad. L'esprit se posa également sur eux, car ils étaient sur la liste, mais ne s'étaient pas rendus à la tente ; et ils prophétisèrent dans le camp.

27 Un jeune homme courut l'annoncer à Moïse, en disant : "Eldad et Médad prophétisent dans le camp."

28 Alors Josué, fils de Noun, serviteur de Moïse depuis sa jeunesse, prit la parole et dit : "Mon maître Moïse, empêche-les !"

29 Moïse lui répondit : "Tu es bien zélé pour moi ! Ah ! Plût au Ciel que tout le peuple de Dieu se composât de prophètes, que l'Éternel fit reposer son esprit sur eux !"

30 Et Moïse rentra dans le camp, ainsi que les anciens d'Israël.

31 Cependant un vent s'éleva de par l'Éternel, qui suscita des cailles du côté de la mer, et les abattit sur le camp dans un rayon d'une journée de part et d'autre, autour du camp, et à la hauteur de deux coudées environ sur le sol.

32 Le peuple s'occupa tout ce jour-là, toute la nuit, et toute la journée du lendemain, à ramasser les cailles ; celui qui en recueillit le moins en eut encore dix omer. Et ils se mirent à les étaler autour du camp.

33 La chair était encore entre leurs dents, elle n'était pas encore consommée, lorsque la colère du Seigneur éclata contre le peuple, et le Seigneur frappa le peuple d'une mortalité très considérable.

34 On donna à ce lieu le nom de Kibroth-Hattaava, parce que c'est là qu'on ensevelit ce peuple pris de convoitise.

35 De Kibroth-Hattaava, le peuple partit pour Hacêroth, et il s'arrêta à Hacêroth.

CHAPITRE DOUZE

Miryam et Aaron médirent de Moïse, à cause de la femme éthiopienne qu'il avait épousée, car il avait épousé une Ethiopienne,

2 et ils dirent : "Est-ce que l'Éternel n'a parlé qu'à Moïse, uniquement ? Ne nous a-t-il pas parlé, à nous aussi ?" L'Éternel les entendit.

3 Or, cet homme, Moïse, était fort humble, plus qu'aucun homme qui fût sur la terre.

4 Soudain l'Éternel dit à Moïse, à Aaron et à Miryam : "Rendez-vous tous trois à la tente d'assignation !" Et ils s'y rendirent tous trois.

5 L'Éternel descendit dans une colonne nébuleuse, s'arrêta à l'entrée de la tente, et appela Aaron et Miryam, qui sortirent tous deux ;

6 et il dit : "Ecoutez bien mes paroles. S'il n'était que votre prophète, moi, Éternel, je me manifesterais à lui par une vision, c'est en songe que je m'entretiendrais avec lui.

7 Mais non : Moïse est mon serviteur ; de toute ma maison c'est le plus dévoué.

8 Je lui parle face à face, dans une claire apparition et sans énigmes ; c'est l'image de Dieu même qu'il contemple. Pourquoi donc n'avez-vous pas craint de parler contre mon serviteur, contre Moïse ?"

9 La colère de l'Éternel éclata ainsi contre eux, et il se retira.

10 La nuée ayant disparu de dessus la tente, Miryam se trouva couverte de lèpre, blanche comme la neige. Aaron se tourna vers Miryam, et la vit lépreuse.

11 Et Aaron dit à Moïse : "Pitié, mon Seigneur ! De grâce, ne nous impute pas à péché notre démence et notre faute !

12 Oh ! Qu'elle ne ressemble pas à un mort-né qui, dès sa sortie du sein de sa mère, a une partie de son corps consumée !"

13 Et Moïse implora l'Éternel en disant : "Seigneur, oh ! Guéris-la, de grâce !"

14 L'Éternel répondit à Moïse : "Si son père lui eût craché au visage, n'en serait-elle pas mortifiée durant sept jours ? Qu'elle soit donc séquestrée sept jours hors du camp, et ensuite elle y sera admise."

15 Miryam fut séquestrée hors du camp pendant sept jours ; et le peuple ne partit que lorsque Miryam eut été réintégrée.

16 Après cela, le peuple partit de Hacêroth, et ils campèrent dans le désert de Pharan.

CHAPITRE TREIZE

L'Éternel parla ainsi à Moïse :
2 "Envoie toi-même des hommes pour explorer le pays de Canaan, que je destine aux enfants d'Israël ; vous enverrez un homme respectivement par tribu paternelle, tous éminents parmi eux."

3 Et Moïse les envoya du désert de Pharan, selon la parole de l'Éternel ; c'étaient tous des personnages considérables entre les enfants d'Israël.

4 Et voici leurs noms : pour la tribu de Ruben, Chammoûa, fils de Zakkour ;

5 pour la tribu de Siméon, Chafat, fils de Hori ;

6 pour la tribu de Juda, Caleb, fils de Yefounné ;

7 pour la tribu d'Issachar, Yigal, fils de Joseph ;

8 pour la tribu d'Ephraïm, Hochéa, fils de Noun ;

9 pour la tribu de Benjamin, Palti, fils de Rafou ;

10 pour la tribu de Zabulon, Gaddïel, fils de Sodi ;

11 pour la tribu de Joseph formant celle de Manassé, Gaddi, fils de Çouci ;

12 pour la tribu de Dan, Ammïel, fils de Ghemalli ;

13 pour la tribu d'Asher, Sethour, fils de Mikhaêl ;

14 pour la tribu de Nephtali, Nahbi, fils de Vofsi ;

15 pour la tribu de Gad, Gheouêl, fils de Makhi.

16 Tels sont les noms des hommes que Moïse envoya explorer la contrée. (Moïse avait nommé Hochéa, fils de Noun : Josué).

17 Moïse leur donna donc mission d'explorer le pays de Canaan, en leur disant : "Dirigez-vous de ce côté, vers le sud, et gravissez la montagne.

18 Vous observerez l'aspect de ce pays et le peuple qui l'occupe, s'il est robuste ou faible, peu nombreux ou considérable ;

19 quant au pays qu'il habite, s'il est bon ou mauvais ; comment sont les villes où il demeure, des villes ouvertes ou des places fortes ;

20 quant au sol, s'il est gras ou maigre, s'il est boisé ou non. Tâchez aussi d'emporter quelques-uns des fruits du pays." C'était alors la saison des premiers raisins.

21 Et ils s'en allèrent explorer le pays, depuis le désert de Cîn jusqu'à Rehob, vers Hémath.

22 Ils s'acheminèrent du côté du midi, et l'on parvint jusqu'à Hébrôn, où demeuraient Ahimân, Chêchaï et Talmaï, descendants d'Anak. Hébrôn avait été bâtie sept ans avant Tanis d'Égypte.

23 Arrivés à la vallée d'Echkol, ils y coupèrent un sarment avec une grappe de raisin, qu'ils portèrent à deux au moyen d'une perche, de plus, quelques grenades et quelques figues.

24 On nomma ce lieu vallée d'Echkol, à cause de la grappe qu'y avaient coupée les enfants d'Israël.

25 Ils revinrent de cette exploration du pays, au bout de quarante jours.

26 Ils allèrent trouver Moïse, Aaron et toute la communauté des enfants d'Israël, dans le désert de Pharan, à Kadêch. Ils rendirent compte à eux et à toute la communauté, leur montrèrent les fruits de la contrée,

27 et lui firent ce récit : "Nous sommes entrés dans le pays où tu nous avais envoyés ; oui, vraiment, il ruisselle de lait et de miel, et voici de ses fruits.

28 Mais il est puissant le peuple qui habite ce pays ! Puis, les villes sont fortifiées et très grandes, et même nous y avons vu des descendants d'Anak !

29 Amalec habite la région du midi ; le Héthéen, le Jébuséen et l'Amorréen habitent la montagne, et le Cananéen occupe le littoral et la rive du Jourdain."

30 Caleb fit taire le peuple soulevé contre Moïse, et dit : "Montons, montons-y et prenons-en possession, car certes nous en serons vainqueurs !"

31 Mais les hommes qui étaient partis avec lui, dirent : "Nous ne pouvons marcher contre ce peuple, car il est plus fort que nous."

32 Et ils décrièrent le pays qu'ils avaient exploré, en disant aux enfants d'Israël : "Le pays que nous avons parcouru pour l'explorer est un pays qui dévorerait ses habitants ; quant au peuple que nous y avons vu, ce sont tous gens de haute taille.

33 Nous y avons même vu les Nefilîm, les enfants d'Anak, descendants des Nefilîm : nous étions à nos propres yeux comme des sauterelles, et ainsi étions-nous à leurs yeux."

CHAPITRE QUATORZE

Alors toute la communauté se souleva en jetant des cris, et le peuple passa cette nuit à gémir.

2 Tous les enfants d'Israël murmurèrent contre Moïse et Aaron, et toute la communauté leur dit : "Que ne sommes-nous morts dans le pays d'Égypte, ou que ne mourons-nous dans ce désert !

3 Et pourquoi l'Éternel nous mène-t-il dans ce pays-là, pour y périr par le glaive, nous voir ravir nos femmes et nos enfants ? Certes, il vaut mieux pour nous retourner en Égypte."

4 Et ils se dirent l'un à l'autre : "Donnons-nous un chef, et retournons en Égypte !"

5 Moïse et Aaron tombèrent sur leur face devant toute l'assemblée réunie des enfants d'Israël.

6 Et Josué, fils de Noun, et Caleb, fils de Yefounné, qui avaient, eux aussi, exploré la contrée, déchirèrent leurs vêtements.

7 Ils parlèrent à toute la communauté des Israélites en ces

termes : "Le pays que nous avons parcouru pour l'explorer, ce pays est bon, il est excellent.

8 Si l'Éternel nous veut du bien, il saura nous faire entrer dans ce pays et nous le livrer, ce pays qui ruisselle de lait et de miel.

9 Mais ne vous mutinez point contre l'Éternel ; ne craignez point, vous, le peuple de ce pays, car ils seront notre pâture : leur ombre les a abandonnés et l'Éternel est avec nous, ne les craignez point !"

10 Or, toute la communauté se disposait à les lapider, lorsque la gloire divine apparut, dans la tente d'assignation, à tous les enfants d'Israël.

11 Et l'Éternel dit à Moïse : "Quand cessera ce peuple de m'outrager ? Combien de temps manquera-t-il de confiance en moi, malgré tant de prodiges que j'ai opérés au milieu de lui ?

12 Je veux le frapper de la peste et l'anéantir, et te faire devenir toi-même un peuple plus grand et plus puissant que celui-ci."

13 Moïse répondit à l'Éternel : "Mais les Égyptiens ont su que tu as, par ta puissance, fait sortir ce peuple du milieu d'eux,

14 et ils l'ont dit aux habitants de ce pays-là ; ils ont appris, Seigneur, que tu es au milieu de ce peuple, que celui qu'ils ont vu face à face, c'est toi-même, Seigneur ; que ta nuée plane au-dessus d'eux ; que, dans une colonne nébuleuse, tu les guides le jour, et, dans une colonne de feu, la nuit.

15 Et tu ferais mourir ce peuple comme un seul homme ! Mais ces nations, qui ont entendu parler de toi, diront alors :

16 "Parce que l'Éternel n'a pu faire entrer ce peuple dans le pays qu'il leur avait solennellement promis, il les a égorgés dans le désert."

17 Maintenant donc, de grâce, que la puissance d'Adonaï se déploie, comme tu l'as déclaré en disant :

18 "L'Éternel est plein de longanimité et de bienveillance ; il supporte le crime et la rébellion, sans toutefois les absoudre, faisant justice du crime des pères sur les enfants jusqu'à la troisième et à la quatrième génération."

19 Oh ! Pardonne le crime de ce peuple selon ta clémence infinie, et comme tu as pardonné à ce peuple depuis l'Égypte jusqu'ici !"

20 L'Éternel répondit : "Je pardonne, selon ta demande.

21 Mais, aussi vrai que je suis vivant et que la majesté de l'Éternel remplit toute la terre,

22 tous ces hommes qui ont vu ma gloire et mes prodiges, en Égypte et dans le désert, et qui m'ont tenté dix fois déjà, et n'ont pas obéi à ma voix,

23 jamais ils ne verront ce pays que j'ai promis par serment à leurs aïeux ; eux tous qui m'ont outragé, ils ne le verront point !

24 Pour mon serviteur Caleb, attendu qu'il a été animé d'un esprit différent et m'est resté pleinement fidèle, je le ferai entrer dans le pays où il a pénétré, et sa postérité le possédera.

25 Or, l'Amalécite et le Cananéen occupent la vallée : demain, changez de direction et partez pour le désert, du côté de la mer des Joncs."

26 L'Éternel parla à Moïse et à Aaron, en disant :

27 "Jusqu'à quand tolérerai-je cette communauté perverse et ses murmures contre moi ? Car les murmures que les enfants d'Israël profèrent contre moi, je les ai entendus.

28 Dis-leur : Vrai comme je vis, a dit l'Éternel ! Selon les propres paroles que j'ai entendues de vous, ainsi vous ferai-je.

29 Vos cadavres resteront dans ce désert, vous tous qui avez

été dénombrés, tous tant que vous êtes, âgés de vingt ans et au-delà, qui avez murmuré contre moi !

30 Jamais vous n'entrerez, vous, dans ce pays où j'avais solennellement promis de vous établir ! Il n'y aura d'exception que pour Caleb, fils de Yefounné, et Josué, fils de Noun.

31 Vos enfants aussi, dont vous disiez : "Ils nous seront ravis", je les y amènerai, et ils connaîtront ce pays dont vous n'avez point voulu.

32 Mais vos cadavres, à vous, pourriront dans ce désert.

33 Vos enfants iront errant dans le désert, quarante années, expiant vos infidélités, jusqu'à ce que le désert ait reçu toutes vos dépouilles.

34 Selon le nombre de jours que vous avez exploré le pays, autant de jours autant d'années vous porterez la peine de vos crimes, partant quarante années ; et vous connaîtrez les effets de mon hostilité.

35 Moi, l'Éternel, je le déclare : oui, c'est ainsi que j'en userai avec toute cette communauté perverse, ameutée contre moi. C'est dans ce désert qu'elle prendra fin, c'est là qu'elle doit mourir."

36 De fait, les hommes que Moïse avait envoyés explorer le pays, et qui, de retour, avaient fait murmurer contre lui toute la communauté en décriant ce pays,

37 ces hommes, qui avaient débité de méchants propos sur le pays, périrent frappés par le Seigneur.

38 Josué, fils de Noun, et Caleb, fils de Yefounné, furent seuls épargnés, entre ces hommes qui étaient allés explorer le pays.

39 Moïse rapporta ces paroles à tous les enfants d'Israël ; et le peuple s'en affligea fort.

40 Puis, le lendemain de bon matin, ils se dirigèrent vers le

sommet de la montagne, disant : "Nous sommes prêts à marcher vers le lieu que l'Éternel a désigné, car nous avons péché."

41 Moïse leur dit : "Pourquoi transgressez-vous la parole de l'Éternel ? Cela ne vous réussira point !

42 N'y montez pas, car l'Éternel n'est pas au milieu de vous ; ne vous livrez pas aux coups de vos ennemis.

43 Car l'Amalécite et le Cananéen sont là sur votre chemin, et vous tomberiez sous leur glaive ; aussi bien, vous vous êtes éloignés de l'Éternel, l'Éternel ne sera point avec vous !"

44 Mais ils s'obstinèrent à monter au sommet de la montagne ; cependant, ni l'arche d'alliance du Seigneur ni Moïse ne bougèrent du milieu du camp.

45 L'Amalécite et le Cananéen, qui habitaient sur cette montagne, en descendirent, les battirent et les taillèrent en pièces jusqu'à Horma.

CHAPITRE QUINZE

L'Éternel parla à Moïse en ces termes :

2 "Parle aux enfants d'Israël et dis-leur : Quand vous serez arrivés dans le pays que je vous destine pour votre établissement,

3 et que vous ferez un sacrifice à l'Éternel, holocauste ou autre victime, à l'occasion d'un vœu spécial ou d'un don spontané, ou lors de vos solennités, voulant offrir, en odeur agréable au Seigneur, une pièce de gros ou de menu bétail,

4 celui qui offrira ce sacrifice à l'Éternel y joindra, comme oblation, un dixième de fleur de farine, pétrie avec un quart de hîn d'huile ;

5 plus, du vin, comme libation, un quart de hîn, que tu joindras à l'holocauste ou au sacrifice, pour chaque agneau.

6 Si c'est un bélier, tu offriras comme oblation deux dixièmes de fleur de farine, pétrie avec un tiers de hîn d'huile ;

7 plus, du vin pour libation, un tiers de hîn, que tu offriras, comme odeur délectable, au Seigneur.

8 Et si c'est une pièce de gros bétail que tu offres comme holocauste ou autre sacrifice, à l'occasion d'un vœu particulier ou comme rémunératoire au Seigneur,

9 on ajoutera à cette victime, comme oblation, trois dixièmes de fleur de farine, pétrie avec un demi-hîn d'huile ;

10 et tu offriras, comme libation, un demi-hîn de vin : sacrifice d'odeur agréable à l'Éternel.

11 C'est ainsi qu'on en usera pour chaque taureau, pour chaque bélier, pour chaque animal de l'espèce des brebis ou des chèvres ;

12 selon le nombre des victimes que vous offrirez, vous suivrez ces prescriptions pour chacune, en nombre égal.

13 Tout indigène pratiquera ainsi ces rites, lorsqu'il offrira un sacrifice d'odeur agréable au Seigneur.

14 Et si un étranger émigre chez vous ou se trouve parmi vous, dans les âges ultérieurs, et qu'il offre à l'Éternel un sacrifice d'odeur agréable, comme vous procéderez, ainsi procédera-t-il.

15 Peuple, une même loi vous régira, vous et l'étranger domicilié. Règle absolue pour vos générations : vous et l'étranger, vous serez égaux devant l'Éternel.

16 Même loi et même droit existeront pour vous et pour l'étranger habitant parmi vous."

17 L'Éternel parla à Moïse en ces termes :

18 "Parle aux enfants d'Israël et dis-leur : A votre arrivée dans le pays où je vous conduirai,

19 lorsque vous mangerez du pain de la contrée, vous en prélèverez un tribut au Seigneur.

20 Comme prémices de votre pâte, vous prélèverez un gâteau en tribut ; à l'instar du tribut de la grange, ainsi vous le prélèverez.

21 Des prémices de votre pâte vous ferez hommage à l'Éternel dans vos générations futures.

22 Si, par suite d'une erreur, vous n'observez pas tous ces commandements que l'Éternel a communiqués à Moïse,

23 tout ce que l'Éternel a prescrit à votre intention par l'organe de Moïse, et cela depuis l'époque où l'Éternel l'a prescrit jusqu'à vos générations ultérieures ;

24 si c'est par l'inadvertance de la communauté qu'a eu lieu cette erreur, la communauté entière offrira un jeune taureau comme holocauste, en odeur agréable à l'Éternel, avec son oblation et sa libation selon la règle ; plus un bouc, comme expiatoire.

25 Le pontife effacera la faute de toute la communauté des enfants d'Israël, et elle leur sera remise, parce que c'était une erreur, et qu'ils ont apporté devant Dieu leur offrande, un sacrifice destiné au feu pour le Seigneur, ainsi que leur expiatoire, pour réparer cette erreur.

26 Et il sera pardonné à toute la communauté des enfants d'Israël et à l'étranger qui séjourne parmi eux ; car l'erreur a été commune à tout le peuple.

27 Que si c'est une seule personne qui a péché par erreur, elle offrira une chèvre, âgée d'un an pour expiatoire.

28 Le pontife fera expiation pour la personne imprudente (car elle n'a péché que par imprudence) devant le Seigneur ; afin qu'étant expiée, sa faute lui soit remise.

29 Indigène entre les enfants d'Israël ou étranger résidant parmi eux, une même règle sera la vôtre, si l'on a agi par erreur.

30 Mais celui qui aurait agi ainsi de propos délibéré, parmi les nationaux ou parmi les étrangers, celui-là outrage le Seigneur ! Cette personne sera retranchée du milieu de son peuple.

31 Pour avoir méprisé la parole du Seigneur, pour avoir violé sa loi, cette personne sera certainement retranchée : elle est coupable !"

32 Pendant leur séjour au désert, les enfants d'Israël trouvèrent un homme ramassant du bois le jour du Sabbat.

33 Ceux qui l'avaient trouvé ramassant du bois le conduisirent devant Moïse et Aaron, et devant toute la communauté.

34 On le mit en lieu sûr, parce qu'il n'avait pas été expliqué comment il fallait agir à son égard.

35 Alors l'Éternel dit à Moïse : "Cet homme doit être mis à mort ; que toute la communauté le lapide hors du camp."

36 Et toute la communauté l'emmena hors du camp, et on le fit mourir à coups de pierres, comme l'Éternel l'avait ordonné à Moïse.

37 L'Éternel parla à Moïse en ces termes :

38 "Parle aux enfants d'Israël, et dis-leur de se faire des franges aux coins de leurs vêtements, dans toutes leurs générations, et d'ajouter à la frange de chaque coin un cordon d'azur.

39 Cela formera pour vous des franges dont la vue vous rappellera tous les commandements de l'Éternel, afin que vous les exécutiez et ne vous égariez pas à la suite de votre cœur et de vos yeux, qui vous entraînent à l'infidélité.

40 Vous vous rappellerez ainsi et vous accomplirez tous mes commandements, et vous serez saints pour votre Dieu.

41 Je suis l'Éternel votre Dieu, qui vous ai fait sortir du pays d'Égypte pour devenir votre Dieu, moi, l'Éternel votre Dieu !"

CHAPITRE SEIZE

Coré, fils de Yiçhar, fils de Kehath, fils de Lévi, forma un parti avec Dathan et Abirâm, fils d'Elïab, et On, fils de Péleth, descendants de Ruben.

2 Ils s'avancèrent devant Moïse avec deux cent cinquante des enfants d'Israël, princes de la communauté, membres des réunions, personnages notables ;

3 et, s'étant attroupés autour de Moïse et d'Aaron, ils leur dirent : "C'en est trop de votre part ! Toute la communauté, oui, tous sont des saints, et au milieu d'eux est le Seigneur ; pourquoi donc vous érigez-vous en chefs de l'assemblée du Seigneur ?"

4 Moïse, en les entendant, se jeta sur sa face ;

5 puis il parla à Coré et à toute sa faction, en ces termes : "Demain, le Seigneur fera savoir qui est digne de lui, qui est le saint qu'il admet auprès de lui ; celui qu'il aura élu, il le laissera approcher de lui.

6 Faites ceci : munissez-vous d'encensoirs, toi Coré, et tout ton parti ;

7 mettez-y du feu et remplissez-les de parfum, devant le Seigneur, demain : or, l'homme que distinguera le Seigneur, c'est celui-là qui est saint. Assez donc, enfants de Lévi !"

8 Et Moïse dit à Coré : "Or, écoutez, enfants de Lévi.

9 C'est donc peu, pour vous, que le Dieu d'Israël vous ait distingués de la communauté d'Israël, en vous admettant auprès de lui pour faire le service du tabernacle divin, et en vous plaçant en présence de la communauté pour la servir ?

10 Il t'a donc approché de lui, toi et tous tes frères, les enfants de Lévi, et vous réclamez encore le sacerdoce !

11 En vérité, toi et toute ta bande, c'est contre l'Éternel que vous vous êtes ligués ; car Aaron, qu'est-il, pour que vous murmuriez contre lui ?"

12 Moïse envoya quérir Dathan et Abirâm, fils d'Elïab ; mais ils dirent : "Nous n'irons point.

13 Est-ce peu que tu nous aies fait sortir d'un pays ruisselant de lait et de miel, pour nous faire mourir dans ce désert, sans prétendre encore t'ériger en maître sur nous !

14 Certes, ce n'est pas dans un pays abondant en lait et en miel que tu nous as conduits ; ce ne sont champs ni vignes dont tu nous as procuré l'héritage ! Crèveras-tu les yeux à ces hommes ?... Nous n'irons point."

15 Moïse, fort contristé, dit au Seigneur : "N'accueille point leur hommage ! Je n'ai jamais pris à un seul d'entre eux son âne, je n'ai jamais fait de mal à un seul d'entre eux."

16 Moïse dit à Coré : "Toi et tout ton parti, soyez devant le Seigneur, toi et eux ainsi qu'Aaron, demain ;

17 prenez chacun votre encensoir, mettez-y du parfum et apportez, devant le Seigneur, chacun votre encensoir, deux cent cinquante encensoirs ; toi aussi et Aaron, chacun le sien."

18 Ils prirent chacun leur encensoir, y mirent du feu, le

couvrirent de parfum et se placèrent à l'entrée de la tente d'assignation avec Moïse et Aaron.

19 Coré avait ameuté contre eux toute la communauté à l'entrée de la tente d'assignation. Et la gloire de l'Éternel apparut à toute la communauté.

20 Et l'Éternel parla à Moïse et à Aaron en ces termes :

21 "Séparez-vous de cette communauté, je veux l'anéantir à l'instant !"

22 Mais ils tombèrent sur leur face et dirent : "Seigneur ! Dieu des esprits de toute chair ! Quoi, un seul homme aura péché, et tu t'irriterais contre la communauté tout entière !"

23 Et l'Éternel parla ainsi à Moïse :

24 "Parle à la communauté et lui dis : Ecartez-vous d'autour de la demeure de Coré, de Dathan et d'Abirâm !"

25 Moïse se releva, et alla vers Dathan et Abirâm, suivi des anciens d'Israël.

26 Et il dit à la communauté : "Retirez-vous, de grâce, d'auprès des tentes de ces pervers, et ne touchez à rien qui leur appartienne, si vous ne voulez périr pour leurs méfaits."

27 Et ils s'éloignèrent, de toutes parts, de la demeure de Coré, de Dathan et d'Abirâm, tandis que Dathan et Abirâm s'avançaient fièrement à l'entrée de leurs tentes, avec leurs femmes, leurs fils et leurs jeunes enfants.

28 Alors Moïse dit : "Par ceci vous reconnaîtrez que c'est l'Éternel qui m'a donné mission d'accomplir toutes ces choses, que je n'ai rien fait de mon chef :

29 si ces gens meurent comme meurent tous les hommes ; si la commune destinée des hommes doit être aussi la leur, ce n'est pas Dieu qui m'a envoyé.

30 Mais si l'Éternel produit un phénomène ; si la terre ouvre son sein pour les engloutir avec tout ce qui est à eux, et qu'ils

descendent vivants dans la tombe, vous saurez alors que ces hommes ont offensé l'Éternel."

31 Or, comme il achevait de prononcer ces paroles, le sol qui les portait se fendit,

32 la terre ouvrit son sein et les dévora, eux et leurs maisons, et tous les gens de Coré, et tous leurs biens.

33 Ils descendirent, eux et tous les leurs, vivants dans la tombe ; la terre se referma sur eux, et ils disparurent du milieu de l'assemblée.

34 Et tous les Israélites qui étaient autour d'eux s'enfuirent à leurs cris, disant :"La terre pourrait bien nous engloutir !"

35 Puis un feu s'élança de devant le Seigneur, et consuma les deux cent cinquante hommes qui avaient offert l'encens.

CHAPITRE DIX-SEPT

L'Éternel parla ainsi à Moïse :
    2 "Dis à Eléazar, fils d'Aaron le pontife, de retirer les encensoirs du milieu de l'embrasement et d'en disperser le feu au loin ; car ils sont devenus saints.

3 Les encensoirs de ces hommes, coupables de leur propre mort, on les transformera en plaques minces dont on revêtira l'autel, parce qu'ils ont été présentés devant le Seigneur et sont devenus saints ; et ils serviront d'enseignement aux enfants d'Israël."

4 Et le pontife Eléazar prit les encensoirs d'airain qu'avaient apportés ceux qui furent brûlés, et on les lamina pour en revêtir l'autel :

5 signe commémoratif pour les enfants d'Israël, afin que nul profane, étranger à la race d'Aaron, ne s'ingérât de faire fumer l'encens devant l'Éternel et ne subît le sort de Coré et de sa faction, tel que l'Éternel le lui avait annoncé par l'organe de Moïse.

6 Toute la communauté des enfants d'Israël murmura, le lendemain, contre Moïse et Aaron, en disant : "C'est vous qui avez tué le peuple de l'Éternel !"

7 Or, comme la communauté s'attroupait contre Moïse et contre Aaron, ils se tournèrent vers la tente d'assignation, et voici que la nuée la couvrait et la gloire du Seigneur apparut.

8 Moïse et Aaron s'avancèrent jusque devant la tente d'assignation.

9 Et l'Éternel parla à Moïse, disant :

10 "Eloignez-vous du milieu de cette communauté, je veux l'anéantir à l'instant !" Et ils se jetèrent sur leur face.

11 Et Moïse dit à Aaron : "Saisis l'encensoir, mets-y du feu de l'autel, pose le parfum, et porte-le sur le champ au milieu de la communauté pour effacer leur faute ; car le Seigneur a laissé éclater sa colère, déjà le fléau commence !"

12 Aaron prit l'encensoir, comme l'avait dit Moïse, et s'élança au milieu de l'assemblée, où déjà le fléau avait commencé à sévir ; et il posa le parfum, et il fit expiation sur le peuple.

13 Il s'interposa ainsi entre les morts et les vivants, et la mortalité s'arrêta.

14 Les victimes de cette mortalité furent au nombre de quatorze mille sept cents, outre ceux qui avaient péri à cause de Coré.

15 Aaron retourna auprès de Moïse, à l'entrée de la tente d'assignation, lorsque la mortalité eut cessé.

16 L'Éternel parla ainsi à Moïse :

17 "Annonce aux enfants d'Israël que tu dois recevoir d'eux une verge respectivement par famille paternelle, de la part de tous leurs chefs de familles paternelles, ensemble douze verges ; le nom de chacun, tu l'écriras sur sa verge.

18 Et le nom d'Aaron, tu l'écriras sur la verge de Lévi, car il faut une seule verge par chef de famille paternelle.

19 Tu les déposeras dans la tente d'assignation, devant le statut où je vous donne habituellement rendez-vous.

20 Or, l'homme que j'aurai élu, sa verge fleurira, et ainsi mettrai-je fin à ces murmures contre moi, que les enfants d'Israël profèrent à cause de vous."

21 Moïse parla aux enfants d'Israël ; et tous leurs phylarques lui remirent chacun une verge, selon leurs familles paternelles, ensemble douze verges ; et la verge d'Aaron fut jointe aux leurs.

22 Moïse déposa ces verges devant le Seigneur, dans la tente du statut.

23 Or, le lendemain, Moïse entra dans la tente du statut, et voici qu'avait fleuri la verge d'Aaron, déposée pour la famille de Lévi : il y avait germé des boutons, éclos des fleurs, mûri des amandes.

24 Moïse retira toutes les verges de devant le Seigneur et les exposa devant les enfants d'Israël : ils les regardèrent, et reprirent chacun la sienne.

25 Et l'Éternel dit à Moïse : "Replace la verge d'Aaron devant le statut, comme signe durable à l'encontre des rebelles ; tu feras cesser par là leurs murmures contre moi, et ils ne mourront point."

26 Moïse obéit : comme l'Éternel lui avait ordonné, ainsi fit-il.

27 Les enfants d'Israël parlèrent ainsi à Moïse : "Certes, c'est fait de nous, nous sommes perdus, tous perdus !

28 Quiconque s'approche tant soit peu de la résidence du Seigneur est frappé de mort : sommes-nous donc tous destinés à périr ?"

CHAPITRE DIX-HUIT

L'Éternel dit à Aaron : "Toi et tes fils et la famille de ton père, vous serez responsables des délits du sanctuaire ; toi et tes fils, vous serez responsables des atteintes à votre sacerdoce.

2 Et cependant, tes frères, la tribu de Lévi, tribu de ton père, admets-les auprès de toi ; qu'ils s'associent à toi et te servent, tandis qu'avec tes fils tu seras devant la tente du statut.

3 Ils garderont ton observance et celle de toute la tente ; toutefois, qu'ils n'approchent point des vases sacrés ni de l'autel, sous peine de mort pour eux comme pour vous.

4 Mais ils te seront attachés pour veiller à la garde de la tente d'assignation, en tout ce qui concerne la tente, et empêcher qu'un profane ne s'approche de vous.

5 Vous garderez ainsi l'observance du sanctuaire et celle de l'autel, et les enfants d'Israël ne seront plus exposés à ma colère.

6 Car moi-même j'ai choisi vos frères, les Lévites, entre les

enfants d'Israël : ils sont à vous, octroyés en don pour l'Éternel, pour faire le service de la tente d'assignation.

7 Et toi, et tes fils avec toi, vous veillerez à votre ministère, que vous avez à exercer pour toutes les choses de l'autel et dans l'enceinte du voile. C'est comme fonction privilégiée que je vous donne le sacerdoce, et le profane qui y participerait serait frappé de mort."

8 L'Éternel parla encore ainsi à Aaron : "Moi-même aussi, je te confie le soin de mes offrandes : prélevées sur toutes les choses saintes des enfants d'Israël, je les assigne, par prérogative, à toi et à tes fils, comme revenu perpétuel.

9 Voici ce qui t'appartiendra entre les saintetés éminentes, sauf ce qui doit être brûlé : toutes les offrandes, soit oblations, soit expiatoires ou délictifs quelconques, dont on me fera hommage, appartiendront comme saintetés éminentes à toi et à tes fils.

10 C'est en très saint lieu que tu les consommeras ; tout mâle peut en manger ; ce sera pour toi une chose sainte.

11 Ce qui est encore à toi, c'est le prélèvement de leurs offrandes et de toutes les offrandes balancées par les enfants d'Israël : je te les attribue, ainsi qu'à tes fils et à tes filles, comme droit perpétuel ; tout membre pur de ta famille peut en manger.

12 Tout le meilleur de l'huile, tout le meilleur du vin et du blé, les prémices qu'ils en doivent offrir au Seigneur, je te les donne.

13 Tous les premiers produits de leur terre, qu'ils apporteront au Seigneur, seront à toi ; tout membre pur de ta famille en peut manger.

14 Toute chose dévouée par interdit, en Israël, t'appartiendra.

15 Tout premier fruit des entrailles d'une créature quelconque, lequel doit être offert au Seigneur, homme ou bête, sera

à toi. Seulement, tu devras libérer le premier-né de l'homme, et le premier-né d'un animal impur, tu le libéreras aussi.

16 Quant au rachat, tu l'accorderas à partir de l'âge d'un mois, au taux de cinq sicles d'argent, selon le sicle du sanctuaire, valant vingt ghêra.

17 Mais le premier-né de la vache, ni celui de la brebis, ni celui de la chèvre, tu ne peux les libérer : ils sont saints. Tu répandras leur sang sur l'autel, tu y feras fumer leur graisse, combustion d'odeur agréable à l'Éternel,

18 et leur chair sera pour toi : comme la poitrine balancée et comme la cuisse droite, elle t'appartiendra.

19 Tous les prélèvements que les Israélites ont à faire sur les choses saintes en l'honneur de l'Éternel, je te les accorde, ainsi qu'à tes fils et à tes filles, comme revenu perpétuel. C'est une alliance de sel, inaltérable, établie de par l'Éternel à ton profit et au profit de ta postérité."

20 Dieu dit encore à Aaron : "Tu ne posséderas point sur leur territoire, et aucun lot ne sera le tien parmi eux : c'est moi qui suis ton lot et ta possession au milieu des enfants d'Israël.

21 Quant aux enfants de Lévi, je leur donne pour héritage toute dîme en Israël, en échange du service dont ils sont chargés, du service de la tente d'assignation.

22 Que désormais les enfants d'Israël n'approchent plus de la tente d'assignation : ils se chargeraient d'un péché mortel.

23 Que le Lévite, lui, fasse son office dans la tente d'assignation, et alors eux-mêmes porteront leur faute : statut perpétuel. Mais, parmi les enfants d'Israël, ils ne recevront point de patrimoine.

24 Car la dîme que les enfants d'Israël prélèveront pour le Seigneur, comme tribut, je la donne aux Lévites comme patri-

moine ; c'est pourquoi je leur déclare qu'ils n'auront point de patrimoine entre les enfants d'Israël."

25 L'Éternel parla à Moïse en ces termes :

26 "Parle aussi aux Lévites et dis-leur : Lorsque vous aurez reçu des enfants d'Israël la dîme que je vous donne de leur part, pour votre héritage, vous prélèverez là-dessus, comme impôt de l'Éternel, la dîme de la dîme.

27 Cet impôt sera considéré par vous comme le blé prélevé de la grange et comme la liqueur prélevée du pressoir.

28 C'est ainsi que vous prélèverez, vous aussi, le tribut de l'Éternel, sur toutes les dîmes que vous percevrez des enfants d'Israël ; et vous remettrez ce tribut de l'Éternel au pontife Aaron.

29 Sur toutes vos donations, vous réserverez entière cette part de l'Éternel, prélevant sur le meilleur ce qu'on en doit consacrer.

30 Dis-leur encore : Quand vous en aurez prélevé le meilleur, le reste équivaudra pour vous, Lévites, au produit de la grange, à celui du pressoir ;

31 et vous pourrez le consommer en tout lieu, vous et votre famille, car c'est un salaire pour vous, en retour de votre service dans la tente d'assignation.

32 Vous n'aurez, sur ce point, aucun péché à votre charge, dès que vous aurez prélevé cette meilleure part ; mais pour les saintetés des enfants d'Israël, n'y portez pas atteinte, si vous ne voulez encourir la mort."

CHAPITRE DIX-NEUF

L'Éternel parla à Moïse et à Aaron en ces termes :
2 "Ceci est un statut de la loi qu'a prescrit l'Éternel, savoir : Avertis les enfants d'Israël de te choisir une vache rousse, intacte, sans aucun défaut, et qui n'ait pas encore porté le joug.

3 Vous la remettrez au pontife Eléazar ; il la fera conduire hors du camp, et on l'immolera en sa présence.

4 Le pontife Eléazar prendra du sang de l'animal avec le doigt, et il fera, en les dirigeant vers la face de la tente d'assignation, sept aspersions de ce sang.

5 Alors on brûlera la vache sous ses yeux : sa peau, sa chair et son sang, on les brûlera avec sa fiente.

6 Le pontife prendra du bois de cèdre, de l'hysope et de l'écarlate, qu'il jettera dans le feu où se consume la vache.

7 Puis ce pontife lavera ses vêtements, baignera son corps dans l'eau, et alors il rentrera au camp ; mais il restera impur jusqu'au soir.

8 Celui qui aura brûlé la vache nettoiera ses vêtements dans l'eau, baignera dans l'eau son corps, et restera impur jusqu'au soir.

9 Cependant un homme pur recueillera les cendres de la vache et les déposera hors du camp, en lieu pur, où elles resteront en dépôt, pour la communauté des enfants d'Israël, en vue de l'eau lustrale : c'est un purificatoire.

10 Celui qui aura recueilli les cendres de la vache lavera ses vêtements, et sera impur jusqu'au soir. Et ceci sera, pour les enfants d'Israël et pour l'étranger établi parmi eux, un statut invariable :

11 celui qui touchera au cadavre d'un être humain quelconque sera impur durant sept jours.

12 Qu'il se purifie au moyen de ces cendres, le troisième et le septième jour, et il sera pur ; mais s'il ne s'est pas purifié, le troisième et le septième jour, il ne sera point pur.

13 Quiconque a touché à un cadavre, au corps d'une personne morte, et ne se purifie point, souille la résidence du Seigneur, et cette existence sera retranchée d'Israël : parce que l'eau lustrale n'a pas été lancée sur lui, souillé qu'il est, il gardera sa souillure.

14 Voici la règle, lorsqu'il se trouve un mort dans une tente : quiconque entre dans cette tente, et tout ce qu'elle renferme, sera impur durant sept jours ;

15 et tout vase découvert, qui n'est pas entièrement clos d'un couvercle, sera impur.

16 Quiconque touchera, en pleine campagne, au corps d'un homme tué par le glaive ou mort naturellement, ou à un ossement humain ou à un sépulcre, sera souillé durant sept jours.

17 Pour purifier l'impur, on prendra des cendres provenant de

la combustion du purificatoire, auxquelles on mêlera de l'eau vive dans un vase.

18 Et un homme pur prendra de l'hysope, la trempera dans l'eau et aspergera la tente, ainsi que tous les vases et les personnes qui s'y trouvaient ; pareillement, celui qui aurait touché à l'ossement, à l'homme tué ou mort naturellement, ou au sépulcre.

19 L'homme pur fera donc aspersion sur l'impur, au troisième et au septième jour ; et lorsqu'il l'aura purifié le septième jour, l'autre lavera ses vêtements, se baignera dans l'eau, et sera pur le soir.

20 Mais l'individu qui, devenu impur, ne se purifierait pas, celui-là sera retranché du sein de l'assemblée, car il a souillé le sanctuaire du Seigneur : l'eau lustrale n'a pas été jetée sur lui, il reste impur.

21 Ce sera pour eux une règle invariable. Quant à celui qui aura fait aspersion de l'eau lustrale, il lavera ses vêtements, et celui qui touchera à l'eau lustrale sera impur jusqu'au soir.

22 Tout ce que touchera l'impur sera souillé ; et la personne qui le touchera sera souillée jusqu'au soir."

CHAPITRE VINGT

Les enfants d'Israël, toute la communauté, arrivèrent au désert de Cîn, dans le premier mois, et le peuple s'arrêta à Kadêch. Miryam mourut en ce lieu et y fut ensevelie.

2 Or, la communauté manqua d'eau, et ils s'ameutèrent contre Moïse et Aaron ;

3 et le peuple chercha querelle à Moïse, et ils parlèrent ainsi : "Ah ! Que ne sommes-nous morts quand sont morts nos frères devant l'Éternel !

4 Et pourquoi avez-vous conduit le peuple de Dieu dans ce désert, pour y périr, nous et notre bétail ?

5 Et pourquoi nous avez-vous fait quitter l'Égypte pour nous amener en ce méchant pays, qui n'est pas un pays de culture, où il n'y a ni figuiers, ni vignes, ni grenadiers, ni eau à boire !"

6 Moïse et Aaron, assaillis par la multitude, se dirigèrent vers l'entrée de la tente d'assignation et se jetèrent sur leur face ; et la majesté divine leur apparut.

7 Et l'Éternel parla ainsi à Moïse :

8 "Prends la verge et assemble la communauté, toi ainsi qu'Aaron ton frère, et dites au rocher, en leur présence, de donner ses eaux : tu feras couler, pour eux, de l'eau de ce rocher, et tu désaltéreras la communauté et son bétail."

9 Moïse prit la verge de devant l'Éternel, comme il le lui avait ordonné.

10 Puis Moïse et Aaron convoquèrent l'assemblée devant le rocher, et il leur dit :"Or, écoutez, ô rebelles ! Est-ce que de ce rocher nous pouvons faire sortir de l'eau pour vous ?"

11 Et Moïse leva la main, et il frappa le rocher de sa verge par deux fois ; il en sortit de l'eau en abondance, et la communauté et ses bêtes en burent.

12 Mais l'Éternel dit à Moïse et à Aaron : "Puisque vous n'avez pas assez cru en moi pour me sanctifier aux yeux des enfants d'Israël, aussi ne conduirez-vous point ce peuple dans le pays que je leur ai donné."

13 Ce sont là les eaux de Meriba, parce que les enfants d'Israël contestèrent contre le Seigneur, qui fit éclater sa sainteté par elles.

14 Moïse envoya, de Kadêch, des députés au roi d'Edom : "Ainsi parle ton frère Israël : tu connais toutes les tribulations que nous avons éprouvées.

15 Jadis, nos pères descendirent en Égypte, et nous y avons demeuré de longs jours ; puis les Égyptiens ont agi méchamment envers nous et nos pères.

16 Mais nous avons Imploré l'Éternel, et il a entendu notre voix, et il a envoyé un mandataire, qui nous a fait sortir de l'Égypte. Or, nous voici à Kadêch, ville qui confine à ta frontière.

17 Permets-nous de traverser ton pays ! Nous ne passerons

pas par tes champs ni par tes vignes, et nous ne boirons point de l'eau des citernes ; nous suivrons la route royale, sans nous en écarter à droite ou à gauche, jusqu'à ce que nous ayons passé ta frontière."

18 Edom lui répondit : "Tu ne traverseras point mon pays, car je me porterais en armes à ta rencontre."

19 Les enfants d'Israël lui dirent : "C'est par la chaussée que nous voulons monter, et si nous buvons de ton eau, moi ou mes bestiaux, j'en paierai le prix ; mais il n'en sera rien, je ne ferai que traverser à pied."

20 Il répliqua : "Tu ne passeras point !" Et Edom s'avança à sa rencontre, en grande multitude et à main armée.

21 Edom ayant donc refusé à Israël la permission de traverser son territoire, Israël prit une autre direction.

22 Ils partirent de Kadêch, et les enfants d'Israël en masse arrivèrent à Hor-la-Montagne

23 L'Éternel parla à Moïse et à Aaron, à Hor-la-Montagne, sur les confins du pays d'Edom, en ces termes :

24 "Aaron doit rejoindre ses pères ; car il n'entrera point dans le pays que j'ai donné aux enfants d'Israël, attendu que vous avez dérogé à ma parole au sujet des eaux de Meriba.

25 Prends donc Aaron avec Eléazar, son fils, et fais-les monter sur le mont Hor ;

26 dépouille Aaron de son costume, et revêts-en Eléazar, son fils : alors Aaron rejoindra ses pères et il mourra là."

27 Moïse fit comme avait ordonné l'Éternel : ils gravirent le mont Hor à la vue de toute la communauté.

28 Et Moïse dépouilla Aaron de son costume, le fit revêtir à Eléazar, son fils, et Aaron mourut là, au sommet de la montagne. Moïse et Eléazar redescendirent la montagne.

29 La communauté voyant qu'Aaron avait cessé de vivre, toute la maison d'Israël le pleura trente jours.

CHAPITRE VINGT-ET-UN

Le Cananéen, roi d'Arad, qui habitait au midi, ayant appris qu'Israël s'acheminait par ces régions, attaqua les Israélites et en fit quelques-uns prisonniers.

2 Mais Israël fit un vœu à l'Éternel en disant : "Si tu livres ce peuple en mon pouvoir, je vouerais ses villes à l'anathème."

3 L'Éternel écouta la voix d'Israël et lui livra les Cananéens ; et on les frappa d'anathème, eux et leurs villes, et l'on donna à ce lieu le nom de Horma.

4 Ils partirent de Hor-la-Montagne dans la direction de la mer des Joncs, pour tourner le pays d'Edom. Le peuple perdit courage pendant cette marche,

5 et il se plaignit de Dieu et de Moïse : "Pourquoi nous avez-vous tirés de l'Égypte, pour nous faire mourir dans ce désert ? Car il n'y a point de pain, point d'eau, et nous sommes excédés de ce misérable aliment."

6 Alors l'Éternel suscita contre le peuple les serpents

brûlants, qui mordirent le peuple, et il périt une multitude d'Israélites.

7 Et le peuple s'adressa à Moïse, et ils dirent : "Nous avons péché en parlant contre l'Éternel et contre toi ; intercède auprès de l'Éternel, pour qu'il détourne de nous ces serpents !" Et Moïse intercéda pour le peuple.

8 L'Éternel dit à Moïse : "Fais toi-même un serpent et place-le au haut d'une perche : quiconque aura été mordu, qu'il le regarde et il vivra !"

9 Et Moïse fit un serpent d'airain, le fixa sur une perche ; et alors, si quelqu'un était mordu par un serpent, il levait les yeux vers le serpent d'airain et était sauvé.

10 Les enfants d'Israël levèrent le camp, puis campèrent à Oboth.

11 Partis d'Oboth, ils campèrent à Iyyê-Haabarîm, dans le désert situé devant Moab, vers le soleil levant.

12 De là ils repartirent et campèrent dans la vallée de Zéred.

13 De là ils repartirent et campèrent sur la rive de l'Arnon située dans le désert et partant du territoire des Amorréens ; car l'Arnon est la frontière de Moab, entre Moab et le territoire amorréen.

14 C'est pourquoi l'on cite, dans l'histoire des guerres du Seigneur, "Vaheb en Soufa, et les affluents de l'Arnon ;

15 et encore le bassin des rivières, qui s'étend vers Chébeth-Ar et confine à la frontière de Moab..."

16 Puis, ils gagnèrent Beêr, ce puits à propos duquel le Seigneur dit à Moïse :"Assemble le peuple, je veux lui donner de l'eau."

17 C'est alors qu'Israël chanta ce cantique : "Jaillis, ô source ! Acclamez-la !...

18 Ce puits, des princes l'ont creusé, les plus grands du

peuple l'ont ouvert, avec le sceptre, avec leurs verges !..." Et de Midbar ils allèrent à Mattana ;

19 de Mattana à Nahalïel ; de Nahalïel à Bamoth ;

20 et de Bamoth, au plateau qui est dans la campagne de Moab, au sommet du Pisga, d'où l'on découvrait l'étendue du désert.

21 Israël envoya des députés à Sihôn, roi des Amorréens, pour lui dire :

22 "Je voudrais passer par ton pays. Nous ne traverserons ni champs ni vignobles, nous ne boirons point de l'eau des citernes ; nous irons par la route royale, jusqu'à ce que nous ayons passé ta frontière."

23 Mais Sihôn ne permit point à Israël de traverser son territoire ; et Sihôn rassembla tout son peuple, marcha à la rencontre d'Israël, vers le désert et atteignit Yahça, où il livra la bataille à Israël.

24 Israël le passa au fil de l'épée, et il conquît son pays depuis l'Arnon jusqu'au Jaboc, jusqu'aux possessions des Ammonites ; car elle était forte, la frontière des enfants d'Ammon.

25 Israël s'empara de toutes ces villes ; et il s'établit dans toutes les villes des Amorréens, à Hesbon et dans toutes ses dépendances.

26 Car Hesbon était devenue la ville de Sihôn, roi des Amorréens, celui-ci ayant fait la guerre au précédent roi de Moab, et lui ayant pris tout son territoire jusqu'à l'Arnon.

27 C'est à ce propos que les poètes disaient : "Venez à Hesbon ! Cité de Sihôn, qu'elle se relève et s'affermisse !

28 Car un feu a jailli de Hesbon, une flamme, de la ville de Sihôn, qui a dévoré Ar-en-Moab, les maîtres des hauteurs d'Arnon.

29 C'est fait de toi. Moab ! Tu es perdu, peuple de Camôs !... Ses fils, il les laisse mettre en fuite, ses filles, emmener captives, par un roi amorréen, par Sihôn !

30 Hesbon perdu, nous les avons poursuivis de nos traits jusqu'à Dibôn ; nous avons dévasté jusqu'à Nôfah, même jusqu'à Mèdeba !..."

31 Israël s'établit donc dans le pays des Amorréens.

32 Moïse envoya explorer Yazêr ; on s'empara de ses dépendances, et l'on déposséda les Amorréens qui y demeuraient.

33 Puis ils se dirigèrent, en montant plus haut, vers le Basan. Og, roi du Basan, s'avança à leur rencontre avec tout son peuple, pour leur livrer bataille, à Edréi.

34 Mais l'Éternel dit à Moïse : "Ne le crains point, car je le livre en tes mains, lui et tout son peuple, et son pays ; et tu le traiteras comme tu as traité Sihôn, roi des Amorréens, qui résidait à Hesbon."

35 Et ils le battirent, ainsi que ses fils et tout son peuple, tellement qu'ils n'en laissèrent survivre aucun ; et ils conquirent son territoire.

CHAPITRE VINGT-DEUX

Les enfants d'Israël repartirent, et ils allèrent camper dans les plaines de Moab, sur la rive du Jourdain, qui fait face à Jéricho.

2 Balak, fils de Cippor, ayant su tout ce qu'Israël avait fait aux Amorréens,

3 Moab eut grand peur de ce peuple, parce qu'il était nombreux, et Moab trembla à cause des enfants d'Israël.

4 Et Moab dit aux anciens de Madian : "Bientôt cette multitude aura fourragé tous nos alentours, comme le bœuf fourrage l'herbe des champs !" Or, Balak, fils de Cippor, régnait sur Moab, à cette époque.

5 Il envoya des messagers à Balaam, fils de Beor, à Pethor qui est sur le fleuve, dans le pays de ses concitoyens, pour le mander, en ces termes : "Un peuple est sorti d'Égypte ; déjà il couvre la face du pays, et il est campé vis-à-vis de moi.

6 Viens donc, je te prie, et maudis-moi ce peuple, car il est plus puissant que moi : peut-être parviendrai-je à le vaincre et le

repousserai-je du pays. Car, je le sais, celui que tu bénis est béni, et celui que tu maudis est maudit."

7 Les anciens de Moab et ceux de Madian partirent, munis des honoraires de la divination, et, arrivés chez Balaam, lui transmirent les paroles de Balak.

8 Il leur répondit : "Restez ici cette nuit, et je vous rendrai réponse selon ce que l'Éternel m'aura dit." Et les princes moabites restèrent chez Balaam.

9 Dieu aborda Balaam, en disant : "Qui sont ces hommes-là chez toi ?"

10 Balaam répondit à Dieu : "C'est Balak fils de Cippor, roi de Moab, qui m'envoie dire :

11 Déjà ce peuple, sorti de l'Égypte, a couvert la face du pays. Viens donc, maudis-le moi ; peut-être pourrai-je l'attaquer et l'expulserai-je."

12 Dieu dit à Balaam : "Tu n'iras point avec eux. Tu ne maudiras point ce peuple, car il est béni !"

13 Balaam, s'étant levé le matin, dit aux officiers de Balak : "Retournez dans votre pays ; car l'Éternel n'a pas voulu me permettre de partir avec vous."

14 Les princes de Moab se retirèrent, revinrent auprès de Balak et lui dirent :"Balaam a refusé de nous accompagner."

15 Balak revint à la charge, en envoyant des princes plus nombreux et plus considérés que ceux-là.

16 Arrivés chez Balaam, ils lui dirent : "Ainsi parle Balak, fils de Cippor : Ne te défends pas, de grâce, de venir auprès de moi.

17 Car je veux te combler d'honneurs, et tout ce que tu me diras je le ferai ; mais viens, de grâce, maudis-moi ce peuple !"

18 Balaam répondit en ces termes aux serviteurs de Balak : "Quand Balak me donnerait de l'argent et de l'or plein son

palais, je ne pourrais contrevenir à l'ordre de l'Éternel mon Dieu, en aucune façon.

19 Et maintenant, veuillez attendre ici, vous aussi, cette nuit, que je sache ce que l'Éternel doit encore me dire."

20 Dieu aborda Balaam pendant la nuit, en lui disant : "Puisque ces hommes sont venus pour te mander, va, pars avec eux ! Et cependant, les ordres que je te donnerai, ceux-là seulement, tu les accompliras !"

21 Balaam se leva le matin, sangla son ânesse, et partit avec les princes de Moab.

22 Mais Dieu étant irrité de ce qu'il partait, un ange du Seigneur se mit sur son chemin pour lui faire obstacle. Or, il était monté sur son ânesse, et ses deux jeunes esclaves l'accompagnaient.

23 L'ânesse, voyant l'ange du Seigneur debout sur son passage et l'épée nue à la main, s'écarta de la route et alla à travers champs ; Balaam frappa l'ânesse pour la ramener sur la route.

24 Alors l'ange du Seigneur se plaça dans un chemin creux entre les vignes, clôture deçà, clôture delà.

25 L'ânesse, voyant l'ange du Seigneur, se serra contre le mur, et froissa contre le mur le pied de Balaam, qui la frappa de nouveau.

26 Mais de nouveau l'ange du Seigneur prit les devants, et il se plaça dans un lieu étroit, où il n'était possible de s'écarter ni à droite ni à gauche.

27 L'ânesse, voyant encore l'ange du Seigneur, se coucha sous Balaam ; enflammé de colère, Balaam la frappa de son bâton.

28 Alors le Seigneur ouvrit la bouche de l'ânesse, qui dit à

Balaam : "Que t'ai-je fait, pour que tu m'aies frappée ainsi à trois reprises ?"

29 Balaam répondit à l'ânesse : "Parce que tu te joues de moi ! Si je tenais une épée, certes, je te tuerais sur l'heure !"

30 Et l'ânesse dit à Balaam : "Ne suis-je pas ton ânesse, que tu as toujours montée jusqu'à ce jour ? Avais-je accoutumé d'agir ainsi avec toi ?" Et il répondit : "Non."

31 Soudan, le Seigneur dessilla les yeux de Balaam, et il vit l'ange du Seigneur debout sur la route ; l'épée nue à la main ; il s'inclina et se prosterna sur sa face.

32 L'ange du Seigneur lui dit : "Pourquoi as-tu frappé ton ânesse par trois fois ? C'est moi qui suis venu me poser en obstacle, parce que ce voyage a lieu contre mon gré.

33 Cette ânesse m'a vu, et elle s'est écartée à mon aspect, trois fois ; si elle ne s'était écartée de devant moi, assurément je t'aurais fait mourir, tandis que je l'aurais laissée vivre."

34 Balaam répondit à l'ange du Seigneur : "J'ai péché, parce que je ne savais pas que tu fusses posté devant moi sur le chemin ; et maintenant, si cela te déplaît, je m'en retournerai."

35 Mais l'ange du Seigneur dit à Balaam : "Va avec ces hommes ! Et cependant, la parole que je te dicterai, celle-là seule tu la diras." Et Balaam poursuivit sa route avec les officiers de Balak.

36 Balak, ayant appris que Balaam venait, alla le recevoir à Ir-Moab, qui est sur la limite de l'Arnon, au point extrême de la frontière.

37 Et Balak dit à Balaam : "Ne t'avais-je pas appelé par un premier message ? Pourquoi n'es-tu pas venu près de moi ? Est-ce qu'en vérité je n'ai pas le pouvoir de te faire honneur ?"

38 Balaam répondit a Balak : "Tu le vois, je suis venu vers toi ; mais est-il en ma puissance de dire quoi que ce soit ? La

parole que Dieu mettra dans ma bouche, c'est celle-là que je dois dire."

39 Balaam fit route avec Balak, et ils arrivèrent à Kiryath-Houçoth.

40 Balak immola bœufs et brebis, dont il envoya des parts à Balaam et aux officiers qui l'accompagnaient.

41 Et le matin venu, Balak alla prendre Balaam et le conduisit sur les hauteurs de Baal, d'où il vit jusqu'aux dernières lignes du peuple.

CHAPITRE VINGT-TROIS

Alors Balaam dit à Balak : "Dresse-moi ici sept autels, et prépare-moi ici sept taureaux et sept béliers."
2 Balak fit ce qu'avait dit Balaam ; puis Balak et Balaam offrirent un taureau et un bélier sur chaque autel.

3 Balaam dit à Balak : "Demeure près de ton holocauste ; moi je m'en irai : peut-être l'Éternel s'offrira-t-il à ma rencontre, et, quoi qu'il me révèle, je t'en ferai part." Et il s'en alla dans la solitude.

4 Dieu se présenta à Balaam, qui lui dit : "J'ai dressé les sept autels, et j'ai offert un taureau et un bélier sur chaque autel."

5 L'Éternel mit sa parole dans la bouche de Balaam, et lui dit : "Retourne vers Balak, et tu parleras de la sorte..."

6 Il retourna vers lui et le trouva debout près de son holocauste, lui et tous les princes de Moab.

7 Et il proféra son oracle en disant : "Il me fait venir d'Aram, Balak roi de Moab ; il m'appelle des monts de l'orient : "Viens maudire pour moi Jacob ! Oui, viens menacer Israël !"

8 Comment maudirais-je celui que Dieu n'a point maudit ? Comment menacerai-je, quand l'Éternel est sans colère ?

9 Oui, je le vois de la cime des rochers, et du haut des collines, je le découvre : ce peuple, il vit solitaire, il ne se confondra point avec les nations.

10 Qui peut compter la poussière de Jacob, nombrer la multitude d'Israël ? Puissé-je mourir comme meurent ces justes, et puisse ma fin ressembler à la leur !".

11 Balak dit à Balaam : "Que m'as-tu fait ! J'ai eu recours à toi pour maudire mes ennemis, et voilà que tu les bénis, au contraire !"

12 Mais il répondit : "Certes, ce que l'Éternel met dans ma bouche, ne dois-je pas fidèlement le redire ?"

13 Balak lui dit : "Viens, je te prie, avec moi dans un autre lieu, d'où tu pourras voir ce peuple : tu n'en verras que les derniers rangs, tu ne le verras pas tout entier. Et maudis-le moi de là."

14 Il le conduisit au plateau de Çofîm, sur la crête du Pisga ; il y dressa sept autels, et offrit sur chaque autel un taureau et un bélier.

15 Balaam dit à Balak : "Tiens-toi ici, près de ton holocauste, et moi, j'attendrai là-bas la rencontre."

16 L'Éternel se présenta à Balaam, inspira un discours à ses lèvres, lui disant : "Va rejoindre Balak, et tu parleras ainsi..."

17 Il revint près de lui, et le trouva debout près de son holocauste, les princes de Moab à ses côtés. Et Balak lui demanda : "Qu'a dit l'Éternel ?"

18 Il proféra son oracle en ces termes : "Prépare-toi, Balak, à m'entendre ; prête-moi l'oreille, fils de Cippor !

19 Dieu n'est pas un mortel, pour mentir, ni un fils d'Adam,

pour qu'il se ravise ; est-ce lui qui parle et ne tient point parole ? Qui affirme et n'exécute point ?

20 Oui, j'ai reçu mission de bénir ; il a béni, je ne puis le dédire.

21 Il n'aperçoit point d'iniquité en Jacob, il ne voit point de mal en Israël : l'Éternel, son Dieu, est avec lui, et l'amitié d'un roi le protège.

22 Délivré, par ce Dieu, de l'Égypte, il a le vigoureux élan du réêm.

23 Il ne faut point de magie à Jacob, point de sortilège à Israël : ils apprennent à point nommé, Jacob et Israël, ce que Dieu a résolu.

24 Voyez ! Ce peuple se lève comme un léopard, il se dresse comme un lion ; il ne se reposera qu'assouvi de carnage, qu'enivré du sang de ses victimes !"

25 Balak dit à Balaam : "Ne le maudis point, soit, mais ne le bénis point non plus."

26 Balaam répondit à Balak : "Ne t'avais-je pas fait cette déclaration : tout ce que dira l'Éternel, je dois le faire ?"

27 Et Balak dit à Balaam : "Viens donc, que je te conduise à une autre place ; peut-être ce Dieu trouvera-t-il bon que, de là, tu me les maudisses."

28 Et Balak emmena Balaam sur la cime du Peor, qui domine la surface du désert.

29 Balaam dit à Balak : "Construis-moi ici sept autels, et prépare-moi ici sept taureaux et sept béliers."

30 Balak fit ce qu'avait dit Balaam, et il offrit un taureau et un bélier sur chaque autel.

CHAPITRE VINGT-QUATRE

Balaam, voyant que l'Éternel se plaisait à bénir Israël, n'eut plus recours, comme précédemment, à des opérations magiques, mais tourna son visage du côté du désert.

2 En y portant ses regards, Balaam vit Israël, dont les tribus s'y déployaient ; et l'esprit divin s'empara de lui ;

3 et il proféra son oracle en ces termes : "Parole de Balaam, fils de Beor, parole de l'homme au clairvoyant regard,

4 de celui qui entend le verbe divin, qui perçoit la vision du Tout-Puissant il fléchit, mais son œil reste ouvert :

5 Qu'elles sont belles tes tentes, ô Jacob ! Tes demeures, ô Israël !

6 Elles se développent comme des vallées, comme des vergers le long d'un fleuve ; Dieu les a plantées comme des aloès, comme des cèdres au bord des eaux.

7 La sève ruisselle de ses branches, et sa graine est abondam-

ment arrosée ; son roi est plus grand que n'est Agag, sa royauté est souveraine !

8 Quand Dieu le fit sortir de l'Égypte, son élan fut celui du réêm ; il dévore les peuples qui l'attaquent, il brise leurs os, trempe ses flèches dans leur sang.

9 Il se couche, il repose comme le lion et le léopard : qui osera le réveiller ? Heureux ceux qui te bénissent ! Malheur à qui te maudit :"

10 Balak, enflammé de colère contre Balaam, frappa des mains, et il dit à Balaam : "C'est pour maudire mes ennemis que je t'avais appelé, et tu as persisté à les bénir, par trois fois !

11 Eh bien donc, fuis dans ton pays ; je voulais te combler d'honneurs, et voici que l'Éternel t'en a frustré !"

12 Balaam repartit à Balak : "N'avais-je pas déjà, aux messagers que tu m'avais envoyés, répondu en ces termes :

13 Quand Balak me donnerait de l'argent et de l'or plein son palais, je ne saurais désobéir à la voix de l'Éternel, en agissant bien ou mal de mon chef ; ce que dira l'Éternel, je le dirai.

14 Et maintenant, je m'en retourne chez mon peuple ; mais écoute, je veux t'avertir de ce que ce peuple-ci fera au tien dans la suite des jours."

15 Et il proféra son oracle de la sorte : "Parole de Balaam, fils de Beor, parole de l'homme au lucide regard,

16 de celui qui entend le verbe divin et connaît le secret du Très-Haut qui perçoit la vision du Tout-Puissant, qui fléchit, mais dont l'œil reste ouvert :

17 je le vois, mais ce n'est pas encore l'heure ; je le distingue ; mais il n'est pas proche : un astre s'élance de Jacob, et une comète surgit du sein d'Israël, qui écrasera les sommités de Moab et renversera tous les enfants de l'orgueil,

18 fera sa proie de l'Idumée, sa proie de Séir, ses ennemis ; et Israël triomphera.

19 Oui, un dominateur naîtra de Jacob, qui balaiera des villes leurs derniers habitants."

20 Puis il vit Amalec, et il proféra son oracle en disant : "Amalec était le premier des peuples ; mais son avenir est voué à la perdition."

21 Il vit le Kénéen, et il proféra son oracle en disant : "Fortifie ta demeure ! Pose ton nid sur le rocher !

22 Car, s'il est consumé, ô Kénéen, en combien peu de temps Assur te fera captif !"

23 Il proféra encore son oracle et il dit : "Hélas ! Qui peut vivre quand Dieu ne l'a pas voulu ?

24 Des flottes, parties de la côte de Kitttm, subjugueront Assur, subjugueront Héber mais lui aussi est voué à la ruine."

25 Alors Balaam se leva et reprit le chemin de son pays ; et Balak aussi se remit en route.

CHAPITRE VINGT-CINQ

Israël s'établit à Chittîm. Là, le peuple se livra à la débauche avec les filles de Moab.

2 Elles convièrent le peuple à leurs festins idolâtres ; et le peuple mangea, et il se prosterna devant leurs dieux.

3 Israël se prostitua à Baal-Peor et le courroux du Seigneur s'alluma contre Israël.

4 Et le Seigneur dit à Moïse : "Prends tous les chefs du peuple et fais-les pendre au nom du Seigneur, à la face du soleil, pour que la colère divine se détourne d'Israël."

5 Et Moïse dit aux juges d'Israël : "Que chacun de vous immole ceux des siens qui se sont livrés à Baal-Peor !

6 Cependant, quelqu'un des Israélites s'avança, amenant parmi ses frères la Madianite, à la vue de Moïse, à la vue de toute la communauté des enfants d'Israël, qui pleuraient au seuil de la tente d'assignation.

7 A cette vue, Phinéas, fils d'Eléazar, fils d'Aaron le pontife, se leva du milieu de la communauté, arma sa main d'une lance,

8 entra, sur les pas de l'Israélite, dans la tente, et les perça tous deux, l'Israélite ainsi que cette femme, qu'il frappa au flanc ; et le fléau cessa de sévir parmi les enfants d'Israël.

9 Ceux qui avaient péri par suite du fléau étaient au nombre de vingt-quatre mille.

10 L'Éternel parla ainsi à Moïse :

11 "Phinéas, fils d'Eléazar, fils d'Aaron le pontife, a détourné ma colère de dessus les enfants d'Israël, en se montrant jaloux de ma cause au milieu d'eux, en sorte que je n'ai pas anéanti les enfants d'Israël, dans mon indignation.

12 C'est pourquoi, tu annonceras que je lui accorde mon alliance amicale.

13 Lui et sa postérité après lui posséderont, comme gage d'alliance, le sacerdoce à perpétuité ; parce qu'il a pris parti pour son Dieu et procuré expiation aux enfants d'Israël."

14 Or, le nom de l'Israélite frappé par lui, qui avait péri avec la Madianite, était Zimri, fils de Salou, chef d'une famille paternelle des Siméonites ;

15 et la femme qui avait été frappée, la Madianite, se nommait Kozbi, fille de Cour, qui était chef des peuplades d'une famille paternelle de Madian.

16 L'Éternel parla ainsi à Moïse :

17 "Attaquez les Madianites et taillez-les en pièces !

18 Car ils vous ont attaqués eux-mêmes, par les ruses qu'ils ont machinées contre vous au moyen de Peor, et au moyen de Kozbi, la fille du prince madianite, leur sœur, qui a été frappée, le jour de la mortalité, à cause de Peor."

CHAPITRE VINGT-SIX

Or, à la suite de cette mortalité, l'Éternel dit à Moïse et à Eléazar, fils d'Aaron le pontife, ce qui suit :

2 "Faites le relevé de la communauté entière des enfants d'Israël, depuis l'âge de vingt ans et au-delà, par familles paternelles ; de tous ceux qui sont aptes au service en Israël."

3 Moïse et Eléazar le pontife leur en firent part, dans les plaines de Moab, au bord du Jourdain faisant face à Jéricho, en disant :

4 "...Depuis l'âge de vingt ans et au-delà ; ainsi que l'Éternel l'avait prescrit à Moïse et aux enfants d'Israël, lorsqu'ils furent sortis du pays d'Égypte."

5 Ruben, premier-né d'Israël. Les fils de Ruben : Hénok, d'où la famille des Hénokites ; de Pallou, la famille des Pallouïtes ;

6 de Heçrôn, la famille des Heçronites ; de Karmi, la famille des Karmites.

7 Telles sont les familles issues de Ruben ; on y compta quarante-trois mille sept cent trente hommes.

8 Fils de Pallou : Eliab.

9 Fils d'Eliab : Nemouêl, Dathan et Abiram. C'est ce Dathan et cet Abiram, dignitaires de la communauté, qui s'attaquèrent à Moïse et à Aaron avec la faction de Coré, lorsque celle-ci s'attaqua à l'Éternel.

10 Mais la terre ouvrit son sein et les engloutit avec Coré, pendant que périssait le reste du parti, que le feu consumait les deux cent cinquante hommes, frappés pour l'exemple.

11 Quant aux fils de Coré, ils ne périrent point.

12 Fils de Siméon, selon leurs familles : de Nemouêl, la famille des Nemouêlites ; de Yamîn, la famille des Yaminites ; de Yakhîn, la famille des Yakhinites ;

13 de Zérah, la famille des Zarhites ; de Chaoul, la famille des Chaoulites.

14 Telles sont les familles issues de Siméon : vingt-deux mille deux cents hommes.

15 Fils de Gad, selon leurs familles : de Cefôn, la famille des Cefonites ; de Hagghi, la famille des Hagghites ; de Chouni, la famille des Chounites ;

16 d'Ozni, la famille des Oznites ; de Eri, la famille des Erites ;

17 d'Arod, la famille des Arodites ; d'Arêli, la famille des Arêlites.

18 Telles sont les familles des fils de Gad, selon leur dénombrement : quarante mille cinq cents hommes.

19 Fils de Juda : Er et Onân ; mais Er et Onân moururent dans le pays de Canaan.

20 Les autres fils de Juda furent, selon leurs familles : Chêla,

d'où la famille des Chêlanites ; de Péreç, la famille des Parcites ; de Zérah, la famille des Zarhites.

21 Les fils de Péreç furent : Heçrôn, d'où la famille des Heçronites ; Hamoul, d'où la famille des Hamoulites.

22 Telles sont les familles de Juda, selon leur dénombrement : soixante-seize mille cinq cents hommes.

23 Fils d'Issachar, selon leurs familles : Tola, d'où la famille des Tolaïtes ; Pouvva, d'où la famille des Pounites ;

24 de Yachoub, la famille des Yachoubites ; de Chimrôn, la famille des Chimronites.

25 Telles sont les familles d'Issachar, selon leur dénombrement : soixante-quatre mille trois cents hommes.

26 Fils de Zabulon, selon leurs familles : de Séred, la famille des Sardites ; d'Elôn, la famille des Elonites ; de Yahleêl, la famille des Yahleêlites.

27 Telles sont les familles issues de Zabulon, selon leur dénombrement : soixante mille cinq cents hommes.

28 Fils de Joseph, selon leurs familles : Manassé et Ephraïm.

29 Fils de Manassé : Makhir, d'où la famille des Makhirites. Makhir engendra Ghilad : de Ghilad, la famille des Ghiladites.

30 Suivent les fils de Ghllad : Iézer, d'où la famille des Iézrites ; de Hêlek, la famille des Hélkites ;

31 puis Asriêl, d'où la famille des Asriêlites ; Chékem, d'où la famille des Chikmites ;

32 Chemida, d'où la famille des Chemidaïtes ; de Héfer, la famille des Héfrites.

33 Celofhad, fils de Héfer, n'eut point de fils, mais seulement des filles. Les filles de Celofhad se nommaient : Mahla, Nos, Hogla, Milca et Tirça.

34 Ce sont là les familles de Manassé : on y comptait cinquante-deux mille sept cents hommes.

35 Ceux-ci sont les fils d'Ephraïm, selon leurs familles : de Choutélah, la famille des Choutalhites ; de Béker, la famille des Bakrites ; de Tahân, la famille des Tahanites.

36 Et ceux-ci sont les descendants de Choutélah : Erân, d'où la famille des Eranites.

37 Telles sont les familles des fils d'Ephraïm, selon leur dénombrement : trente-deux mille cinq cents hommes. Tels sont les descendants de Joseph, selon leurs familles.

38 Fils de Benjamin, selon leurs familles : de Béla, la famille des Balites ; d'Achbêl, la famille des Achbélites ; d'Ahiram, la famille des Ahiramites ;

39 de Chefoufam, la famille des Chefoufamites ; de Houfam, la famille des Houfamites.

40 Béla eut pour fils Ard' et Naamân : d'où la famille des Ardites, et de Naamân, la famille des Naamites.

41 Tels sont les descendants de Benjamin, selon leurs familles : on y compta quarante-cinq mille six cents hommes.

42 Voici les descendants de Dan, selon leurs familles : de Chouham, la famille des Chouhamites. Ce sont là les familles de Dan, compté selon ses familles.

43 Total des familles issues de Chouham, d'après leur dénombrement : soixante-quatre mille quatre cents hommes.

44 Fils d'Asher, selon leurs familles : de Yimna, la famille des Yimna ; de Yichvi, la famille des Yichvites ; de Beriä, la famille des Beriites.

45 Pour les fils de Beriä : de Héber, la famille des Hébrites ; de Malkiêl, la famille des Malkiélites.

46 Puis la fille d'Asher, nommée Sérah.

47 Telles sont les familles des fils d'Asher, selon leur dénombrement : cinquante-trois mille quatre cents hommes.

48 Fils de Nephtali, selon leurs familles : de Yahceêl, la famille des Yahceélites ; de Gouni, la famille des Gounites ;

49 de Yêcer, la famille des Yiçrites ; de Chillem, la famille des Chillémites.

50 Telles sont les familles de Nephtali, compté selon ses familles ; leur dénombrement donna quarante-cinq mille quatre cents hommes.

51 Résultat du dénombrement des enfants d'Israël : six cent un mille sept cent trente hommes.

52 L'Éternel parla à Moïse en ces termes :

53 "C'est entre ceux-là que le pays sera partagé comme héritage, selon le relevé des noms.

54 Aux plus nombreux tu donneras une plus grande part, aux moins nombreux une part inférieure : chaque tribu recevra sa part selon le chiffre de sa population.

55 Toutefois, c'est au sort qu'on distribuera le pays ; chacun aura son lot selon la désignation de sa tribu paternelle.

56 Ce lot sera attribué par la voie du sort, que la famille soit considérable ou non."

57 Voici maintenant le relevé des Lévites, selon leurs familles : pour Gerson, la famille des Gersonites ; pour Kehath, la famille des Kehathites ; pour Merari, la famille des Merarites.

58 Voici les familles Issues de Lévi : la famille des Libnites, la famille des Hébronites, celle des Mahlites, celle des Mouchites, celle des Coréites. Kehath engendra Amram.

59 Et le nom de l'épouse d'Amram était Jocabed, fille de Lévi, laquelle naquit à Lévi en Égypte. Elle enfanta à Amram Aaron, Moïse et Miryam, leur sœur.

60 Aaron eut pour fils Nadab et Abihou, Eléazar et Ithamar ;

61 mais Nadab et Abihou moururent, pour avoir apporté un feu profane devant le Seigneur.

62 Or, leur population dénombrée se monta à vingt-trois mille mâles âgés d'un mois et au-dessus ; car ils n'avaient point figuré dans le recensement des enfants d'Israël, n'ayant point reçu de patrimoine comme ceux-ci.

63 Tel fut le résultat du recensement opéré par Moïse, et le pontife Eléazar à l'égard des enfants d'Israël, dans les plaines de Moab, près du Jourdain, vers Jéricho.

64 Parmi eux ne se trouvait pas un seul homme de ceux qu'avait recensés Moïse et le pontife Aaron, lorsqu'ils avaient dénombré les Israélites dans le désert de Sinaï.

65 Car l'Éternel avait déclaré, quant à ceux-là, qu'ils devaient mourir dans le désert ; et aucun d'eux n'avait survécu, excepté Caleb, fils de Yefounné, et Josué, fils de Noun.

CHAPITRE VINGT-SEPT

Alors s'approchèrent les filles de Celofhad, fils de Héfer, fils de Ghilad, fils de Makhir, fils de Manassé, de la descendance de Manassé, fils de Joseph, lesquelles filles avaient nom Mailla, Noa, Hogla, Milca et Tirça ;

2 elles se présentèrent devant Moïse, devant Eléazar le pontife, devant les phylarques et toute la communauté, à l'entrée de la tente d'assignation, disant :

3 "Notre père est mort dans le désert. Toutefois, il ne faisait point partie de cette faction liguée contre le Seigneur, de la faction de Coré : c'est pour son péché qu'il est mort, et il n'avait point de fils.

4 Faut-il que le nom de notre père disparaisse du milieu de sa famille, parce qu'il n'a pas laissé de fils ? Donne-nous une propriété parmi les frères de notre père !"

5 Moïse déféra leur cause à l'Éternel.

6 Et l'Éternel parla ainsi à Moïse :

7 "Les filles de Celofhad ont raison. Tu dois leur accorder un

droit d'hérédité parmi les frères de leur père, et leur transmettre l'héritage de leur père.

8 Et tu parleras en ces termes aux enfants d'Israël : Si un homme meurt sans laisser de fils, vous ferez passer son héritage à sa fille.

9 S'il n'a pas de fille, vous donnerez son héritage à ses frères.

10 S'il n'a pas de frères, vous donnerez son héritage aux frères de son père.

11 Et si son père n'a pas laissé de frères, vous donnerez son héritage au plus proche parent qu'il aura dans sa famille, lequel en deviendra possesseur. Ce sera pour les enfants d'Israël une règle de droit, ainsi que l'Éternel l'a prescrit à Moïse."

12 L'Éternel dit à Moïse : "Monte sur cette hauteur des Abarîm, pour contempler le pays que j'ai donné aux enfants d'Israël.

13 Quand tu l'auras contemplé, tu iras rejoindre tes pères, toi aussi, comme l'a fait Aaron ton frère ;

14 parce que vous avez contrevenu à ma parole dans le désert de Cîn, lors de la querelle soulevée par la communauté, au lieu de faire éclater devant eux ma sainteté par les eaux." Ce sont les eaux de Meribath-Kadêch, au désert de Cîn.

15 Alors Moïse parla à l'Éternel en ces termes :

16 "Que l'Éternel, le Dieu des esprits de toute chair, institue un chef sur cette communauté,

17 qui marche sans cesse à leur tête et qui dirige tous leurs mouvements, afin que la communauté de l'Éternel ne soit pas comme un troupeau sans pasteur."

18 Et l'Éternel dit à Moïse : "Fais approcher de toi Josué, fils de Noun, homme animé de mon esprit, et impose ta main sur lui.

19 Tu le mettras en présence d'Eléazar le pontife et de toute la communauté, et lui donneras ses instructions devant eux.

20 Tu lui communiqueras une partie de ta majesté, afin que toute l'assemblée des enfants d'Israël lui obéisse.

21 Il devra se présenter devant le pontife Eléazar, qui interrogera pour lui l'oracle des Ourîm devant le Seigneur : c'est à sa voix qu'ils partiront, à sa voix qu'ils rentreront, lui-même aussi bien que tous les enfants d'Israël et toute la communauté."

22 Moïse fit comme l'Éternel lui avait prescrit : il prit Josué, le mit en présence du pontife Eléazar et de toute la communauté,

23 lui imposa les mains et lui donna ses instructions, comme l'Éternel l'avait dit par l'organe de Moïse.

CHAPITRE VINGT-HUIT

L'Éternel parla à Moïse en ces termes :
2 "Ordonne ceci aux enfants d'Israël et dis-leur : Mes offrandes, ce pain qui se consume pour moi en délectable odeur, vous aurez soin de me les présenter en leur temps.

3 Dis-leur encore : Ceci est le sacrifice que vous aurez à offrir à l'Éternel : des agneaux âgés d'un an, sans défaut, deux par jour, holocauste perpétuel.

4 Un de ces agneaux, tu l'offriras le matin ; le second, tu l'offriras vers le soir.

5 Plus, comme oblation, un dixième d'épha de fleur de farine, pétrie avec un quart de hîn d'huile d'olives concassées.

6 Holocauste perpétuel, déjà offert sur le mont Sinaï comme odeur agréable, destiné à être brûlé devant l'Éternel.

7 Sa libation sera un quart de hîn pour ce premier agneau ; c'est dans le lieu saint qu'on fera cette libation de vin pur, en l'honneur de l'Éternel.

8 Pour le second agneau, tu l'offriras vers le soir ; tu procéderas comme pour l'oblation et la libation du matin, combustion d'odeur agréable à l'Éternel.

9 Et au jour du sabbat, deux agneaux d'un an sans défaut : plus, pour oblation, deux dixièmes de fleur de farine pétrie à l'huile et sa libation.

10 Holocauste du sabbat, offert chaque sabbat, indépendamment de l'holocauste perpétuel et de sa libation.

11 Et lors de vos néoménies, vous offrirez pour holocauste à l'Éternel deux jeunes taureaux, un bélier, sept agneaux d'un an sans défaut.

12 Plus, trois dixièmes de fleur de farine pétrie à l'huile, comme oblation pour chaque taureau ; deux dixièmes de fleur de farine pétrie à l'huile, comme oblation pour le bélier unique,

13 et un dixième de fleur de farine pétrie à l'huile comme oblation pour chaque agneau : holocauste d'odeur délectable, à consumer pour l'Éternel.

14 Quant à leurs libations, il y aura un demi-hîn de vin par taureau, un tiers de hîn pour le bélier, et un quart de hîn par agneau. Tel sera l'holocauste périodique des néoménies, pour toutes les néoménies de l'année.

15 De plus, un bouc pour expiatoire, en l'honneur de l'Éternel, à offrir indépendamment de l'holocauste perpétuel et de sa libation.

16 Au premier mois, le quatorzième jour de ce mois, la pâque sera offerte à l'Éternel.

17 Et le quinzième jour du même mois, c'est fête : durant sept jours on mangera des azymes.

18 Au premier jour, convocation sainte : vous ne ferez aucune œuvre servile.

19 Et vous offrirez en sacrifice, comme holocauste à l'Éter-

nel, deux jeunes taureaux, un bélier, et sept agneaux âgés d'un an, que vous choisirez sans défaut.

20 Pour leur oblation, de la fleur de farine pétrie à l'huile ; vous en offrirez trois dixièmes par taureau, deux dixièmes pour le bélier.

21 Et tu en offriras un dixième respectivement pour chacun des sept agneaux.

22 De plus, un bouc expiatoire, pour obtenir votre pardon.

23 C'est indépendamment de l'holocauste du matin, dû comme holocauste perpétuel, que vous ferez ces offrandes.

24 Vous ferez les pareilles journellement pendant sept jours, comme aliment de combustion qui sera en odeur agréable à l'Éternel ; cela aura lieu en sus de l'holocauste perpétuel et de sa libation.

25 Et le septième jour, il y aura pour vous convocation sainte : vous ne ferez aucune œuvre servile.

26 Au jour des prémices, quand vous présenterez à l'Éternel l'offrande nouvelle, à la fin de vos semaines, il y aura pour vous convocation sainte : vous ne ferez aucune œuvre servile.

27 Vous offrirez, comme holocauste d'odeur agréable à l'Éternel, deux jeunes taureaux, un bélier, sept agneaux âgés d'un an.

28 Pour leur oblation, de la fleur de farine pétrie à l'huile ; trois dixièmes pour chaque taureau, deux dixièmes pour le bélier unique,

29 un dixième respectivement pour chacun des sept agneaux.

30 Un bouc, pour faire expiation sur vous.

31 Vous les offrirez en sus de l'holocauste perpétuel et de son oblation ; vous les choisirez sans défaut, et y joindrez leurs libations.

CHAPITRE VINGT-NEUF

Au septième mois, le premier jour du mois, il y aura pour vous convocation sainte : vous ne ferez aucune œuvre servile. Ce sera pour vous le jour du son du Chofar.

2 Vous offrirez en holocauste, comme odeur agréable à l'Éternel, un jeune taureau, un bélier, sept agneaux d'un an sans défaut.

3 Leur oblation : de la fleur de farine pétrie à l'huile, trois dixièmes pour le taureau, deux dixièmes pour le bélier,

4 et un dixième pour chacun des sept agneaux.

5 Plus, un bouc comme expiatoire, pour obtenir votre pardon.

6 Indépendamment de l'holocauste de néoménie avec son oblation, et de l'holocauste perpétuel avec la sienne et avec leurs libations réglementaires, combustion d'odeur agréable à l'Éternel.

7 Et au dixième jour de ce septième mois, il y aura pour vous

convocation sainte : vous mortifierez vos personnes, vous vous abstiendrez de tout travail.

8 Et vous offrirez en holocauste à l'Éternel, comme odeur délectable, un jeune taureau, un bélier, sept agneaux d'un an que vous choisirez sans défaut.

9 Leur oblation : de la fleur de farine pétrie à l'huile, trois dixièmes pour le taureau, deux dixièmes pour le bélier unique,

10 un dixième respectivement pour chacun des sept agneaux.

11 Un bouc, comme expiatoire : sans compter l'expiatoire du jour d'expiation, l'holocauste perpétuel, son oblation et leurs libations.

12 Et le quinzième jour du septième mois, il y aura pour vous convocation sainte, vous ne ferez aucune œuvre servile. Vous célébrerez, en l'honneur de l'Éternel, une fête de sept jours.

13 Vous offrirez en holocauste, comme sacrifice d'odeur agréable à l'Éternel, treize jeunes taureaux, deux béliers, quatorze agneaux d'un an qui soient sans défaut.

14 Leur oblation sera de fleur de farine pétrie à l'huile : trois dixièmes pour chacun des treize taureaux, deux dixièmes pour chacun des deux béliers,

15 et un dixième, respectivement, pour chacun des quatorze agneaux.

16 Plus, un bouc, comme expiatoire ; indépendamment de l'holocauste perpétuel, de son oblation et de sa libation.

17 Le deuxième jour, douze jeunes taureaux, deux béliers, quatorze agneaux d'un an sans défaut.

18 Leurs oblations et leurs libations, pour les taureaux, les béliers et les agneaux, à proportion de leur nombre, auront lieu d'après le rite.

19 Plus, un bouc, comme expiatoire ; indépendamment de l'holocauste perpétuel, de son oblation et de leurs libations.

20 Le troisième jour, onze taureaux, deux béliers, quatorze agneaux d'un an sans défaut.

21 Leurs oblations et leurs libations, pour les taureaux, les béliers et les agneaux, à proportion de leur nombre, auront lieu d'après le rite.

22 De plus, un bouc expiatoire ; indépendamment de l'holocauste perpétuel, de son oblation et de sa libation.

23 Le quatrième jour, dix taureaux, deux béliers, quatorze agneaux d'un an sans défaut.

24 Leurs oblations et leurs libations, pour les taureaux, les béliers et les agneaux, à proportion de leur nombre, auront lieu d'après le rite.

25 Plus, un bouc, comme expiatoire ; indépendamment de l'holocauste perpétuel, de son oblation et de sa libation.

26 Le cinquième jour, neuf taureaux, deux béliers, quatorze agneaux d'un an sans défaut.

27 Leurs oblations et leurs libations, pour les taureaux, les béliers et les agneaux, à proportion de leur nombre, auront lieu d'après le rite.

28 De plus, un bouc expiatoire ; indépendamment de l'holocauste perpétuel, de son oblation et de sa libation.

29 Le sixième jour, huit taureaux, deux béliers, quatorze agneaux d'un an sans défaut.

30 Leurs oblations et leurs libations, pour les taureaux, les béliers et les agneaux, à proportion de leur nombre, se feront d'après le rite.

31 De plus, un bouc expiatoire ; indépendamment de l'holocauste perpétuel, de son oblation et de ses libations.

32 Et le septième jour, sept taureaux, deux béliers et quatorze agneaux d'un an sans défaut.

33 Leurs oblations et leurs libations, pour les taureaux, les

béliers et les agneaux, à proportion de leur nombre, auront lieu suivant leur prescription.

34 De plus, un bouc expiatoire ; indépendamment de l'holocauste perpétuel, de son oblation et de sa libation.

35 Le huitième jour, aura lieu pour vous une fête de clôture ; vous ne ferez aucune œuvre servile.

36 Et vous offrirez en holocauste, comme sacrifice d'odeur agréable à l'Éternel, un taureau, un bélier, sept agneaux d'un an sans défaut.

37 Leurs oblations et leurs libations, pour le taureau, pour le bélier et pour les agneaux, selon leur nombre, se feront d'après la règle.

38 De plus, un bouc expiatoire ; indépendamment de l'holocauste perpétuel, de son oblation et de sa libation,

39 Tels seront vos sacrifices à l'Éternel lors de vos solennités, sans préjudice de vos offrandes votives ou volontaires, de vos autres holocaustes, oblations et libations, et de vos sacrifices rémunératoires."

CHAPITRE TRENTE

Moïse redit aux enfants d'Israël tout ce que l'Éternel lui avait commandé.

2 Moïse parla aux chefs des tribus des enfants d'Israël, en ces termes : "Voici ce qu'a ordonné l'Éternel :

3 Si un homme fait un vœu au Seigneur, ou s'impose, par un serment, quelque interdiction à lui-même, il ne peut violer sa parole : tout ce qu'a proféré sa bouche, il doit l'accomplir.

4 Pour la femme, si elle fait un vœu au Seigneur ou s'impose une abstinence dans la maison de son père, pendant sa jeunesse,

5 et que son père, ayant connaissance de son vœu ou de l'abstinence qu'elle s'est imposée, garde le silence vis-à-vis d'elle, ses vœux, quels qu'ils soient, seront valables ; toute abstinence qu'elle a pu s'imposer sera maintenue.

6 Mais si son père la désavoue le jour où il en a eu connaissance, tous ses vœux et les interdictions qu'elle a pu s'imposer seront nuls. Le Seigneur lui pardonnera, son père l'ayant désavouée.

7 Que si elle passe en puissance d'époux étant soumise à des vœux ou à une promesse verbale qui lui impose une abstinence,

8 que son époux l'apprenne à une époque quelconque et garde le silence à son égard, ses vœux seront valables, et les abstinences qu'elle s'est imposées subsisteront.

9 Mais si, le jour où il en a eu connaissance, son époux la désavoue, il annule par là le vœu qui la lie ou la parole de ses lèvres qui lui imposait l'abstinence ; et le Seigneur lui pardonnera.

10 Quant aux vœux d'une femme veuve ou répudiée, tout ce qu'elle s'est imposé sera obligatoire pour elle.

11 Au cas où c'est en puissance de mari qu'elle a fait un vœu ou s'est interdit quelque chose par serment ;

12 si son époux l'apprend et ne lui dit rien, ne la désavoue point, tous ses vœux et toute abstinence qu'elle a pu s'imposer restent obligatoires.

13 Si, au contraire, son époux les annule le jour où il en a eu connaissance, tout ce qu'a proféré sa bouche, soit vœux, soit interdiction personnelle, sera sans effet : son époux les a annulés, Dieu sera indulgent pour elle.

14 Tout vœu, tout serment d'abstinence, tendant à mortifier la personne, l'époux peut les ratifier ou il peut les rendre nuls.

15 Si son époux ne s'en explique pas à elle du jour au lendemain, il sanctionne ses vœux ou les abstinences auxquelles elle s'est soumise, parce qu'il s'est tu lorsqu'il en a eu connaissance.

16 Que s'il les invalidait après qu'il en a eu connaissance, sa faute à elle retomberait sur lui."

17 Telles sont les règles que l'Éternel avait prescrites à Moïse sur les rapports entre l'homme et sa femme, entre le père et sa fille adolescente dans la maison paternelle.

CHAPITRE TRENTE-ET-UN

L'Éternel parla ainsi à Moïse :
2 "Exerce sur les Madianites la vengeance due aux enfants d'Israël ; après quoi tu seras réuni à tes pères."

3 Et Moïse parla ainsi au peuple : "Qu'un certain nombre d'entre vous s'apprêtent à combattre ; ils marcheront contre Madian, pour exercer sur lui la vindicte de l'Éternel.

4 Mille par tribu, mille pour chacune des tribus d'Israël, seront désignés par vous pour cette expédition."

5 On recruta donc, parmi les familles d'Israël, mille hommes par tribu : en tout douze mille, équipés pour le combat.

6 Moïse les envoya en campagne, mille par tribu ; et avec eux, pour diriger l'expédition, Phinéas, fils d'Eléazar le pontife, muni de l'appareil sacré et des trompettes retentissantes ;

7 et ils livrèrent bataille à Madian, comme l'Éternel l'avait ordonné à Moïse, et ils tuèrent tous les mâles.

8 Ils ajoutèrent à ces victimes les rois de Madian : Evi,

Rékem, Cour, Heur et Réba, tous cinq rois de Madian, plus Balaam, fils de Beor, qu'ils firent périr par le glaive.

9 Et les Israélites firent prisonnières les femmes de Madian, ainsi que leurs enfants ; ils s'emparèrent de toutes leurs bêtes de somme, de tous leurs troupeaux et de tous leurs biens ;

10 et toutes les villes qu'ils habitaient et tous leurs villages, ils les incendièrent ;

11 Alors ils réunirent tout le butin, et tout ce qu'ils avaient pris d'hommes et d'animaux,

12 et amenèrent le tout, prisonniers, bétail et dépouilles, devant Moïse, devant Eléazar le pontife et la communauté des enfants d'Israël, au camp, dans les plaines de Moab, qui sont près du Jourdain vers Jéricho.

13 Moïse, le pontife Eléazar et tous les chefs de la communauté se portèrent à leur rencontre, hors du camp.

14 Moïse se mit en colère contre les officiers de l'armée, chiliarques et centurions, qui revenaient de l'expédition de guerre,

15 et Moïse leur dit : "Quoi ! Vous avez laissé vivre toutes les femmes ?

16 Ne sont-ce pas elles qui, à l'instigation de Balaam, ont porté les enfants d'Israël à trahir l'Éternel pour Baal-Peor, de sorte que la mort a sévi dans la communauté de l'Éternel ?

17 Et maintenant, tuez tous les enfants mâles ; et toute femme qui a connu un homme par cohabitation, tuez-la.

18 Quant à celles qui, encore enfants, n'ont pas cohabité avec un homme, conservez-les pour vous.

19 De plus, restez sept jours hors du camp : vous tous qui avez tué une personne ou touché à quelque cadavre, vous devez vous purifier le troisième et le septième jour, vous et vos prisonniers.

20 De même tout vêtement, tout ustensile de peau, tout objet fait de poil de chèvre et tout vaisseau de bois, ayez soin de le purifier."

21 Eléazar le pontife dit aux hommes de la milice, qui avaient pris part au combat : "Ceci est un statut de la loi que l'Éternel a donnée à Moïse.

22 A la vérité, l'or et l'argent, le cuivre, le fer, l'étain et le plomb,

23 tout ce qui supporte le feu, vous le passerez par le feu et il sera pur, après toutefois avoir été purifié par l'eau lustrale ; et tout ce qui ne va pas au feu, vous le passerez par l'eau.

24 Et vous laverez vos vêtements le septième jour, et vous deviendrez purs ; après quoi vous pourrez rentrer au camp."

25 L'Éternel parla à Moïse en ces termes :

26 "Fais le relevé de toutes les prises en personnes et en animaux, toi avec Eléazar le pontife et les principaux membres de la communauté.

27 Tu partageras ces prises entre les guerriers qui ont pris part à l'expédition, et le reste de la communauté.

28 Puis tu prélèveras comme tribut pour le Seigneur, de la part des gens de guerre qui ont fait l'expédition, une tête sur cinq cents : individus humains, bœufs, ânes et menu bétail.

29 Vous le prendrez sur leur moitié et tu le donneras au pontife Eléazar comme prélèvement du Seigneur.

30 Quant à la moitié afférente aux enfants d'Israël, tu en sépareras un cinquantième, pris au hasard, sur les personnes, sur les bœufs, les ânes et le menu bétail, sur tous les animaux ; et tu les donneras aux Lévites, qui veillent à la garde de l'habitation du Seigneur."

31 Moïse et le pontife Eléazar firent ce que l'Éternel avait ordonné à Moïse.

32 Or la capture, complément de ce qu'avaient pillé les gens de guerre, se composait ainsi : menu bétail, six cent soixante-quinze mille pièces ;

33 gros bétail, soixante-douze mille ;

34 ânes, soixante et un mille.

35 Quant aux créatures humaines, le nombre des femmes qui n'avaient pas cohabité avec un homme s'élevait à trente-deux mille.

36 La moitié afférente aux hommes de l'expédition fut : en menu bétail, trois cent trente-sept mille cinq cents têtes ;

37 et la quotité réservée au Seigneur sur ce bétail fut de six cent soixante-quinze.

38 En gros bétail, trente-six mille têtes ; quotité pour le Seigneur, soixante-douze.

39 Anes, trente mille cinq cents ; quotité pour le Seigneur, soixante et un.

40 Créatures humaines, seize mille ; quotité pour le Seigneur, trente-deux personnes.

41 Moïse remit ce tribut, prélevé pour l'Éternel, au pontife Eléazar, ainsi que l'Éternel l'avait ordonné à Moïse,

42 A l'égard de la moitié afférente aux enfants d'Israël, part assignée par Moïse sur la prise des gens de guerre ;

43 cette part de la communauté fut : en menu bétail, trois cent trente-sept mille cinq cents têtes

44 en gros bétail, trente-six mille ;

45 ânes, trente mille cinq cents ;

46 individus humains, seize mille.

47 Moïse prit, sur cette moitié échue aux enfants d'Israël, indistinctement un sur cinquante, personnes et animaux, et il les donna aux Lévites, gardiens du tabernacle de l'Éternel, comme l'Éternel l'avait ordonné à Moïse.

48 Les officiers des divers corps de la milice, chiliarques et centurions, s'approchèrent de Moïse,

49 et lui dirent : "Tes serviteurs ont fait le dénombrement des gens de guerre qui étaient sous leurs ordres, et il n'en manque pas un seul.

50 Nous apportons donc en hommage à l'Éternel ce que chacun de nous a trouvé de joyaux d'or, chaînettes, bracelets, bagues, boucles et colliers, pour racheter nos personnes devant l'Éternel."

51 Moïse et le pontife Eléazar reçurent de leur main cet or, toutes ces pièces façonnées.

52 Tout l'or de l'offrande, dont on fit ainsi hommage à l'Éternel, se montait à seize mille sept cent cinquante sicles, offert par les chiliarques et les centurions.

53 Quant aux simples miliciens, ils avaient butiné chacun pour soi.

54 Moïse et le pontife Eléazar, ayant reçu l'or de la part des chiliarques et des centurions, l'apportèrent dans la tente d'assignation, comme mémorial des enfants d'Israël devant le Seigneur.

CHAPITRE TRENTE-DEUX

Or, les enfants de Ruben et ceux de Gad possédaient de nombreux troupeaux, très considérables. Lorsqu'ils virent le pays de Yazer et celui de Galaad, ils trouvèrent cette contrée avantageuse pour le bétail.

2 Les enfants de Gad et ceux de Ruben vinrent donc et parlèrent à Moïse, à Eléazar le pontife et aux phylarques de la communauté, en ces termes :

3 "Ataroth, Dibon, Yazer, Nimra, Hesbon et Elalê ; Sebam, Nébo et Beôn,

4 ce pays, que l'Éternel a fait succomber devant les enfants d'Israël, est un pays propice au bétail ; or, tes serviteurs ont du bétail."

5 Ils dirent encore : "Si nous avons trouvé faveur à tes yeux, que ce pays soit donné en propriété à tes serviteurs ; ne nous fais point passer le Jourdain."

6 Moïse répondit aux enfants de Gad et à ceux de Ruben : "Quoi ! Vos frères iraient au combat, et vous demeureriez ici !

7 Pourquoi voulez-vous décourager les enfants d'Israël de marcher vers le pays que leur a donné l'Éternel ?

8 Ainsi firent vos pères, alors que je les envoyai de Kadêch-Barnéa pour explorer ce pays.

9 Ils montèrent jusqu'à la vallée d'Echkol, ils explorèrent le pays ; puis ils découragèrent les enfants d'Israël de se rendre au pays que leur avait donné l'Éternel.

10 Ce jour-là, le courroux de l'Éternel s'alluma, et il prononça ce serment :

11 "Si jamais ils voient, ces hommes sortis de l'Égypte, âgés de vingt ans ou plus, la contrée que j'ai, par serment, promise à Abraham, à Isaac et à Jacob !... Car ils m'ont été infidèles.

12 Seuls, Caleb, fils de Yefounné le Kenizzéen, et Josué, fils de Noun la verront, parce qu'ils sont restés fidèles au Seigneur."

13 Et le Seigneur, courroucé contre Israël, les a fait errer dans le désert pendant quarante années, jusqu'à l'extinction de cette génération entière, qui avait démérité devant le Seigneur.

14 Et maintenant, vous marchez sur les traces de vos pères, engeance de pécheurs, pour ajouter encore à la colère de Dieu contre Israël !

15 Oui, si vous vous détachez de lui, il continuera de le laisser dans le désert, et vous aurez fait le malheur de tout ce peuple."

16 Alors ils s'approchèrent de Moïse et dirent : "Nous voulons construire ici des parcs à brebis pour notre bétail, et des villes pour nos familles.

17 Mais nous, nous irons en armes, résolument, à la tête des enfants d'Israël, jusqu'à ce que nous les ayons amenés à leur destination, tandis que nos familles demeureront dans les villes fortes, à cause des habitants du pays.

18 Nous ne rentrerons pas dans nos foyers, que les enfants

d'Israël n'aient pris possession chacun de son héritage.

19 Nous ne prétendons point posséder avec eux de l'autre côté du Jourdain, puisque c'est en deçà du Jourdain, à l'orient, que notre possession nous sera échue."

20 Moïse leur répondit : "Si vous tenez cette conduite, si vous marchez devant l'Éternel, équipés pour la guerre ;

21 si tous vos guerriers passent le Jourdain pour combattre devant l'Éternel, jusqu'à ce qu'il ait dépossédé ses ennemis,

22 et si, le pays une fois subjugué devant l'Éternel, alors seulement vous vous retirez, vous serez quittés envers Dieu et envers Israël, et cette contrée vous sera légitimement acquise devant le Seigneur.

23 Mais si vous agissez autrement, vous êtes coupables envers le Seigneur, et sachez que votre faute ne serait pas impunie !

24 Construisez donc des villes pour vos familles et des parcs pour vos brebis, et soyez fidèles à votre parole."

25 Les enfants de Gad et ceux de Ruben repartirent à Moïse en disant : "Tes serviteurs feront comme mon seigneur l'ordonne.

26 Nos enfants, nos femmes, nos troupeaux et tout notre bétail, resteront là, dans les villes de Galaad,

27 tandis que tes serviteurs, tous ceux qui peuvent s'armer pour la milice, marcheront aux combats devant l'Éternel, comme l'a dit mon seigneur."

28 Moïse enjoignit, à leur sujet, au pontife Eléazar, à Josué, fils de Noun, et aux principaux membres des tribus des enfants d'Israël,

29 en leur disant : "Si les enfants de Gad et ceux de Ruben, tous ceux qui peuvent s'armer pour la lutte, passent avec vous le Jourdain devant le Seigneur et vous aident à soumettre le pays, vous leur attribuerez la contrée de Galaad comme propriété.

30 Mais s'ils ne marchent point en armes avec vous, ils devront s'établir au milieu de vous, dans le pays de Canaan."

31 Les enfants de Gad et ceux de Ruben répondirent en ces termes : "Ce que l'Éternel a dit à tes serviteurs, ils le feront exactement.

32 Oui, nous passerons en armes, devant le Seigneur, dans le pays de Canaan, conservant la possession de notre héritage de ce côté-ci du Jourdain."

33 Alors Moïse octroya aux enfants de Gad et à ceux de Ruben, ainsi qu'à la moitié de la tribu de Manassé, fils de Joseph, le domaine de Sihôn, roi des Amorréens, et le domaine d'Og, roi du Basan ; tout ce pays selon les limites de ses villes, les villes du pays dans toute son étendue.

34 Et les enfants de Gad rebâtirent Dibôn, Ataroth et Arœr ;

35 Atroth-Chofân, Yazer et Yogbeha ;

36 Bêth-Nimra et Bêth-Harân, comme viles fortes et parcs à bétail.

37 Et les enfants de Ruben rebâtirent Hesbon, Elalê et Kiryathayim ;

38 Nébo, Baal-Meôn (qui changèrent de nom) et Sibma. Ils remplacèrent par d'autres noms les noms des villes qu'ils rebâtirent.

39 Les enfants de Makhir, fils de Manassé, marchèrent sur le Galaad et s'en rendirent maîtres, et expulsèrent les Amorréens qui l'habitaient.

40 Et Moïse donna le Galaad à Makhir, fils de Manassé, qui s'y établit.

41 Yaïr, descendant de Manassé, y alla aussi et s'empara de leurs bourgs, qu'il nomma Bourgs de Yaïr.

42 Nobah aussi y alla et s'empara de Kenath et de sa banlieue, qu'il appela Nobah, de son propre nom.

CHAPITRE TRENTE-TROIS

Voici l'itinéraire des enfants d'Israël, depuis qu'ils furent sortis du pays d'Égypte, selon leurs légions, sous la conduite de Moïse et d'Aaron.

2 Moïse inscrivit leurs départs et leurs stations sur l'ordre de l'Éternel ; voici donc leurs stations et leurs départs :

3 ils partirent de Ramsès dans le premier mois, le quinzième jour du premier mois ; le lendemain de la Pâque, les enfants d'Israël sortirent, triomphants, à la vue de toute l'Égypte,

4 tandis que les Égyptiens ensevelissaient ceux que l'Éternel avait frappés parmi eux, tous les premiers-nés, l'Éternel faisant ainsi justice de leurs divinités.

5 Partis de Ramsès, les enfants d'Israël s'arrêtèrent à Soukkot.

6 Ils repartirent de Soukkot et se campèrent à Ethâm, situé sur la lisière du désert.

7 Puis ils partirent d'Ethâm, rebroussèrent vers Pi-Hahirot, qui fait face à Baal-Cefôn, et campèrent devant Migdol.

8 Ils partirent de devant Pi-Hahirot, se dirigèrent, en traversant la mer, vers le désert, et après une marche de trois journées dans le désert d'Ethâm, s'arrêtèrent à Mara.

9 Partis de Mara, ils arrivèrent à Elim. Or, à Elim étaient douze sources d'eau et soixante-dix palmiers, et ils s'y campèrent.

10 Puis ils repartirent d'Elim, et campèrent près de la mer des Joncs.

11 Ils repartirent de la mer des Joncs et campèrent dans le désert de Sîn.

12 Ils repartirent du désert de Sîn, et campèrent à Dofka.

13 Ils repartirent de Dofka, et campèrent à Alouch.

14 Ils repartirent d'Alouch, et campèrent à Rephidîm, où il n'y eut point d'eau à boire pour le peuple.

15 Ils repartirent de Rephidîm, et campèrent dans le désert de Sinaï.

16 Ils repartirent du désert de Sinaï, et campèrent à Kibroth-Hattaava.

17 Ils repartirent de Kibroth-Hattaava, et campèrent à Hacêroth.

18 Ils repartirent de Hacêroth, et campèrent à Rithma.

19 Ils repartirent de Rithma, et campèrent à Rimmôn-Péreç.

20 Ils repartirent de Rimmôn-Péreç, et campèrent à Libna,

21 Ils repartirent de Libna, et campèrent à Rissa.

22 Ils repartirent de Rissa, et campèrent à Kehêlatha.

23 Ils repartirent de Kehêlatha, et campèrent au mont Chéfer.

24 Ils repartirent du mont Chéfer, et campèrent à Harada.

25 Ils repartirent de Harada, et campèrent à Makhêloth.

26 Ils repartirent de Makhêloth, et campèrent à Tahath.

27 Ils repartirent de Tahath, et campèrent à Térah.

28 Ils repartirent de Térah, et campèrent à Mitka.

29 Ils repartirent de Mitka, et campèrent à Haschmona.

30 Ils repartirent de Haschmona, et campèrent à Mossêroth.

31 Ils repartirent de Mossêroth, et campèrent à Benê-Yaakan.

32 Ils repartirent de Benê-Yaakan, et campèrent à Hor-Haghidgad.

33 Ils repartirent de Hor-Haghidgad, et campèrent à Yotbatha.

34 Ils repartirent de Yotbatha, et campèrent à Abrona.

35 Ils repartirent d'Abrona, et campèrent à Asiongaber.

36 Ils repartirent d'Asiongaber, et campèrent au désert de Cîn, c'est-à-dire à Kadêch.

37 Ils repartirent de Kadêch et campèrent à Hor-la-Montagne, à l'extrémité du pays d'Edom.

38 Aaron, le pontife, monta sur cette montagne par ordre de l'Éternel, et y mourut. C'était la quarantième année du départ des Israélites du pays d'Égypte, le premier jour du cinquième mois.

39 Aaron avait cent vingt-trois ans lorsqu'il mourut à Hor-la-Montagne.

40 C'est alors que le Cananéen, roi d'Arad, qui habitait au midi du pays de Canaan, apprit l'arrivée des enfants d'Israël.

41 Puis, ils partirent de Hor-la-Montagne, et vinrent camper à Çalmona.

42 Ils repartirent de Çalmona, et campèrent à Pounôn.

43 Ils repartirent de Pounôn, et campèrent à Oboth.

44 Ils repartirent d'Oboth et campèrent à Iyyê-Haabarîm, vers les confins de Moab.

45 Ils repartirent d'Iyyîm, et campèrent à Dibôn-Gad.

46 Ils repartirent de Dibôn-Gad, et campèrent à Almôn-Diblathayim.

47 Ils repartirent d'Almôn-Diblathayim et campèrent parmi les monts Abarim, en face de Nébo.

48 Ils repartirent des monts Abarîm et campèrent dans les plaines de Moab, près du Jourdain qui est vers Jéricho.

49 Ils occupaient la rive du Jourdain, depuis Bêth-Hayechimoth jusqu'à Abêl-Hachittîm, dans les plaines de Moab.

50 L'Éternel parla ainsi à Moïse dans les plaines de Moab, près du Jourdain vers Jéricho :

51 "Parle aux enfants d'Israël en ces termes : Comme vous allez passer le Jourdain pour atteindre le pays de Canaan,

52 quand vous aurez chassé devant vous tous les habitants de ce pays, vous anéantirez tous leurs symboles, toutes leurs idoles de métal, et ruinerez tous leurs hauts-lieux.

53 Vous conquerrez ainsi le pays et vous vous y établirez ; car c'est à vous que je le donne à titre de possession.

54 Vous lotirez ce pays, par la voie du sort, entre vos familles, donnant toutefois aux plus nombreux un plus grand patrimoine et aux moins nombreux un patrimoine moindre, chacun recevant ce que lui aura attribué le sort ; c'est dans vos tribus paternelles que vous aurez vos lots respectifs.

55 Or, si vous ne dépossédez pas à votre profit tous les habitants de ce pays, ceux que vous aurez épargnés seront comme des épines dans vos yeux et comme des aiguillons à vos flancs : ils vous harcèleront sur le territoire que vous occuperez ;

56 et alors, ce que j'ai résolu de leur faire, je le ferai à vous-mêmes."

CHAPITRE TRENTE-QUATRE

L'Éternel parla à Moïse en ces termes :
2 "Donne aux enfants d'Israël les instructions suivantes : Comme vous allez entrer dans ce pays de Canaan, voici quel territoire vous tombera en partage : le pays de Canaan selon ses limites.

3 Vous aurez pour côté méridional le désert de Cîn, sur la lisière d'Edom ; cette limite du midi commencera pour vous à la pointe orientale de la mer Salée.

4 Puis la limite s'infléchira, par le midi, vers la montée d'Akrabbîm, atteindra Cîn et aboutira au midi de Kadêch-Barnéa ; sortira vers Haçar-Addar, ira jusqu'à Açmôn ;

5 d'Açmôn, la ligne déviera vers le torrent d'Égypte, et se terminera à la mer.

6 Pour la frontière occidentale, c'est la grande mer qui vous en tiendra lieu : telle sera pour vous la frontière occidentale.

7 Voici quelles seront vos bornes au nord : vous tracerez une ligne de la grande mer à Hor-la-Montagne ;

8 de Hor-la-Montagne vous la continuerez jusqu'à Hémath, d'où la démarcation aboutira à Cedad ;

9 puis elle atteindra Zifrôn, et aura pour terme Haçar-Enân : telles seront vos bornes au nord.

10 Pour vos bornes à l'orient, vous tirerez une ligne de Haçar-Hênân à Chefâm ;

11 de Chefâm, cette ligne descendra jusqu'à Ribla, en passant à l'orient d'Ayîn ; puis, descendant encore, elle suivra le bord oriental de la mer de Kinnéreth,

12 descendra encore le long du Jourdain, et viendra aboutir à la mer Salée. Tel sera votre territoire, quant aux limites qui doivent le circonscrire."

13 Moïse transmit cet ordre aux enfants d'Israël, en disant : "C'est là le territoire que vous vous partagerez au sort, et que l'Éternel a ordonné d'attribuer aux neuf tribus et demie.

14 Car, pour la tribu des descendants de Ruben selon leurs familles paternelles, la tribu des descendants de Gad selon les leurs, et la demi-tribu de Manassé, elles ont déjà reçu leur lot :

15 ces deux tribus et demie ont reçu leur lot sur la rive du Jourdain faisant face à Jéricho, du côté de l'orient."

16 L'Éternel parla à Moïse en ces termes :

17 "Voici les noms des hommes qui doivent prendre, pour vous, possession du pays : Eléazar le pontife, et Josué, fils de Noun ;

18 plus un chef, un chef par tribu, que vous chargerez de prendre possession du pays.

19 Voici les noms de ces hommes : pour la tribu de Juda : Caleb, fils de Yefounné ;

20 pour la tribu des enfants de Siméon : Samuel, fils d'Ammihoud ;

21 pour la tribu de Benjamin : Elidad, fils de Kislôn ;

22 pour la tribu des enfants de Dan, le chef sera Bouki, fils de Yogli ;

23 quant aux descendants de Joseph, la tribu des enfants de Manassé aura pour chef Hanniël, fils d'Efod,

24 et celles des enfants d'Ephraïm, Kemouêl, fils de Chiftân.

25 Chef pour la tribu des enfants de Zabulon : Eliçafân, fils de Parnakh ;

26 chef pour la tribu des enfants d'Issachar : Paltïel, fils d'Azzân ;

27 chef pour la tribu des enfants d'Aser : Ahihoud, fils de Chelomi ;

28 et pour la tribu des enfants de Nephtali, le chef sera Pedahel, fils d'Ammihoud."

29 Tels sont ceux à qui l'Éternel donna mission de répartir entre les enfants d'Israël, le pays de Canaan.

CHAPITRE TRENTE-CINQ

L'Éternel parla à Moïse dans les plaines de Moab, près du Jourdain, vers Jéricho, en disant :
2 "Avertis les enfants d'Israël qu'ils doivent donner aux Lévites, sur leur part de possession, des villes pour qu'ils y habitent, outre une banlieue, autour de ces villes, que vous leur donnerez également.

3 Les villes leur serviront pour l'habitation ; et les banlieues seront pour leur bétail, pour leurs biens, pour tous les besoins de leur vie.

4 Ces banlieues des villes que vous donnerez aux Lévites comporteront, à partir du mur de chaque ville, un rayon de mille coudées.

5 Vous mesurerez, extérieurement à la ville, deux mille coudées du côté de l'orient, deux mille du côté du midi, deux mille du côté de l'occident et deux mille du côté du nord, ayant pour centre la ville : telles seront les banlieues de leurs villes.

6 Ces villes que vous devez donner aux Lévites sont,

d'abord, les six villes de refuge, que vous accorderez pour que le meurtrier s'y retire ; en outre, vous y ajouterez quarante-deux villes.

7 Total des villes que vous donnerez aux Lévites : quarante-huit villes, avec leurs banlieues.

8 Pour ces villes que vous devez distraire de la propriété des enfants d'Israël, vous exigerez davantage de la plus grande tribu, à la moindre vous demanderez moins : chacun cédera de son territoire aux Lévites, à proportion de la part qu'il aura obtenue."

9 L'Éternel parla à Moïse en ces termes :

10 "Parle aux enfants d'Israël, et dis-leur : Comme vous allez passer le Jourdain pour gagner le pays de Canaan,

11 vous choisirez des villes propres à vous servir de cités d'asile : là se réfugiera le meurtrier, homicide par imprudence.

12 Ces villes serviront, chez vous, d'asile contre le vengeur du sang, afin que le meurtrier ne meure point avant d'avoir comparu devant l'assemblée pour être jugé.

13 Quant aux villes à donner, vous aurez six villes de refuge.

14 Vous accorderez trois de ces villes en deçà du Jourdain, et les trois autres dans le pays de Canaan ; elles seront villes de refuge.

15 Pour les enfants d'Israël comme pour l'étranger et le domicilié parmi eux, ces six villes serviront d'asile, où pourra se réfugier quiconque a tué une personne involontairement.

16 Que s'il l'a frappée avec un instrument de fer et qu'elle en soit morte, c'est un assassin ; l'assassin doit être mis à mort.

17 Si, s'armant d'une pierre qui peut donner la mort, il a porté un coup mortel, c'est un assassin ; l'assassin doit être mis à mort.

18 Pareillement, si, armé d'un objet en bois pouvant donner

la mort, il a porté un coup mortel, c'est un assassin ; l'assassin doit être mis à mort.

19 C'est le vengeur du sang qui fera mourir l'assassin ; s'il le rencontre, qu'il le fasse mourir.

20 Si quelqu'un heurte un autre par haine ou lui lance quelque chose avec préméditation, et qu'il en meure ;

21 ou si, par inimitié, il lui porte un coup avec la main et qu'il meure, l'homicide doit être mis à mort, c'est un assassin ; le vengeur du sang devra le tuer sitôt qu'il le rencontre.

22 Mais s'il l'a heurté fortuitement, sans hostilité, ou s'il a jeté quelque objet sur lui sans dessein de l'atteindre ;

23 si encore, tenant une pierre qui peut donner la mort, il la fait tomber sur quelqu'un qu'il n'avait pas vu et le fait mourir, sans d'ailleurs être son ennemi ni lui vouloir du mal,

24 l'assemblée sera juge entre l'homicide et le vengeur du sang, en s'inspirant de ces règles.

25 Et cette assemblée soustraira le meurtrier à l'action du vengeur du sang, et elle le fera reconduire à la ville de refuge où il s'était retiré ; et il y demeurera jusqu'à la mort du grand-pontife, qu'on aura oint de l'huile sacrée.

26 Mais si le meurtrier vient à quitter l'enceinte de la ville de refuge où il s'est retiré,

27 et que le vengeur du sang, le rencontrant hors des limites de son asile, tue le meurtrier, il ne sera point punissable.

28 Car le meurtrier doit rester dans son asile jusqu'à la mort du grand-pontife ; et après la mort de ce pontife seulement, il pourra retourner au pays de sa possession.

29 Ces prescriptions auront pour vous force de loi dans toutes vos générations, dans toutes vos demeures.

30 Dans tout cas d'homicide, c'est sur une déclaration de

témoins qu'on fera mourir l'assassin ; mais un témoin unique ne peut, par sa déposition, faire condamner une personne à mort.

31 Vous n'accepterez point de rançon pour la vie d'un meurtrier, s'il est coupable et digne de mort : il faut qu'il meure.

32 Vous n'accepterez pas non plus de rançon pour que, dispensé de fuir dans la ville de refuge, on puisse revenir habiter dans le pays avant la mort du pontife.

33 De la sorte, vous ne souillerez point le pays où vous demeurez. Car le sang est une souillure pour la terre ; et la terre où le sang a coulé ne peut être lavée de cette souillure que par le sang de celui qui l'a répandu.

34 Ne déshonorez point le pays où vous habiterez, dans lequel je résiderai ; car moi-même, Éternel, je réside au milieu des enfants d'Israël."

CHAPITRE TRENTE-SIX

Les chefs de famille de la descendance de Ghilad, fils de Makhir, fils de Manassé, de la lignée des enfants de Joseph, se présentèrent et parlèrent ainsi devant Moïse et devant les phylarques, principaux chefs des enfants d'Israël ;

2 ils dirent : "L'Éternel a ordonné à mon seigneur d'attribuer le pays en héritage, par la voie du sort, aux enfants d'Israël ; d'autre part, mon seigneur a été chargé par l'Éternel d'attribuer l'héritage de Celofhad, notre frère, à ses filles.

3 Or, si elles contractent mariage dans quelqu'une des autres tribus des enfants d'Israël, leur héritage sera retranché de l'héritage de nos pères, s'ajoutera à l'héritage de la tribu où elles auront passé, et notre lot patrimonial en sera amoindri.

4 Lors même que le jubilé aura lieu pour les enfants d'Israël, leur héritage à elles restera joint à celui de la tribu où elles auront passé, et le patrimoine de la tribu de nos pères en restera diminué d'autant."

5 Et Moïse donna aux enfants d'Israël, sur l'ordre de l'Éter-

nel, les instructions suivantes : "La tribu des enfants de Joseph a raison.

6 Voici ce que l'Éternel a prescrit au sujet des filles de Celofhad : elles pourront épouser qui bon leur semblera ; toutefois, c'est dans une famille de leur tribu paternelle qu'elles doivent contracter mariage.

7 De la sorte, aucun héritage, chez les enfants d'Israël, ne sera transporté d'une tribu à une autre, mais chacun des enfants d'Israël demeurera attaché à l'héritage de la tribu de ses pères.

8 Toute fille appelée à hériter, parmi les tribus des enfants d'Israël, devra épouser quelqu'un qui appartienne à la tribu de son père ; afin que les enfants d'Israël possèdent chacun l'héritage de leurs pères,

9 et qu'il n'y ait pas d'évolution d'héritage d'une tribu à une tribu différente, les tribus des enfants d'Israël devant, chacune, conserver leur héritage."

10 Comme l'Éternel l'avait ordonné à Moïse, ainsi agirent les filles de Celofhad.

11 Mahla, Tirça, Hogla, Milka et Noa se marièrent avec les fils de leurs oncles.

12 Ce fut donc dans les familles issues de Manassé, fils de Joseph, qu'elles se marièrent, et leur héritage resta dans la tribu de leur souche paternelle.

13 Tels sont les préceptes et les statuts que l'Éternel imposa, par l'organe de Moïse, aux enfants d'Israël, dans les plaines de Moab, au bord du Jourdain vers Jéricho.

LE LIVRE DU DEUTÉRONOME

DEVARIM - דברים

CHAPITRE UN

Ce sont là les paroles que Moïse adressa à tout Israël en deçà du Jourdain, dans le désert, dans la plaine en face de Souf, entre Pharan et Tofel, Labân, Hacéroth et Di-Zahab.

2 Il y a onze journées depuis le Horeb, en passant par le mont Séir, jusqu'à Kadéch-Barnéa.

3 Or, ce fut dans la quarantième année, le onzième mois, le premier jour du mois, que Moïse redit aux enfants d'Israël tout ce que l'Éternel lui avait ordonné à leur égard.

4 Après avoir défait Sihon, roi des Amorréens, qui résidait à Hesbon, et Og, roi du Basan, qui résidait à Astaroth et à Edréi ;

5 en deçà du Jourdain, dans le pays de Moab, Moïse se mit en devoir d'exposer cette doctrine, et il dit :

6 "L'Éternel notre Dieu nous avait parlé au Horeb en ces termes : "Assez longtemps vous avez demeuré dans cette montagne.

7 Partez, poursuivez votre marche, dirigez-vous vers les

monts amorréens et les contrées voisines, vers la plaine, la montagne, la vallée, la région méridionale, les côtes de la mer, le pays des Cananéens et le Liban, jusqu'au grand fleuve, le fleuve d'Euphrate.

8 Voyez, je vous livre ce pays ! Allez prendre possession du pays que l'Éternel a juré à vos pères, Abraham, Isaac et Jacob, de donner à eux et à leur postérité après eux."

9 Dans ce temps-là, je vous parlai ainsi : "Je ne puis assumer, moi seul, votre charge.

10 L'Éternel, votre Dieu, vous a fait multiplier, et vous voilà, aujourd'hui, nombreux comme les étoiles du ciel.

11 Veuille l'Éternel, Dieu de vos pères, vous rendre mille fois plus nombreux encore et vous bénir comme il vous l'a promis !

12 Comment donc supporterais-je seul votre labeur, et votre fardeau, et vos contestations !

13 Choisissez parmi vous, dans vos tribus, des hommes sages, judicieux et éprouvés ; je les établirai vos chefs."

14 Vous me répondîtes en disant : "Ce que tu conseilles de faire est excellent."

15 Et je désignai les principaux de vos tribus, hommes sages et éprouvés, et je vous les donnai pour chefs, soit commandants de chiliades, de centuries, de cinquantaines et de dizaines, soit commissaires de vos tribus.

16 Je donnai alors à vos juges les instructions suivantes : "Ecoutez également tous vos frères et prononcez équitablement, entre chacun et son frère, entre chacun et l'étranger.

17 Ne faites point, en justice, acception de personnes ; donnez audience au petit comme au grand, ne craignez qui que ce soit, car la justice est à Dieu ! Que si une affaire est trop difficile pour vous, déférez-la moi et j'en prendrai connaissance."

18 Et je vous prescrivis, dans ce même temps, tout ce que vous aviez à observer.

19 Nous partîmes du Horeb, nous traversâmes tout ce long et redoutable désert que vous savez, nous dirigeant vers les monts amorréens, comme l'Éternel notre Dieu nous l'avait prescrit, et nous atteignîmes Kadêch-Barnéa.

20 Et je vous dis : "Vous voici arrivés au pied des monts amorréens, que l'Éternel, notre Dieu, nous donne.

21 Regarde ! L'Éternel, ton Dieu, t'a livré ce pays ; va, prends-en possession, comme te l'a dit l'Éternel, Dieu de tes pères ; sois sans peur et sans faiblesse !"

22 Mais vous vîntes vers moi, tous, en disant : "Nous voudrions envoyer quelques hommes en avant, qui exploreraient pour nous ce pays et qui nous renseigneraient sur le chemin que nous devons suivre et sur les villes où nous devons aller."

23 La proposition me plut, et je choisis parmi vous douze hommes, un homme par tribu.

24 Ils partirent, s'avancèrent sur la montagne, atteignirent la vallée d'Echkol, et explorèrent cette contrée.

25 Puis ils prirent de ses fruits, qu'ils nous apportèrent, et nous rendirent compte en disant : "Il est bon, le pays que l'Éternel, notre Dieu, nous donne."

26 Mais vous refusâtes d'y monter, désobéissant ainsi à la voix de l'Éternel, votre Dieu ;

27 et vous murmurâtes dans vos tentes et vous dîtes : "C'est par haine pour nous que l'Éternel nous a fait sortir de l'Égypte ! C'est pour nous livrer au pouvoir de l'Amorréen, pour nous anéantir !

28 Où veut-on que nous allions ? Nos frères ont abattu notre courage, en disant : Il y a là une race plus grande et plus forte

que la nôtre, des villes considérables et fortifiées jusqu'au ciel, et nous y avons même vu des enfants d'Anak."

29 Et je vous répondis : "Vous n'avez pas à trembler ni à les craindre.

30 L'Éternel, votre Dieu, qui marche à votre tête, lui-même combattra pour vous, tout comme il l'a fait contre l'Égypte, sous vos yeux,

31 et aussi dans ce désert, où tu as vu l'Éternel, ton Dieu, te porter comme un père porte son fils, durant tout le trajet que vous avez fait, jusqu'à votre arrivée en ce lieu-ci.

32 Et dans cette circonstance vous ne vous confieriez pas en l'Éternel, votre Dieu !

33 Lui qui précède votre marche, choisissant les lieux propices à vos stations, la nuit par le feu, pour vous montrer la route à suivre, et le jour par la nuée !"

34 L'Éternel entendit vos paroles, et il s'irrita, et il proféra ce serment :

35 "Si jamais un seul de ces hommes, de cette génération mauvaise, voit l'heureux pays que j'ai juré de donner à vos pères !...

36 Seul, Caleb, fils de Yefounné, le verra ; ce sol qu'il a foulé, je le donnerai à lui et à ses enfants, parce qu'il est resté fidèle au Seigneur."

37 Contre moi aussi l'Éternel s'irrita à cause de vous, au point de dire : "Tu n'y entreras pas, toi non plus !"

38 Josué, fils de Noun, qui est à ton service, c'est lui qui doit y entrer : affermis son courage, car c'est lui qui en donnera possession à Israël.

39 Et vos familles, dont vous avez dit : "Elles nous seront ravies", et vos enfants, qui ne discernent pas encore le bien du

mal, ceux-là entreront dans ce pays ; je le leur donnerai à eux et ils le posséderont.

40 Pour vous, changez de direction et acheminez-vous vers le désert, du côté de la mer des Joncs."

41 Alors vous vous écriâtes, en me disant : "Nous avons péché contre le Seigneur ; nous voulons monter et combattre, comme nous l'a ordonné le Seigneur, notre Dieu." Et chacun de vous ceignit ses armes et vous vous disposâtes à gravir la montagne.

42 Mais l'Éternel me parla ainsi : "Dis-leur : Ne montez pas, ne livrez point de combat, car je ne serai point avec vous ; ne vous exposez pas aux coups de vos ennemis."

43 Je vous le redis, mais vous n'en tîntes pas compte ; vous désobéîtes à la parole du Seigneur et vous eûtes la témérité de vous avancer sur la montagne.

44 L'Amorréen, qui occupe cette montagne, marcha à votre rencontre ; et ils vous poursuivirent comme font les abeilles, et ils vous taillèrent en pièces dans Séir, jusqu'à Horma.

45 De retour, vous pleurâtes devant le Seigneur ; mais le Seigneur fut insensible à vos cris, il ne vous écouta point.

46 Vous demeurâtes de longs jours à Kadêch... Vous savez combien de jours vous y avez demeuré.

CHAPITRE DEUX

Nous partîmes alors en rétrogradant vers le désert, du côté de la mer des Joncs, comme l'Éternel me l'avait ordonné, et nous fîmes un long circuit autour du mont Séir.

2 Puis l'Éternel me parla en ces termes :

3 "Assez longtemps vous avez tourné autour de cette montagne ; acheminez-vous vers le nord.

4 Et toi, ordonne au peuple ce qui suit : Vous touchez aux confins de vos frères, les enfants d'Esaü, qui habitent en Séir. Ils vous craignent, mais tenez-vous bien sur vos gardes,

5 ne les attaquez point ! Car je ne vous accorde pas, de leur pays, même la largeur d'une semelle, attendu que j'ai donné la montagne de Séir comme héritage à Esaü.

6 Les aliments que vous mangerez, achetez-les-leur à prix d'argent : l'eau même que vous boirez, payez-la leur à prix d'argent.

7 Car l'Éternel, ton Dieu, t'a béni dans toutes les œuvres de

tes mains ; il a veillé sur ta marche à travers ce long désert. Voici quarante ans que l'Éternel, ton Dieu, est avec toi : tu n'as manqué de rien."

8 Nous nous détournâmes ainsi de nos frères, les enfants d'Esaü, qui habitent le Séir, du chemin de la plaine, d'Elath et d'Asiongaber. Changeant de direction, nous traversâmes le désert de Moab.

9 Et l'Éternel me dit : "Ne moleste pas Moab et n'engage pas de combat avec lui : je ne te laisserai rien conquérir de son territoire, car c'est aux enfants de Loth que j'ai donné Ar en héritage.

10 (Les Emîm y demeuraient primitivement, nation grande, nombreuse et de haute stature, comme les Anakéens,

11 eux aussi, ils sont réputés Rephaïtes comme les Anakéens, et les Moabites les nomment Emîm.

12 De même, dans le Séir habitaient autrefois les Horéens ; mais les enfants d'Esaü les dépossédèrent, les exterminèrent et s'établirent à leur place, comme l'a fait Israël pour le pays de sa possession, que l'Éternel lui a donné).

13 Donc, mettez-vous en devoir de passer le torrent de Zéred." Et nous passâmes le torrent de Zéred.

14 La durée de notre voyage, depuis Kadêch-Barnéa jusqu'au passage du torrent de Zéred, avait été de trente-huit ans. A cette époque, toute la génération guerrière avait disparu du milieu du camp, comme l'Éternel le leur avait juré.

15 La main du Seigneur les avait aussi frappés, pour les anéantir du milieu du camp, jusqu'à leur entière extinction.

16 Or, lorsque tous ces gens de guerre eurent disparu, par la mort, du milieu du peuple,

17 l'Éternel me parla ainsi :

18 "Tu vas dépasser maintenant la frontière de Moab, Ar ;

19 tu vas arriver en face des enfants d'Ammon. Ne les

attaque pas, ne les provoque point : je ne te permets aucune conquête sur le sol des enfants d'Ammon, car c'est aux descendants de Loth que je l'ai donné en héritage.

20 (Celui-là aussi est considéré comme pays de Rephaïtes : des Rephaïtes l'occupaient d'abord, les Ammonites les appellent Zamzoummîm,

21 peuple grand, nombreux et de haute taille, comme les Anakéens ; mais le Seigneur les extermina au profit des Ammonites, qui les vainquirent et les remplacèrent.

22 Ainsi a-t-il fait pour les enfants d'Esaü, qui habitent en Séir ; car il a exterminé devant eux le Horéen, qu'ils ont dépossédé, et qu'ils remplacent encore aujourd'hui.

23 De même, les Avvéens, qui habitaient des bourgades jusqu'à Gaza, des Kaftorîm sortis de Kaftor les ont détruits et se sont établis à leur place).

24 Allez, mettez-vous en marche, et passez le torrent de l'Arnon. Vois, je livre en ton pouvoir Sihôn, roi de Hesbon, l'Amorréen, avec son pays ; commence par lui la conquête ! Engage la lutte avec lui !

25 D'aujourd'hui, je veux imprimer ta crainte et ta terreur à tous les peuples sous le ciel, tellement qu'au bruit de ton nom, l'on frémira et l'on tremblera devant toi."

26 Et j'envoyai, du désert de Kedêmoth, une députation à Sihôn, roi de Hesbon, avec ces paroles pacifiques :

27 "Je voudrais passer par ton pays. Je suivrai constamment la grande route, je n'en dévierai ni à droite ni à gauche.

28 Les vivres que je consommerai, vends-les moi à prix d'argent ; donne-moi à prix d'argent l'eau que je veux boire. Je voudrais simplement passer à pied.

29 Ainsi en ont usé avec moi les enfants d'Esaü, habitants de

Séir, et les Moabites habitants d'Ar, pour que je puisse atteindre, par le Jourdain, le pays que l'Éternel, notre Dieu, nous destine."

30 Mais Sihôn, roi de Hesbon, ne voulut pas nous livrer passage ; car l'Éternel, ton Dieu, avait raidi son esprit et endurci son cœur, pour le faire tomber en ton pouvoir, comme aujourd'hui.

31 L'Éternel me dit : "Vois, je t'ai d'avance livré Sihôn et son pays ; commence la conquête en t'emparant de son pays."

32 Sihôn s'avança à notre rencontre avec tout son peuple, pour le combat, à Yahça.

33 L'Éternel, notre Dieu, le livra à notre merci et nous le battîmes, lui, ses fils et tout son peuple.

34 Nous prîmes alors toutes ses villes, et nous frappâmes d'anathème toute ville où étaient des êtres humains, même les femmes et les enfants ; nous ne laissâmes pas un survivant.

35 Nous ne prîmes pour nous que le bétail, ainsi que le butin des villes que nous avions conquises.

36 Depuis Aroer, qui est au bord du torrent d'Arnon, et la ville située dans cette vallée, jusqu'au Galaad pas une place n'a pu tenir devant, nous : l'Éternel, notre Dieu, nous a tout livré.

37 Mais tu as laissé intact le territoire des Ammonites : tout le bassin du torrent de Jacob, les villes de la Montagne, enfin tout ce que l'Éternel, notre Dieu, nous avait enjoint de respecter.

CHAPITRE TROIS

"Nous nous dirigeâmes alors, en montant plus haut, du côté du Basan. Og, roi du Basan, s'avança à notre rencontre avec tout son peuple, pour livrer bataille, vers Edréi.

2 Et l'Éternel me dit : "Ne le crains point, car je le livre en ton pouvoir, lui et tout son peuple, et son pays ; et tu le traiteras comme tu as traité Sihôn, roi des Amorréens, qui résidait à Hesbon."

3 Et l'Éternel, notre Dieu, nous livra pareillement Og, roi du Basan, avec tout son peuple ; et nous le défîmes au point de n'en pas laisser survivre un seul.

4 Nous prîmes alors toutes ses villes ; il n'y a pas une place que nous ne leur ayons prise : soixante villes formant tout le district d'Argob, le royaume d'Og en Basan.

5 C'étaient toutes villes fortifiées de hauts remparts, avec portes et verrous, sans compter les villes ouvertes, très nombreuses.

6 Nous les frappâmes d'anathème, comme nous l'avions fait pour Sihôn, roi de Hesbon, condamnant toute ville où étaient des êtres humains, y compris femmes et enfants.

7 Mais tout le bétail et le butin de ces villes, nous les prîmes pour nous.

8 Nous conquîmes donc à cette époque le pays des deux rois amorréens qui régnaient en deçà du Jourdain, depuis le torrent de l'Arnon jusqu'à la montagne de Hermon.

9 (Les Sidoniens nomment le Hermon Sinon, et les Amorréens l'appellent Senir) ;

10 toutes les villes du plat pays, tout le Galaad, tout le Basan jusqu'à Salca et Edréi, villes du royaume d'Og, en Basan.

11 De fait, Og seul, roi du Basan, était resté des derniers Rephaïtes ; son lit, un lit de fer, se voit encore dans la capitale des Ammonites : il a neuf coudées de long et quatre de large, en coudées communes.

12 Ce pays-là, nous en prîmes possession dans ce même temps. Depuis Aroer sur le torrent d'Arnon, plus la moitié du mont Galaad avec ses villes, je le donnai aux tribus de Ruben et de Gad ;

13 et le reste du Galaad et tout le Basan, où régnait Og, je le donnai à la demi-tribu de Manassé, tout le district de l'Argob, enfin tout le Basan, lequel doit se qualifier terre de Rephaïtes.

14 Yaïr, descendant de Manassé, s'empara de tout le district d'Argob, jusqu'aux confins de Ghechour et de Maaca, et lui donna son nom, appelant le Basan Bourgs de Yaïr, comme on l'appelle encore aujourd'hui.

15 A Makhir je donnai le Galaad.

16 Et aux enfants de Ruben et de Gad, je donnai depuis le Galaad jusqu'au torrent d'Arnon, le milieu du torrent servant de

limite ; puis, jusqu'au torrent de Jaboc, limite du côté des enfants d'Ammon ;

17 et la plaine avec le Jourdain pour limite, depuis Kinnéreth jusqu'à la mer de la plaine ou mer Salée, sous le versant oriental du Pisga.

18 Je vous donnai, en ce temps-là, l'ordre suivant : "L'Éternel, votre Dieu, vous accorde ce pays en toute possession. Mais vous marcherez en armes à la tête de vos frères, les enfants d'Israël, vous tous, hommes vaillants.

19 Vos femmes seulement, vos familles et votre bétail (je sais que vous avez un nombreux bétail) demeureront dans les villes que je vous ai données.

20 Quand l'Éternel aura assuré le sort de vos frères comme le vôtre, quand ils seront, eux aussi, en possession du pays que l'Éternel, votre Dieu, leur destine de l'autre côté du Jourdain, alors vous retournerez chacun à l'héritage que je vous ai donné."

21 J'exhortai Josué en ce temps-là, disant : "C'est de tes yeux que tu as vu tout ce que l'Éternel, votre Dieu, a fait à ces deux rois : ainsi fera l'Éternel à tous les royaumes où tu vas pénétrer.

22 Ne les craignez point, car c'est l'Éternel votre Dieu, qui combattra pour vous."

23 J'implorai l'Éternel à cette époque, en disant :

24 "Seigneur Éternel déjà tu as rendu ton serviteur témoin de ta grandeur et de la force de ton bras ; et quelle est la puissance, dans le ciel ou sur la terre, qui pourrait imiter tes œuvres et tes merveilles ?

25 Ah ! Laisse-moi traverser, que je voie cet heureux pays qui est au delà du Jourdain, cette belle montagne, et le Liban !"

26 Mais l'Éternel, irrité contre moi à cause de vous, ne m'exauça point ; et l'Éternel me dit : "Assez ! Ne me parle pas davantage à ce sujet.

27 Monte au sommet du Pisga, porte ta vue au couchant et au nord, au midi et à l'orient, et regarde de tes yeux ; car tu ne passeras point ce Jourdain.

28 Donne des instructions à Josué, exhorte-le au courage et à la résolution ; car c'est lui qui marchera à la tête de ce peuple, lui qui les mettra en possession du pays que tu vas contempler."

29 Nous demeurâmes ainsi dans la vallée, en face de Beth-Peor.

CHAPITRE QUATRE

"Maintenant donc, ô Israël ! Ecoute les lois et les règles que je t'enseigne pour les pratiquer, afin que vous viviez et que vous arriviez à posséder le pays que l'Éternel, Dieu de vos pères, vous donne.

2 N'ajoutez rien à ce que je vous prescris et n'en retranchez rien, de manière à observer les commandements de l'Éternel, votre Dieu, tels que je vous les prescris.

3 Ce sont vos propres yeux qui ont vu ce que l'Éternel a fait à l'occasion de Baal-Peor : quiconque s'était abandonné à Baal-Peor, l'Éternel, ton Dieu, l'a exterminé du milieu de toi.

4 Et vous qui êtes restés fidèles à l'Éternel, votre Dieu, vous êtes tous vivants aujourd'hui !

5 Voyez, je vous ai enseigné des lois et des statuts, selon ce que m'a ordonné l'Éternel, mon Dieu, afin que vous vous y conformiez dans le pays où vous allez entrer pour le posséder.

6 Observez-les et pratiquez-les ! Ce sera là votre sagesse et votre intelligence aux yeux des peuples, car lorsqu'ils auront

connaissance de toutes ces lois, ils diront : "Elle ne peut être que sage et intelligente, cette grande nation !"

7 En effet, où est le peuple assez grand pour avoir des divinités accessibles, comme l'Éternel, notre Dieu, l'est pour nous toutes les fois que nous l'invoquons ?

8 Et où est le peuple assez grand pour posséder des lois et des statuts aussi bien ordonnés que toute cette doctrine que je vous présente aujourd'hui ?

9 Mais aussi garde-toi, et évite avec soin, pour ton salut, d'oublier les événements dont tes yeux furent témoins, de les laisser échapper de ta pensée, à aucun moment de ton existence ! Fais-les connaître à tes enfants et aux enfants de tes enfants !

10 N'oublie pas ce jour où tu parus en présence de l'Éternel, ton Dieu, au Horeb, lorsque l'Éternel m'eut dit : "Convoque ce peuple de ma part, je veux leur faire entendre mes paroles, afin qu'ils apprennent à me révérer tant qu'ils vivront sur la terre, et qu'ils l'enseignent à leurs enfants."

11 Vous vous approchâtes alors, et vous fîtes halte au pied de la montagne ; et la montagne était embrasée de feux qui s'élevaient jusqu'au ciel, et voilée de nuages et de brume.

12 Et l'Éternel vous parla du milieu de ces feux ; vous entendiez le son des paroles, mais vous ne perceviez aucune image, rien qu'une voix.

13 Et il vous promulgua son alliance, qu'il vous enjoignait d'observer, à savoir les dix paroles. Puis il les écrivit sur deux tables de pierre.

14 Quant à moi, l'Éternel m'ordonna en ce temps-là de vous exposer des lois et des statuts, que vous aurez à observer dans le pays où vous allez pour en prendre possession.

15 Prenez donc bien garde à vous-mêmes ! Car vous n'avez

vu aucune figure, le jour où le Seigneur vous parla sur le Horeb du milieu du feu ;

16 craignez de vous pervertir en vous fabriquant des idoles, représentation ou symbole de quoi que ce soit : image d'un individu mâle ou femelle ;

17 image de quelque animal terrestre ; image d'un volatile quelconque, qui vole sous le ciel ;

18 image de ce qui rampe sur le sol, ou de tout poisson qui vit dans les eaux au-dessous de la terre.

19 Tu pourrais aussi porter tes regards vers le ciel et, en voyant le soleil, la lune, les étoiles, toute la milice céleste, tu pourrais te laisser induire à te prosterner devant eux et à les adorer : or, c'est l'Éternel, ton Dieu, qui les a donnés en partage à tous les peuples sous le ciel.

20 Mais vous, l'Éternel vous a adoptés, il vous a arrachés de ce creuset de fer, l'Égypte, pour que vous fussiez un peuple lui appartenant, comme vous l'êtes aujourd'hui.

21 L'Éternel s'est courroucé contre moi à cause de vous ; il a juré que je ne franchirai pas le Jourdain que je n'entrerai point dans ce bon pays que l'Éternel, ton Dieu, te donne en héritage.

22 Ainsi je mourrai dans ce pays-ci, je ne passerai point le Jourdain ; mais vous, vous irez, et vous prendrez possession de cette belle contrée.

23 Prenez garde d'oublier l'alliance que l'Éternel, votre Dieu, a contractée avec vous, de vous faire une idole, une image quelconque, que l'Éternel, ton Dieu, t'a défendue.

24 Car l'Éternel, ton Dieu, est un feu dévorant, une divinité jalouse !

25 Quand vous aurez engendré des enfants, puis des petits-enfants, et que vous aurez vieilli sur cette terre ; si vous dégénérez alors, si vous fabriquez une idole, image d'un être quel-

conque, faisant ainsi ce qui déplaît à l'Éternel, ton Dieu, et l'offense,

26 j'en prends à témoin contre vous, aujourd'hui, les cieux et la terre, vous disparaîtrez promptement de ce pays pour la possession duquel vous allez passer le Jourdain ; vous n'y prolongerez pas vos jours, vous en serez proscrits au contraire !

27 L'Éternel vous dispersera parmi les peuples, et vous serez réduits à un misérable reste au milieu des nations où l'Éternel vous conduira.

28 Là, vous serez soumis à ces dieux, œuvre des mains de l'homme, dieux de bois et de pierre, qui ne voient ni n'entendent, qui ne mangent ni ne respirent.

29 C'est alors que tu auras recours à l'Éternel, ton Dieu, et tu le retrouveras, si tu le cherches de tout ton cœur et de toute ton âme.

30 Dans ta détresse, quand tu auras essuyé tous ces malheurs, après de longs jours tu reviendras à l'Éternel, ton Dieu, et tu écouteras sa voix.

31 Car, c'est un Dieu clément que l'Éternel, ton Dieu, il ne te délaissera pas, il ne consommera pas ta perte, et il n'oubliera point l'alliance de tes pères, l'alliance qu'il leur a jurée.

32 De fait, interroge donc les premiers âges, qui ont précédé le tien, depuis le jour où Dieu créa l'homme sur la terre, et d'un bout du ciel jusqu'à l'autre, demande si rien d'aussi grand est encore arrivé, ou si l'on a ouï chose pareille !

33 Quel peuple a entendu, comme tu l'as entendue, la voix de Dieu parlant du sein de la flamme, et a pu vivre ?

34 Et quelle divinité entreprit jamais d'aller se chercher un peuple au milieu d'un autre peuple, à force d'épreuves, de signes et de miracles, en combattant d'une main puissante et d'un bras étendu, en imposant la terreur, toutes choses que

l'Éternel, votre Dieu, a faites pour vous, en Égypte, à vos yeux ?

35 Toi, tu as été initié à cette connaissance : que l'Éternel seul est Dieu, qu'il n'en est point d'autre.

36 Du haut du ciel il t'a fait entendre sa voix pour te discipliner ; sur la terre il t'a fait voir son feu imposant, et du milieu de ce feu tu as entendu ses paroles.

37 Et parce qu'il a aimé tes ancêtres, il a adopté leur postérité après eux, et il t'a fait sortir sous ses yeux, par sa toute-puissance, de l'Égypte,

38 pour déposséder, à ton profit, des peuples plus grands et plus forts que toi ; pour te conduire dans leur pays et te le donner en héritage, comme tu le vois aujourd'hui.

39 Reconnais à présent, et imprime-le dans ton cœur, que l'Éternel seul est Dieu, dans le ciel en haut comme ici-bas sur la terre, qu'il n'en est point d'autres !

40 Et tu observeras ses lois et ses commandements, que je te prescris aujourd'hui, pour ton bonheur et pour celui de tes enfants après toi, et afin que ton existence se prolonge sur cette terre que l'Éternel, ton Dieu, te donne à perpétuité."

41 C'est alors que Moïse désigna trois villes en deçà du Jourdain, à l'orient,

42 pour servir de refuge au meurtrier qui ferait mourir son prochain sans préméditation et sans avoir été précédemment son ennemi, afin qu'en se réfugiant dans une de ces villes, il pût sauver sa vie.

43 C'étaient : Bécer, dans le désert, dans le plat pays appartenant à la tribut de Ruben ; Ramoth, en Galaad, à la tribu de Gad, et Golân, dans le Basan, à celle de Manassé.

44 Or, ceci est la doctrine que Moïse exposa aux enfants d'Israël.

45 Voici les avertissements, lois et règlements que Moïse donna aux enfants d'Israël après leur sortie d'Égypte,

46 au bord du Jourdain, dans la vallée qui fait face à Beth-Peor, dans le pays de Sihôn, roi des Amorréens, qui résidait à Hesbon, et qui fut vaincu par Moïse et les enfants d'Israël après leur sortie d'Égypte ;

47 de sorte qu'ils prirent possession de son pays et de celui d'Og, roi du Basan, des pays de ces deux rois des Amorréens, situés en deçà du Jourdain, à l'orient :

48 depuis Aroer, qui est au bord du torrent d'Arnon, jusqu'à la montagne de Ciôn, autrement le Hermon ;

49 et toute la Plaine du côté oriental du Jourdain jusqu'à la mer de la Plaine, sous le versant du Pisga.

CHAPITRE CINQ

Moïse fit appel à tout Israël, et leur dit : "Ecoute, Israël, les lois et les statuts que je vous fais entendre aujourd'hui ; étudiez-les et appliquez-vous à les suivre.

2 L'Éternel, notre Dieu, a contracté avec nous une alliance au Horeb.

3 Ce n'est pas avec nos pères que l'Éternel a contracté cette alliance, c'est avec nous-mêmes, nous qui sommes ici, aujourd'hui, tous vivants.

4 C'est face à face que l'Éternel vous parla sur la montagne, du milieu de la flamme.

5 Moi, je me tenais, en ce temps-là, entre l'Éternel et vous, pour vous exposer la parole de l'Éternel, parce que, terrifiés par la flamme, vous n'approchâtes point de la montagne ; et il disait :

6 (I). "Je suis l'Éternel, ton Dieu, qui t'ai fait sortir du pays d'Égypte, d'une maison d'esclavage. (II). Tu n'auras point d'autre Dieu que moi.

7 Tu ne te feras point d'idole, l'image de quoi que ce soit dans le ciel en haut, ou en bas sur la terre, ou dans les eaux au-dessous de la terre.

8 Tu ne te prosterneras point devant elles, tu ne les adoreras point ; car moi seul, l'Éternel, je suis ton Dieu, Dieu jaloux, qui poursuis le crime des pères sur la troisième et la quatrième générations, pour ceux qui m'offensent,

9 et qui étends mes faveurs à la millième, pour ceux qui m'aiment et gardent mes commandements.

10 (III). Tu n'invoqueras point le nom de l'Éternel, ton Dieu, à l'appui du mensonge ; car l'Éternel ne laisse pas impuni celui qui invoque son nom pour le mensonge.

11 (IV). Observe le jour du Sabbat pour le sanctifier, comme te l'a prescrit l'Éternel, ton Dieu.

12 Durant six jours tu travailleras et t'occuperas de toutes tes affaires ;

13 mais le septième jour est la trêve de l'Éternel, ton Dieu : tu n'y feras aucun travail, toi, ton fils ni ta fille, ton esclave mâle ou femelle, ton bœuf, ton âne, ni tes autres bêtes, non plus que l'étranger qui est dans tes murs ; car ton serviteur et ta servante doivent se reposer comme toi.

14 Et tu te souviendras que tu fus esclave au pays d'Égypte, et que l'Éternel, ton Dieu, t'en a fait sortir d'une main puissante et d'un bras étendu ; c'est pourquoi l'Éternel, ton Dieu, t'a prescrit d'observer te jour du Sabbat.

15 (V). Honore ton père et ta mère, comme te l'a prescrit l'Éternel, ton Dieu, afin de prolonger tes jours et de vivre heureux sur la terre que l'Éternel, ton Dieu, te destine.

16 (VI). Ne commets point d'homicide. (VII). Ne commets point d'adultère. (VIII). Ne commets point de larcin. (IX). Ne porte point contre ton prochain un faux témoignage.

17 (X). Ne convoite point la femme de ton prochain, et ne désire la maison de ton prochain ni son champ, son esclave ni sa servante, son bœuf ni son âne, ni rien de ce qui est à ton prochain."

18 Ces paroles, l'Éternel les adressa à toute votre assemblée sur la montagne, du milieu des feux, des nuées et de la brume, d'une voix puissante, sans y rien ajouter ; puis il les écrivit sur deux tables de pierre, qu'il me remit.

19 Or, quand vous eûtes entendu cette voix sortir du sein des ténèbres, tandis que la montagne était en feu, vous vîntes tous à moi, les chefs de vos tribus et vos anciens,

20 en disant : "Certes, l'Éternel, notre Dieu, nous a révélé sa gloire et sa grandeur, et nous avons entendu sa voix du milieu de la flamme ; nous avons vu aujourd'hui Dieu parler à l'homme et celui-ci vivre !

21 Mais désormais, pourquoi nous exposer à mourir, consumés par cette grande flamme ? Si nous entendons une fois de plus la voix de l'Éternel, notre Dieu, nous sommes morts.

22 Car est-il une seule créature qui ait entendu, comme nous, la voix du Dieu vivant parler du milieu du feu, et soit demeurée vivante ?

23 Va toi-même et écoute tout ce que dira l'Éternel, notre Dieu ; et c'est toi qui nous rapporteras tout ce que l'Éternel, notre Dieu, t'aura dit, et nous l'entendrons, et nous obéirons."

24 L'Éternel entendit les paroles que vous m'adressiez, et il me dit : "J'ai ouï la voix de ce peuple, les paroles qu'il t'adresse : tout ce qu'ils ont dit est bien dit.

25 Ah ! S'ils pouvaient conserver en tout temps cette disposition à me craindre et à garder tous mes commandements ! Alors ils seraient heureux, et leurs enfants aussi, à jamais !

26 Va, dis-leur de rentrer dans leurs tentes ;

27 toi ensuite, tu resteras ici avec moi, et je te dirai toute la loi, et les statuts et les règles que tu dois leur enseigner, afin qu'ils les observent dans le pays dont je leur destine la possession."

28 Ayez donc soin d'observer ce que l'Éternel, votre Dieu, vous a ordonné ; ne vous en écartez ni à droite ni à gauche.

29 Toute la voie que l'Éternel, votre Dieu, vous a tracée, suivez-la, et vous vivrez heureux, et vous aurez de longs jours dans le pays que vous posséderez.

CHAPITRE SIX

" Or, voici la loi, les statuts et les règles que l'Éternel, votre Dieu, m'a ordonné de vous enseigner, et que vous avez à suivre dans le pays dont vous allez prendre possession ;

2 afin que tu révères l'Éternel, ton Dieu, en observant tous ses statuts et ses préceptes que je te transmets, toi, et ton fils et ton petit-fils, tout le temps de votre vie, et afin que vos jours se prolongent.

3 Tu écouteras donc, Israël, et tu observeras avec soin, afin de prospérer et de multiplier sans mesure, ainsi que l'Éternel, Dieu de tes pères, te l'a promis, dans ce pays ruisselant de lait et de miel.

4 Ecoute, Israël : l'Éternel est notre Dieu, l'Éternel est un !

5 Tu aimeras l'Éternel, ton Dieu, de tout ton cœur, de toute ton âme et de tout ton pouvoir.

6 Ces devoirs que je t'impose aujourd'hui seront gravés dans ton cœur.

7 Tu les inculqueras à tes enfants et tu t'en entretiendras, soit dans ta maison, soit en voyage, en te couchant et en te levant.

8 Tu les attacheras, comme symbole, sur ton bras, et les porteras en fronteau entre tes yeux.

9 Tu les inscriras sur les poteaux de ta maison et sur tes portes.

10 Or, quand l'Éternel, ton Dieu, t'aura installé dans le pays qu'il a juré à tes pères, Abraham, Isaac et Jacob, de te donner, pays aux villes grandes et belles, que tu n'as point bâties ;

11 avec des maisons abondantes en biens, que tu n'y as pas répandus, des citernes toutes faites, que tu n'as pas creusées, des vignes et des oliviers, que tu n'as point plantés ; quand tu jouiras de ces biens et t'en rassasieras,

12 garde-toi d'oublier l'Éternel, qui t'a tiré du pays d'Égypte, d'une maison de servitude !

13 C'est l'Éternel, ton Dieu, que tu dois adorer, c'est lui que tu dois servir, c'est par son nom que tu dois jurer.

14 Ne suivez point des divinités étrangères, aucun des dieux de ces peuples qui vous entourent.

15 Car une divinité jalouse, l'Éternel, ton Dieu, est au milieu de toi : crains que son courroux ne s'allume contre toi et qu'il ne t'anéantisse de dessus la face de la terre.

16 Ne tentez point l'Éternel, votre Dieu, comme vous l'avez tenté à Massa.

17 Gardez, au contraire, les commandements de l'Éternel, votre Dieu, les statuts et les lois qu'il vous a imposés.

18 Fais ce qui est juste et agréable aux yeux du Seigneur, afin d'être heureux et d'arriver à posséder ce bon pays que le Seigneur a promis par serment à tes pères,

19 lorsqu'il repoussera tous tes ennemis de devant toi, comme l'a déclaré le Seigneur.

20 Quand ton fils t'interrogera un jour, disant : "Qu'est-ce que ces statuts, ces lois, ces règlements, que l'Éternel, notre Dieu, vous a imposés ?"

21 Tu répondras à ton fils : "Nous étions asservis à Pharaon, en Égypte, et l'Éternel nous en fit sortir d'une main puissante.

22 Il opéra des signes et des prodiges, grands et terribles, sur l'Égypte, sur Pharaon et toute sa maison, sous nos yeux.

23 Et nous, il nous fit sortir de là pour nous amener ici, pour nous gratifier du pays qu'il avait promis à nos pères ;

24 et il nous prescrivit d'exécuter toutes ces lois, de révérer l'Éternel, notre Dieu, pour que nous fussions heureux à jamais, pour qu'il conservât nos jours comme il l'a fait jusqu'ici.

25 Et ce sera œuvre méritoire pour nous de pratiquer soigneusement toute cette loi devant le Seigneur, notre Dieu, telle qu'il nous l'a prescrite."

CHAPITRE SEPT

Lorsque l'Éternel, ton Dieu, t'aura fait entrer dans le pays où tu te rends pour le conquérir ; quand il aura écarté de devant toi ces nombreuses peuplades, le Héthéen, le Ghirgachéen, l'Amorréen, le Cananéen, le Phérézéen, le Hévéen et le Jébuséen, sept peuplades plus nombreuses et plus puissantes que toi ;

2 quand l'Éternel, ton Dieu, te les aura livrés et que tu les auras vaincus, tu les frapperas d'anathème. Point de pacte avec eux, point de merci pour eux !

3 Ne t'allie avec aucun d'eux : ta fille, ne la donne pas à son fils, et sa fille, n'en fais pas l'épouse du tien !

4 Car il détacherait ton fils de moi, et ils adoreraient des divinités étrangères, et la colère du Seigneur s'allumerait contre vous, et il vous aurait bientôt anéantis.

5 Non, voici ce que vous devrez leur faire : vous renverserez leurs autels, vous briserez leurs monuments, vous abattrez leurs bosquets, vous livrerez leurs statues aux flammes.

6 Car tu es un peuple consacré à l'Éternel, ton Dieu : il t'a choisi, l'Éternel, ton Dieu, pour lui être un peuple spécial entre tous les peuples qui sont sur la face de la terre.

7 Si l'Éternel vous a préférés, vous a distingués, ce n'est pas que vous soyez plus nombreux que les autres peuples, car vous êtes le moindre de tous ;

8 c'est parce que l'Éternel vous aime, parce qu'il est fidèle au serment qu'il a fait à vos aïeux ; voilà pourquoi il vous a, d'un bras puissant, arrachés et sauvés de la maison de servitude, de la main de Pharaon, roi d'Égypte.

9 Reconnais donc que l'Éternel, ton Dieu, lui seul est Dieu, un Dieu véridique, fidèle au pacte de bienveillance pour ceux qui l'aiment et obéissent à ses lois, jusqu'à la millième génération ;

10 mais qui punit ses ennemis directement, en les faisant périr, et n'ajourne point, à l'égard de son contempteur, le paiement qui lui est dû.

11 Tu observeras donc la loi, et les décrets et les règles, que je t'ordonne en ce jour d'exécuter.

12 Pour prix de votre obéissance à ces lois et de votre fidélité à les accomplir, l'Éternel, votre Dieu, sera fidèle aussi au pacte de bienveillance qu'il a juré à vos pères.

13 Il t'aimera, te bénira, te multipliera, il bénira le fruit de tes entrailles et le fruit de ton sol, ton blé, ton vin et ton huile, les produits de ton gros et de ton menu bétail, dans le pays qu'il a juré à tes pères de te donner.

14 Tu seras béni entre tous les peuples ; parmi toi comme parmi tes bêtes, aucun sexe ne sera stérile.

15 L'Éternel écartera de toi tout fléau ; et toutes ces funestes plaies de l'Égypte, que tu connais bien, ce n'est pas à toi qu'il les infligera, mais à tes adversaires.

16 Tu anéantiras donc tous les peuples que te livre l'Éternel,

ton Dieu, sans laisser ton œil s'attendrir sur eux, de peur que tu n'adores leurs divinités ; car ce serait un piège pour toi.

17 Peut-être diras-tu en ton cœur : "Ces nations-là sont plus considérables que moi ; comment pourrai-je les déposséder ?"

18 Ne les crains point ! Souviens-toi sans cesse de ce que l'Éternel, ton Dieu, a fait à Pharaon et à toute l'Égypte ;

19 des grandes épreuves que tes yeux ont vues ; de ces signes et de ces prodiges, de cette main puissante et de ce bras étendu, par lesquels t'a émancipé l'Éternel, ton Dieu. Ainsi fera-t-il de tous les peuples que tu pourrais craindre.

20 De plus, l'Éternel, ton Dieu, suscitera contre eux les frelons, pour achever les survivants qui se seraient dérobés à toi.

21 Ne tremble donc pas devant eux, car l'Éternel, ton Dieu, est au milieu de toi, un Dieu grand et redoutable !

22 L'Éternel, ton Dieu, écartera ces peuples de devant toi, mais peu à peu ; tu ne pourras pas les détruire rapidement, car les bêtes sauvages se multiplieraient autour de toi.

23 Mais l'Éternel, ton Dieu, les mettra à ta merci ; il répandra parmi eux un grand trouble, jusqu'à ce qu'ils soient détruits.

24 Il mettra leurs rois dans ta main, et tu effaceras leur mémoire sous le ciel ; pas un ne te tiendra tête, de sorte que tu les extermineras tous.

25 Les images de leurs divinités, vous les détruirez par le feu. Ne cède pas à la tentation de garder l'argent ou l'or qui les couvre, il ferait ton malheur ; car il est en abomination à l'Éternel, ton Dieu,

26 et tu ne dois pas apporter une abomination dans ta demeure, tu serais anathème comme elle : déteste-la, repousse-la avec horreur, elle est vouée à l'anathème !

CHAPITRE HUIT

"Tous les préceptes que je vous impose en ce jour, ayez soin de les suivre, afin que vous viviez et deveniez nombreux, quand vous serez entrés en possession de ce pays, que l'Éternel a promis par son serment à vos pères.

2 Tu te rappelleras cette traversée de quarante ans que l'Éternel, ton Dieu, t'a fait subir dans le désert, afin de t'éprouver par l'adversité, afin de connaître le fond de ton cœur, si tu resterais fidèle à ses lois, ou non.

3 Oui, il t'a fait souffrir et endurer la faim, puis il t'a nourri avec cette manne que tu ne connaissais pas et que n'avaient pas connue tes pères ; pour te prouver que l'homme ne vit pas seulement de pain, mais qu'il peut vivre de tout ce que produit le verbe du Seigneur.

4 Tes vêtements ne se sont pas usés sur toi, tes pieds n'ont pas été meurtris, durant ces quarante années.

5 Tu reconnaîtras donc en ta conscience que si l'Éternel, ton

Dieu, te châtie, c'est comme un père châtie son fils ;

6 et tu observeras les commandements de l'Éternel, ton Dieu, en marchant dans ses voies et en le révérant.

7 Car l'Éternel, ton Dieu, te conduit dans un pays fortuné, un pays plein de cours d'eau, de sources et de torrents, qui s'épandent dans la vallée ou sur la montagne ;

8 un pays qui produit le froment et l'orge, le raisin, la figue et la grenade, l'olive huileuse et le miel ;

9 un pays où tu ne mangeras pas ton pain avec parcimonie, où tu ne manqueras de rien ; les cailloux y sont du fer, et de ses montagnes tu extrairas du cuivre.

10 Tu jouiras de ces biens, tu t'en rassasieras. Rends grâce alors à l'Éternel, ton Dieu, du bon pays qu'il t'aura donné !

11 Garde-toi d'oublier l'Éternel, ton Dieu, de négliger ses préceptes, ses institutions et ses lois, que je t'impose en ce jour.

12 Peut-être, jouissant d'une nourriture abondante, bâtissant de belles maisons où tu vivras tranquille,

13 voyant prospérer ton gros et ton menu bétail, croître ton argent et ton or, se multiplier tous tes biens,

14 peut-être ton cœur s'enorgueillira-t-il, et tu oublieras l'Éternel, ton Dieu, qui t'a tiré du pays d'Égypte, de la maison de servitude ;

15 qui t'a conduit à travers ce vaste et redoutable désert, plein de serpents venimeux et de scorpions, sol aride et sans eau ; qui a fait, pour toi, jaillir des eaux de la pierre des rochers ;

16 qui t'a nourri, dans ce désert, d'une manne inconnue à tes aïeux, car il voulait t'éprouver par les tribulations pour te rendre heureux à la fin ;

17 et tu diras en ton cœur : "C'est ma propre force, c'est le pouvoir de mon bras, qui m'a valu cette richesse."

18 Non ! C'est de l'Éternel, ton Dieu, que tu dois te souvenir,

car c'est lui qui t'aura donné le moyen d'arriver à cette prospérité, voulant accomplir l'alliance jurée à tes pères, comme il le fera à cette époque.

19 Or, si jamais tu oublies l'Éternel, ton Dieu, si tu t'attaches à des dieux étrangers, que tu les serves et que tu leur rendes hommage, je vous le déclare en ce jour, vous périrez !

20 Comme ces peuples que l'Éternel fait disparaître devant vous, ainsi vous disparaîtrez vous-mêmes, pour n'avoir pas obéi à la voix de l'Éternel, votre Dieu !

CHAPITRE NEUF

Ecoute, ô Israël : tu franchis maintenant le Jourdain, pour aller déposséder des nations plus grandes et plus puissantes que toi aux villes importantes, dont les remparts touchent le ciel ;

2 une peuplade nombreuse et géante, des enfants d'Anak ! Et tu sais toi-même, tu l'as souvent ouï dire, qui peut tenir tête aux enfants d'Anak ?

3 Tu reconnaîtras donc que c'est l'Éternel, ton Dieu, qui marche devant toi, comme un feu dévorant ; c'est lui qui les anéantira, lui qui les fera plier devant toi, si bien que tu les vaincras et les détruiras sans peine, comme l'Éternel te l'a promis.

4 Ne dis pas en ton cœur, lorsque l'Éternel, ton Dieu, les aura ainsi écartés de devant toi : "C'est grâce à mon mérite que l'Éternel m'a introduit dans ce pays pour en prendre possession," quand c'est à cause de la perversité de ces peuples que l'Éternel les dépossède à ton profit.

5 Non, ce n'est pas à ton mérite ni à la droiture de ton cœur

que tu devras la conquête de leur pays : c'est pour leur iniquité que l'Éternel, ton Dieu, dépossède ces peuples à ton profit, et aussi pour accomplir la parole qu'il a jurée à tes pères, à Abraham, à Isaac et à Jacob.

6 Sache-le, ce ne peut être pour ta vertu que l'Éternel, ton Dieu, t'accorde la possession de ce beau pays, puisque tu es un peuple réfractaire.

7 Rappelle-toi, n'oublie jamais, combien tu as mécontenté l'Éternel, ton Dieu, dans le désert ! Depuis le jour où tu es sorti du pays d'Égypte, jusqu'à votre arrivée en ce lieu-ci, vous avez été rebelles envers le Seigneur !

8 Au Horeb même, vous avez mécontenté le Seigneur, et il s'irrita contre vous, au point de vouloir vous anéantir.

9 Je m'étais retiré sur la montagne pour recevoir les tables de pierre, les tables de l'alliance contractée par le Seigneur avec vous. Je restai sur la montagne quarante jours et quarante nuits, ne mangeant pas de pain, ne buvant point d'eau ;

10 et le Seigneur me remit les deux tables de pierre, burinées de son doigt divin, et contenant toutes les paroles que le Seigneur vous avait adressées sur la montagne, du milieu du feu, le jour de la convocation.

11 Ce fut au bout de quarante jours et de quarante nuits que le Seigneur me remit les deux tables de pierre, tables de l'alliance ;

12 et il me dit alors : "Va, descends d'ici en toute hâte, car on a perverti ton peuple, que tu as conduit hors de l'Égypte ; ils ont tôt abandonné la voie que je leur avais prescrite, ils se sont fabriqué une idole !"

13 Puis, l'Éternel me parla ainsi : "J'ai observé ce peuple : or, c'est un peuple rétif.

14 Laisse-moi, je veux les anéantir, je veux effacer leur nom

sous le ciel, et faire naître de toi une nation plus grande et plus nombreuse que celle-ci."

15 Et je redescendis de la montagne, qui était alors en feu, tenant les deux tables d'alliance de mes deux mains ;

16 et je vis qu'en effet vous aviez péché contre l'Éternel, votre Dieu, vous vous étiez fait un veau de métal, prompts à quitter la voie que le Seigneur vous avait indiquée ;

17 et je saisis les deux tables, je les jetai de mes deux mains, je les brisai à vos yeux.

18 Puis je me prosternai devant le Seigneur, restant comme la première fois quarante jours et quarante nuits, sans manger de pain ni boire d'eau, à cause du grave péché que vous aviez commis en faisant ce qui déplaît au Seigneur, ce qui devait l'offenser.

19 Car j'étais effrayé de cette colère et de cette indignation dont le Seigneur était animé pour votre perte. Mais, cette fois-là encore, le Seigneur m'exauça.

20 Aaron aussi avait gravement irrité l'Éternel, qui voulait l'anéantir : j'intercédai pour Aaron aussi dans ce temps-là.

21 Et votre ouvrage impie, ce veau que vous aviez fabriqué, je m'en saisis, le jetai au feu, le mis entièrement en pièces et le réduisis en menue poussière ; puis je répandis cette poussière dans le torrent qui descend de la montagne.

22 De même à Tabéra, à Massa, à Kibroth-Hattaava, partout, vous avez irrité le Seigneur.

23 Et quand l'Éternel voulut vous faire partir de Kadêch-Barnéa, en disant :"Allez prendre possession du pays que je vous ai donné", vous avez désobéi à la parole de l'Éternel, votre Dieu, vous n'avez pas eu foi en lui, vous n'avez pas écouté sa voix !

24 Oui, vous avez été rebelles envers le Seigneur, depuis que je vous connais !

25 Je restai donc prosterné devant le Seigneur pendant les quarante jours et les quarante nuits que j'ai dit, car le Seigneur menaçait de vous anéantir,

26 et j'implorai le Seigneur, et je dis : "Seigneur-Elohim ! N'extermine pas ton peuple, ton héritage, que tu as sauvé par ta puissance, que tu as, d'une invincible main, fait sortir de l'Égypte !

27 Souviens-toi de tes serviteurs, d'Abraham, d'Isaac et de Jacob ; ne considère pas l'insoumission de ce peuple, sa perversité ni sa faute,

28 de peur qu'on ne dise, dans ce pays d'où tu nous as fait sortir : "C'est que l'Éternel n'avait pas le pouvoir de les introduire dans le pays qu'il leur avait promis ; ou bien, par haine pour eux, il les a fait sortir d'ici pour les immoler dans le désert."

29 Et pourtant, ils sont ton peuple et ton héritage, que tu as délivré par ta haute puissance, par ton bras triomphant !"

CHAPITRE DIX

"En ce temps-là, l'Éternel me dit : "Taille toi-même deux tables de pierre pareilles aux premières, et viens me trouver sur la montagne ; fais-toi aussi une arche de bois.

2 J'écrirai sur ces tables les paroles qui étaient sur les premières que tu as brisées, et tu les déposeras dans l'arche."

3 Je fis une arche en bois de chitîm, je taillai deux tables de pierre, semblables aux précédentes ; puis je montai sur la montagne, les deux tables à la main.

4 Et l'Éternel grava sur les tables la même inscription, les dix paroles qu'il vous avait fait entendre sur la montagne, du milieu du feu, le jour de la convocation ; puis l'Éternel me les remit.

5 Je redescendis de la montagne, je déposai les tables dans l'arche que j'avais faite, et elles y sont restées, ainsi que l'Éternel me l'avait prescrit.

6 (Or, les enfants d'Israël partirent de Beéroth-Benê-Yaakân

pour aller à Mocêra : là est mort Aaron, là il a été enseveli, et son fils Eléazar l'a remplacé dans le sacerdoce.

7 De là, ils allèrent à Goudgoda, et de Goudgoda à Yotbatha, contrée abondante en cours d'eau.

8 A cette même époque, l'Éternel distingua la tribu de Lévi, en la chargeant de porter l'arche de la divine alliance, de faire en permanence le service du Seigneur et de donner la bénédiction en son nom, comme elle l'a fait jusqu'à ce jour.

9 C'est pourquoi Lévi n'a reçu part ni héritage avec ses frères : c'est Dieu qui est son héritage, ainsi que l'Éternel, ton Dieu, le lui a déclaré).

10 J'étais donc resté sur la montagne, comme la première fois, quarante jours et quarante nuits ; et l'Éternel m'exauça cette fois encore, il ne voulut pas t'exterminer,

11 et il me dit : "Va, dirige la marche de ce peuple, pour qu'il atteigne et conquière le pays que j'ai juré à leurs pères de leur donner."

12 Et maintenant, ô Israël ! Ce que l'Éternel, ton Dieu, te demande uniquement, c'est de révérer l'Éternel, ton Dieu, de suivre en tout ses voies, de l'aimer, de le servir de tout ton cœur et de toute ton âme,

13 en observant les préceptes et les lois du Seigneur, que je t'impose aujourd'hui, pour devenir heureux.

14 Vois, l'Éternel, ton Dieu, possède les cieux et les cieux des cieux, la terre et tout ce qu'elle renferme :

15 et pourtant, ce sont tes pères qu'à préférés l'Éternel, se complaisant en eux ; et c'est leur postérité après eux, c'est vous qu'il a adoptés entre tous les peuples, comme vous le voyez aujourd'hui.

16 Supprimez donc l'impureté de votre cœur, et cessez de roidir votre cou.

17 Car l'Éternel, votre Dieu, c'est le Dieu des dieux et le maître des maîtres, Dieu souverain, puissant et redoutable, qui ne fait point acception de personnes, qui ne cède point à la corruption ;

18 qui fait droit à l'orphelin et à la veuve ; qui témoigne son amour à l'étranger, en lui assurant le pain et le vêtement.

19 Vous aimerez l'étranger, vous qui fûtes étrangers dans le pays d'Égypte !

20 C'est l'Éternel, ton Dieu, que tu dois révérer, c'est lui que tu dois servir ; attache-toi à lui seul, ne jure que par son nom.

21 Il est ton honneur, il est ton Dieu, celui qui a fait pour toi ces grandes et prodigieuses choses que tes yeux ont vues !

22 Tes ancêtres étaient soixante-dix âmes quand ils vinrent en Égypte ; et maintenant l'Éternel, ton Dieu, t'a multiplié comme les étoiles du ciel."

CHAPITRE ONZE

Tu aimeras donc l'Éternel, ton Dieu, et tu observeras ses lois, ses statuts, ses préceptes, en tous temps.

2 Reconnaissez en ce jour, car ce n'est pas à vos enfants que je parle, eux qui ne connaissent pas, qui n'ont point vu, reconnaissez les enseignements de l'Éternel, votre Dieu, sa grandeur, sa main puissante et son bras étendu ;

3 les signes et les œuvres qu'il a opérés au sein de l'Égypte, sur Pharaon, roi d'Égypte, et sur tout son pays ;

4 ce qu'il a fait à l'armée égyptienne, à ses chars et à sa cavalerie, alors qu'il les submergea sous les eaux de la mer des Joncs, quand ils vous poursuivaient, et que l'Éternel les fit disparaître jusqu'à ce jour ;

5 ce qu'il vous a fait dans le désert, jusqu'à votre arrivée en ce lieu ;

6 ce qu'il a fait à l'égard de Dathan et d'Abirâm, fils d'Elïab, descendant de Ruben, quand la terre ouvrit son sein et les

engloutit avec leurs familles et leurs tentes, et tous leurs adhérents, à la vue d'Israël entier.

7 Ce sont vos propres yeux qui ont vu toutes ces grandes œuvres opérées par l'Éternel !

8 Gardez donc tous les commandements que je vous donne aujourd'hui ; alors vous serez forts, et vous obtiendrez la possession du pays où vous allez, pour le conquérir.

9 Alors aussi vous vivrez de longs jours sur cette terre que l'Éternel a juré à vos ancêtres de donner à eux et à leur postérité, terre où ruissellent le lait et le miel.

10 Car le pays où tu vas pour le conquérir ne ressemble point au pays d'Égypte, d'où vous êtes sortis ; là, tu devais semer ta graine et l'humecter à l'aide du pied, comme en un jardin potager.

11 Mais le pays que vous allez conquérir est un pays de montagnes et de vallées, abreuvé par les pluies du ciel ;

12 un pays sur lequel veille l'Éternel, ton Dieu, et qui est constamment sous l'œil du Seigneur, depuis le commencement de l'année jusqu'à la fin.

13 Or, si vous êtes dociles aux lois que je vous impose en ce jour, aimant l'Éternel, votre Dieu, le servant de tout votre cœur et de toute votre âme,

14 je donnerai à votre pays la pluie opportune, pluie de printemps et pluie d'arrière-saison, et tu récolteras ton blé, et ton vin et ton huile.

15 Je ferai croître l'herbe dans ton champ pour ton bétail, et tu vivras dans l'abondance.

16 Prenez garde que votre cœur ne cède à la séduction, que vous ne deveniez infidèles, au point de servir d'autres dieux et de leur rendre hommage.

17 La colère du Seigneur s'allumerait contre vous, il défendrait au ciel de répandre la pluie, et la terre vous refuserait son tribut, et vous disparaîtriez bientôt du bon pays que l'Éternel vous destine.

18 Imprimez donc mes paroles dans votre cœur et dans votre pensée ; attachez-les, comme symbole, sur votre bras, et portez-les en fronteau entre vos yeux.

19 Enseignez-les à vos enfants en les répétant sans cesse, quand tu seras à la maison ou en voyage, soit que tu te couches, soit que tu te lèves.

20 Inscris-les sur les poteaux de ta maison et sur tes portes.

21 Alors la durée de vos jours et des jours de vos enfants, sur le sol que l'Éternel a juré à vos pères de leur donner, égalera la durée du ciel au-dessus de la terre.

22 Oui, si vous observez bien toute cette loi que je vous prescris d'accomplir, aimant l'Éternel, votre Dieu, marchant toujours dans ses voies et lui demeurant fidèles,

23 l'Éternel repoussera toutes ces nations devant vous, et vous déposséderez des peuples plus grands et plus forts que vous.

24 Toute région où se posera la plante de vos pieds, sera à vous : depuis le désert jusqu'au Liban, depuis le fleuve, le fleuve de l'Euphrate, jusqu'à la mer occidentale, s'étendra votre territoire.

25 Nul ne pourra tenir devant vous ; l'Éternel, votre Dieu, répandra votre terreur sur tous les lieux où vous porterez vos pas, ainsi qu'il vous l'a déclaré.

26 Voyez, je vous propose en ce jour, d'une part, la bénédiction, la malédiction de l'autre :

27 la bénédiction, quand vous obéirez aux commandements de l'Éternel, votre Dieu, que je vous impose aujourd'hui ;

28 et la malédiction, si vous n'obéissez pas aux commandements de l'Éternel, votre Dieu, si vous quittez la voie que je vous

trace aujourd'hui, pour suivre des dieux étrangers, que vous ne connaissez point.

29 Or, quand l'Éternel, ton Dieu, t'aura installé dans le pays où tu vas pour le conquérir, tu proclameras la bénédiction sur le mont Garizim, la malédiction sur le mont Hébal.

30 Ces montagnes sont au delà du Jourdain, en arrière, dans la direction du couchant, dans la province des Cananéens habitants de la plaine, vis-à-vis de Ghilgal, près des chênes de Moré.

31 Car, vous allez passer le Jourdain pour marcher à la conquête du pays que l'Éternel, votre Dieu, vous donne ; vous en prendrez possession et y demeurerez.

32 Appliquez-vous alors à observer toutes les lois et les statuts que je vous expose en ce jour.

CHAPITRE DOUZE

"Voici les lois et les statuts que vous aurez soin d'observer dans le pays que l'Éternel, Dieu de tes pères, t'a destiné comme possession ; vous les observerez tout le temps que vous vivrez dans ce pays.

2 Vous devez détruire tous les lieux où les peuples dépossédés par vous auront honoré leurs dieux, sur les hautes montagnes et sur les collines, et au pied des arbres touffus.

3 Renversez leurs autels, brisez leurs monuments, livrez leurs bosquets aux flammes, abattez les images de leurs dieux ; effacez enfin leur souvenir de cette contrée.

4 Vous n'en userez point de la sorte envers l'Éternel, votre Dieu ;

5 mais uniquement à l'endroit que l'Éternel, votre Dieu, aura adopté entre toutes vos tribus pour y attacher son nom, dans ce lieu de sa résidence vous irez l'invoquer.

6 Là, vous apporterez vos holocaustes et vos sacrifices, vos

dîmes et vos offrandes, vos présents votifs ou spontanés, et les prémices de votre gros et menu bétail.

7 Là, vous les consommerez devant l'Éternel, votre Dieu, et vous jouirez, vous et vos familles, de tous les biens que vous devrez à la bénédiction de l'Éternel, votre Dieu.

8 Vous n'agirez point comme nous agissons ici actuellement, chacun selon sa convenance.

9 C'est que vous n'avez pas encore atteint la possession tranquille, l'héritage que l'Éternel, ton Dieu, te réserve.

10 Mais quand, le Jourdain passé, vous serez fixés dans le pays que l'Éternel, votre Dieu, vous donne en héritage ; quand il vous aura délivrés de tous vos ennemis d'alentour et que vous vivrez en sécurité,

11 c'est alors, au lieu choisi par l'Éternel, votre Dieu, pour y asseoir sa résidence, c'est là que vous apporterez tout ce que je vous prescris : vos holocaustes et vos sacrifices, vos dîmes et vos offrandes, et tous les présents de choix que vous aurez voués au Seigneur.

12 Et vous vous réjouirez en présence du Seigneur, votre Dieu, avec vos fils et vos filles, avec vos serviteurs et vos servantes, et aussi le Lévite qui sera dans vos murs, parce qu'il n'aura point, comme vous, de part héréditaire.

13 Garde-toi d'offrir tes holocaustes en tout lieu où bon te semblera :

14 mais uniquement au lieu que l'Éternel aura choisi dans l'une de tes tribus, là, tu offriras tes holocaustes, là, tu accompliras tout ce que je t'ordonne.

15 Néanmoins, tu pourras, à ton gré, tuer des animaux et en manger la chair, dans toutes tes villes, selon le bien-être que l'Éternel, ton Dieu, t'aura accordé ; l'impur ainsi que le pur pourront la manger, comme la chair du chevreuil et du cerf.

16 Seulement, vous n'en mangerez point le sang : tu le répandras sur la terre, comme de l'eau.

17 Tu ne pourras pas consommer dans tes villes la dîme de ton blé, de ton vin, de ton huile, les premiers-nés de ton gros ni de ton menu bétail, les dons que tu auras voués, ceux que tu offriras spontanément ou que prélèvera ta main ;

18 mais tu devras les consommer en présence de l'Éternel, ton Dieu, dans le lieu qu'il aura choisi, toi, ton fils et ta fille, ton serviteur et ta servante, et le Lévite qui sera dans tes murs ; et tu jouiras, devant l'Éternel, ton Dieu, de ce que tu possèdes.

19 Garde-toi de négliger le Lévite, tant que tu vivras dans ton pays.

20 Quand l'Éternel, ton Dieu, aura étendu ton territoire comme il te l'a promis, et que tu diras : "Je voudrais manger de la viande," désireux que tu seras d'en manger, tu pourras manger de la viande au gré de tes désirs.

21 Trop éloigné du lieu choisi par l'Éternel, ton Dieu, comme siège de son nom, tu pourras tuer, de la manière que je t'ai prescrite, de ton gros ou menu bétail que l'Éternel t'aura donné, et en manger dans tes villes tout comme il te plaira.

22 Seulement, comme on mange du chevreuil et du cerf, ainsi tu en mangeras ; l'impur et le pur en pourront manger ensemble.

23 Mais évite avec soin d'en manger le sang ; car le sang c'est la vie, et tu ne dois pas absorber la vie avec la chair.

24 Ne le mange point ! Répands-le à terre, comme de l'eau.

25 Ne le mange point ! Afin que tu sois heureux, toi et tes enfants après toi, pour avoir fait ce qui plaît au Seigneur.

26 Quant aux choses saintes que tu posséderas et à tes offrandes votives, tu les apporteras au lieu qu'aura choisi le Seigneur :

27 tu offriras tes holocaustes, la chair comme le sang, sur

l'autel du Seigneur, ton Dieu ; pour tes autres sacrifices, le sang en sera répandu sur l'autel du Seigneur, ton Dieu, mais tu en consommeras la chair.

28 Retiens et observe toutes ces instructions que je te donne, afin d'être heureux, toi et tes descendants à jamais, en faisant ce qu'aime et approuve l'Éternel, ton Dieu.

29 Quand l'Éternel, ton Dieu, aura fait disparaître devant toi les peuples que tu vas déposséder, quand tu les auras dépossédés et que tu occuperas leur pays,

30 prends garde de te fourvoyer sur leurs traces, après les avoir vus périr ; ne va pas t'enquérir de leurs divinités et dire : "Comment ces peuples servaient-ils leurs dieux ? Je veux faire comme eux, moi aussi."

31 Non, n'agis point de la sorte envers l'Éternel, ton Dieu ! Car tout ce qu'abhorre l'Éternel, tout ce qu'il réprouve, ils l'ont fait pour leurs dieux ; car même leurs fils et leurs filles, ils les livrent au bûcher pour leurs dieux !

CHAPITRE TREIZE

"Tout ce que je vous prescris, observez-le exactement, sans y rien ajouter, sans en retrancher rien.

2 S'il s'élève au milieu de toi un prophète ou un visionnaire, t'offrant pour caution un signe ou un miracle ;

3 quand même s'accomplirait le signe ou le miracle qu'il t'a annoncé, en disant : "Suivons des dieux étrangers (que tu ne connais pas) et adorons-les",

4 tu n'écouteras pas les paroles de ce prophète ou de ce visionnaire ! Car l'Éternel, votre Dieu, vous met à l'épreuve, pour constater si vous l'aimez réellement de tout votre cœur et de toute votre âme.

5 C'est l'Éternel, votre Dieu, qu'il faut suivre, c'est lui que vous devez craindre ; vous n'observerez que ses préceptes, n'obéirez qu'à sa voix ; à lui votre culte, à lui votre attachement !

6 Pour ce prophète ou ce visionnaire, il sera mis à mort, parce qu'il a prêché la révolte contre l'Éternel, votre Dieu, qui vous a tirés du pays d'Égypte et rachetés de la maison de servitude,

voulant ainsi t'écarter de la voie que l'Éternel, ton Dieu, t'a ordonné de suivre ; et tu extirperas le mal du milieu de toi.

7 Si ton frère, l'enfant de ta mère, si ton fils ou ta fille, ta compagne ou l'ami de ton cœur vient secrètement te séduire, en disant : "Allons servir des dieux étrangers," que toi ni tes pères n'avez jamais connus,

8 tels que les dieux des peuples qui sont autour de vous, dans ton voisinage ou loin de toi, depuis un bout de la terre jusqu'à l'autre,

9 toi, n'y accède pas, ne l'écoute point : bien plus, ferme ton œil à la pitié, ne l'épargne pas ni ne dissimule son crime,

10 au contraire, tu devras le faire périr ! Ta main le frappera la première pour qu'il meure, et la main de tout le peuple ensuite.

11 C'est à coups de pierres que tu le feras mourir, parce qu'il a tenté de t'éloigner de l'Éternel, ton Dieu, qui t'a délivré du pays d'Égypte, de la maison d'esclavage,

12 et afin que tout Israël l'apprenne et tremble, et que nul ne commette plus un tel méfait au milieu de vous.

13 Si tu entends dire, à l'égard de l'une des villes que l'Éternel, ton Dieu, te donnera pour y habiter,

14 que des hommes pervers, nés dans ton sein, ont égaré les habitants de cette ville, en disant : "Allons, servons des dieux étrangers," que vous ne connaissez point,

15 tu feras une enquête, tu examineras, tu t'informeras avec soin ; et si le fait est avéré, constant, si cette abomination a été commise au milieu de toi,

16 tu passeras au fil de l'épée les habitants de cette ville, tu la voueras, avec tout ce qu'elle renferme, jusqu'au bétail, au tranchant du glaive ;

17 tu en réuniras toutes les richesses au centre de la place, et tu livreras au feu la ville et tous ses biens, sans réserve, en l'hon-

neur de l'Éternel, ton Dieu. Elle restera une ruine éternelle, elle ne sera plus rebâtie.

18 Que rien de la cité maudite ne s'attache à ta main, afin que l'Éternel apaise sa colère, qu'il te prenne en pitié et te dédommage en te multipliant, comme il l'a juré à tes pères,

19 si tu écoutes la voix de l'Éternel, ton Dieu, en observant tous ses commandements que je te signifie en ce jour, en faisant ce qui est juste aux yeux de l'Éternel, ton Dieu.

CHAPITRE QUATORZE

1 "Vous êtes les enfants de l'Éternel, votre Dieu : ne vous tailladez point le corps, ne vous rasez pas entre les yeux, en l'honneur d'un mort.

2 Car tu es un peuple consacré à l'Éternel, ton Dieu, et c'est toi qu'il a choisi, l'Éternel, pour lui être un peuple spécial entre tous les peuples répandus sur la terre.

3 Tu ne mangeras d'aucune chose abominable.

4 Voici les animaux dont vous pouvez manger : le bœuf, le menu bétail, brebis et chèvre ;

5 le cerf, le chevreuil, le daim, le bouquetin, l'antilope, l'aurochs, le zémer.

6 Bref, tout quadrupède qui a le pied corné et divisé en deux ongles distincts, parmi les animaux ruminants, vous pouvez le manger.

7 Mais vous ne mangerez point les suivants, qui ruminent ou qui ont l'ongle fendu seulement : le chameau, le lièvre, la

gerboise (car ils ruminent, mais n'ont pas l'ongle fendu : ils seront impurs pour vous) ;

8 ni le porc, parce qu'il a l'ongle fendu, mais ne rumine point : il sera impur pour vous. Ne mangez point de leur chair, et ne touchez point à leur cadavre.

9 Voici ceux que vous mangerez, entre les animaux aquatiques : tout ce qui a des nageoires et des écailles, vous pouvez le manger ;

10 mais tout ce qui est privé de nageoires et d'écailles, vous n'en mangerez point : c'est impur pour vous.

11 Tout oiseau pur, vous pouvez le manger.

12 Voici ceux que vous ne mangerez point : l'aigle, l'orfraie, la valérie ;

13 le faucon, le vautour, l'autour selon ses espèces ;

14 tous les corbeaux selon leurs espèces ;

15 l'autruche, l'hirondelle, la mouette, l'épervier selon ses espèces ;

16 le hibou, la hulotte, le porphyrion ;

17 le pélican, le percnoptère, le cormoran ;

18 la cigogne, le héron selon ses espèces, le tétras et la chauve-souris.

19 Tout insecte ailé sera impur pour vous, l'on n'en mangera point ;

20 mais tout volatile pur, vous pourrez le manger.

21 Vous ne mangerez d'aucune bête morte : donne-la à manger à l'étranger admis dans tes murs, ou vends-la à ceux du dehors, car tu es un peuple consacré à l'Éternel, ton Dieu. Tu ne feras pas cuire un chevreau dans le lait de sa mère.

22 Tu prélèveras la dîme du produit de ta semence, de ce qui vient annuellement sur ton champ,

23 et tu la consommeras en présence de l'Éternel, ton Dieu,

dans la localité qu'il aura choisie comme résidence de son nom ; savoir, la dîme de ton blé, de ton vin et de ton huile, les premiers-nés de ton gros et de ton menu bétail, afin que tu t'accoutumes à honorer continuellement l'Éternel, ton Dieu.

24 Si le chemin, trop long pour toi, ne te permet pas ce transport, éloigné que tu seras du lieu choisi par l'Éternel, ton Dieu, comme siège de son nom, et parce que l'Éternel, ton Dieu, t'aura comblé de biens,

25 tu les convertiras en argent, tu réuniras la somme dans ta main, et tu iras à l'endroit que l'Éternel, ton Dieu, aura choisi.

26 Tu emploieras cet argent à telle chose qu'il te plaira, gros ou menu bétail, vins ou liqueurs fortes, enfin ce que ton goût réclamera, et tu le consommeras là, en présence de l'Éternel, ton Dieu, et tu te réjouiras avec ta famille.

27 Et le Lévite qui sera dans tes murs, tu ne le négligeras pas, car il n'a point de part ni de patrimoine comme toi.

28 A la fin de la troisième année, tu extrairas la dîme entière de tes produits de cette année et tu la déposeras dans tes murs,

29 pour que le Lévite, qui n'a point de part ni de patrimoine comme toi, l'étranger, l'orphelin et la veuve qui sont dans tes murs, puissent venir manger et se rassasier ; de la sorte, l'Éternel, ton Dieu, te bénira en toute œuvre que ta main pourra faire.

CHAPITRE QUINZE

"Tous les sept ans, tu pratiqueras la loi de rémission.

2 Voici le sens de cette rémission : tout créancier doit faire remise de sa créance, de ce qu'il aura prêté à son prochain. Il n'exercera pas de contrainte contre son prochain et son frère, dès qu'on a proclamé la rémission en l'honneur du Seigneur.

3 L'étranger, tu peux le contraindre ; mais ce que ton frère aura à toi, que ta main l'abandonne.

4 A la vérité, il ne doit pas y avoir d'indigent chez toi ; car l'Éternel veut te bénir dans ce pays que lui, ton Dieu, te destine comme héritage pour le posséder.

5 Mais c'est quand tu obéiras à la voix de l'Éternel, ton Dieu, en observant avec soin toute cette loi que je t'impose en ce jour.

6 Car alors l'Éternel, ton Dieu, te bénira comme il te l'a promis ; et tu pourras prêter à bien des peuples, mais tu n'emprunteras point ; et tu domineras sur bien des peuples, mais on ne dominera pas sur toi.

7 Que s'il y a chez toi un indigent, d'entre tes frères, dans l'une de tes villes, au pays que l'Éternel, ton Dieu, te destine, tu n'endurciras point ton cœur, ni ne fermeras ta main à ton frère nécessiteux.

8 Ouvre-lui plutôt ta main ! Prête-lui en raison de ses besoins, de ce qui peut lui manquer !

9 Garde-toi de nourrir une pensée perverse en ton cœur, en te disant "que la septième année, l'année de rémission approche," et, sans pitié pour ton frère nécessiteux, de lui refuser ton secours : il se plaindrait de toi au Seigneur, et tu te rendrais coupable d'un péché,

10 Non ! Il faut lui donner, et lui donner sans que ton cœur le regrette ; car, pour prix de cette conduite, l'Éternel, ton Dieu, te bénira dans ton labeur et dans toutes les entreprises de ta main.

11 Or, il y aura toujours des nécessiteux dans le pays ; c'est pourquoi, je te fais cette recommandation : ouvre, ouvre ta main à ton frère, au pauvre, au nécessiteux qui sera dans ton pays !

12 Si un Hébreu, ton frère, ou une femme hébreue te sont vendus, ils te serviront six ans ; et la septième année tu les renverras, libres, de chez toi.

13 Or, en libérant cet esclave de ton service, ne le renvoie pas les mains vides,

14 mais donne-lui des présents, de ton menu bétail, de ta grange et de ton pressoir ; ce dont l'Éternel, ton Dieu, t'aura favorisé, fais-lui-en part.

15 Souviens-toi que tu fus esclave au pays d'Égypte, et que l'Éternel, ton Dieu, t'a affranchi ; c'est pourquoi je te prescris aujourd'hui ce commandement.

16 Il peut arriver que l'esclave te dise : "Je ne veux point te quitter," attaché qu'il sera à toi et à ta maison, parce qu'il aura été heureux chez toi ;

17 alors tu prendras un poinçon, tu en perceras son oreille contre la porte, et il restera ton esclave indéfiniment. Tu en useras de même pour ta servante.

18 Qu'il ne t'en coûte pas trop de le renvoyer libre de chez toi, car il a gagné deux fois le salaire d'un mercenaire en te servant six années : et l'Éternel, ton Dieu, te bénira dans toutes tes entreprises.

19 Tous les premiers-nés mâles de ton gros et de ton menu bétail, tu les consacreras à l'Éternel, ton Dieu : tu ne feras point travailler le premier-né de ton gros bétail, et tu ne tondras point le premier-né de tes brebis.

20 C'est devant l'Éternel, ton Dieu, à l'endroit qu'il aura choisi, que tu le consommeras annuellement, toi et ta famille.

21 Que s'il a un défaut, s'il est boiteux ou aveugle, ou s'il a quelque autre vice grave, ne l'immole pas à l'Éternel, ton Dieu.

22 Consomme-le dans tes villes, l'homme pur et l'impur le mangeront indistinctement comme le chevreuil et le cerf.

23 Seulement, tu n'en mangeras point le sang, tu le répandras à terre comme de l'eau.

CHAPITRE SEIZE

"Prends garde au mois de la germination, pour célébrer la Pâque en l'honneur de l'Éternel, ton Dieu ; car c'est dans le mois de la germination que l'Éternel, ton Dieu, t'a fait sortir d'Égypte, la nuit.

2 Tu immoleras le sacrifice pascal à l'Éternel, ton Dieu, parmi le menu et le gros bétail, dans le lieu que l'Éternel aura choisi pour y fixer son nom.

3 Tu ne dois pas manger de pain levé avec ce sacrifice ; durant sept jours tu mangeras en outre des azymes, pain de misère, car c'est avec précipitation que tu as quitté le pays d'Égypte, et il faut que tu te souviennes, tous les jours de ta vie, du jour où tu as quitté le pays d'Égypte.

4 Qu'on ne voie pas de levain chez toi, dans tout ton territoire, durant sept jours, et qu'il ne reste rien, le lendemain, de la chair du sacrifice offert le soir du premier jour.

5 Tu ne pourras pas immoler l'agneau pascal dans quelqu'une des villes que l'Éternel, ton Dieu, te donnera ;

6 mais uniquement au lieu que l'Éternel, ton Dieu, aura choisi pour y faire résider son nom, là tu immoleras le sacrifice pascal sur le soir, au coucher du soleil, à l'anniversaire de ta sortie d'Égypte.

7 Tu le feras cuire et le mangeras en ce même lieu que l'Éternel, ton Dieu, aura choisi ; puis, le lendemain, tu pourras t'en retourner dans tes demeures.

8 Six jours tu mangeras des azymes ; de plus, le septième jour, il y aura une fête solennelle pour l'Éternel, ton Dieu : tu ne feras aucun travail.

9 Puis tu compteras sept semaines : aussitôt qu'on mettra la faucille aux blés, tu commenceras à compter ces sept semaines.

10 Et tu célébreras une fête des semaines en l'honneur de l'Éternel, ton Dieu, à proportion des dons que ta main pourra offrir, selon que l'Éternel, ton Dieu, t'aura béni.

11 Et tu te réjouiras en présence de l'Éternel, ton Dieu, toi, ton fils et ta fille, ton esclave et ta servante, le Lévite qui sera dans tes murs, l'étranger, l'orphelin et la veuve qui seront près de toi, dans l'enceinte que l'Éternel, ton Dieu, aura choisie pour y faire habiter son nom.

12 Tu te souviendras que tu as été esclave en Égypte, et tu observeras fidèlement ces lois.

13 Tu célébreras la fête des tentes durant sept jours, quand tu rentreras les produits de ton aire et de ton pressoir ;

14 et tu te réjouiras pendant la fête et, avec toi, ton fils et ta fille, ton serviteur et ta servante, et le Lévite, l'étranger, l'orphelin, la veuve qui seront dans tes murs.

15 Tu fêteras ces sept jours en l'honneur de l'Éternel, ton Dieu, dans le lieu qu'il aura choisi ; car il te bénira, l'Éternel, ton Dieu, dans tous tes revenus, dans tout le labeur de tes mains, et tu pourras t'abandonner à la joie.

16 Trois fois l'an, tous tes mâles paraîtront en présence du Seigneur, ton Dieu, dans l'endroit qu'il aura élu : à la fête des azymes, à celle des semaines et à celle des tentes. Et que l'on ne paraisse pas les mains vides en présence du Seigneur.

17 Mais chacun donnera selon ses moyens, selon les bénédictions que l'Éternel, ton Dieu, t'aura dispensées.

18 Tu institueras des juges et des magistrats dans toutes les villes que l'Éternel, ton Dieu, te donnera, dans chacune de tes tribus ; et ils devront juger le peuple selon la justice.

19 Ne fais pas fléchir le droit, n'aie pas égard à la personne, et n'accepte point de présent corrupteur, car la corruption aveugle les yeux des sages et fausse la parole des justes.

20 C'est la justice, la justice seule que tu dois rechercher, si tu veux te maintenir en possession du pays que l'Éternel, ton Dieu, te destine.

21 Ne plante chez toi ni bosquet ni arbre quelconque auprès de l'autel que tu devras ériger à l'Éternel, ton Dieu ;

22 et n'érige pas de statue chez toi, chose odieuse à l'Éternel, ton Dieu.

CHAPITRE DIX-SEPT

"N'immole à l'Éternel, ton Dieu, ni grosse ni menue bête qui ait un défaut ou un vice quelconque ; c'est un objet d'aversion pour l'Éternel, ton Dieu.

2 S'il se trouve dans ton sein, dans l'une des villes que l'Éternel, ton Dieu, te donnera, un homme ou une femme qui fasse une chose coupable aux yeux de l'Éternel, ton Dieu, en violant son alliance ;

3 qui soit allé servir d'autres divinités et se prosterner devant elles, ou devant le soleil ou la lune, ou quoi que ce soit de la milice céleste, contrairement à ma loi :

4 instruit du fait par ouï-dire, tu feras une enquête sévère ; et si la chose est avérée, constante, si cette infamie s'est commise en Israël,

5 tu feras conduire aux portes de la ville cet homme ou cette femme, coupable d'un tel crime, l'homme ou la femme ! Et tu les lapideras, pour qu'ils meurent sous les pierres.

6 C'est sur la déposition de deux ou de trois témoins que sera

mis à mort celui qui encourt la peine capitale ; il ne pourra être supplicié sur le dire d'un seul témoin.

7 La main des témoins doit le frapper la première pour le faire mourir, et la main du peuple en dernier lieu, et tu extirperas ainsi le mal du milieu de toi.

8 Si tu es impuissant à prononcer sur un cas judiciaire, sur une question de meurtre ou de droit civil, ou de blessure corporelle, sur un litige quelconque porté devant tes tribunaux, tu te rendras à l'endroit qu'aura choisi l'Éternel, ton Dieu ;

9 tu iras trouver les pontifes, descendants de Lévi, ou le juge qui siégera à cette époque ; tu les consulteras, et ils t'éclaireront sur le jugement à prononcer.

10 Et tu agiras selon leur déclaration, émanée de ce lieu choisi par l'Éternel, et tu auras soin de te conformer à toutes leurs instructions.

11 Selon la doctrine qu'ils t'enseigneront, selon la règle qu'ils t'indiqueront, tu procéderas ; ne t'écarte de ce qu'ils t'auront dit ni à droite ni à gauche.

12 Et celui qui, téméraire en sa conduite, n'obéirait pas à la décision du pontife établi là pour servir l'Éternel, ton Dieu, ou à celle du juge, cet homme doit mourir, pour que tu fasses disparaître ce mal en Israël ;

13 afin que tous l'apprennent et tremblent, et n'aient plus pareille témérité.

14 Quand, arrivé dans le pays que l'Éternel, ton Dieu, te donne, tu en auras pris possession et y seras bien établi, si tu dis alors : "Je voudrais mettre un roi à ma tête, à l'exemple de tous les peuples qui m'entourent",

15 tu pourras te donner un roi, celui dont l'Éternel, ton Dieu, approuvera le choix : c'est un de tes frères que tu dois désigner

pour ton roi ; tu n'auras pas le droit de te soumettre à un étranger, qui ne serait pas ton frère.

16 Seulement, il doit se garder d'entretenir beaucoup de chevaux, et ne pas ramener le peuple en Égypte pour en augmenter le nombre, l'Éternel vous ayant déclaré que vous ne reprendrez plus ce chemin-là désormais.

17 Il ne doit pas non plus avoir beaucoup de femmes, de crainte que son cœur ne s'égare ; même de l'argent et de l'or, il n'en amassera pas outre mesure.

18 Or, quand il occupera le siège royal, il écrira pour son usage, dans un livre, une copie de cette doctrine, en s'inspirant des pontifes descendants de Lévi.

19 Elle restera par devers lui, car il doit y lire toute sa vie, afin qu'il s'habitue à révérer l'Éternel, son Dieu, qu'il respecte et exécute tout le contenu de cette doctrine et les présents statuts ;

20 afin que son cœur ne s'enorgueillisse point à l'égard de ses frères, et qu'il ne s'écarte de la loi ni à droite ni à gauche. De la sorte, il conservera longtemps sa royauté, lui ainsi que ses fils, au milieu d'Israël.

CHAPITRE DIX-HUIT

"Il n'est accordé aux pontifes, descendants de Lévi, à la tribu de Lévi en général, ni part ni héritage comme au reste d'Israël : c'est des sacrifices de l'Éternel et de son patrimoine qu'ils subsisteront.

2 Ils n'auront point d'héritage au milieu de leurs frères : c'est Dieu qui est leur héritage, comme il le leur a déclaré.

3 Voici quel sera le droit dû aux pontifes par le peuple, par quiconque tuera une bête, soit de gros ou de menu bétail : il en donnera au pontife l'épaule, les mâchoires et l'estomac.

4 Les prémices de ton blé, de ton vin, de ton huile, les prémices de la toison de ton menu bétail, tu les lui donneras.

5 Car c'est lui que l'Éternel, ton Dieu, a désigné entre toutes les tribus, pour remplir, en permanence, son ministère au nom de l'Éternel, de père en fils, à jamais.

6 Lorsque le Lévite, quittant l'une de tes villes, une localité quelconque en Israël où il habite, viendra, de son plein gré, à l'endroit élu par le Seigneur,

7 il pourra servir au nom de l'Éternel, son Dieu, comme tous ses frères les Lévites, qui se tiennent là devant l'Éternel.

8 Il jouira d'une portion égale à la leur, indépendamment de ses ventes sur les biens paternels.

9 Quand tu seras entré dans le pays que l'Éternel, ton Dieu, te donne, ne t'habitue pas à imiter les abominations de ces peuples-là.

10 Qu'il ne se trouve personne, chez toi, qui fasse passer par le feu son fils ou sa fille ; qui pratique des enchantements, qui s'adonne aux augures, à la divination, à la magie

11 qui emploie des charmes, qui ait recours aux évocations ou aux sortilèges ou qui interroge les morts.

12 Car l'Éternel a horreur de quiconque fait pareilles choses ; et c'est à cause de telles abominations que l'Éternel, ton Dieu, dépossède ces peuples à ton profit.

13 Reste entièrement avec l'Éternel, ton Dieu !

14 Car ces nations que tu vas déposséder ajoutent foi à des augures et à des enchanteurs ; mais toi, ce n'est pas là ce que t'a départi l'Éternel, ton Dieu.

15 C'est un prophète sorti de tes rangs, un de tes frères comme moi, que l'Éternel, ton Dieu, suscitera en ta faveur : c'est lui que vous devez écouter !

16 Absolument comme tu l'as demandé à l'Éternel, ton Dieu, au mont Horeb, le jour de la convocation, quand tu as dit : "Je ne veux plus entendre la voix de l'Éternel, mon Dieu, et ce feu intense, je ne veux plus le voir, de peur d'en mourir ;

17 et le Seigneur me dit alors : "Ils ont bien parlé.

18 Je leur susciterai un prophète du milieu de leurs frères, tel que toi, et je mettrai mes paroles dans sa bouche, et il leur dira tout ce que je lui ordonnerai.

19 Et alors, celui qui n'obéira pas à mes paroles, qu'il énoncera en mon nom, c'est moi qui lui demanderai compte !

20 Toutefois, si un prophète avait l'audace d'annoncer en mon nom une chose que je ne lui aurais pas enjoint d'annoncer, ou s'il parlait au nom d'un divinité étrangère, ce prophète doit mourir."

21 Mais, diras-tu en toi-même, comment reconnaîtrons-nous la parole qui n'émane pas de l'Éternel ?

22 Si le prophète annonce de la part de l'Éternel une chose qui ne saurait être, ou qui n'est pas suivie d'effet, cette annonce n'aura pas été dictée par l'Éternel ; c'est avec témérité que le prophète l'a émise, ne crains pas de sévir à son égard.

CHAPITRE DIX-NEUF

"Quand l'Éternel, ton Dieu, aura fait disparaître les peuples dont il te donne le territoire, quand tu les auras dépossédés et que tu seras établi dans leurs villes et dans leurs maisons,

2 tu te réserveras trois villes dans ce pays dont l'Éternel, ton Dieu, t'accorde la possession.

3 Tu devras en faciliter l'accès et diviser en trois parts le territoire du pays que l'Éternel, ton Dieu, te fera échoir ; et cela, pour que tout meurtrier s'y puisse réfugier.

4 Or, voici dans quel cas le meurtrier, en s'y réfugiant, aura la vie sauve : s'il a frappé son prochain sans intention, n'ayant pas été son ennemi antérieurement.

5 Ainsi, il entre avec son compagnon dans la forêt pour abattre du bois ; sa main brandissant la cognée pour couper l'arbre, le fer s'échappe du manche et atteint le compagnon, qui en meurt : l'autre alors pourra fuir dans une de ces villes et sauver sa vie.

6 Autrement, le vengeur du sang pourrait, dans l'effervescence de son cœur, courir sus au meurtrier, l'atteindre si le chemin était long, et lui porter un coup mortel ; et cependant, il ne méritait point la mort, puisqu'il ne haïssait pas l'autre antérieurement.

7 C'est pour cela que je te donne cet ordre : Réserve-toi trois villes.

8 Que si l'Éternel, ton Dieu, élargit ta frontière, comme il l'a juré à tes ancêtres, et te donne la région entière qu'il a déclaré octroyer à tes pères,

9 à condition que tu t'appliques à accomplir toute cette loi que je t'impose en ce jour, d'aimer l'Éternel, ton Dieu, et de marcher constamment dans ses voies, alors tu ajouteras encore trois villes à ces trois-là ;

10 afin que le sang innocent ne soit pas répandu au sein de ce pays que l'Éternel, ton Dieu, te donne pour héritage, et qu'une responsabilité sanglante ne pèse point sur toi.

11 Mais si quelqu'un, animé de haine pour son prochain, le guette, se jette sur lui et le frappe de manière à lui donner la mort, puis se réfugie dans une des villes en question,

12 les anciens de sa ville le feront extraire de là et le livreront au vengeur du sang pour qu'il meure.

13 Que ton œil soit sans pitié pour lui ; tu feras disparaître d'Israël le sang innocent, et tu t'en trouveras bien.

14 Ne déplace point la borne de ton voisin, telle que l'auront posée les devanciers, dans le lot qui te sera échu sur le territoire dont l'Éternel, ton Dieu, t'accorde la possession.

15 Un témoignage isolé ne sera pas valable contre une personne, quel que soit le crime ou le délit, quelque faute qui lui soit imputée : c'est par la déposition de deux témoins, ou de trois, qu'un fait sera établi.

16 Si un témoin malveillant se présente contre un individu, pour l'accuser d'un méfait,

17 les deux personnes intéressées dans le débat comparaîtront devant l'Éternel, devant les pontifes et les juges en fonctions à cette époque.

18 Ceux-ci examineront attentivement ; et si ce témoin est un faux témoin, si c'est un mensonge qu'il a articulé contre son frère,

19 vous le traiterez comme il a eu dessein de faire traiter son frère, et tu extirperas le mal du milieu de toi.

20 Les autres l'apprendront et seront intimidés, et l'on n'osera plus commettre une aussi mauvaise action chez toi.

21 Ne laisse donc point s'attendrir ton regard : vie pour vie, œil pour œil, dent pour dent, main pour main, pied pour pied !

CHAPITRE VINGT

"Quand tu t'avanceras contre tes ennemis pour leur livrer bataille, et que tu verras cavalerie et chariots de guerre, une armée supérieure à la tienne, n'en sois pas effrayé ; car tu as avec toi l'Éternel, ton Dieu, qui t'a fait sortir du pays d'Égypte.

2 Or, quand vous serez sur le point de combattre, le pontife s'avancera et parlera au peuple.

3 Il leur dira : "Ecoute, Israël ! Vous allez, en ce moment, livrer bataille à vos ennemis ; que votre courage ne mollisse point ; soyez sans crainte, ne vous laissez ni déconcerter ni terrifier par eux.

4 Car c'est l'Éternel, votre Dieu, qui marche avec vous, afin de combattre pour vous contre vos ennemis et de vous procurer la victoire."

5 Ensuite les préposés parleront au peuple en ces termes : "Si quelqu'un a bâti une maison neuve et n'en a pas encore pris

possession, qu'il parte et s'en retourne à sa maison ; car il pourrait mourir dans la bataille, et un autre en prendrait possession.

6 Si quelqu'un a planté une vigne et n'en a pas encore acquis la jouissance, qu'il parte et s'en retourne chez lui ; car il pourrait mourir dans la bataille, et un autre acquerrait cette jouissance.

7 Et si quelqu'un a promis mariage à une femme et ne l'a pas encore épousée, qu'il parte et s'en retourne chez lui ; car il pourrait mourir dans la bataille, et un autre homme l'épouserait."

8 Les préposés adresseront de nouveau la parole au peuple, et diront : "S'il est un homme qui ait peur et dont le cœur soit lâche, qu'il se retire et retourne chez lui, pour que le cœur de ses frères ne défaille point comme le sien !"

9 Alors, les préposés ayant fini de parler au peuple, on placera des officiers de légions à la tête de l'armée.

10 Quand tu marcheras sur une ville pour l'attaquer, tu l'inviteras d'abord à la paix.

11 Alors, si elle te répond dans le sens de la paix et t'ouvre ses portes, tout ce qu'elle renferme d'habitants te devront tribut et te serviront.

12 Mais si elle ne compose pas avec toi et veut te faire la guerre, tu assiégeras cette ville.

13 Et l'Éternel, ton Dieu, la livrera en ton pouvoir, et tu feras périr tous ses habitants mâles par le tranchant de l'épée.

14 Il n'y aura que les femmes, les enfants, le bétail, et tout ce qui se trouvera dans la ville en fait de butin, que tu pourras capturer ; et tu profiteras de la dépouille de tes ennemis, que l'Éternel, ton Dieu, t'aura livrée.

15 Ainsi procéderas-tu pour toutes les villes situées très loin de chez toi, qui ne font point partie des villes de ces nations ;

16 mais dans les villes de ces peuples que l'Éternel, ton Dieu, te donne comme héritage, tu ne laisseras pas subsister une âme.

17 Car tu dois les vouer à l'extermination, le Héthéen et l'Amorréen, le Cananéen et le Phérézéen, le Hévéen et le Jébuséen, comme te l'a commandé l'Éternel, ton Dieu,

18 afin qu'ils ne vous apprennent pas à imiter toutes les abominations commises par eux en l'honneur de leurs dieux, et à devenir coupables envers l'Éternel, votre Dieu.

19 Si tu es arrêté longtemps au siège d'une ville que tu attaques pour t'en rendre maître, tu ne dois cependant pas en détruire les arbres en portant sur eux la cognée : ce sont eux qui te nourrissent, tu ne dois pas les abattre. Oui, l'arbre du champ c'est l'homme même, tu l'épargneras dans les travaux du siège.

20 Seulement, l'arbre que tu sauras n'être pas un arbre fruitier, celui-là tu peux le sacrifier et l'abattre, pour l'employer à des travaux de siège contre la ville qui est en guerre avec toi, jusqu'à ce qu'elle succombe.

CHAPITRE VINGT-ET-UN

" Si l'on trouve, dans le pays que l'Éternel, ton Dieu, te donne en possession, un cadavre gisant en plein champ, et que l'auteur du meurtre soit resté inconnu,

2 tes anciens et tes juges s'y transporteront, et mesureront la distance jusqu'aux villes situées autour du cadavre.

3 La ville la plus rapprochée du cadavre étant déterminée, les anciens de cette ville prendront une jeune vache qu'on n'aura pas encore employée au travail, qui n'aura porté aucun joug.

4 Ces anciens feront descendre la génisse dans un bas-fond sauvage, où on ne laboure ni ne sème, et là, dans ce bas-fond, ils briseront la nuque à la génisse.

5 Puis s'avanceront les pontifes, descendants de Lévi ; car ce sont eux que l'Éternel, ton Dieu, a désignés pour le servir, pour prononcer les bénédictions en son nom, et c'est par eux qu'est jugé tout débat, tout dommage.

6 Et tous les anciens de la ville en question, comme voisins

du cadavre, se laveront les mains sur la génisse dont on a brisé la nuque dans le bas-fond.

7 Et ils diront tour à tour : "Nos mains n'ont point répandu ce sang-là, et nos yeux ne l'ont point vu répandre.

8 Pardonne à ton peuple Israël, que tu as racheté, Seigneur ! Et n'impute pas le sang innocent à ton peuple Israël !" Et ce sang leur sera pardonné.

9 Toi, cependant, tu dois faire disparaître du milieu de toi le sang innocent, si tu veux faire ce qui est juste aux yeux de l'Éternel.

10 Quand tu iras en guerre contre tes ennemis, que l'Éternel, ton Dieu, les livrera en ton pouvoir, et que tu leur feras des prisonniers ;

11 si tu remarques, dans cette prise, une femme de belle figure, qu'elle te plaise, et que tu la veuilles prendre pour épouse,

12 tu l'emmèneras d'abord dans ta maison ; elle se rasera la tête et se coupera les ongles,

13 se dépouillera de son vêtement de captive, demeurera dans ta maison et pleurera son père et sa mère, un mois entier. Alors seulement, tu pourras t'approcher d'elle et avoir commerce avec elle, et elle deviendra ainsi ton épouse.

14 S'il arrive que tu n'aies plus de goût pour elle, tu la laisseras partir libre de sa personne, mais tu ne pourras pas la vendre à prix d'argent : tu ne la traiteras plus comme esclave, après lui avoir fait violence.

15 Si un homme possède deux femmes, l'une qu'il aime, l'autre qu'il dédaigne ; si l'une et l'autre lui donnent des enfants, et que le fils premier-né se trouve appartenir à la femme dédaignée,

16 le jour où il partagera entre ses fils l'héritage de ce qu'il

possède, il ne pourra point conférer le droit d'aînesse au fils de la femme préférée, aux dépens du fils de la dédaignée qui est l'aîné.

17 C'est le fils aîné de la dédaignée qu'il doit reconnaître pour tel, lui attribuant une part double dans tout son avoir ; car c'est lui qui est le premier fruit de sa force, à lui appartient le droit d'aînesse.

18 Si un homme a un fils libertin et rebelle, sourd à la voix de son père comme à celle de sa mère, et qui, malgré leurs corrections, persiste à leur désobéir,

19 son père et sa mère se saisiront de lui, le traduiront devant les anciens de sa ville, au tribunal de sa localité,

20 et ils diront aux anciens de la ville : "Notre fils que voici est libertin et rebelle, n'obéit pas à notre voix, s'adonne à la débauche et à l'ivrognerie."

21 Alors, tous les habitants de cette ville le feront mourir à coups de pierres, et tu extirperas ainsi le vice de chez toi ; car tout Israël l'apprendra et sera saisi de crainte.

22 Quand un homme, convaincu d'un crime qui mérite la mort, aura été exécuté, et que tu l'auras attaché au gibet,

23 tu ne laisseras pas séjourner son cadavre sur le gibet, mais tu auras soin de l'enterrer le même jour, car un pendu est chose offensante pour Dieu, et tu ne dois pas souiller ton pays, que l'Éternel, ton Dieu, te donne en héritage.

CHAPITRE VINGT-DEUX

"Tu ne dois pas voir le bœuf ou la brebis de ton frère égarés et te dérober à eux : tu es tenu de les ramener à ton frère.

2 Que si ton frère n'est pas à ta portée, ou si tu ne connais pas le propriétaire, tu recueilleras l'animal dans ta maison, et il restera chez toi jusqu'à ce que ton frère le réclame ; alors tu le lui rendras.

3 Et tu agiras de même à l'égard de son âne, de même encore à l'égard de son manteau, de même enfin à l'égard de toute chose perdue par ton frère et que tu aurais trouvée : tu n'as pas le droit de t'abstenir.

4 Tu ne dois pas voir l'âne ou le bœuf de ton frère s'abattre sur la voie publique et te dérober à eux : tu es tenu de les relever avec lui.

5 Une femme ne doit pas porter le costume d'un homme, ni un homme s'habiller d'un vêtement de femme ; car l'Éternel, ton Dieu, a en horreur quiconque agit ainsi.

6 Si tu rencontres en ton chemin un nid d'oiseaux sur quelque arbre ou à terre, de jeunes oiseaux ou des œufs sur lesquels soit posée la mère, tu ne prendras pas la mère avec sa couvée :

7 tu es tenu de laisser envoler la mère, sauf à t'emparer des petits ; de la sorte, tu seras heureux et tu verras se prolonger tes jours.

8 Quand tu bâtiras une maison neuve, tu établiras un appui autour du toit, pour éviter que ta maison soit cause d'une mort, si quelqu'un venait à en tomber.

9 N'ensemence pas ton vignoble de graines hétérogènes, si tu ne veux frapper d'interdit la production entière : le grain que tu auras semé et le produit du vignoble.

10 Ne laboure pas avec un bœuf et un âne attelés ensemble,

11 Ne t'habille pas d'une étoffe mixte, mélangée de laine et de lin.

12 Tu te feras des cordons en franges aux quatre coins du vêtement dont tu te couvres.

13 Si un homme, ayant épousé une femme et cohabité avec elle, la prend en haine,

14 invente contre elle des prétextes d'accusation et répand sur son compte un bruit calomnieux, en disant : "Cette femme, je l'ai épousée ; et en m'approchant d'elle, je ne l'ai point trouvée vierge",

15 le père et la mère de la jeune femme se nantiront des preuves de sa virginité, qu'ils produiront devant les anciens de la ville, au tribunal.

16 Et le père de la jeune femme dira aux anciens : "J'avais donné ma fille pour épouse à cet homme, et il l'a prise en haine ;

17 et maintenant il invente des prétextes d'accusation, disant : "Je n'ai pas trouvé chez ta fille le signe de la virginité."

Or, voici la preuve de la virginité de ma fille !" Et ils déploieront le drap devant les anciens de la ville.

18 Alors, les anciens de cette même ville se saisiront de l'homme et le châtieront ;

19 et ils le condamneront à payer cent sicles d'argent, qu'ils remettront au père de la jeune femme, parce qu'il a émis un bruit calomnieux sur une vierge d'Israël ; de plus, elle restera sa femme, il ne pourra la répudier de sa vie.

20 Mais si cette accusation était vraie, si la jeune femme n'a pas été trouvée vierge,

21 on la conduira à l'entrée de la maison de son père, et les gens de sa ville la lapideront jusqu'à ce que mort s'ensuive, pour avoir commis une infamie en Israël en se prostituant dans la maison paternelle. Et tu extirperas ainsi le mal du milieu de toi.

22 Si un homme est surpris ayant commerce avec une femme mariée, ils mourront tous deux également, l'homme qui a eu commerce avec la femme, ainsi que cette dernière. Et tu feras disparaître ce mal en Israël.

23 Si une fille vierge est fiancée à quelqu'un, et qu'un homme, la rencontrant dans la ville, cohabite avec elle,

24 vous les conduirez tous deux à la porte de cette même ville et les ferez mourir par lapidation : la jeune fille, par la raison qu'elle n'a pas crié à l'aide, étant en pleine ville ; et l'homme, par la raison qu'il a abusé de la femme d'autrui. Et tu extirperas le mal du milieu de toi.

25 Mais si c'est dans les champs que l'individu a rencontré la jeune fiancée, s'il lui a fait violence en cohabitant avec elle, cet homme qui a cohabité avec elle mourra seul ;

26 et à la jeune fille tu ne feras rien : elle n'a rien commis qui mérite la mort. Car, comme si un homme se jetait sur un autre et le tuait traîtreusement, ainsi s'est passée la chose.

27 En effet, c'est dans la campagne qui l'a rencontrée ; la jeune fille aura crié, mais personne n'a pu la secourir.

28 Si un homme, rencontrant une fille vierge non fiancée, la surprend et abuse d'elle et qu'ils soient pris sur le fait,

29 l'homme qui a eu commerce avec elle donnera au père de la jeune fille cinquante sicles d'argent, et elle deviendra sa femme, parce qu'il l'a violée ; il ne pourra la répudier de sa vie.

CHAPITRE VINGT-TROIS

"On ne doit pas épouser la femme de son père, et découvrir ainsi la couche paternelle.

2 Celui qui a les génitoires écrasés ou mutilés ne sera pas admis dans l'assemblée du Seigneur.

3 L'enfant illégitime ne sera pas admis dans l'assemblée du Seigneur ; sa dixième génération même ne pourra pas y être admise.

4 Un Ammonite ni un Moabite ne seront admis dans l'assemblée du Seigneur ; même après la dixième génération ils seront exclus de l'assemblée du Seigneur, à perpétuité,

5 parce qu'ils ne vous ont pas offert le pain et l'eau à votre passage, au sortir de l'Égypte, et de plus, parce qu'il a stipendié contre toi Balaam, fils de Beor, de Pethor en Mésopotamie, pour te maudire.

6 Mais l'Éternel, ton Dieu, n'a pas voulu écouter Balaam, et l'Éternel, ton Dieu, a transformé pour toi l'imprécation en bénédiction ; car il a de l'affection pour toi, l'Éternel, ton Dieu !

7 Ne t'intéresse donc jamais à leur bien-être et à leur prospérité, tant que tu vivras.

8 N'aie pas en horreur l'Iduméen, car il est ton frère ; n'aie pas en horreur l'Égyptien, car tu as séjourné dans son pays.

9 Les enfants qui naîtront d'eux, dès la troisième génération, pourront être admis dans l'assemblée du Seigneur.

10 Quand tu marcheras en corps d'armée contre tes ennemis, tu devras te garder de toute action mauvaise.

11 S'il se trouve dans tes rangs un homme qui ne soit pas pur, par suite d'un accident nocturne, il se retirera du camp, où il ne rentrera pas.

12 Aux approches du soir, il se baignera dans l'eau, et, une fois le soleil couché, il rentrera dans le camp.

13 Tu réserveras un endroit en dehors du camp, où tu puisses aller à l'écart ;

14 tu auras aussi une bêchette dans ton équipement, et quand tu iras t'asseoir à l'écart, tu creuseras la terre avec cet instrument et tu en recouvriras tes déjections.

15 Car l'Éternel, ton Dieu, marche au centre de ton camp pour te protéger et pour te livrer tes ennemis : ton camp doit donc être saint. Il ne faut pas que Dieu voie chez toi une chose déshonnête, car il se retirerait d'avec toi.

16 Ne livre pas un esclave à son maître, s'il vient se réfugier de chez son maître auprès de toi.

17 Laisse-le demeurer chez toi, dans ton pays, en tel lieu qu'il lui plaira, dans telle de tes villes où il se trouvera bien ; ne le moleste point.

18 Il ne doit pas y avoir une prostituée parmi les filles d'Israël, ni un prostitué parmi les fils d'Israël.

19 Tu n'apporteras point dans la maison de l'Éternel, ton Dieu, comme offrande votive d'aucune sorte, le salaire d'une

courtisane ni la chose reçue en échange d'un chien, car l'un et l'autre sont en horreur à l'Éternel, ton Dieu.

20 N'exige point d'intérêts de ton frère, ni intérêts pour argent, ni intérêts pour denrées ou pour toute chose susceptible d'accroissement.

21 A l'étranger tu peux prêter à intérêt, tu ne le dois pas à l'égard de ton frère, si tu veux que l'Éternel, ton Dieu, bénisse tes divers travaux dans le pays où tu vas entrer pour en prendre possession.

22 Quand tu auras fait un vœu à l'Éternel, ton Dieu, ne tarde point à l'accomplir ; autrement, l'Éternel, ton Dieu, ne manquerait pas de t'en demander compte, et tu aurais à répondre d'un péché.

23 Si d'ailleurs tu t'abstiens de faire des vœux, tu ne seras pas répréhensible.

24 Mais la parole sortie de tes lèvres, tu dois l'exécuter religieusement, une fois que tu auras voué à l'Éternel, ton Dieu, une offrande volontaire, promise par ta propre bouche.

25 Quand tu entreras dans la vigne de ton prochain, tu pourras manger des raisins à ton appétit, jusqu'à t'en rassasier ; mais tu n'en mettras point dans ton panier.

26 Quand tu entreras dans les blés de ton prochain, tu pourras, avec la main, arracher des épis ; mais tu ne porteras point la faucille sur les blés de ton prochain.

CHAPITRE VINGT-QUATRE

"Quand un homme aura pris une femme et cohabité avec elle ; si elle cesse de lui plaire, parce qu'il aura remarqué en elle quelque chose de malséant, il lui écrira un libelle de divorce, le lui mettra en main et la renverra de chez lui.

2 Si, sortie de la maison conjugale, elle se remarie et devient l'épouse d'un autre homme,

3 et que ce dernier, l'ayant prise en aversion, lui écrive un libelle de divorce, le lui mette en main et la renvoie de chez lui ; ou que ce même homme, qui l'a épousée en dernier lieu, vienne à mourir,

4 son premier mari, qui l'a répudiée, ne peut la reprendre une fois qu'elle s'est laissée souiller, car ce serait une abomination devant le Seigneur : or, tu ne dois pas déshonorer le pays que le Seigneur, ton Dieu, te donne en héritage.

5 Si quelqu'un a pris nouvellement femme, il sera dispensé de se rendre à l'armée, et on ne lui imposera aucune corvée : il

pourra vaquer librement à son intérieur pendant un an, et rendre heureuse la femme qu'il a épousée.

6 On ne doit pas saisir comme gage une meule inférieure ni une meule courante, car ce serait prendre la vie même en gage.

7 Si un homme est convaincu d'avoir enlevé quelqu'un de ses frères, un des enfants d'Israël, et de l'avoir traité comme esclave ou vendu, ce ravisseur doit mourir ; et tu extirperas ainsi le mal du milieu de toi

8 Observe avec un soin extrême et exécute les prescriptions relatives à la lèpre : tout ce que les pontifes, descendants de Lévi, vous enseigneront d'après ce que je leur ai prescrit, vous vous appliquerez à le faire.

9 Souviens-toi de ce que l'Éternel, ton Dieu, a fait à Miryam, pendant votre voyage au sortir de l'Égypte.

10 Si tu as fait à ton prochain un prêt quelconque, n'entre point dans sa maison pour te nantir de son gage.

11 Tu dois attendre dehors, et celui dont tu es le créancier t'apportera le gage hors de chez lui.

12 Et si c'est un pauvre, tu ne dois pas te coucher nanti de son gage :

13 tu es tenu de le lui rendre au coucher du soleil, pour qu'il puisse reposer sous sa couverture et qu'il te bénisse ; et cela te sera compté comme une bonne œuvre par l'Éternel, ton Dieu.

14 Ne cause point de tort au journalier pauvre et nécessiteux, que ce soit un de tes frères ou un des étrangers qui sont dans ton pays, dans l'une de tes villes.

15 Le jour même, tu lui remettras son salaire, avant que le soleil se couche ; car il est pauvre, et il attend son salaire avec anxiété. Crains qu'il n'implore contre toi le Seigneur, et que tu ne sois trouvé coupable.

16 Les pères ne doivent pas être mis à mort pour les enfants,

ni les enfants pour les pères : on ne sera mis à mort que pour son propre méfait.

17 Ne fausse pas le droit de l'étranger ni celui de l'orphelin, et ne saisis pas comme gage le vêtement de la veuve.

18 Rappelle-toi que tu as été esclave en Égypte et que l'Éternel, ton Dieu, t'en a affranchi ; c'est pour cela que je t'ordonne d'agir de la sorte.

19 Quand tu feras la moisson de ton champ, si tu as oublié dans ce champ une javelle, ne retourne pas la prendre, mais qu'elle reste pour l'étranger, l'orphelin ou la veuve, afin que l'Éternel, ton Dieu, te bénisse dans toutes les œuvres de tes mains.

20 Quand tu gauleras ton olivier, n'y glane pas après coup ; ce sera pour l'étranger, l'orphelin et la veuve.

21 Quand tu vendangeras ta vigne, n'y grappille pas après coup ; ce sera pour l'étranger, pour l'orphelin, pour la veuve.

22 Et tu te souviendras que tu as été esclave au pays d'Égypte : c'est pourquoi je t'ordonne de tenir cette conduite.

CHAPITRE VINGT-CINQ

"Si un débat s'élève entre des individus, ils se présenteront devant le tribunal et on les jugera ; on déclarera innocent l'innocent, et coupable celui qui a tort.

2 Or, si le coupable a mérité la flagellation, le juge le fera coucher par terre et battre, en sa présence, d'un nombre de coups proportionné à son délit.

3 Il lui en infligera quarante, sans plus ; autrement, en dépassant ce nombre, on lui infligerait trop de coups, et ton frère serait avili à tes yeux.

4 Ne muselle point le bœuf pendant qu'il foule le grain.

5 Si des frères demeurent ensemble et que l'un d'eux vienne à mourir sans postérité, la veuve ne pourra se marier au dehors à un étranger ; c'est son beau-frère qui doit s'unir à elle. Il la prendra donc pour femme, exerçant le lévirat à son égard.

6 Et le premier fils qu'elle enfantera sera désigné par le nom du frère mort, afin que ce nom ne périsse pas en Israël.

7 Que s'il déplaît à l'homme d'épouser sa belle-sœur, celle-ci montera au tribunal, par-devant les anciens, et dira : "Mon beau-frère refuse de relever en Israël le nom de son frère, il ne veut pas m'accorder le lévirat."

8 Alors les anciens de sa ville le manderont et l'interpelleront ; et lui, debout, dira : "Il ne me plaît point de l'épouser."

9 Et sa belle-sœur s'avancera vers lui à la vue des anciens, lui ôtera sa chaussure du pied, crachera devant lui et dira à haute voix : "Ainsi est traité l'homme qui ne veut pas édifier la maison de son frère !"

10 Et la sienne sera surnommée, en Israël, la maison du déchaussé.

11 Si des individus ont une rixe ensemble, un homme avec un autre, et que la femme de l'un, intervenant pour soustraire son mari à celui qui le frappe, porte la main sur ce dernier et le saisisse par les parties honteuses,

12 tu lui couperas le poing sans lui accorder aucune pitié.

13 N'aie point dans ta bourse deux poids inégaux, un grand et un petit.

14 N'aie point dans ta maison deux mesures inégales, une grande et une petite.

15 Des poids exacts et loyaux, des mesures exactes et loyales, doivent seuls être en ta possession, si tu veux avoir une longue existence dans le pays que l'Éternel, ton Dieu, te donne.

16 Car l'Éternel, ton Dieu, a en horreur quiconque agit ainsi, quiconque fait une chose déloyale.

17 Souviens-toi de ce que t'a fait Amalec, lors de votre voyage, au sortir de l'Égypte ;

18 comme il t'a surpris chemin faisant, et s'est jeté sur tous tes traînards par derrière. Tu étais alors fatigué, à bout de forces, et lui ne craignait pas Dieu.

19 Aussi, lorsque l'Éternel, ton Dieu, t'aura débarrassé de tous tes ennemis d'alentour, dans le pays qu'il te donne en héritage pour le posséder, tu effaceras la mémoire d'Amalec de dessous le ciel : ne l'oublie point.

CHAPITRE VINGT-SIX

"Quand tu seras arrivé dans le pays que l'Éternel, ton Dieu, te donne en héritage, quand tu en auras pris possession et y seras établi,

2 tu prendras des prémices de tous les fruits de la terre, récoltés par toi dans le pays que l'Éternel, ton Dieu, t'aura donné, et tu les mettras dans une corbeille ; et tu te rendras à l'endroit que l'Éternel, ton Dieu, aura choisi pour y faire régner son nom.

3 Tu te présenteras au pontife qui sera alors en fonction, et lui diras : "Je viens reconnaître en ce jour, devant l'Éternel, ton Dieu, que je suis installé dans le pays que l'Éternel avait juré à nos pères de nous donner."

4 Alors le pontife recevra la corbeille de ta main, et la déposera devant l'autel de l'Éternel, ton Dieu.

5 Et tu diras à haute voix devant l'Éternel, ton Dieu : "Enfant d'Aram, mon père était errant, il descendit en Égypte, y vécut

étranger, peu nombreux d'abord, puis y devint une nation considérable, puissante et nombreuse.

6 Alors les Égyptiens nous traitèrent iniquement, nous opprimèrent, nous imposèrent un dur servage.

7 Nous implorâmes l'Éternel, Dieu de nos pères ; et l'Éternel entendit notre plainte, il considéra notre misère, notre labeur et notre détresse,

8 et il nous fit sortir de l'Égypte avec une main puissante et un bras étendu, en imprimant la terreur, en opérant signes et prodiges ;

9 et il nous introduisit dans cette contrée, et il nous fit présent de cette terre, une terre où ruissellent le lait et le miel.

10 Or, maintenant j'apporte en hommage les premiers fruits de cette terre dont tu m'as fait présent, Seigneur !" Tu les déposeras alors devant l'Éternel, ton Dieu, et tu te prosterneras devant lui.

11 Et tu te réjouiras pour tous les biens que l'Éternel, ton Dieu, aura donnés à toi et à ta famille, et avec toi se réjouiront le Lévite et l'étranger qui est dans ton pays.

12 Quand tu auras achevé de prélever les diverses dîmes de ton revenu, dans la troisième année, année de la dîme ; quand tu auras donné leur dû au Lévite, à l'étranger, à l'orphelin et à la veuve, afin qu'ils aient à manger dans tes villes et se rassasient,

13 tu feras cette déclaration devant l'Éternel, ton Dieu : "J'ai fait disparaître de chez moi les choses saintes, et je les ai attribuées au Lévite, à l'étranger, à l'orphelin et à la veuve, exactement selon l'ordre que tu m'as donné ; je n'ai transgressé ni omis aucun de tes préceptes.

14 De ces choses saintes je n'ai rien consommé pendant mon deuil, rien prélevé en état d'impureté, rien employé en l'honneur

d'un mort : docile à la voix de l'Éternel, mon Dieu, je me suis entièrement conformé à tes prescriptions.

15 Jette un regard du haut des cieux, ta sainte demeure, et bénis ton peuple Israël et la terre que tu nous as donnée, comme tu l'as juré à nos pères, ce pays ruisselant de lait et de miel !"

16 En ce jour, l'Éternel, ton Dieu, te recommande d'exécuter ces diverses lois et ces statuts ; tu t'appliqueras donc à les observer de tout ton cœur et de toute ton âme.

17 Tu as glorifié aujourd'hui l'Éternel, en promettant de l'adopter pour ton Dieu, de marcher dans ses voies, d'observer ses lois, ses préceptes, ses statuts, et d'écouter sa parole ;

18 et l'Éternel t'a glorifié à son tour en te conviant à être son peuple privilégié, comme il te l'a annoncé, et à garder tous ses commandements.

19 Il veut que tu deviennes la première de toutes les nations qu'il a faites, en gloire, en renommée et en dignité ; que tu sois un peuple consacré à l'Éternel, ton Dieu, comme il l'a déclaré."

CHAPITRE VINGT-SEPT

Moïse, avec les anciens d'Israël, exhorta le peuple en ces termes : "Observez toute la loi que je vous impose en ce jour.

2 Et quand vous serez arrivés au delà du Jourdain, dans le pays que l'Éternel, ton Dieu, t'accorde, tu érigeras pour toi de grandes pierres, que tu enduiras de chaux ;

3 et tu y écriras toutes les paroles de cette doctrine dès que tu auras passé, pour mériter d'entrer dans le pays que l'Éternel, ton Dieu, te destine, pays ruisselant de lait et de miel, comme te l'a promis le Seigneur, le Dieu de tes pères.

4 Donc, après avoir passé le Jourdain, vous érigerez ces pierres, comme je vous l'ordonne aujourd'hui, sur le mont Hébal, et tu les enduiras de chaux.

5 Tu bâtiras au même endroit un autel destiné à l'Éternel, ton Dieu, un autel fait de pierres que le fer n'aura point touchées.

6 C'est en pierres intactes que tu bâtiras l'autel de l'Éternel, ton Dieu : là tu offriras des holocaustes en son honneur ;

7 tu y feras des sacrifices rémunératoires et tu les y consommeras, et tu te réjouiras en présence de l'Éternel, ton Dieu.

8 Et tu écriras sur les pierres tout le contenu de cette doctrine, très distinctement."

9 Moïse, assisté des pontifes descendants de Lévi, parla ainsi à tout Israël : "Fais silence et écoute, ô Israël ! En ce jour, tu es devenu le peuple de l'Éternel, ton Dieu.

10 Tu obéiras donc à la voix de l'Éternel, ton Dieu, et tu exécuteras ses préceptes et ses lois, que je t'impose aujourd'hui."

11 Et Moïse donna au peuple, ce même jour, l'ordre suivant :

12 "Voici quelles tribus prendront position sur le mont Garizim, pour la bénédiction à donner au peuple, quand vous aurez passé le Jourdain : Siméon, Lévi et Juda ; Issachar, Joseph et Benjamin.

13 Et les suivantes se placeront, pour la malédiction, sur le mont Hébal : Ruben, Gad et Asher ; Zabulon, Dan et Nephtali.

14 Les Lévites prendront la parole et diront à haute voix, s'adressant à tout homme en Israël :

15 "Maudit soit l'homme qui ferait une image taillée ou jetée en fonte, objet d'abomination pour l'Éternel, ouvrage de l'art humain, et qui l'érigerait en un lieu secret !" Sur quoi le peuple entier répondra : Amen !

16 "Maudit soit qui traite avec mépris son père ou sa mère !" Et tout le peuple dira : Amen !

17 "Maudit, celui qui déplace la borne de son voisin !" Et tout le peuple dira : Amen !

18 "Maudit, celui qui égare l'aveugle en son chemin !" Et tout le peuple dira : Amen !

19 "Maudit, celui qui fausse le droit de l'étranger, de l'orphelin ou de la veuve !" Et tout le peuple dira : Amen !

20 "Maudit, celui qui a commerce avec la femme de son

père, découvrant ainsi la couche paternelle !" Et tout le peuple dira : Amen !

21 "Maudit, qui s'accouple avec quelque animal !" Et tout le peuple dira : Amen !

22 "Maudit, qui cohabite avec sa sœur, fille de son père ou fille de sa mère !" Et tout le peuple dira : Amen !

23 "Maudit, qui cohabite avec sa belle-mère !" Et tout le peuple dira : Amen !

24 "Maudit, qui frappe son prochain dans l'ombre !" Et tout le peuple dira : Amen !

25 "Maudit, qui se laisse corrompre pour immoler une vie innocente !" Et tout le peuple dira : Amen !

26 "Maudit soit quiconque ne respecterait point les paroles de la présente doctrine et négligerait de les mettre en pratique !" Et tout le peuple dira : Amen !

CHAPITRE VINGT-HUIT

"Or, si tu obéis à la voix de l'Éternel, ton Dieu, observant avec soin tous ses préceptes, que je t'impose en ce jour, l'Éternel, ton Dieu, te fera devenir le premier de tous les peuples de la terre ;

2 et toutes les bénédictions suivantes se réaliseront pour toi et resteront ton partage, tant que tu obéiras à la voix de l'Éternel, ton Dieu :

3 tu seras béni dans la ville, et béni dans les champs.

4 Béni sera le fruit de tes entrailles, et le fruit de ton sol, et celui de ton bétail : la progéniture de tes taureaux, la portée de tes brebis.

5 Bénies seront ta corbeille et ta huche.

6 Béni seras-tu à ton arrivée, et béni encore à ton départ !

7 L'Éternel fera succomber devant toi les ennemis qui te menaceraient : s'ils marchent contre toi par un chemin, ils fuiront devant toi par sept.

8 L'Éternel fixera chez toi la bénédiction, dans tes celliers,

dans tous tes biens ; il te rendra heureux dans ce pays que l'Éternel, ton Dieu, te destine.

9 L'Éternel te maintiendra comme sa nation sainte, ainsi qu'il te l'a juré, tant que tu garderas les commandements de l'Éternel, ton Dieu, et que tu marcheras dans ses voies.

10 Et tous les peuples de la terre verront que le nom de l'Éternel est associé au tien, et ils te redouteront.

11 Et l'Éternel te rendra supérieur à tous en félicité, par le fruit de tes entrailles, celui de ton bétail et celui de ton sol, sur la terre qu'il a juré à tes aïeux de te donner.

12 L'Éternel ouvrira pour toi son bienfaisant trésor, le ciel, pour dispenser à ton sol des pluies opportunes et faire prospérer tout le labeur de ta main ; et tu pourras prêter à maintes nations, mais tu n'emprunteras point.

13 L'Éternel te fera tenir le premier rang, et non point le dernier ; tu seras constamment au faîte, sans jamais déchoir, pourvu que tu obéisses aux lois de l'Éternel, ton Dieu, que je t'impose en ce jour, en les exécutant ponctuellement,

14 et que tu ne dévies pas, à droite ni à gauche, de tout ce que je vous ordonne aujourd'hui, pour suivre et adorer des divinités étrangères.

15 Mais si tu n'écoutes pas la voix de l'Éternel, ton Dieu : si tu n'as pas soin d'observer tous ses préceptes et ses lois que je te recommande en ce jour, toutes ces malédictions se réaliseront contre toi et seront ton partage :

16 tu seras maudit dans la ville, et maudit dans les champs.

17 Maudites seront ta corbeille et ta huche.

18 Maudits seront le fruit de tes entrailles et le fruit de ton sol, la progéniture de tes taureaux et les portées de tes brebis.

19 Maudit seras-tu à ton arrivée, et maudit encore à ton départ !

20 L'Éternel suscitera chez toi le malheur, le désordre et la ruine, dans toute opération où tu mettras la main ; tellement que tu seras bientôt anéanti et perdu, pour prix de tes méfaits, pour avoir renoncé à moi.

21 L'Éternel attachera à tes flancs la peste, jusqu'à ce qu'elle t'ait consumé de dessus la terre où tu vas entrer pour en prendre possession.

22 L'Éternel te frappera de consomption, de fièvre chaude, d'inflammations de toute nature, de marasme et de jaunisse, qui te poursuivront jusqu'à ce que tu succombes.

23 Ton ciel, qui s'étend sur ta tête, sera d'airain, et la terre sous tes pieds sera de fer.

24 L'Éternel transformera la pluie de ton pays en poussière et en sable, qui descendront sur toi du haut du ciel jusqu'à ce que tu périsses.

25 L'Éternel te fera écraser par tes ennemis : si tu marches contre eux par un chemin, par sept chemins tu fuiras devant eux ; et tu seras un objet de stupéfaction pour tous les royaumes de la terre.

26 Et ta dépouille servira de pâture aux oiseaux du ciel et aux animaux de la terre, et nul ne les troublera.

27 Le Seigneur t'affligera de l'éruption égyptienne, d'hémorroïdes, de gale sèche et humide, dont tu ne pourras guérir.

28 Le Seigneur te frappera de vertige et de cécité, et de perturbation morale ;

29 et tu iras tâtonnant en plein midi comme fait l'aveugle dans les ténèbres, tu ne mèneras pas à bonne fin tes entreprises, tu seras opprimé et spolié incessamment, sans trouver un défenseur.

30 Tu fianceras une femme, et un autre la possédera ; tu

bâtiras une maison, et tu ne t'y installeras point ; tu planteras une vigne, et tu n'en auras point la primeur.

31 Ton bœuf sera égorgé sous tes yeux, et tu ne mangeras pas de sa chair ; ton âne sera enlevé, toi présent, et ne te sera pas rendu ; tes brebis tomberont au pouvoir de tes ennemis, et nul ne prendra parti pour toi.

32 Tes fils et tes filles seront livrés à un peuple étranger, et tes yeux le verront et se consumeront tout le temps à les attendre, mais ta main sera impuissante.

33 Le fruit de ton sol, tout ton labeur, sera dévoré par un peuple à toi inconnu ; tu seras en butte à une oppression, à une tyrannie de tous les jours,

34 et tu tomberas en démence, au spectacle que verront tes yeux.

35 Le Seigneur te frappera d'une éruption maligne sur les genoux, sur les cuisses, d'une éruption incurable, qui gagnera depuis la plante du pied jusqu'au sommet de la tête.

36 Le Seigneur te fera passer, toi et le roi que tu te seras donné, chez une nation que tu n'auras jamais connue, toi ni tes pères ; là, tu serviras des dieux étrangers, du bois et de la pierre !

37 Et tu deviendras l'étonnement, puis la fable et la risée de tous les peuples chez lesquels te conduira le Seigneur.

38 Tu auras confié à ton champ de nombreuses semences ; mince sera ta récolte, car la sauterelle la dévorera.

39 Tu planteras des vignes et les cultiveras ; mais tu n'en boiras pas le vin et tu ne l'encaveras point, car elles seront rongées par la chenille.

40 Tu posséderas des oliviers sur tout ton territoire ; mais tu ne te parfumeras pas de leur huile, car tes oliviers couleront.

41 Tu engendreras des fils et des filles et ils ne seront pas à toi, car ils s'en iront en captivité.

42 Tous tes arbres et les produits de ton sol, la courtilière les dévastera.

43 L'étranger qui sera chez toi s'élèvera de plus en plus au-dessus de toi, et toi tu descendras de plus en plus.

44 C'est lui qui te prêtera, loin que tu puisses lui prêter ; lui, il occupera le premier rang, toi, tu seras au dernier.

45 Et toutes ces malédictions doivent se réaliser sur toi, te poursuivre et t'atteindre jusqu'à ta ruine, parce que tu n'auras pas obéi à la voix de l'Éternel, ton Dieu, en gardant les préceptes et les lois qu'il t'a imposés.

46 Elles s'attacheront, comme un stigmate miraculeux, à toi et à ta postérité, indéfiniment.

47 Et parce que tu n'auras pas servi l'Éternel, ton Dieu, avec joie et contentement de cœur, au sein de l'abondance,

48 tu serviras tes ennemis, suscités contre toi par l'Éternel, en proie à la faim, à la soif, au dénuement, à une pénurie absolue ; et ils te mettront sur le cou un joug de fer, jusqu'à ce qu'ils t'aient anéanti.

49 Le Seigneur lancera sur toi une nation lointaine, venue des confins de la terre, rapide comme l'aigle en son vol ; nation dont tu n'entendras point la langue,

50 nation inexorable, qui n'aura point de respect pour le vieillard, point de merci pour l'adolescent !

51 Elle se repaîtra du fruit de ton bétail et du fruit de ton sol, jusqu'à ce que tu succombes ; elle enlèvera, sans t'en rien laisser, le blé, le vin et l'huile, les produits de tes taureaux et de tes fécondes brebis, jusqu'à ta ruine entière.

52 Elle mettra le siège devant toutes tes portes, jusqu'à ce que tombent, dans tout ton pays, ces murailles si hautes et si fortes en qui tu mets ta confiance ; oui, elle t'assiégera dans

toutes tes villes, dans tout ce pays que l'Éternel, ton Dieu, t'aura donné.

53 Et tu dévoreras le fruit de tes entrailles, la chair de tes fils et de tes filles, ces présents de l'Éternel, ton Dieu, par suite du siège et de la détresse où t'étreindra ton ennemi.

54 L'homme le plus délicat parmi vous et le plus voluptueux verra d'un œil hostile son frère, sa compagne et le reste d'enfants qu'il aura encore,

55 ne voulant donner à aucun d'eux de la chair de ses enfants, qu'il mangera faute d'autres ressources ; tellement tu seras assiégé et cerné par ton ennemi dans toutes tes villes.

56 La plus sensible parmi vous et la plus délicate, si délicate et si sensible qu'elle n'aurait jamais risqué de poser la plante de son pied sur la terre, verra d'un œil hostile l'homme qu'elle serrait dans ses bras, et son fils et sa fille,

57 jusqu'au nouveau-né sorti de ses flancs, jusqu'aux jeunes enfants dont elle est la mère, car, dénuée de tout, elle se cachera pour les dévorer ! Telle sera la détresse où te réduira ton ennemi, t'assiégeant dans tes murs.

58 Oui, si tu n'as soin d'observer toutes les paroles de cette doctrine, écrites dans ce livre ; de révérer ce nom auguste et redoutable : l'ETERNEL, ton Dieu,

59 l'Éternel donnera une gravité insigne à tes plaies et à celles de ta postérité : plaies intenses et tenaces, maladies cruelles et persistantes.

60 Il déchaînera sur toi tous les fléaux de l'Égypte, objets de ta terreur, et ils seront chez toi en permanence.

61 Bien d'autres maladies encore, bien d'autres plaies non consignées dans le livre de cette doctrine, le Seigneur les fera surgir contre toi, jusqu'à ce que tu sois exterminé.

62 Et vous serez réduits à une poignée d'hommes, après avoir

égalé en multitude les étoiles du ciel, parce que tu auras été sourd à la voix de l'Éternel, ton Dieu.

63 Alors, autant le Seigneur s'était plu à vous combler de ses bienfaits et à vous multiplier, autant il se plaira à consommer votre perte, à vous anéantir ; et vous serez arrachés de ce sol dont vous allez prendre possession.

64 Et l'Éternel te dispersera parmi tous les peuples, d'une extrémité de la terre à l'autre ; et là tu serviras des dieux étrangers, jadis inconnus à toi comme à tes pères, faits de bois et de pierre.

65 Et parmi ces nations mêmes tu ne trouveras pas de repos, pas un point d'appui pour la plante de ton pied ; là, le Seigneur te donnera un cœur effaré, mettra la défaillance dans tes yeux, l'angoisse dans ton âme,

66 et ton existence flottera incertaine devant toi, et tu trembleras nuit et jour, et tu ne croiras pas à ta propre vie !

67 Tu diras chaque matin : "Fût-ce encore hier soir !" Chaque soir tu diras :"Fût-ce encore ce matin !" Si horribles seront les transes de ton cœur et le spectacle qui frappera tes yeux.

68 Et le Seigneur te fera reprendre, sur des navires, la route de l'Égypte, cette route où je t'avais dit que tu ne repasserais plus ; et là vous vous offrirez en vente à vos ennemis comme esclaves et servantes, mais personne ne voudra vous acheter !"

69 Ce sont là les termes du pacte que l'Éternel ordonna à Moïse d'établir avec les enfants d'Israël dans le pays de Moab, indépendamment du pacte qu'il avait conclu avec eux au Horeb.

CHAPITRE VINGT-NEUF

Moïse fit appel à tout Israël, et leur dit : "Vous-mêmes, vous avez vu tout ce que l'Éternel a fait à vos yeux, dans le pays d'Égypte, à Pharaon, à tous ses serviteurs, à son pays entier ;

2 ces grandes épreuves dont tes yeux furent témoins, ces signes et ces prodiges extraordinaires.

3 Et jusqu'à ce jour, le Seigneur ne vous a pas encore donné un cœur pour sentir, des yeux pour voir, ni des oreilles pour entendre !

4 Je vous ai fait marcher quarante ans dans le désert, vos vêtements ne se sont point usés sur vous, ni la chaussure de vos pieds ne s'est usée.

5 Du pain, vous n'en avez pas mangé ; du vin ou autre boisson forte, vous n'en avez pas bu, afin que vous apprissiez que c'est moi, l'Éternel, qui suis votre Dieu !

6 Vous êtes ainsi parvenus jusqu'à cette contrée. Là, Sihôn,

roi de Hesbon, et Og, roi du Basan, ont marché à notre rencontre pour nous livrer bataille, et nous les avons battus.

7 Puis, nous avons pris leur pays et l'avons donné, comme possession héréditaire, à la tribu de Ruben, à celle de Gad et à la demi-tribu de Manassé.

8 Observez donc les termes de cette alliance et mettez-les en pratique, si vous voulez réussir dans toutes vos œuvres.

9 Vous êtes placés aujourd'hui, vous tous, en présence de l'Éternel, votre Dieu : vos chefs de tribus, vos anciens, vos préposés, chaque citoyen d'Israël ;

10 vos enfants, vos femmes et l'étranger qui est dans tes camps, depuis le fendeur de bois jusqu'au puiseur d'eau,

11 afin d'entrer dans l'alliance de l'Éternel, ton Dieu, et dans son pacte solennel, par lesquels il traite avec toi en ce jour,

12 voulant te constituer aujourd'hui pour son peuple, et lui-même être ton Dieu, comme il te l'a déclaré, et comme il l'avait juré à tes pères Abraham, Isaac et Jacob.

13 Et ce n'est pas avec vous seuls que j'institue cette alliance et ce pacte ;

14 mais avec ceux qui sont aujourd'hui placés avec nous, en présence de l'Éternel, notre Dieu, et avec ceux qui ne sont pas ici, à côté de nous, en ce jour.

15 Car vous savez le séjour que nous avons fait au pays d'Égypte, et nos pérégrinations parmi les peuples où vous avez passé ;

16 vous avez vu leurs abominations et leurs immondes idoles, le bois et la pierre ; l'argent et l'or déifiés chez eux.

17 Or, il pourrait se trouver parmi vous un homme ou une femme, une famille, une tribu, dont l'esprit, infidèle aujourd'hui déjà à l'Éternel, notre Dieu, se déterminerait à servir les dieux de

ces nations ; il pourrait exister parmi vous quelque racine d'où naîtraient des fruits vénéneux et amers.

18 C'est-à-dire qu'après avoir entendu les termes de cette imprécation, cet homme se donnerait de l'assurance dans le secret de son cœur, en disant : "Je resterai heureux, tout en me livrant à la passion de mon cœur ;" et alors la passion assouvie entraînerait celle qui a soif.

19 L'Éternel ne consentira jamais à lui pardonner ! Oui, alors, la colère de l'Éternel et son indignation s'enflammeront contre cet homme, et toutes les malédictions consignées dans ce livre s'abattront sur lui, et le Seigneur effacera son nom de dessous le ciel.

20 Et il le distinguera, par le malheur, entre toutes les tribus d'Israël, en lui infligeant toutes les malédictions du pacte formulé dans ce livre de la doctrine.

21 Alors, quand les générations futures, vos descendants qui naîtront plus tard, et l'étranger venu d'une contrée lointaine, observeront les plaies de ce pays-là et les calamités dont le Seigneur l'aura affligé :

22 terre de soufre et de sel, partout calcinée, inculte et improductive, impuissante à faire pousser une herbe ; ruinée comme Sodome et Gomorrhe, Adma et Séboïm, que l'Éternel bouleversa dans sa colère et dans son courroux ;

23 et quand ils diront, tous ces peuples : "A quel propos l'Éternel a-t-il ainsi traité ce pays ? Pourquoi s'est allumée cette grande colère ?"

24 On répondra : "Parce qu'ils ont abandonné l'alliance de l'Éternel, Dieu de leurs pères, l'alliance qu'il avait contractée avec eux, après les avoir fait sortir du pays d'Égypte ;

25 parce qu'ils sont allés servir des divinités étrangères et se

prosterner devant elles, des divinités qu'ils ne connaissaient point et qu'ils n'avaient pas reçues en partage.

26 Alors la colère de l'Éternel s'est allumée contre ce pays-là, au point de diriger sur lui toutes les malédictions écrites dans ce livre ;

27 et l'Éternel les a arrachés de leur sol avec colère, animosité, indignation extrême, et il les a jetés sur une autre terre comme cela se voit aujourd'hui."

28 Les choses cachées appartiennent au Seigneur, notre Dieu ; mais les choses révélées importent à nous et à nos enfants jusqu'aux derniers âges, afin que nous mettions en pratique toutes les paroles de cette doctrine.

CHAPITRE TRENTE

" Or, quand te seront survenus tous ces événements, la bénédiction ou la malédiction que j'offre à ton choix ; si tu les prends à cœur au milieu de tous ces peuples où t'aura relégué l'Éternel, ton Dieu,

2 que tu retournes à l'Éternel, ton Dieu, et que tu obéisses à sa voix en tout ce que je te recommande aujourd'hui, toi et tes enfants, de tout ton cœur et de toute ton âme,

3 l'Éternel, ton Dieu, te prenant en pitié, mettra un terme à ton exil, et il te rassemblera du sein des peuples parmi lesquels il t'aura dispersé.

4 Tes proscrits, fussent-ils à l'extrémité des cieux, l'Éternel, ton Dieu, te rappellerait de là, et là même il irait te reprendre.

5 Et il te ramènera, l'Éternel, ton Dieu, dans le pays qu'auront possédé tes pères, et tu le posséderas à ton tour ; et il te rendra florissant et nombreux, plus que tes pères.

6 Et l'Éternel, ton Dieu, circoncira ton cœur et celui de ta

postérité, pour que tu aimes l'Éternel, ton Dieu, de tout ton cœur et de toute ton âme, et assures ton existence.

7 Et l'Éternel, ton Dieu, fera peser toutes ces malédictions-là sur tes ennemis, sur ceux dont la haine t'aura persécuté.

8 Tandis que toi, revenu au bien, tu seras docile à la voix du Seigneur, accomplissant tous ses commandements que je te prescris aujourd'hui.

9 Et le Seigneur, ton Dieu, te prodiguera des biens en favorisant tout le travail de ta main, le fruit de tes entrailles, le fruit de ton bétail, le fruit de ton sol ; car il se plaira de nouveau, le Seigneur, à te faire du bien, comme il s'y est plu pour tes ancêtres,

10 pourvu que tu écoutes la voix de l'Éternel, ton Dieu, en gardant ses préceptes et ses lois, tracés dans ce livre de la doctrine ; que tu reviennes à l'Éternel, ton Dieu, de tout ton cœur et de toute ton âme.

11 Car cette loi que je t'impose en ce jour, elle n'est ni trop ardue pour toi, ni placée trop loin.

12 Elle n'est pas dans le ciel, pour que tu dises : "Qui montera pour nous au ciel et nous l'ira quérir, et nous la fera entendre afin que nous l'observions ?"

13 Elle n'est pas non plus au delà de l'océan, pour que tu dises : "Qui traversera pour nous l'océan et nous l'ira quérir, et nous la fera entendre afin que nous l'observions ?"

14 Non, la chose est tout près de toi : tu l'as dans la bouche et dans le cœur, pour pouvoir l'observer !

15 Vois, je te propose en ce jour, d'un côté, la vie avec le bien, de l'autre, la mort avec le mal.

16 En faisant ce que je te recommande en ce jour : aimer l'Éternel, ton Dieu, marcher dans ses voies, garder ses préceptes, ses lois et ses décrets, tu vivras, tu grandiras et tu seras béni de

l'Éternel, ton Dieu, dans le pays où tu vas entrer pour le conquérir.

17 Mais si, m'aliénant ton cœur, tu deviens indocile ; si tu t'égares jusqu'à te prosterner devant des dieux étrangers et leur rendre un culte,

18 je vous le déclare aujourd'hui, vous périrez à coup sûr ! Vous n'aurez pas de longs jours sur cette terre où vous allez pénétrer, en passant le Jourdain, pour en faire la conquête !

19 J'en atteste sur vous, en ce jour, le ciel et la terre : j'ai placé devant toi la vie et la mort, le bonheur et la calamité ; choisis la vie ! Et tu vivras alors, toi et ta postérité.

20 Aime l'Éternel, ton Dieu, écoute sa voix, reste-lui fidèle : c'est là la condition de ta vie et de ta longévité, c'est ainsi que tu te maintiendras dans le pays que l'Éternel a juré à tes pères, Abraham, Isaac et Jacob, de leur donner."

CHAPITRE TRENTE-ET-UN

Moïse alla ensuite adresser les paroles suivantes à tout Israël,

2 leur disant : "J'ai cent vingt ans aujourd'hui, je ne peux plus vous servir de guide ; d'ailleurs, l'Éternel m'a dit : "Tu ne traverseras pas ce Jourdain."

3 L'Éternel, ton Dieu, marche lui-même devant toi ; c'est lui qui anéantira ces peuples devant toi pour que tu les dépossèdes. Josué sera ton guide, comme l'Éternel l'a déclaré.

4 Et le Seigneur les traitera comme il a traité Sihôn et Og, rois des Amorréens, et leur pays, qu'il a condamné à la ruine.

5 Il mettra ces peuples à votre merci ; et vous procéderez à leur égard, en tout, selon l'ordre que je vous ai donné.

6 Soyez forts et vaillants ! Ne vous laissez effrayer ni intimider par eux ! Car l'Éternel, ton Dieu, marche lui-même avec toi ; il ne te laissera pas succomber, il ne t'abandonnera point !"

7 Alors Moïse appela Josué, et lui dit en présence de tout Israël : "Sois fort et vaillant ! Car c'est toi qui entreras avec ce

peuple dans le pays que l'Éternel a juré à leurs pères de leur donner, et c'est toi qui leur en feras le partage.

8 L'Éternel lui-même marchera devant toi, lui-même sera à tes côtés, il ne te laissera fléchir ni ne t'abandonnera : sois donc sans peur et sans faiblesse !"

9 Moïse mit par écrit cette doctrine et la confia aux pontifes, descendants de Lévi, chargés de porter l'arche d'alliance du Seigneur, et à tous les anciens d'Israël.

10 Et Moïse leur ordonna ce qui suit : "A la fin de chaque septième année, à l'époque de l'année de relâche, lors de la fête des tentes,

11 alors que tout Israël vient comparaître devant l'Éternel, ton Dieu, dans l'endroit qu'il aura élu, tu feras lecture de cette doctrine en présence de tout Israël, qui écoutera attentivement.

12 Convoques-y le peuple entier, hommes, femmes et enfants, ainsi que l'étranger qui est dans tes murs, afin qu'ils entendent et s'instruisent, et révèrent l'Éternel, votre Dieu, et s'appliquent à pratiquer toutes les paroles de cette doctrine ;

13 et que leurs enfants, qui ne savent pas encore, entendent aussi, et qu'ils apprennent à révérer l'Éternel, votre Dieu, tant que vous vivrez sur le sol pour la possession duquel vous allez passer le Jourdain."

14 Le Seigneur dit à Moïse : "Voici que tes jours approchent de leur terme. Appelle Josué, et présentez-vous dans la tente d'assignation, pour que je lui donne mes ordres." Et Moïse alla, avec Josué, se placer dans la tente d'assignation.

15 Le Seigneur apparut dans la tente, par une colonne de nuée, et cette colonne de nuée s'arrêta à l'entrée de la tente.

16 Le Seigneur dit à Moïse : "Tandis que tu reposeras avec tes pères, ce peuple se laissera débaucher par les divinités du

pays barbare où il va pénétrer ; et il m'abandonnera, et il brisera l'alliance que j'ai conclue avec lui.

17 Ce jour-là, ma colère s'enflammera contre lui, je les abandonnerai, je leur déroberai ma face, et il deviendra la pâture de chacun, et nombre de maux et d'angoisses viendront l'assaillir. Alors il se dira : "En vérité, c'est parce que mon Dieu n'est plus au milieu de moi que je suis en butte à ces malheurs."

18 Mais alors même, je persisterai, moi, à dérober ma face, à cause du grave méfait qu'il aura commis en se tournant vers des dieux étrangers.

19 Et maintenant, écrivez pour vous ce cantique, qu'on l'enseigne aux enfants d'Israël et qu'on le mette dans leur bouche, afin que ce cantique me serve de témoignage à l'encontre des enfants d'Israël.

20 Quand j'aurai introduit ce peuple dans le pays que j'ai promis par serment à ses pères et où ruissellent le lait et le miel ; vivant dans l'abondance et gorgé de délices, il s'adressera à des dieux étrangers, il les servira, me témoignera du mépris et rompra mon alliance.

21 Vienne alors la multitude de maux et d'angoisses qui doivent l'atteindre, le présent cantique portera témoignage en face de lui (car la bouche de sa postérité ne l'oubliera point), parce que je sais ce qu'aujourd'hui déjà son penchant le porte à faire, avant même que je l'aie introduit dans la terre par moi promise !"

22 Et Moïse écrivit le cantique suivant, ce jour même, et le fit apprendre aux enfants d'Israël.

23 Et l'Éternel donna ses ordres à Josué, fils de Noun, et lui dit : "Sois ferme et courageux ! Car c'est toi qui introduiras les Israélites dans la terre que je leur ai promise, et moi je t'assisterai."

24 Or, lorsque Moïse eut achevé de transcrire les paroles de cette loi sur un livre, jusqu'au bout,

25 il ordonna aux Lévites, porteurs de l'arche d'alliance du Seigneur, ce qui suit :

26 "Prenez ce livre de la loi et déposez-le à côté de l'arche d'alliance de l'Éternel, votre Dieu ; il y restera comme un témoin contre toi.

27 Car je connais ton indocilité et ton caractère obstiné : certes, si, moi vivant encore, étant avec vous à cette heure, vous vous êtes insurgés contre l'Éternel, que sera-ce après ma mort !

28 Faites réunir autour de moi tous les anciens de vos tribus et vos magistrats : je veux faire parvenir ces paroles à leurs oreilles, et prendre à témoin contre eux les cieux et la terre.

29 Car je sais qu'après ma mort vous irez dégénérant, et que vous dévierez du chemin que je vous ai prescrit ; mais il vous arrivera malheur dans la suite des temps, pour avoir fait ce qui déplaît au Seigneur, pour l'avoir offensé par l'œuvre de vos mains !"

30 Et Moïse fit entendre à toute l'assemblée d'Israël les paroles du cantique suivant, jusqu'à la fin :

CHAPITRE TRENTE-DEUX

"Écoutez, cieux, je vais parler ; et que la terre entende les paroles de ma bouche.

2 Que mon enseignement s'épande comme la pluie, que mon discours distille comme la rosée, comme la bruyante ondée sur les plantes, et comme les gouttes pressées sur le gazon !

3 Car c'est le nom de l'Éternel que je proclame ; rendez hommage à notre Dieu !

4 Lui, notre rocher, son œuvre est parfaite, toutes ses voies sont la justice même ; Dieu de vérité, jamais inique, constamment équitable et droit.

5 Est-ce lui qui a condamné ses enfants ? Non, c'est leur propre indignité, ô race perverse et tortueuse !

6 Est-ce ainsi que vous payez Dieu de retour, peuple insensé et peu sage ? N'est-il donc pas ton père, ton créateur ? N'est-ce pas lui qui t'a fait et qui t'a organisé ?

7 Souviens-toi des jours antiques, médite les annales de

chaque siècle ; interroge ton père, il te l'apprendra, tes vieillards, ils te le diront !

8 Quand le Souverain donna leurs lots aux nations, quand il sépara les enfants d'Adam, il fixa les limites des peuples d'après le nombre des enfants d'Israël.

9 Car ce peuple est la part du Seigneur ; Jacob est le lot de son héritage.

10 Il le rencontre dans une région déserte, dans les solitudes aux hurlements sauvages ; il le protège, il veille sur lui, le garde comme la prunelle de son œil.

11 Ainsi l'aigle veille sur son nid, plane sur ses jeunes aiglons, déploie ses ailes pour les recueillir, les porte sur ses pennes robustes.

12 Seul, l'Éternel le dirige, et nulle puissance étrangère ne le seconde.

13 Il l'a fait monter victorieusement sur les hauteurs de la terre et jouir des produits des champs ; l'a nourri avec le miel des rochers, avec l'huile de la roche pierreuse,

14 avec la crème des vaches, le lait des brebis, les gras agneaux, les béliers de Basan et les boucs, avec la moelle exquise du froment ; et tu buvais le sang vermeil du raisin.

15 Yechouroun, engraissé, regimbe ; tu étais trop gras, trop replet, trop bien nourri et il abandonne le Dieu qui l'a créé, et il méprise son rocher tutélaire !

16 Ils l'irritent par des cultes étrangers ; ils l'outragent par leurs abominations.

17 Ils sacrifient à des démons qui ne sont pas Dieu, à des déités qu'ils ne connaissaient point ; déités nouvelles, de fraîche date, que n'avaient pas redoutées vos pères.

18 Et le rocher qui t'engendra, tu le dédaignes, et tu oublies le Dieu qui t'a fait naître.

19 A cette vue, le Seigneur s'est indigné ; ainsi outragé par ses fils, par ses filles,

20 il a dit : Je veux leur dérober ma face, je verrai ce que sera leur avenir ; car c'est une race aux voies obliques, des enfants sans loyauté.

21 Eux m'ont irrité par des dieux nuls, m'ont contristé par leurs vaines idoles ; et moi je les irriterai par un peuple nul, je les contristerai par une nation indigne.

22 Oui, un feu s'est allumé dans ma colère, dévorant jusqu'aux profondeurs de l'abîme ; il a consumé la terre et ses productions, embrasé les fondements des montagnes.

23 J'entasserai sur eux tous les malheurs ; contre eux j'épuiserai mes flèches.

24 Exténués par la famine, dévorés par la fièvre et des pestes meurtrières, j'exciterai contre eux la dent des carnassiers, et le venin brûlant des reptiles.

25 Au dehors, l'épée fera des victimes, au dedans, ce sera la terreur : adolescent et jeune vierge, nourrisson et vieillard.

26 J'aurais résolu de les réduire à néant, d'effacer leur souvenir de l'humanité,

27 Si je ne craignais le dire insultant de l'ennemi et l'aveuglement de leurs persécuteurs, qui s'écrieraient : "C'est notre puissance qui triomphe, ce n'est pas l'Éternel qui en est la cause."

28 Car c'est une race aux idées fausses ; ils sont dépourvus d'intelligence.

29 S'ils étaient sages, ils y réfléchiraient ; ils seraient frappés de ce qui finit par leur arriver :

30 "Comment un seul homme pourrait-il en poursuivre mille, deux, mettre en fuite une myriade, si leur protecteur ne les eût vendus, si l'Éternel ne les eût livrés ?

31 Car leur protecteur ne ressemble point au nôtre, et nos ennemis sont une race à part.

32 De fait, leur vigne tient de la vigne de Sodome, et leur terroir, des campagnes de Gomorrhe ; leurs raisins sont des baies vénéneuses, ce sont des grappes amères que les leurs.

33 Leur vin, c'est la bave des serpents, c'est le poison meurtrier des vipères !"

34 Certes, ceci est mon secret ; il est scellé dans mes archives.

35 A moi la vindicte et les représailles, vienne l'heure où leur pied doit glisser ; car il approche, le jour de leur catastrophe, et l'avenir accourt sur eux !

36 Oui, l'Éternel prendra parti pour son peuple, pour ses serviteurs il redeviendra propice, lorsqu'il les verra à bout de forces, sans appui et sans ressources.

37 Alors il dira : "Où sont leurs dieux, ces rocs tutélaires, objets de leur confiance ;

38 qui consomment la graisse de leurs victimes, s'abreuvent du vin de leurs libations ? Qu'ils se lèvent pour vous secourir ! Qu'ils soient pour vous une sauvegarde !

39 Reconnaissez maintenant que c'est moi, qui suis Dieu, moi seul, et nul dieu à côté de moi ! Que seul je fais mourir et vivre, je blesse et je guéris, et qu'on ne peut rien soustraire à ma puissance.

40 Oui, j'en lève la main au ciel, j'en atteste mon éternelle existence

41 Quand j'aiguiserai l'éclair de mon glaive, quand ma main s'armera du châtiment, je prendrai ma revanche sur mes adversaires, je paierai de retour mes ennemis.

42 J'enivrerai de sang mes flèches, et mon glaive se repaîtra

de chair, du sang des mourants et des captifs, du crâne des capitaines ennemis !"

43 Nations, félicitez son peuple, car Dieu venge le sang de ses serviteurs ; il exerce sa vindicte sur ses ennemis, réhabilite et sa terre et son peuple !"

44 Moïse vint faire entendre au peuple toutes les paroles de ce cantique, lui avec Hoschéa, fils de Noun.

45 Lorsque Moïse eut achevé d'adresser toutes ces paroles à Israël entier,

46 il leur dit : "Prenez à cœur toutes les paroles par lesquelles je vous admoneste en ce jour, et que vous devez recommander à vos enfants pour qu'ils observent avec soin toutes les paroles de cette doctrine.

47 Car ce n'est pas pour vous chose indifférente, c'est votre existence même ! Et c'est par ce moyen seul que vous obtiendrez de longs jours sur cette terre, pour la possession de laquelle vous allez passer le Jourdain."

48 L'Éternel parla à Moïse, ce même jour, en ces termes :

49 "Monte sur cette cime des Abarîm, sur le mont Nébo, situé dans le pays de Moab en face de Jéricho, et contemple le pays de Canaan, que je donne aux enfants d'Israël en propriété ;

50 puis meurs sur la montagne où tu vas monter, et rejoins tes pères, de même que ton frère Aaron est mort à Hor-la-Montagne et est allé rejoindre ses pères.

51 Parce que vous avez été fautifs envers moi au milieu des enfants d'Israël, à l'occasion des eaux de Meriba à Kadêch, dans le désert de Cîn, en ne me sanctifiant pas au milieu des enfants d'Israël.

52 Ce n'est qu'à distance que tu verras le pays : mais tu n'y entreras point, dans ce pays que je donne aux enfants d'Israël."

CHAPITRE TRENTE-TROIS

Or, voici la bénédiction dont Moïse, l'homme de Dieu, bénit les enfants d'Israël avant de mourir. 2 Il dit : "L'Éternel est apparu du haut du Sinaï, a brillé sur le Séir, pour eux ! S'est révélé sur le mont Pharan, a quitté les saintes myriades qui l'entourent, dans sa droite une loi de feu, pour eux !

3 Ils te sont chers aussi, les peuples ; tous leurs saints, ta main les protège : mais eux se sont couchés à tes pieds, ont recueilli ta propre parole.

4 "C'est pour nous qu'il dicta une doctrine à Moïse ; elle restera l'héritage de la communauté de Jacob."

5 Ainsi devint-il roi de Yechouroun, les chefs du peuple étant réunis, les tribus d'Israël unanimes.

6 "Que Ruben vive et soit immortel ; que sa population soit innombrable !

7 A Juda, il adressa cette bénédiction : "Ecoute, Seigneur, le

vœu de Juda, en l'associant à son peuple ; que son bras s'en fasse le champion et lui serve d'auxiliaire contre ses ennemis."

8 Sur Lévi, il s'exprima ainsi : "Tes toummîm et tes ourîm à l'homme qui t'est dévoué ; que tu as éprouvé à Massa, gourmandé pour les eaux de Meriba ;

9 qui dit de son père et de sa mère : "Je ne les considère point ", qui n'a pas égard à ses frères et ne connaît pas ses enfants. Uniquement fidèle à ta parole, gardien de ton alliance,

10 ils enseignent tes lois à Jacob et ta doctrine à Israël ; présentent l'encens devant ta face, et l'holocauste sur ton autel.

11 Bénis, Seigneur, ses efforts, et agrée l'œuvre de ses mains ! Brise les reins de ses agresseurs, de ses ennemis, pour qu'ils ne puissent se relever !

12 Sur Benjamin, il dit : "Favori du Seigneur, il repose avec confiance auprès de lui, qui lui prête son abri pour toujours et qui réside entre ses épaules."

13 Sur Joseph, il parla ainsi : "Bénie du Seigneur est sa terre ! Elle possède les dons du ciel, la rosée, comme ceux de l'abîme aux couches souterraines :

14 et les trésors que mûrit le soleil, et ceux qui germent à chaque lune ;

15 et les précieux produits des antiques montagnes, et les délices des collines primitives,

16 les délices du sol et son abondance, et la faveur de celui qui eut pour trône un buisson. Puisse-t-elle reposer sur la tête de Joseph, sur le front de l'élu de ses frères !

17 Le taureau, son premier-né qu'il est majestueux ! Ses cornes sont celles du reêm : avec elles il terrassera les peuples, tous ensemble jusqu'aux confins de la terre. L'une, ce sont les myriades d'Ephraïm, l'autre, les milliers de Manassé !"

18 A Zabulon, il dit ces mots : "Sois heureux, Zabulon, dans tes voyages, et toi, Issachar, dans tes tentes !

19 Ils convieront des peuples sur la montagne, pour y offrir des sacrifices pieux ; car ils aspireront l'opulence des mers et les mystérieux trésors cachés dans le sable."

20 Au sujet de Gad, il dit : "Hommage à celui qui agrandit Gad ! Il se campe comme un léopard, met en pièces et le bras et la tête.

21 Il s'est adjugé les prémices de la conquête, là est sa part, réservée par le législateur : il s'avance cependant aux premiers rangs du peuple, accomplissant l'œuvre sainte du Seigneur, fidèle à ses devoirs envers Israël !"

22 Au sujet de Dan, il dit : "Dan est un jeune lion qui s'élance du Basan."

23 A Nephtali, il dit : "Ô Nephtali ! Rassasié des grâces diverses, comblé des bénédictions du Seigneur, que le couchant et le midi soient ton héritage !"

24 Et au sujet d'Asher, il dit : "Béni entre les fils soit Asher ! Bienvenu auprès de ses frères, et baignant son pied dans l'huile.

25 Tes forts seront bardés de fer et d'airain ; ta sécurité durera autant que ta vie.

26 "Rien n'égale le Tout-Puissant, ô Yechouroun ! Il est ton soutien, lui qui siège dans les cieux et dont la majesté plane sur les nues.

27 Tu as pour refuge le Dieu primordial, pour support, ses bras éternels il écarte devant toi l'ennemi. Il décrète sa ruine.

28 Et Israël réside avec sécurité, elle coule solitaire la source de Jacob, sur une terre riche de blé et de vin, sous des cieux qui lui versent la rosée.

29 Heureux es-tu, Israël ! Qui est ton égal, peuple que

protège le Seigneur ? Bouclier qui te sauve, il est aussi le glaive qui te fait triompher : tes ennemis ramperont devant toi, et toi, tu fouleras leurs hauteurs."

CHAPITRE TRENTE-QUATRE

Moïse se dirigea des plaines de Moab vers le mont Nébo, et monta au sommet du Pisga qui est en face de Jéricho. Et l'Éternel lui fit contempler tout le pays : le Galaad jusqu'à Dan,

2 tout Nephtali, le territoire d'Ephraïm et de Manassé, et le territoire entier de Juda jusqu'à la mer ultérieure ;

3 puis le midi, le bassin du Jourdain, la vallée de Jéricho, ville des palmiers, jusqu'à Çoar.

4 Et l'Éternel lui dit : "C'est là le pays que j'ai promis par serment à Abraham, à Isaac et à Jacob, en disant : je le donnerai à votre postérité. Je te l'ai fait voir de tes yeux, mais tu n'y entreras point."

5 C'est donc là que mourut Moïse, le serviteur de l'Éternel, dans le pays de Moab, sur l'ordre du Seigneur.

6 Il fut enseveli dans la vallée du pays de Moab qui fait face à Beth-Peor ; mais nul n'a connu sa sépulture jusqu'à ce jour.

7 Moïse était âgé de cent vingt ans lorsqu'il mourut ; son regard ne s'était point terni, et sa vigueur n'était point épuisée.

8 Les enfants d'Israël pleurèrent Moïse, dans les plaines de Moab, trente jours, épuisant complètement le temps des pleurs, le deuil de Moïse.

9 Or, Josué, fils de Noun, était plein de l'esprit de sagesse, parce que Moïse lui avait imposé les mains ; et les enfants d'Israël lui obéirent et agirent comme l'Éternel l'avait prescrit à Moïse.

10 Mais il n'a plus paru, en Israël, un prophète tel que Moïse, avec qui le Seigneur avait communiqué face à face,

11 eu égard à tant de signes et de prodiges que le Seigneur lui donna mission d'opérer en Égypte, sur Pharaon, ses serviteurs et son pays entier ;

12 ainsi qu'à cette main puissante, et à toutes ces imposantes merveilles, que Moïse accomplit aux yeux de tout Israël.

TABLE DES MATIÈRES

LE LIVRE DE LA GENÈSE

Chapitre 1	3
Chapitre 2	6
Chapitre 3	9
Chapitre 4	12
Chapitre 5	15
Chapitre 6	18
Chapitre 7	21
Chapitre 8	24
Chapitre 9	27
Chapitre 10	30
Chapitre 11	33
Chapitre 12	36
Chapitre 13	39
Chapitre 14	41
Chapitre 15	44
Chapitre 16	47
Chapitre 17	49
Chapitre 18	52
Chapitre 19	56
Chapitre 20	60
Chapitre 21	62
Chapitre 22	65
Chapitre 23	68
Chapitre 24	71
Chapitre 25	78
Chapitre 26	81
Chapitre 27	85
Chapitre 28	90
Chapitre 29	93
Chapitre 30	97

Chapitre 31	101
Chapitre 32	107
Chapitre 33	111
Chapitre 34	114
Chapitre 35	118
Chapitre 36	121
Chapitre 37	125
Chapitre 38	129
Chapitre 39	133
Chapitre 40	136
Chapitre 41	139
Chapitre 42	144
Chapitre 43	148
Chapitre 44	152
Chapitre 45	156
Chapitre 46	159
Chapitre 47	162
Chapitre 48	166
Chapitre 49	169
Chapitre 50	173

LE LIVRE DE L'EXODE

Chapitre 1	179
Chapitre 2	182
Chapitre 3	185
Chapitre 4	188
Chapitre 5	192
Chapitre 6	195
Chapitre 7	198
Chapitre 8	201
Chapitre 9	205
Chapitre 10	209
Chapitre 11	213
Chapitre 12	215
Chapitre 13	220
Chapitre 14	223

Chapitre 15	227
Chapitre 16	230
Chapitre 17	234
Chapitre 18	236
Chapitre 19	239
Chapitre 20	242
Chapitre 21	245
Chapitre 22	249
Chapitre 23	252
Chapitre 24	256
Chapitre 25	258
Chapitre 26	262
Chapitre 27	266
Chapitre 28	269
Chapitre 29	274
Chapitre 30	279
Chapitre 31	283
Chapitre 32	285
Chapitre 33	289
Chapitre 34	292
Chapitre 35	296
Chapitre 36	300
Chapitre 37	304
Chapitre 38	307
Chapitre 39	311
Chapitre 40	315

LE LIVRE DU LÉVITIQUE

Chapitre 1	321
Chapitre 2	323
Chapitre 3	325
Chapitre 4	327
Chapitre 5	331
Chapitre 6	335
Chapitre 7	338
Chapitre 8	342

Chapitre 9	346
Chapitre 10	349
Chapitre 11	352
Chapitre 12	357
Chapitre 13	359
Chapitre 14	365
Chapitre 15	371
Chapitre 16	375
Chapitre 17	379
Chapitre 18	382
Chapitre 19	385
Chapitre 20	389
Chapitre 21	393
Chapitre 22	396
Chapitre 23	400
Chapitre 24	405
Chapitre 25	408
Chapitre 26	414
Chapitre 27	419

LE LIVRE DES NOMBRES

Chapitre 1	425
Chapitre 2	430
Chapitre 3	434
Chapitre 4	439
Chapitre 5	444
Chapitre 6	448
Chapitre 7	451
Chapitre 8	459
Chapitre 9	462
Chapitre 10	465
Chapitre 11	469
Chapitre 12	473
Chapitre 13	475
Chapitre 14	478
Chapitre 15	483

Chapitre 16	487
Chapitre 17	491
Chapitre 18	494
Chapitre 19	498
Chapitre 20	501
Chapitre 21	505
Chapitre 22	509
Chapitre 23	514
Chapitre 24	517
Chapitre 25	520
Chapitre 26	522
Chapitre 27	528
Chapitre 28	531
Chapitre 29	534
Chapitre 30	538
Chapitre 31	540
Chapitre 32	545
Chapitre 33	549
Chapitre 34	553
Chapitre 35	556
Chapitre 36	560

LE LIVRE DU DEUTÉRONOME

Chapitre 1	565
Chapitre 2	570
Chapitre 3	574
Chapitre 4	578
Chapitre 5	584
Chapitre 6	588
Chapitre 7	591
Chapitre 8	594
Chapitre 9	597
Chapitre 10	601
Chapitre 11	604
Chapitre 12	608
Chapitre 13	612

Chapitre 14	615
Chapitre 15	618
Chapitre 16	621
Chapitre 17	624
Chapitre 18	627
Chapitre 19	630
Chapitre 20	633
Chapitre 21	636
Chapitre 22	639
Chapitre 23	643
Chapitre 24	646
Chapitre 25	649
Chapitre 26	652
Chapitre 27	655
Chapitre 28	658
Chapitre 29	665
Chapitre 30	669
Chapitre 31	672
Chapitre 32	676
Chapitre 33	681
Chapitre 34	685

Copyright © 2020 par FV Éditions
Design de la couverture : FVE
ISBN - Couverture Rigide : 979-10-299-0901-6
Tous Droits Réservés

Lightning Source UK Ltd.
Milton Keynes UK
UKHW011413081221
395285UK00002B/112